U0090653

中國學術思想 研究輯刊

八 編
林慶彰 主編

第 6 冊

兩漢魏晉之道家思想（上）
陶建國 著

花木蘭文化出版社

國家圖書館出版品預行編目資料

兩漢魏晉之道家思想（上）／陶建國 著 ─ 初版 ─ 台北縣永
和市：花木蘭文化出版社，2010〔民 99〕

序 2+ 目 6+284 面；19×26 公分

（中國學術思想研究輯刊 八編：第 6 冊）

ISBN：978-986-254-190-6（精裝）

1. 道家　2. 秦漢哲學　3. 魏晉南北朝哲學

121.3　　　　　　　　　　　　　　　　　　99002357

ISBN - 978-986-2541-90-6

9 789862 541906

中國學術思想研究輯刊

八　編　第六冊　　　　　　　　ISBN：978-986-254-190-6

兩漢魏晉之道家思想（上）

作　　者　陶建國
主　　編　林慶彰
總 編 輯　杜潔祥
出　　版　花木蘭文化出版社
發 行 所　花木蘭文化出版社
發 行 人　高小娟
聯絡地址　台北縣永和市中正路五九五號七樓之三
　　　　　電話：02-2923-1455 ／傳眞：02-2923-1452
網　　址　http://www.huamulan.tw 信箱 sut81518@ms59.hinet.net
印　　刷　普羅文化出版廣告事業
封面設計　劉開工作室
初　　版　2010 年 3 月
定　　價　八編 35 冊（精裝）新台幣 58,000 元
版權所有・請勿翻印

兩漢魏晉之道家思想（上）

陶建國　著

作者簡介

作者陶建國 1951 年出生於台灣台南市，曾就讀於輔仁大學國文系、文化大學中文系博士班。畢業後致力推廣中國文學教育工作，曾在各公、私立大學擔任教職，並在國立台北商業技術學院擔任通識教育中心主任。作者對儒、道二家學說素有研究，《兩漢魏晉之道家之思想》一書闡述道家思想之演進，及對兩漢魏晉學術思想之影響，可謂析理透徹，內容詳贍。書中旁徵博引之相關資料，巨細靡遺，是有志研究道家學術思想者之重要參考書。值此花木蘭文化出版社欲出有關中國學術思想系列著作，作者不揣窮陋，特將拙著，共襄盛舉。唯匆忙出稿，未及詳校，敬請仁人達士，不吝諟正，以匡不逮，無任銘感。

提　　要

我國學術史上，兩漢魏晉時期係相當重要一階段，一方面其能繼承先秦學術而發揚光大之，再方面能融合外來文化，發展出獨具特色之學術風格，導致隋唐以後宋明理學之產生。故兩漢魏晉之學術，實具有「繼往開來」之精神。而此一時期則深受老莊思想影響甚大。

本文遂以「老莊思想對兩漢魏晉學術思想之影響」為題，對兩漢魏晉學術發展，作一分析與整理。全文約五十萬字，分為四篇：

第一篇：緒論，敘述老莊思想之特質，及對先秦學術之影響。

第二篇：老莊思想對兩漢學術思想之影響，全篇分為四個重點：

　　　　一、分析黃老思想產生之原因，及其發展之情形。

　　　　二、敘述道教之產生，和與老莊思想之關係。

　　　　三、說明漢末自然主義衍盛之情形，並分析諸思想家之內容。

　　　　四、佛教初傳，及其比附老莊之情形。

第三篇：老莊思想對魏晉學術思想之影響，全篇分為六個重點：

　　　　一、魏晉老莊思想勃興之原因，及對社會風氣之影響。

　　　　二、名士風格之產生，及其與老莊學術之關係。

　　　　三、清談風氣之流行，及名理、玄論二派衍盛之情形。

　　　　四、老莊思想對文學作品及理論之影響，和文學所表現之道家思想。

　　　　五、道教在魏晉之發展，和道士與老莊學術之關係。

　　　　六、格義佛教在魏晉之發展，及釋子與老莊思想之關係。

第四篇：結論，對此時整個學術過程做一鳥瞰，並分析老莊思想對兩漢魏晉社會及學術正、負二方面之影響貢獻，同時對魏晉以後老莊學術之發展，作一敘述。

全文參考古今典籍，以比較、分析、歸納方法，對每一階段學術發展之主題，既追溯其產生之原因，復能深入探討其具體內容。同時能從史學、哲學、文學、宗教、社會五方面著手，使兩漢魏晉學術變遷之軌跡，老莊思想衍盛之大概，皆有所陳明。

目

次

序　言

　　吾國學術，以儒道二家爲主流。儒家重視入世之效用，道家則重視世出之精神，其立論雖有歧異，然其導俗化民之功則一。故中國人每當治世輒以儒家自處，每居亂世常以道家爲依據；得意時則儒，失意則道。而中國中立身處世亦能採儒道兼綜之態度，作事則積極進取似儒，爲人則溫婉謙讓近道。實則儒道二家皆中國文化精髓之所在，未可偏廢。唯道家之學在重眞實自然，不事造作之精神，雖曰無爲，其實在求無不爲。故其能絕棄人間一切形式虛僞，而能返回樸質無華之大道。因此，表面上是毀仁棄義，絕聖棄智，而實際上是求眞仁眞義，大聖大智。此即老莊「正言若反」之精義所在。而一般俗人不知，以爲老莊欲破壞一切人爲設施，於是侮蔑倫常，唾棄道德，自詡爲「超逸」，自炫爲「放達」，此豈合乎老莊之本旨哉？是終爲眾所唾棄也。予負笈時即好老莊之學，嘗服其理致爲之徘徊涵詠，烏能自已。於先師　景伊先生門下時，聽其講《老莊》，每發其奧旨，闡其玄妙，往往經年之茅塞，受其提示，霍然而解，快樂之心，豈可言渲？又每與師論老莊哲學及其影響，常有罣礙，理有遲滯，師不以予爲魯鈍，遂一一爲其解說。並謂如欲瞭解老莊學術對中國文化之影響，須對兩漢、魏晉學術做一番徹底整理功夫。予體師意，不敢有違，遂擬「老莊思想對兩漢魏晉學術思想之影響」爲題，以爲茲篇論文。時師病疴在身，遂請恩師培林先生予以指導。先生學養贍博，精於老莊，不因予淺識，而見棄於門牆，爲之訓迪啓淪，解難析疑，予獲益多焉。今歲文章已成，而　景伊師已駕返道山，倏忽二年矣。臨楮懷想，不勝唏噓。全文約五十萬言，對兩漢魏晉學術變遷之軌跡，老莊學術衍盛之大概，略有所陳，而數年之間窮心畢力，冥思苦索，亦盡萃於斯矣。唯予才識窮陋，文滯筆拙，思慮不周，語欠圓融之處，亦所在多有。尚祈大雅賢達，碩學先進，有以諟正之。

陶建國謹識

第壹編　緒　論

第一章　前　言

　　我國學術史上，中古時期係相當重要一個階段。一方面其能繼承先秦學術而發揚光大之，再方面能融合外來文化，發展出獨具特色之學術風格，終於導致隋唐以後宋明理學之產生。故中古時期之學術，實具有「繼往開來」之精神，在整個學術史上，佔有十分突出之地位。如欲明瞭我國學術思想之發展與演變，勢必對中古學術思想，做一透徹認識與研究。

　　中古學術思想之特色有：（一）漢初流行之黃老思想，（二）兩漢盛行之儒術經學，（三）漢末興起之自然主義，（四）普及於魏晉之玄理清談，（五）東漢發源於中土之道教，（六）魏晉廣傳於民間之格義佛教。此六項特色中，除儒術經學外，其餘五項皆與「老莊思想」有密切之關係。而兩漢儒術經學已失去原始儒家之風貌，其中雜有大量陰陽五行以及道家之思想。因此兩漢魏晉學術發展中，老莊思想實發揮其巨大之影響力，此種影響力至魏晉以後，遠至隋唐，猶未衰竭。故欲瞭解中古學術之發展，自必以分析老莊思想對此一時期之學術思想影響爲基礎。

　　本書以「老莊思想對兩漢魏晉學術思想之影響」爲題目，對兩漢魏晉整個學術之發展，作一分析與整理。全文約五十萬字，分爲四編：第壹編「緒論」，敘述老莊思想之特質，及其對先秦學術之影響。第貳編「老莊思想對兩漢學術思想之影響」，全編分爲四個重點：（一）分析黃老思想產生之原因，及其發展之情形。（二）敘述道教之產生，和與老莊思想之關係。（三）說明漢末自然主義衍盛之情形，並分析諸思想家之內容。（四）佛教初傳，及其比附老莊之情形。第參編「老莊思想對魏晉學術思想之影響」，全編分爲六個重點：（一）魏晉老莊思想勃興之原因，及其對社會風氣之影響。（二）名士風

格之產生，及其與老莊學術之關係。（三）清談風氣之流行，及名理、玄論二派衍盛之情形。（四）老莊思想對文學作品及理論之影響，和文學所表現之道家思想。（五）道教在魏晉之發展，和道士與老莊學術之關係。（六）格義佛教在魏晉之發展，及釋子與老莊思想之關係。第肆編「結論」，對此時整個學術過程做一鳥瞰，並分析老莊思想對兩漢魏晉社會及學術正、負二方面之影響及貢獻，同時對魏晉以後老莊學術之發展，作一陳述。

　　本書博採前賢之閎言，或擷取當代學者之讜論甚多，凡引用文義皆於附註欄中標明出處，俾便查考。對於每一階段之主題，一方面分析其產生之原因，一方面敘述其具體之內容，俾能對前後因果之關係，及其學術之內涵有所瞭解。

　　全文敘述之重點，在於兩漢魏晉老莊學說之演變。然老莊學說何以能在兩漢魏晉間流行？其思想又何以為當時人所接納？欲分析其原因，則必先從老莊思想之本質說明。故本文「緒論」中，首對於老莊學說加以梗概敘述，對於老莊之生平及其思想之淵源，亦略有所及。又兩漢魏晉老莊學者，常融合儒、法、陰陽五行諸說為一爐，是否其學說本身有可會通之處，本文則在「緒論」中亦予以說明。

第二章 老子之學術思想

第一節 老子本傳

關於老子一生詳細之資料及事蹟，由於先秦資料之缺乏，吾人僅可以得到一「撲朔迷離」之印象。其最早之記載，見於《史記》之〈老莊申韓列傳〉：「老子者，楚苦縣厲鄉曲仁里人也。姓李氏，名耳，字聃，周守藏室之史也。孔子適周，將問禮於老子。老子曰：『子所言者，其人與骨皆已朽矣，獨其言在耳。且君子得其時則駕，不得其時則蓬累而行。吾聞之：良賈深藏若虛，君子盛德，容貌若愚。去子之驕氣與多慾，態色與淫志，是皆無益於子之身。吾所以告子，若是而已。』孔子去，謂弟子曰：『鳥，吾知其能飛；魚，吾知其能游；獸，吾知其能走。走者可以為罔，游者可以為綸，飛者可以為矰。至於龍，吾不能知，其乘風雲而上天。吾今日見老子，其猶龍邪！』老子修道德，其學以自隱無名為務。居周久之，見周之衰，迺遂去。至關，關令尹喜曰：『子將隱矣，彊為我著書。』於是老子迺著書上下篇，言道德之意五千餘言而去，莫知其所終。或曰：老萊子亦楚人也，著書十五篇，言道家之用，與孔子同時云。蓋老子百有六十餘歲，或言二百餘歲，以其修道而養壽也。自孔子死之後百二十九年，而史記周太史儋見秦獻公曰：『始秦與周合，合五百歲而離，離七十歲而霸王者出焉。』或曰儋即老子；或曰非也，世莫知其然否。老子，隱君子也。老子之子名宗，宗為魏將，封於段干。宗子注，注子宮，宮玄孫假，假仕於漢孝文帝。而假之子解，為膠西王卬太傅，因家於齊焉。世之學老子者，則絀儒學，儒學亦絀老子。『道不同不相為謀』，豈謂

是耶？李耳無為自化，清淨自正。」

此篇傳記，可疑之處甚多，可謂之「迷離惝恍」（梁啟超〈論老子書作於戰國之末〉）。其中關於老子之姓名、籍貫、職守、生卒年壽、離周後之行踪、與孔子之關係、與老萊子、太史儋之關係，及後代世系之種種問題，一直為歷代學者所執疑討論。然因所涉問題龐雜，非本文要旨，僅就先秦時確有老子其人其事之理由，敘述於次。

關於老子其人其事，戰國以迄秦漢篇籍中多載其事。如《戰國策·魏策》中記老子之言，《禮記·曾子問》有四處記老聃之說，《荀子·天論》亦有載老子之事，其他如《韓非子》〈解老〉、〈喻老〉二篇，以及《墨子》、《莊子》、《呂氏春秋》、《說苑》、《孔子家語》、《淮南子》諸書皆有記載老子之事蹟言論。是知老子其人其事，洵非空穴來風。民國以後，甚且有人否認老子其人之存在，〔註1〕此皆未能根據事實論說也。

史遷立論本非憑虛，亦非恣意而言。其〈自序〉所謂「紬史記、石室金匱之書」，「網羅天下放失舊聞」，故史遷為老子立傳，當必有所本。唯所本之書業已遺佚，後世莫窺所由。而《史記·老傳》中多有「或曰」、「蓋」之疑辭，足見史遷亦非專定某論，僅記其可知耳。故　余培林先生曰：

> 司馬遷是一位儒者，他非常崇奉孔子，他寫《史記》就有志傳《春秋》之業。如果沒有極可靠的資料，他是斷斷不會污衊他所崇奉的人物的。可惜的是，這部份極可靠的資料「金匱石室之書」失傳了。但無論如何，〈老子本傳〉與〈孔子世家〉中有關孔子和老子相見的事，絕非來自《莊子》〈天運〉、〈外物〉二篇，則是可以斷定。〔註2〕

今觀《老子》全書，字句簡明，思想精純，系統謹嚴，上下一貫，而遣辭用句，短潔合韻。與《易》之爻辭，《詩》之〈雅〉、〈頌〉同類，合於春秋以前為文之形式，便於時人記憶與流傳，與戰國時文章之長篇大論者不相為類。又與《晏子》、《尸子》、《呂覽》、《淮南子》之駁雜不純者不同。則此書當成

〔註1〕歷代疑老之論多矣。自北魏崔浩以來（見宋王十朋《策問》），疑老之論始多，陳師道、葉適、王十朋、朱熹、汪中、崔述皆踵其說而演其論，晚清如康有為、梁啟超益增其說。民國以來更有《古史辨》一書討論老子之種種問題。而孫次舟更曰：「老子本無其人，乃莊周之徒所捏造，藉敵孔丘者。」（《圖書評論》第一卷12期，民國24年8月刊）。

〔註2〕余培林《老子讀本·老子其人》，頁3。

立於戰國初年以前，而流行於戰國以後。

　　至於太史儋、老萊子之問題，林景伊先生曰：

　　　　余嘗謂：老子之稱，老蓋其姓，子乃尊稱。稱爲老子，亦猶今之稱

　　　　人爲某先生也。老爲其姓，則其父可稱老子，其子及孫亦可稱老子，

　　　　太史公所舉之老聃、李耳、太史儋、老萊子，皆老子也。〔註3〕

老子爲春秋以迄戰國秦時老氏子孫之尊稱，則史遷傳中所謂人物先後之問
題，或可迎刃而解。思想本可承遞，周守藏室之老子亦可將其思想傳遞子孫。
《老子》一書之著述，或爲老氏祖孫思想之累積；而著作本身，亦可代代相
修改遞增，使作品本身更臻至完善。史遷傳中所謂關令尹喜彊老子爲之作書，
豈必當時遽爾爲之哉，當早已有腹稿矣。故能率爾與之五千餘言而去，而無
所拘礙牽制矣。

第二節　老子學術思想之淵源

　　老子之學術閎大淵博，微妙精深，其影響後世學術之大。除儒家之外，
難出其右。然老子絕非標奇立異，特立獨行，實有其學術之淵源。因能與時
代共鳴，爲後世所宗。茲將其其學術淵源敘述於後：

一、淵源於史官

　　古代史官爲學術之總管，彼等不但爲文獻之保存者，亦且爲學術之創造
者。故古籍中有「史載筆」（〈曲禮〉）、「史爲書」（《左傳》襄公十四年）、「史
不絕書」（襄公廿九年）、「史不失書」（〈楚語〉上）「史獻書」（《周語》）、「史
掌官書以贊治」（《周禮・天官・冢宰》）等語。此外史官還從事於創作及著述，
所謂「鏤於金石，琢於盤盂」（《墨子・兼愛下》）。

　　史官除治理人事世務之文書外，亦兼治幽邈不可知之神道事物，其職務
頗似巫祝。故《左傳》載晉史蘇、史墨善於占卜。又言史華爲衛使掌祭祀，
史囂爲虢公享神。而《周官》亦曰：「太史掌祭祀，小史辨昭穆。」此種職務，
使得史官由人事而涉及天事，由形而下可知之學，而上遡於形而上不可知之
事物。故司馬遷曰：「文史星曆，近乎卜祝之間。」（〈報任少安書〉）

　　史官由於對人事之瞭解，並能涉言天事，故常成爲君王諮詢之對象。彼

〔註3〕林景伊《中國學術思想大綱》，頁 49。

輩能精通各種學術，更為時人所推崇愛戴。柳詒徵先生曰：

> 「周之史官，為最高之檔案庫，為實施之禮制館，為美備之圖書府。
> 冢宰之僚屬，不之逮也。」又曰：「史與相並尊，相綰百務，史事案
> 牘，互助相稽，以輔首領。」〔註4〕

孫曜先生亦曰：

> 「史官之職，守藏記載而外，兼治玄渺不可知之神道。兼神道人事
> 而掌於一種官職之手。其人故嫺見洽聞，邃於掌故。往往足備顧問，
> 解釋疑難，實足當智識階級而無愧也。其為時輩所尊者，其以此歟？」
> 又曰：「若老子以周守藏之史，深觀時變，鬱為先秦時代哲學之淵藪，
> 此尤彰明較著者也。」〔註5〕

因此史官有良好之學術背景，又兼天人之術，其立言行事，亦常為人所稱道。
古書中之史佚，《論語》中之周任，皆屬此類。

　　至於老子，乃周之史官。老子學術之恢閎，知識之淵博，實與史官之職
責有關。

　　《史記・本傳》謂老子乃「周守藏室之史也。」《索隱》曰：「按藏室史，
乃周藏書室之史也。」

　　《史記・張湯傳》又謂：「老子為柱下史，因以為官名。」虞世南《北堂
書鈔・設官部》引《漢官儀》云：「侍御史，周曰柱下史，老聃為之。」《史
記・張蒼傳》云：「張丞相蒼者，秦時為御史，主柱下方書。」其《索隱》云：
「周秦皆有柱下史，謂御史也。所掌及侍立，恒在殿柱之下。故老子為周柱
下史。」

　　《莊子・天道篇》曰：「孔子西藏書於周室。子路謀曰：『由聞周之徵藏
史有老聃者，免而歸居。夫子欲藏書，則試往因焉。』」《釋文》引司馬彪注
曰：「徵藏，藏名也。一云：徵，典也。」〔註6〕

　　除謂老子為「藏室史」、「柱下史」、「徵藏史」之外，亦有謂老子為周之
「太史」。如《禮記・曾子問疏》引鄭玄曰：「老聃，周之太史。」又引《史

〔註4〕柳詒徵《國史要義》，頁24、25。
〔註5〕孫曜《春秋時代之世族・世族制度下史官之地位》，頁51。
〔註6〕徵藏史與守藏史，義相類矣。《爾雅・釋言》曰：「典，掌也。」《廣雅・釋詁》
　　　曰：「典，主也。」主、掌、徵、典皆有「守」之意。蓋徵藏，猶今之《道藏》、
　　　《釋藏》、《四庫》官書之類也。古者藏書王官，史掌之，老聃即周之掌圖書
　　　藏室之史也。

記》云：「老聃爲周柱下史，或爲守藏史。」

　　無論係「守藏史」、「柱下史」、「徵藏史」抑或「太史」，老子具有史官之身份，殆無可疑。彼於史官之基礎上，透徹人情事理，明白福禍消長，汎覽既深，體物益微，明乎天人之際，察乎虛實之間，崇尚自然無爲之教，此與其史官之特殊之職位有甚深之關係。而史官與王官關係甚爲密切，後遂爲百家學術之源流。老子學術之博大精明，實肇於此也。

二、淵源於上古文化

　　我國文化發源甚早，黃帝至夏桀千年之間，雖屬傳聞，然殷商至周，則信史斑斑。此一上古文化之精髓，對史官老子之影響必甚爲深切。今觀《老子》書中屢言：「故有道者……」、「是以聖人云……」、「古之善爲道者……」、「故建言有之……」、「故聖人云……」、「古之所謂……」等句，老子於文中常採擷傳述古人之思想，以增強其立論。孔子曰：「述而不作，信而好古，竊比於我老彭。」（〈述而〉）若如王夫之《四書裨疏》所說老彭即爲老聃，則豈不謂老子善述古人之道乎？嚴靈峰先生因曰：

> 老子既爲周守藏之史。他的著書，不過纂輯古代格言、遺訓，自附己見，著之於簡牘罷了。所謂「述而不作，信而好古」。身爲史官，可以充分利用藏室的典藏、文獻。所以老子之能夠著書，不足爲奇。在現存的五千言中，屢說「故建言有之」、「用兵有言」、「是以聖人云」、「故聖人云」、「古之所謂」。此外，「失道而後德，失德而後仁」諸句，《莊子·知北遊》篇引作「黃帝曰」。「將欲歙之，必固張之」諸句，《韓非子·說林篇》引稱「〈周書〉曰」，「谷神不死，是謂玄牝」諸句，《列子·天瑞篇》引亦稱「黃帝曰」。《老子》這部書，由於引用他人的文句，反足以證明是他本人所纂輯的。〔註7〕

《老子》一書，非但文中引入古人之語，其思想本身，當必承繼古人某些思想，而加以闡揚光大。如《老子》書中屢言聖人，侯王無爲而治之理想。老子曰：「是以聖人處無爲之事，行不言之教。」（二章）、「太上，不知有之。」（十七章）、「道常無爲而無不爲，侯王若能守之，萬物將自化。」（卅七章）、「天下神器，不可爲也。」（廿九章）、「清靜，爲天下正。」（四五章）、「是以聖人無爲，故

〔註7〕嚴靈峰《老莊研究·辯老子書不後於莊子書》，頁357。

無敗。」（六四章）、「取天下常以無事。及其有事，不足以取天下。」（四八章）

此無為而治思想，非老子所獨創，乃上古之政治之理想。上古伏羲，神農之德治，黃帝、堯舜之仁政，殆與無為思想有關。《易・繫辭傳》謂：「神農氏沒，黃帝堯舜氏作，通其變，使民不倦，神而化之，使民宜之。……黃帝堯舜垂衣裳而天下治。」此種垂拱無為之政治理想，實普遍流行上古社會。故孔子稱曰：「無為而治者，其舜也與？夫何為哉？恭己正南面而已。」（《論語・衛靈公》）。而周武王順天之命，誅討商紂，亦曰：「惇信明義，崇德報功，垂拱而天下治。」（《尚書・武成》）亦是此種思想之承繼。老子思想中之德化、寬柔、謙下、無私、慈惠無不從上古無為思想發演而來。

周時史佚思想，亦與老子思想若干符合（史佚與周公、太公、召公號為四聖），故老子思想或從史佚承繼。如史佚曰：「無始禍，無怙亂」（《左傳》僖公十五年引）與老子之「為之於未有，治之於未亂。」（六四章）相似。史佚曰：「無重怒」（《左傳》宣公十二年引）與老子「和大怨必有餘怨」（七九章）相同。史佚之「動莫若敬，居莫若儉，徵莫若讓，事莫若咨。」（《左傳》文公十五年引）與老子之「我有三寶，持而保之：一曰慈，二曰儉，三曰不敢為天下先。」（六七章）相似。史佚曰：「善之則吾畜也，不善則吾讎也。」（《淮南子・道應訓》引）與老子之「善，人之寶；不善，人之所不保。」（六二章）相仿。

又如〈金人銘〉曰：「無多言，無多事。」（見《說苑・敬慎篇》引）與老子之「多言數窮，不如守中。」（五章）相似。荀子書中所引〈金人銘〉：「古之慎言人也。戒之哉，戒之哉，無多言，多言多敗。無多事，多事多患。安樂必戒，無行所悔。勿謂何傷，其禍將長。勿謂何害，其禍將大。勿謂何殘，其禍將然。勿謂不聞，神將伺人。焰焰不絕，炎炎若何？涓涓不壅，終為江河，綿綿不絕，或為網羅。毫末不札，將尋斧柯。誠能慎之，福之根也。曰是何傷，禍之門也。彊梁者不得其死，好勝者必遇其敵。盜憎主人，民怨其上。君子知天下之不可上也，故下之；知眾人之不可先也，故後之。溫恭慎德，使人慕之；執雌守下，人莫踰之。人皆趨彼，我獨守此。人皆惑之，我為不徙。內藏我智，不示人技。我雖尊高，人弗我害，誰能於此。江海雖左，長於百川，以其卑也。天道無親，常與善人。戒之哉！」〈金人銘〉係黃帝六銘之一，其來源相當古老，實亦反映上古之政治思想。而〈金人銘〉所載，或與老子思想相符，甚或辭句相同，凡此皆可見老子之思想係上有所本，乃

承繼上古學術思想而演繹。

又《尚書》、《周易》、《詩經》係我國古老之學術作品，而老子之思想，亦有與之若干符合之處，是老子學術思想亦與其關係密切。

如《尚書・太甲》曰：「惟天無親，克敬惟親。」與老子之「天道無親，常與善人。」（七九章）相似。〈禹貢〉曰：「江海朝宗於」與老子之「江海所以能為百谷王者，以其善下之。」（六六章）相仿。〈太甲〉曰：「自作孽，不可逭。」與老子之「富貴而驕，自遺其咎。」（九章），〈旅獒〉曰：「不役耳目，百度惟貞；玩人喪德，玩物喪志。」與老子之「五色令人目盲，五音令人耳聾，五味令人口爽，馳騁田獵，令人心發狂；難得之貨，令人行妨。」（十二章），〈大禹謨〉曰：「汝惟不矜，天下莫能與汝爭能；汝惟不伐，天下莫能與汝爭功。」與老子之「不自見故明，不自是故彰，不自伐故有功，不自矜故長。夫惟不爭，故天下莫能與之爭。」（廿二章），〈無逸〉曰：「徽柔懿恭，懷保小民。」，〈舜典〉曰：「柔遠能邇」與老子之「天下至柔，馳騁天下之至堅。」（四三章）「守柔曰強」（五二章）、「柔之勝剛，天下莫不知。」（七九章），〈大禹謨〉曰：「惟德動天，無遠弗屆。滿招損，謙受益，時乃天道。」與老子之「天之道，其猶張弓歟？高者抑之，下者舉之，有餘者損之，不足者補之。」（七七章），〈武成〉曰：「垂拱而天下治」與老子之「我無為而民自化」（五七章），〈太甲〉曰：「德惟一，動罔不吉；德二三，動罔不凶。」與老子之「是以聖人抱一為天下式。」（廿二章）、「不知常，妄作凶。」（十六章）皆相似或相仿。凡此可知老子與《尚書》思想之關係。

此外《易經》論天人思想，涉及形而上之問題，亦多與老子相通之處。如《易・繫辭》曰：「一陰一陽之謂道」與老子之「萬物負陰而抱陽，沖氣以為和。」（四二章）相同。《易・繫辭》曰：「易有太極，是生兩儀，兩儀生四象，四象生八卦。」與老子之「道生一，一生二，二生三，三生萬物。」（四二章）過程相似。《易經》將萬物之本，歸之於太極；老子則歸之於大道，其實一也。《老子》書中由陰陽之義而引伸之「有無」、「動靜」、「虛實」、「剛柔」、「強弱」、「沖盈」、「奇正」、「禍福」、「善惡」、「牝牡」、「雌雄」……等觀念，可與《易經》由陰陽之義而引伸之「動靜」、「剛柔」、「消長」、「吉凶」、「闔闢」、「乾坤」、「健順」、「男女」、「夫婦」……等觀念相參酌。《易經》以太極為中心，故注重一元論，如〈繫辭傳〉曰：「天下之動貞夫一者也」又云：「天下同歸而殊塗，一致而百慮。」與老子之「道生一」（四二章）、「聖人抱一為

天下式」（廿二章）有符節之處。《易經》講往復窮通之理，〈繫辭傳〉曰：「易窮則變，變則通，通則久。」、「往來不窮，謂之通。」又〈泰〉卦九三爻辭云：「无平不陂，无往不復。」與老子之「萬物並作，吾以觀復。夫物芸芸，各復歸其根。歸根曰靜，是謂復命。」（十六章）、「玄德深矣，遠矣，與物反矣。然後乃至大順。」（六五章）以及「大曰逝，逝曰遠，遠曰反。」（廿五章）、「反者，道之動。」（四十章）意思相若。《易經》講乾坤蘊生萬物，百物滋生，如〈乾〉卦象辭曰：「大哉乾元，萬物資始。」〈坤〉卦象辭曰：「至哉坤元，萬物資生。」此外〈繫辭傳〉曰：「生生之謂易」又曰：「天地絪蘊，萬物化醇。男女構精，萬物化生。」此與老子之「天下萬物生於有，有生於無。」（四十章）以及「道生一，一生二，二生三，三生萬物。」（四二章）、「道生之，德畜之，物形之，勢成之。」（五一章）之生化論相似。《易經》講變動相對之理，〈繫辭傳〉云：「以動者，尚其變。」又云：「一闔一闢謂之變。」、「剛柔相推，變在其中矣。」、「日月相推，而明生焉；寒暑相推，而歲成焉。……屈信相感，而利生焉。」而老子云：「反者道之動」（四十章）、「有無相生，難易相成，長短相較，高下相傾，前後相隨，聲音相合。」（二章）以及「禍兮福之所倚，福兮禍之所伏。」（五八章）、「正復為奇，善復為妖。」（五八章）之道理相通。《易經》講持盈保泰，如〈乾〉文象傳云：「亢龍有悔，盈不可久矣。」此與老子之「道冲而用之，或不盈。」（四章）、「持而盈之，不如其已；揣而銳之，不可長保，金玉滿堂，莫之能守。」（九章）相同。《易經》講謙遜之德，如〈謙〉卦象辭曰：「謙亨，天道下濟而光明，地道卑而上行；天道虧盈而益謙，地道變盈而流謙；鬼神害盈而福謙，人道惡盈而好謙。」此與老子之「天之道，其猶張弓與？高者抑之，下者舉之，有餘者損之，不足者補之。天之道，損有餘而補不足。」（七七章）、「果而勿矜……果而勿驕。」（卅章）、「江海所以能為百谷王者，以其善下之。」（六六章）之道理相同。《易經》講柔順之道，如《易經‧坤》卦曰：「柔須利貞，君子攸行。」此與老子之「天下至柔，馳騁天下至堅。」（四二章）、「守柔曰強」（五二章）、「堅強者死之徒，柔弱者生之徒。」（七六章）之說相同。《易經》講節用無事，如〈節〉象辭曰：「天地節而四時成，節以制度，不傷材，不害民。」此與老子之「取天下常以無事，及其有事，不足以取天下。」（四八章）之道理相同。《易經》講盈虛消息之道，〈繫辭傳〉曰：「天地盈虛，與時消息，而況於人乎，況於鬼神乎。」此與老子之「飄風不終朝，驟雨不終

日，孰爲此者？天地。天地尚不能久，而況於人乎？」（廿三章）相似。《易經》講以退爲進之理，〈繫辭傳〉所謂：「尺蠖之屈以求信也，龍蛇之蟄以存身也。」此與老子之「聖人後其身而身先」（七章）、「欲先民，必以身後之。」（六六章）之說相同。

故《易經》與老子同爲論天人之際之學，其思想亦多有相互參較之處。此乃〈繫辭傳〉所謂「天下同歸而殊途，一致而百慮」之說也。故魏晉玄學家善以老注《易》，此蓋老《易》本有相通之處。後世陸希聲更謂：「老氏先天地，本陰陽，與伏羲同其源。察太《易》七八之正，與文王通其宗。」邵康節所謂：「老子知《易》之體。」晁說之所謂：「老子得《易》之變通屈伸」此皆本之於二者密切之關係而發揮。

除《周易》外，中國最古之詩歌總集《詩經》，亦與老子在思想上淵源深厚。《詩經》乃周時之民歌，或宗廟誦詞，最能反映當時社會之背景及民生之疾苦。從西周至春秋時代，戰爭頻仍，民生疾苦，人民苦不堪言。見於《詩經》者如：「人有土田，女反有之；人有民人，女覆奪之；此宜無罪，女反收之；彼宜有罪，女覆說之。」（〈大雅・瞻卬〉）「魚在于沼，亦匪克樂。潛雖伏矣，亦孔之炤。憂心慘慘，念國之爲虐。」（〈小雅・正月〉）、「不弔昊天，亂靡有定，式月斯生，俾民不寧。憂心如酲，誰秉國政？不自爲政，辛勞百姓。」（〈節南山〉）。老百姓於此煎熬陵迫之下，頗多厭世之思想。如：「我生之初，尚無爲。我生之後，逢此百罹，尚寐無吪。」（〈王風・兔爰〉）、「苕之華，其葉青青。知我如此，不如無生。」（〈小雅・苕之華〉）、「出自北門，憂心殷殷，終窶且貧，莫知我艱。已矣哉！天實爲之，謂之何哉！」（〈邶風・北門〉），此皆爲藁木時艱之舒歎。《老子》文中亦頗多類似之感歎，老子批評時政之侈靡，如「人之道，損不足以奉有餘。」（七七章）、「民之饑，以其上食稅之多。」（七三章）認爲此與盜夸之「服文采，帶利劍，厭飲食。」（五三章）無異。老子對於戰爭，頗表痛恨，所謂「兵者，不祥之器，非君子之器。」（卅一章）又曰：「師之所處，荊棘生焉。大軍之後，必有凶年。」（卅章）又曰：「強梁者，不得其死。」（四二章）。因此反對政治上一切干涉及作爲：「不尚賢，使民不爭；不貴難得之貨，使民不爲盜；不見可欲，使民心不亂。」（三章）、「絕聖棄智，民利百倍；絕仁棄義，民復孝慈；絕巧棄利，盜賊無有。」（十九章）、「我無爲而民自化，我好靜而民自正；我無事而民自富，我無欲而民自樸。」（五七章）凡此思想，莫不與《詩經》時代有極密切之關

係。老子以史官之身份，洞悉時代動亂之因，秉其悲天憫人之胸懷，兼具淑世救世之心志，實有〈小雅〉詩人匡世濟俗之風俗。

　　老子之思想，爲上古先賢先聖智慧之累積，且與《詩》、《書》、《易》之思想有密切攸關之淵源。故不特集上古學術之精華，且能發揚光大。先秦文化深受其影響，兩漢魏晉之學術思想亦以其爲主要內容，可謂其來有自。

三、淵源於楚文化

　　《史記・本傳》謂老子係「楚國苦縣厲鄉，曲仁里人也。」然《禮記・曾子問疏》引《史記》「老子陳國苦縣賴鄉，曲仁里人也。」各本或有作楚人，或有作陳人。其實陳、楚本係比鄰之國。《左傳》哀公十七年，楚公孫朝帥師滅陳，及始皇併吞六國，楚遂以亡。秦之末年，又置陳郡。秦亡之後，漢又置陳縣。故陳國苦縣，實乃楚國苦縣，並無二致。〔註8〕

　　老子爲楚人，其思想頗具南方色彩，與北方色彩之周文化則有不同之處（南方之《楚辭》與北方之《詩經》即爲二種不同文化之典型）。劉師培曰：

　　「東周以降，學術日昌，然南北學者立術各殊。以江河爲界劃而學術所被，復以山國澤國爲區分。山國之地，地土墝瘠，阻於交通。故民之生其間者，崇尚實際，修身力行，有堅忍不拔之風。澤國之地，土壤膏腴，便於交通。故民之生其間者，崇尚虛無，活潑進取，有遺世特立之風。故學術互異，悉由民習之不同。」又曰：「蓋山國之民，修身力行，則近於儒；堅忍不拔則近於墨。此北方之學，所由發源於山國之地也。楚國之壤，北有江漢，南有瀟湘，地爲澤國。故老子之學，起於其間。從其說者，大抵遺棄塵世，渺視宇宙，以自然爲主，以謙遜爲宗。如接輿、沮溺之避世，許行之並耕，宋玉、屈平之厭世，

〔註8〕　主老子楚人者，見今本《史記》、邊韶《老子銘》、葛洪《神仙傳》、《淮南子・脩務訓》高誘《注》，《廣宏明集》釋法琳〈十喻篇〉引《高士傳》。主老子陳人者，見《禮記・曾子問疏》引《史記》、劉向《列仙傳》、皇甫謐《高士傳》、陸德明《經典釋文敍錄》，段成式《酉陽雜俎・玉格篇》。亦有主老子宋人者，見姚鼐〈老子章義序〉，馬夷初《老子覈詁》。《左傳》哀公十七年曰：「七月己卯，楚公孫朝帥師滅陳。」是知陳亦屬楚地。漢時陳地猶設楚王（見《史記・楚元王世家》）。《史記索隱》云：「苦縣本屬陳，春秋時楚滅陳，而苦又屬楚，故云楚苦縣。」而《左傳》成公十五年曰：「華元使老佐爲司馬。」杜注：「老佐，戴公五世孫。」則宋戴公五世孫老佐，以老爲姓，老子或爲老佐之親屬，則稱老子爲宋人，殆與其先祖有關。

溯其起源，悉為老聃之支派，此南方之學所由發源於澤國之地也。」

〔註9〕

老子思想既屬於南方文化，其表現之特徵有三：

（一）富有隱逸思想

楚人富有隱逸思想，如《論語》中孔子所遇之楚狂接輿，遊楚時所遇之長沮、桀溺、荷蓧丈人。此外《韓非子‧解老篇》所提之「詹何」、《韓詩外傳》之「北郭先生」（卷九）、《呂氏春秋‧異寶篇》之「江上老人」、《荀子‧堯問篇》中之「繒封人」，以及《漢書‧藝文志》中所提之道家人物，如「蜎子」、「長盧子」、「老萊子」、「鶡冠子」皆楚國隱逸之人。楚地偏遠，適合棲遲山林，存身守道。係賢者避隱最佳之場所。

《史記‧本傳》謂：「老子修道德，其學以自隱無名為務。」又曰：「老子，隱君子也。」老子為周之史官，見周之衰，天下將亂，遂急流湧退，亟思潔身自保之道，所謂「君子得其時則駕，不得其時則蓬累而行。」、「良賈深藏若虛，君子盛德，容貌若愚。」（《史記‧本傳》）此與儒家「有道則現，無道則隱」之理想相通。唯理想與實踐原係二事，孔子猶「知其不可為而為之」故老子譏之「去子之驕氣與淫志，是皆無益於子之身。」儒道思想分野在此。

隱逸思想原係亂世之產物，然其目的非苟且逃避而已。《莊子》曰：「古之所謂隱士者，非伏其身而弗見也，非閉其言而不出也，非藏其知而不發也，時命大謬也。當時命而大行乎天下，則反一無迹；不當時命而大窮乎天下，則深根寧靜而待，此存身之道也。」（〈繕性〉）《素書》亦曰：「賢人君子，明於盛衰之道，通乎成敗之數，審乎治亂之勢，達乎去就之理。故潛居抱道，以待其時。若時至而行，則能極人臣之位；得機而動，則能成絕代之功。如其不遇，沒身而已。」（〈求人之志〉第二）是故隱者之志，乃係「潛居抱道，以待其時」，亦有其消極濟世之意。

《老子》書中多有發揮此類隱逸思想，如「功成名遂，身退，天之道。」（九章）、「不出戶，知天下；不窺牖，見天道。其出彌遠，其知彌少。是以聖人不行而知，不見而名，無為而成。」（四七章）因此對世事，大都有消極對抗之態度：「大道廢，有仁義；智慧出，有大偽；絕仁棄義，民復孝慈；國家昏亂，

〔註 9〕 劉師培《兩漢學術發微‧南北學派不同論》，頁 3。

有忠臣。」（十八章）、「絕聖棄智，民利百倍；絕仁棄義，民復孝慈；絕巧棄利，盜賊無有。此三者，以爲文不足，故令有所屬。見素抱樸，少私寡欲。」（十九章）因而更有止慾棄利之言論：「五色令人目盲，五音令人耳聾，五味令人口爽，馳騁畋獵令人心發狂，難得之貨，令人行妨。是以聖人爲腹不爲目，故去彼取此。」（十二章）由隱逸思想則表現在希冀理想之安詳靜謐之小國社會：「小國寡民，使有什伯之器而不用，使民重死而不遠徙。雖有舟輿，無所乘之。雖有甲兵，無所陳之。使人復結繩而用之。甘其食，美其服，安其居，樂其俗。鄰國相望，雞犬之聲相聞，民至老死不相往來。」（八十章）此與楚國之地理形勢，實有類似之處。《漢書‧地理志》曰：「楚有江漢川澤，山林之饒。江南地廣，或火耕水耨，民食魚稻，以漁獵山伐爲業。果蓏蠃蛤，食物常足。故呰窳媮生而亡積聚，飲食還給，不憂凍餓，亦亡千金之家。」

（二）富有寬柔思想

楚地本無較高文化，一向爲中原所鄙夷。孟子謂之：「南蠻鴃舌之人，非先王之道。」（〈滕文公〉上）《魯頌》所謂「荊舒是懲」，周宣王誓師所謂「蠢爾荊蠻」，皆對楚國不以同等地位相待。故楚國受此刺激，自成王、莊王以來，奮發圖強，無論武力文化，漸有凌駕中原諸國之上。孟子謂：「陳良，楚產也，悅周公仲尼之道，北學於中國。北方之學者，未能或先也。」（〈滕文公〉上）而《國語‧楚語》中申叔對楚莊王之教育思想，更可反應其對文化之重視：「教之《春秋》，而爲之聳善而抑惡焉，以戒勸其心。教之《世》，以休擾其動。教之《詩》，而爲之導廣顯德，以耀明其志。教之《禮》，使知上下之則。教之《樂》，以疏其穢而鎮其浮。教之《令》，使訪物官。教之《語》，使明其德而知先王之務用明德於民也。教之《故志》，使知廢興者而戒懼焉。教之《訓典》，使知族類，行比義焉。」（《楚語》上）《左傳》謂左史倚相甚至「能讀《三墳》、《五典》、《八索》、《九丘》」等上古典籍，可見楚國文化不但不亞於中原諸國，或可能凌駕各國之上。

新興之楚國在文化上更能發揮道德之精神，此一特點，特別表現在「寬柔」思想上。《中庸》曰：「寬柔以教，不報無道，南方之強也。君子居之，衽金革，死而不怨，北方之強也。」（十章）《疏》曰：「南方，謂荊陽之南，其地多陽。陽氣舒散，人情寬緩和柔。假令人有無道加己，己亦不報。和柔爲君子之道，故云君子居之。」又曰：「北方沙漠之地，其地多陰。陰氣褊急，故人生剛猛，好鬥爭。故以甲鎧爲席，寢宿於中，至死不厭，非君子所處，而強梁者居之。」

　　老子為南方文化之代表，其思想亦多主寬柔思想。老子曰：「人之生也柔弱，其死也堅強。草木之生也柔脆，其死也枯槁。故堅強者死之徒，柔弱者生之徒。是以兵強則不勝，木強則兵。強大處下，柔弱處上。」（七六章），又曰：「強梁者不得其死」（四二章）、「專氣致柔」（十章）、「守柔曰強」（五二章）。

　　因此表現在為人處世方面，乃是寬厚仁慈。此點與代表北方學者之孔子意見稍有不同。〔註10〕《論語·憲問篇》曰：「或曰：『以德報怨，何如？』子曰：『何以報德？以直報怨，以德報德。』」而老子卻謂：「報怨以德。」（六三章）、「善者吾善之，不善者亦善之，德善。信者吾信之，不信者吾亦信之，德信。」（四九章）、「故善人者，不善人之師；不善人者，善人之資。不貴其師，不愛其資，雖智大迷。」（廿七章）

　　老子之眼光中，孔子係帶有驕恣之氣。老子曰：「弱之勝強，柔之勝剛，天下莫不知，莫能行。」（七八章）孔子乃知而不行之人，故曰：「去子之驕氣與多欲，態色與淫志，是皆無益於子之身。」（《史記·本傳》）觀《史記·孔子世家》孔子以大司寇行攝相事，面有喜色。而門人曰：「聞君子禍至不懼，福至不喜。」孔子答曰：「有是言也，不曰：『樂其以貴天下人乎？』」遂誅魯大夫亂政者少正卯。袁宙宗先生曰：

> 由這段文字記載，可以看出孔子為驕與態色淫志。何以故？「由大司寇攝相事，有喜色」，豈非「態色」乎？少正卯為魯國大夫，孔子作司寇僅七日便把他殺了。人問其故？孔子對少正卯的批評說：「其居處足以撮徒成黨，其談說足以飾邪熒眾，其強禦足以反是獨立。」按少正卯是魯國的聞人，所列罪證，不能構成死罪，而孔子殺之，亦可謂驕。〔註11〕

無怪乎齊景公欲以尼谿田封孔子，孔子去見景公。晏嬰止之曰：「夫儒者滑稽而不可軌法，倨傲自順，不可以為下。」（《史記·孔子世家》）此與老子主寬柔謙下，不敢為天下先思想不同。老子曰：「常善救人，故無棄人；常善救物，故無棄物。」（廿七章）此即所謂「報怨以德」之思想。

〔註10〕孔子代表北方，老聃代表南方。《莊子·天運篇》曰：「孔子行年五十一，而不聞道，乃南之沛見老聃。老聃曰：『吾聞子北方之賢者也。……』」此外《莊子》書中又數處記老子居南之事，如〈庚桑楚〉曰：「庚桑子曰：『子胡不南見老子？』」又〈寓言篇〉曰：「陽子居南之沛，老聃西遊於秦，邀於郊，至於梁而遇老子。」《莊子》以老孔居南北，殆以孔子為北方學者也。

〔註11〕袁宙宗《老子身世及其兵學思想探賾》第四章，頁80。

除寬厚與剛直外，南北思想尚有若干分歧之處。此種思想分歧之處，可用老子「正言若反」一語涵蓋。老子喜從反面體認事物，所謂：「反者，道之動。」（四十章）反言之效用常使人更能體會事物之真義。此點與儒家喜從正面探討事物不同。

如孔子主正名，老子却主張無名。孔子曰：「必也正名乎。名不正，則言不順；言不順，則事不成。」（〈子路〉），老子曰：「道常無名」（卅二章）、「名亦將有，夫亦將知止。」（卅二章）、「道隱無名」（四一章）、「吾將鎮以無名之樸。」（卅七章），由於無名，故是非善惡不能有截然之劃分：「善行無轍迹，善言無瑕讁，善數不用籌策。」（廿七章）、「天下皆知美之為美，斯惡已；皆知善之為善，斯不善已。」（二章）

孔子主仁義，老子却反對形式上之仁義。孔子曰：「入則孝，出則悌，而親仁。」（〈學而〉），又曰：「務民之義」（〈雍也〉），老子曰：「絕仁棄義，民復孝慈。」（九章）

孔子主知，老子却反對知。孔子曰：「知者不惑」（〈子罕〉），老子曰：「絕聖棄知，民利百倍。」（十九章）

孔子主忠，老子却反對形式上之忠。曾子曰：「夫子之道，忠恕而已。」（〈里仁〉），老子却曰：「國家昏亂有忠臣。」（十八章）

孔子主信，老子却能包容不信。孔子曰：「人而無信，不知其可也。」（〈為政〉），老子曰：「不信者吾亦信之。」（四九章）

孔子主孝慈，老子却反對形式上之孝慈。孔子曰：「孝慈則忠」（〈為政〉），老子曰：「六親不和有孝慈。」（十八章）

孔子主德，老子却主不德。孔子曰：「吾未見好德如好色者也」（〈子罕〉），老子曰：「上德不德。」（卅八章）

孔子主學，老子却主絕學。孔子曰：「學而不厭」（〈述而〉），老子曰：「絕學無憂。」（二十章）

孔子主人道，老子則涉及天道。「夫子之言性與天道，不可得而聞也。」（〈公冶長〉）、「夫子之道，忠恕而已。」（〈里仁〉），老子曰：「有物混成，先天地生，吾不知其名字之曰道。」（廿五章）孔子之道，即荀子所謂：「道者，非天之道，人之所以道也，君子之所以道也。」（〈儒效〉）韓愈亦曰：「凡吾所謂道德云者，合仁與義言之也，天下之公言也。老子之所謂道德云者，去仁與義言之也，一人之私言也。」（〈原道〉）此老、孔天人之分也。

　　孔子與老子代表北方與南方思想之不同，老子從「反者道之動」為出發點，表現出「正言若反」之思想。其主張寬柔反知、絕仁棄義等言論，實具有濃厚南方文化之色彩。

（三）富有幻想之精神

　　楚地由於地理環境之特殊，有九嶷、衡嶽之高山，江漢沅湘之長流，又有九百里方圓之雲夢大澤，更有「坼吳楚、浮乾坤」之洞庭湖，山川鬱鬱，雲霧飄渺。又富漁獵農業天然資源，食物富足不匱。故於衣飽酒食之餘，常有窮天地之想，多富有幻想之精神（此與中原士民，經常於戰爭饑餒之中，多思念切身實際之問題不同）。

　　《漢書・地理志》謂：「楚人信巫鬼，重淫祀。」《漢書・郊祀志》載：「楚懷王隆祭祀，事鬼神，欲以獲福助，却秦師，而兵挫地削，身辱國危。」王逸亦曰：「昔楚國南郢之邑，沅湘之間，其俗信鬼而好祠。」（《楚辭章句・九歌序》）

　　由於信鬼好巫，因而從鬼神信仰，進一步對不可思議之宇宙產生好奇。如屈原〈天問〉曰：「遂古之初，誰傳道之？上下未形，何由考之？冥昭瞢闇，誰能極之？馮翼惟像，何以識之？明明闇闇，惟時何為？陰陽三合，何本何化？圜則九重，孰營度之？維茲何功，孰初作之？斡維焉繫？天極焉加？八柱何當？東南何虧？九天之際，安放安屬？」屈原之〈離騷〉、〈九章〉、〈九歌〉，宋玉之〈九辯〉皆有此類思想。而後世闡述老子之莊子，亦受此思想之影響。如《莊子・天運篇》曰：「天其運乎？地其處乎？日月其爭於所乎？孰主張是？孰維綱是？孰居無事推而行是？意者其有機緘而不得已耶？意者其運轉而不能自止耶？雲者為雨乎？雨者為雲乎？孰隆施是？孰居無事淫樂而勸是？風起北方，一西一東，有上徬徨，孰噓吸是？孰居無事而披拂是？」

　　莊子之學，本受楚文化影響甚深。《史記・莊子本傳》謂：「楚威王聞莊周賢，使使厚幣迎之，許以為相。」老子、屈原、莊周皆淵源於楚國文化，其思想頗多相通之處。如屈原〈遠遊〉曰：「漠虛靜以恬愉兮，澹無為而自得。」與老子「致虛極，守靜篤。」（十六章）之說相似。而「道可受兮，不可傳。其小無內兮，其大無垠。無滑而魂兮，彼將自然。壹氣孔神兮，於中夜存。虛以待之兮，無為之先。庶類以成兮，此德之門。」與《莊子・大宗師》之「夫道，有情有信，無為無形，可傳而不可受，可得而不可見，自本自根，未有天地，自古以固存。」以及〈人間世〉「惟道集虛」之論「道」相似。屈

原之「載營魄而登霞兮」又與老子「載營魄抱一，能無離乎？」（十章）相似。其〈漁父〉曰：「聖人不凝滯於物，而能與世推移。」則與老子之「和光同塵」（四章）莊子之「形莫若就，心莫若和。」（〈人間世〉）說法相似。

此種富玄虛飄渺之色彩，不僅是楚國，連南方之越國亦感染此類思想。如《國語‧越語下》越王勾踐三年范蠡曰：「天道盈而不溢，盛而不驕，勞而不矜其功。夫聖人隨時以行，是謂守時。天時不作，弗爲人客。人事不起，弗爲之始。……惟地能包萬物以爲一，其事不失。生萬物，容畜禽獸。然後受其名而兼其利。美惡皆成以養生，時不至，不可強生。事不究，不可強成。……必有以知天地之恒制，乃可以有天地之成利。……因陰陽之恒，順天地之常，柔而不屈，彊而不剛。……天因人，聖人因天。人自生之，天地形之，聖人因而成之。」

《老子》書中善談形上思想，其幽渺精妙之天道思想，實與楚人富幻想之精神有關。而《老子》行文用語，亦多類《楚辭》「騷體」之風味，如「豫焉若冬涉川，猶兮若畏四鄰，儼兮其若客，渙兮若冰之將釋。」（十五章）、「荒兮其未央哉……我獨泊兮其未兆……儽儽兮若無所歸……沌沌兮俗人昭昭……澹兮其若海，飂兮若無止。」（廿章）、「大道氾兮其可左右」（卅四章）更可顯示老子與楚地淵源之深。楚地因其特殊之南方文化背景，因而便蘊育出老、莊獨特之思想。南懷瑾先生曰：

> 楚國文化，仍然具有他祖先祝融後裔之傳承，遠紹五帝之首，黃帝學術思想之餘風。加上南方地理環境之關係，有滾滾長江與滔滔漢水之天險，阻止了北方之勢力。有無數未經開發之深山峻嶺，處處富有神秘而好奇之誘惑。於是在春秋、戰國期間，有老子、莊子等道家，屬於南方楚國系統之文化思想，便應運而生了。〔註12〕

一般人論儒家學術之淵源，每謂其博大精深，源遠流長。殊不知老子之思想與學術，實統合上古思想之精髓，雜合《詩經》、《書經》、《易經》等固有文化之精神，再加上老子身爲史官之閱歷及獨特之觀察，兼具有楚國南方文化之色彩，而融合產生之偉大學術思想。無怪乎由兩漢至魏晉，老莊學術深爲思想界普遍接受與歡迎，其聲勢有凌駕儒學之上，此蓋與其博大深廣之學術淵源有關。

〔註12〕南懷瑾《禪與道概論》，頁 175。

第三節　老子學術思想之特色

　　老子為道家諸子之首，後世道家皆由老子思想所出。欲明老學之發展，首要對老子學術思想有基本之認識。茲將老子思想以「本體論」、「修養論」、「政治論」三項扼要敘述如下：

一、本體論

　　老子之本體論係以法自然之「道」為本體。道係創生萬物之本因。「道生一，一生二，二生三，三生萬物。」（四二章）萬物因道而生，而萬物本身亦具備道之特性，名之曰「德」。所謂：「道生之，德畜之，物形之，勢成之。是以萬物莫不尊道而貴德。道之尊，德之貴，夫莫之命而常自然。故道生之，德畜之，長之，育之，亭之，毒之，養之，覆之。」（五一章）因此「德」係由「道」所出，兼具「道」之特質，《老子》書中所謂常德、元德、玄德、孔德等皆可指本體之道而言。管子曰：「德者，道之舍，物得以生。生知得以職道之精，故德者，得也。得也者，其謂所得以然也。」（〈心術〉上）明・憨山大師曰：「所言道，乃萬物之本，德乃成物之功。」（《道德經注》）《老子》一書以「道德」二字合名，實具有寓「道」於「德」之意思。

　　道之表現常非具體之形象或事物，故不可為後天之觀念所束縛，老子用「無」來釋之：「道可道，非常道；名可名，非常名。無，名天地之始，有，名萬物之母。」（一章）老子對「無」之形容，則是「恍惚難知」：「視之不見名曰夷，聽之不聞名曰希，搏之不得名曰微。此三者不可致詰，故混而為一。其上不皦，其下不昧，繩繩不可名，復歸於無物。是謂無狀之狀，無物之象，是謂惚恍。迎之不見其首，隨之不見其後，執古之道，以御今之有。能知古始，是謂道紀。」（十四章）

　　道以「無」稱，「無」並非空無一物，實乃因道涵蓋一切，超出一切觀念與現象。老子既從反面「無」以否定道之可界定，復從「有」之觀念，來肯定道之實在：「道之為物，惟恍惟惚，惚兮恍兮，其中有物；窈兮冥兮，其中有精，其精甚真，其中有信。自古及今，其名不去，以閱眾甫。吾何以知眾甫之狀哉？以此。」（廿一章）

　　「有精」、「有真」、「有信」皆是形容道為一實存之體。此外老子復用「常」之觀念敘述道之恆常不變之性：「有物混成，先天地生，寂兮寥兮，獨立而不改，周行而不殆。」（廿五章）此即所謂「常道」：「知常曰明，不知常，妄作

凶。知常容,容乃公。」(十六章)

此常道既有獨立不改之性,故為萬物依式之對象。老子以「一」字代替道之常性:「昔之得一者,天得一以清,地得一以寧,神得一以靈,谷得一以盈,萬物得一以生,侯王得一以為天下貞,其致之一也。」(卅九章)

除恒常不變之特性外,道尚有「虛沖博大」之性質「道沖而用之,或不盈,淵兮似萬物之宗。」(四章)、「大盈若沖,其用不窮。」(四五章)虛沖就是「大」,故能包含萬物,左右萬物:「大道氾兮,其可左右。」、「萬物歸焉而不為主,可名為大,以其終不自大,故能成其大。」(卅四章)、「天下皆謂我道大似不肖。夫惟大,故似不肖。若肖,久矣其細也夫。」(六七章)因此道可別名之為「大」:「字之曰道,強為之名曰大。」(廿五章)、「故道大、天大、地大、人亦大。」(廿五章)

此外道尚有「變動反覆」之性質:「反者,道之動;弱者,道之用。」(四十章)、「大曰逝,逝曰遠,遠曰反。」(廿五章)宇宙萬事,由動而反,由反而復,反復循環不已:「周行而不殆,可以為天下母。」(廿五章)、「夫物芸芸,各復歸其根,歸根曰靜,靜曰復命。」(十六章)懂得道之變動反復之特性,故能動靜相守,不妄自造作:「孰能濁以靜之徐清,孰能安以動之徐生?保此道者不欲盈。夫惟不盈,故能蔽而新成。」(十五章)

老子本體論係以道為中心,無論道具有任何性質,要之皆以「自然」為歸,所謂「道法自然」(廿五章)、「道之尊,德之貴,夫莫之命而常自然。」(五一章)因此天道表現則是順物自然,而不強制妄作:「天之道,利而不害。」(八一章)、「天之道,不爭而善勝,不言而善應,不召而自來,繟然而善謀,天網恢恢,疏而不失。」(七三章)、「天之道,其猶張弓與!高者抑之,下者舉之,有餘者損之,不足者補之。」(七七章)、「天道無親,常與善人。」(七九章)、「功成身退,天之道。」(九章)

老子本體之道,係老子思想之基礎。此道係一實存之體,涵蓋萬物,卻超越一切有形之界限,故老子以「無」稱之。其本質卻是變動循環,反復不已,構成宇宙一大生命體。而由道表現出來,則係順應自然,無為無涉之精神。此點對其修養論及政治論,皆有極大影響。老子對此自然之道認為極其寶貴,為吾人所須珍惜:「道者萬物之奧。善人之寶,不善人之所保。美言可以示尊,美行可以加人。人之不善,何棄之有?故立天子,置三公,雖有拱璧以先駟馬,不如坐進此道。古之所以貴此道者何?不曰:求以得,有以罪

免邪？故為天下貴。」（六二章）而欲實踐此自然之道，亦非難知難行之理：「吾言甚易知，甚易行。天下莫能知，莫能行。言有宗，事有君，夫惟有知，是以不我知。知我者希，則我者貴，是以聖人被褐懷玉。」（七十章）祇要順物自然，便是道體之實踐。

二、修養論

老子修養論係從「道本自然」之思想來，所謂：「人法地，地法天，天法道，道法自然。」（廿五章）一切修養皆要順應自然，無為無作，「希言自然」（廿三章）、「莫之命而常自然。」（五一章）、「輔萬物之自然而不敢為」（六四章）因為一切有為妄作，則損於自然之道：「為學日益，為道日損。損之又損，以致於無為，無為而無不為。」（四八章）

因此老子反對知識上刻意追求，及世俗之道德修養：「絕學無憂，唯之與阿，相去幾何？善之與惡，相去幾何？」（廿章）、「絕聖棄知，民利百倍。」（十九章）、「智慧出，有大偽。」（十八章）、「不出戶，知天下。不闚牖，見天道。其出彌遠，其知彌少。是以聖人不行而知，不見而名，不為而成。」（四七章）、「是以聖人之治也。虛其心，實其腹，弱其志，強其骨，恒使民無知無欲也。」（三章）

其實老子所反對乃是人為之道德修養。蓋一切道德名目，若非出於自然本性，則為虛偽不實。故老子指出道德發生之次序：「上德不德，是以有德；下德不失德，是以無德。上德無為而無以為，下德無為而有以為。上仁為之而無以為，上義為之而有以為。上禮為之而莫之應，則攘臂而扔之。故失道而後德，失德而後仁，失仁而後義，失義而後禮。夫禮者，忠信之薄，而亂之首。前識者，道之華，而愚之始。是以大丈夫處其厚，不居其薄；虛其實，不居其華，故去彼取此。」（卅八章）因此老子對道德名目之反對，乃是崇尚自然真實精神之表現。應用在人世間，即是平淡、平實、平凡之人生觀。老子強調一切行事在於簡要，所謂：「圖難於其易，為大於其細。天下難事，必作於易。天下大事，必作於細。是以聖人終不為大，故能成其大。」（六三章）簡要之態度，即是順乎自然之精神，一切免除人為，了無痕迹：「善行無轍迹，善言無瑕讁，善數不用籌策，善閉無關楗而不可開，善結無繩約而不可解。」（廿七章），老子道德修養，實是純真自任，發諸本性。而絕非巧立名目，粉飾是非。祇圖炫人耳目，徒有其表之虛偽華飾。

　　由無爲之修養論引伸爲心性修養，則是清心寡欲之道德情操。老子極力陳明情欲之害處：「五色，令人目盲。五音，令人耳聾。五味，令人口爽。馳騁畋獵，令人心發狂。難得之貨，令人行妨。」（十二章）一般人太看重生，反而戕傷生：「生之徒，十有三。死之徒，十有三。人之生，動之死地，亦十有三。夫何故？以其生生之厚。」（五十章）因此老子將一切禍害歸咎於欲望：「罪莫大於可欲，禍莫大於不知足，咎莫大於欲得。」（四六章）而人間一切欲望皆是虛無不可長守：「金玉滿堂，莫之能守。富貴而驕，自遺其咎。」（九章）老子遂以無欲無爲教導人：「無爲之益，天下希及之。」（四三章）、「是以聖人欲不欲，不貴難得之貨。」（六四章）、「不見可欲，使民心不亂。」（三章）、「常使民無知無欲，使夫智者不敢爲也。爲無爲，則無不治。」（三章）、「常無欲，以觀其妙。」（一章）、「少私寡欲」（十九章）、「無欲以靜，天下將自正。」（卅七章）、「聖人爲腹不爲目」（十二章）

　　不但在物質生活上清心寡欲，在知識追求上更要有所節制。老子反對一切人爲智慧：「智慧出，有大僞。」（十八章）而最理想之標準，乃係無知無欲之狀況：「知，不知，上。不知，知，病。聖人不病，以其病病。夫惟病病，是以不病。」（七一章）因此節制知識之追求，乃爲人生必要之修養：「絕聖棄智，民利百倍。」、「絕巧棄利，盜賊無有。」（十九章）、「塞其兌，閉其門，終身不勤。開其兌，濟其事，終身不救。」（五二章）

　　節制情欲及棄絕知識之追求，須從知足儉嗇等功夫著手：「知足不辱，知止不殆，可以長久。」（四四章）、「知足者富」（卅三章）、「治人事天莫如嗇。夫惟嗇，是謂早服。早服謂之重積德，重積德則無不克，無不克則莫知其極。莫知其極，可以有國，有國之母，可以長久。」（五九章）此種功夫在言語上表現出來，則是「知者不言，言者不知。」（五六章）、「多言數窮，不如守中」（五章）、「信者不美，美者不信。善者不辯，辯者不善。知者不博，博者不知。」（八一章）

　　老子無欲無知，皆是返樸歸眞之意，所謂：「俗人昭昭，我獨昏昏。俗人察察，我獨悶悶。」（廿章）、「大巧若拙，大辯若訥。」（四五章）因此老子亟稱嬰孩之德：「復歸於嬰孩」（廿八章）、「含德之厚，此於赤子。」（五五章），因嬰孩天眞爛漫，無欲無求，最近於自然之道。

　　從無爲自然引伸出待人之道，則是謙柔不爭。老子贊美水之德，因水最近無爲無爭之德性：「上善若水，水善利萬物而不爭。夫惟不爭，故無尤。處

眾人之所惡，故幾於道。」（八章）、「天下莫柔弱於水，而攻堅強者莫之能勝。」（七八章）故人要取法於水：「居善地，心善淵。」（八章）以不爭之德為尚：「夫惟不爭，故天下莫能與之爭。」（廿二章）、「不爭而善勝」（七三章）、「聖人之道，為而不爭。」（八一章）、「不尚賢，使民不爭。」（三章）

除了消極不爭之外，積極方面尚須以柔和謙讓為懷：「曲則全，枉則直，窪則盈，敝則新，少則得，多則惑。是以聖人抱一為天下式。不自見故明，不自是故彰，不自伐故有功，不自矜故長。夫唯不爭，故天下莫能與之爭。古之所謂曲則全者，豈虛言哉？誠全而歸之。」（廿二章）柔弱係以退為進之手段，其效果足以勝過剛強：「將欲歙之，必固張之。將欲弱之，必固強之。將欲廢之，必固舉之。將欲奪之，必固與之。是謂微明，柔弱勝剛強。」（卅六章）、「天下至柔，馳騁天下之至堅。」（四二章）、「人之生也柔弱，其死也堅強。」、「故堅強者死之徒，柔弱者生之徒。」（七六章）

此種柔和謙讓，不爭之德，常為克敵取勝之道，亦為吾人配天法道之最高修養：「善為士者不武，善戰者不怒，善勝敵者不與，善用人者為之下。是謂不爭之德，是謂用人之力，是謂配天之極。」（六八章）因此在生活體驗上便是：「既以為人，己愈有；既以與人，己愈多。」（八一章）、「欲上民，必以言下之；欲先民。必以身後之。是以處上而民不重，處前而民不害。」（六六章）

反之，若一味以暴力強勢行事，則太剛易折，反而得不到效果。老子甚反對威勢：「故暴風不終朝，驟雨不終日。孰為此者：天地。天地尚不能久，而況於人乎？」（廿三章）、「物壯則老，是謂不道，不道早已。」（卅章）、「企者不立，跨者不行。」（廿四章）、「強梁者，不得其死。」（四二章）

柔和不爭，謙讓為懷，此即為一「慈」字；「我有三寶，持而保之：一曰慈，二曰儉，三曰不敢為天下先。慈故能勇，儉故能廣，不敢為天下先，故能成器長。今舍慈且勇，舍儉且廣，舍後且先，死矣！夫慈，以戰則勝，以守則固。天將救之，以慈衛之。」（六七章）

老子絕非虛無論者，其文中雖有絕聖棄知，毀仁訾義之言，不過係就時人濫用禮教之名目而有所反對而已。其立論常從反面而言，因予人有否定禮教之印象，老子實從其自然無偽之真精神出發也。觀其書中一再強調柔弱、儉嗇、謙退、安靜等德性，並從正面肯定其價值，且發揮「慈愛」之偉大號召，老子不啻為一徹底徹尾之倫理道德家。

三、政治論

老子之政治論亦即根據其自然無爲之本體之道而來。道係侯王在政治作爲上，所欲抱守秉持之原則：「侯王若能守之，萬物將自賓。」（卅二章）、「侯王若能守之，萬物將自王。」（卅七章）、「聖人抱一爲天下式。」（廿二章）

因此「無爲自化」係老子政治論之主張。春秋戰國之際，征伐互起，干戈屢見，民生疾苦，人民倒懸，老子以「無爲自化」做爲時代之治劑：「天下多忌諱，而民彌貧。朝多利器，國家滋昏。人多伎巧，奇物滋起。法令滋彰，盜賊多有。故聖人云：我無爲而民自化，我好靜而民自正，我無事而民自富，我無欲而民自樸。」（五七章）

因政治上之有爲，適足以擾民，更增加其覆敗：「將欲取天下而爲之，吾見其不得已。天下神器，不可爲也，不可執也。爲者，敗之。執者，失之。故物或行，或隨；或歔，或吹；或強，或羸；或載，或隳。是以聖人去甚，去奢，去泰。」（廿九章）

政治之施興，既然無所妄作，當如治海鮮一樣，便須小心翼翼，不可翻擾太過：「治大國，若烹小鮮。以道蒞天下，其鬼不神；非其鬼不神，其神不傷人；非其神不傷人，聖人亦不傷人。夫兩不相傷，故德交歸焉。」（六十章）

老子遂認爲一切政治作爲，要順應自然。順應自然，更須從體貼百姓之心著手：「聖人無常心，以百性心爲心。善者，吾善之；不善者，吾亦善之，德善。信者，吾信之；不信者，吾亦信之，德信。聖人在天下，歙歙焉。爲天下，渾其心。百姓皆注其耳目，聖人皆孩之。」（四九章）同時不可以暴力壓脅百姓：「民不畏威，則大威至。無狎其所居，無厭其所生。夫唯不厭，是以不厭。是以聖人自知不自見，自愛不自貴，故去彼取此。」（七二章）

最好能使百姓自然歌頌，而不覺得是君王之刻意作爲：「太上，不知有之。其次，親而譽之。其次，畏之。其次，侮之。信不足焉，有不信焉。悠兮其貴言，功成事遂，百姓皆謂：我自然。」（十七章）而民之難治，正是君王任意妄爲所致：「民之饑，以其上食稅之多，是以饑。民之難治，以其上之有爲，是以難治。民之輕死，以其上求生之厚，是以輕死。夫唯無以生爲者，是賢於貴生。」（七五章）

至於如何治民，則須秉自然無爲之精神，使民祛除一切智謀巧力，而達於單純質樸之地步：「古之善爲道者，非以明民，將以愚之。民之難治，以其智多。故以智治國，國之賊；不以智治國，國之福。知此兩者，亦稽式。常

知稽式，是謂玄德。玄德深矣遠矣，與物反焉，然後乃至大順。」（六五章）因此老子主張「絕聖棄智」，方是政治上治民之要途：「絕聖棄智，民利百倍。絕仁棄義，民復孝慈。絕巧棄利，盜賊無有。此三者以為文不足，故令有所屬。見素抱樸，少私寡欲。」（十九章）同時亦要「虛心實腹」方足以使政治安定：「不尚賢，使民不爭。不貴難得之貨，使民不為盜。不見可欲，使民心不亂。是以聖人之治，虛其心，實其腹，弱其志，強其骨，常使民無知無欲。使夫智者不敢為也。為無為，則無不治。」（三章）

　　至於君王之德性，亦要秉持「謙讓虛冲」之胸懷，方足以迎得人民之愛戴：「江海所以能為百谷王者，以其善下之，故能為百谷王。是以聖人欲上民，必以言下之；欲先民，必以身後之。是以聖人處上而民不重，處前而民不害。是以天下樂推而不厭，以其不爭，故天下莫能與之爭。」（六六章）君王有擔當人民意見之責：「受國之垢，是謂社稷主；受國不祥，是謂天下王。」（七八章）、「人之所惡，唯孤、寡、不穀，而王公以為稱。」（四二章）、「故貴以賤為本，高以下為基。是以侯王有謂孤、寡、不穀，此非以賤為本邪？」（卅九章）

　　老子最反對殺戮：「民不畏死，奈何以死懼之？若使民常畏死，而為奇者，吾得執而殺之。孰敢？常有司殺者殺。夫代司殺者殺，是謂代大匠斲。夫代大匠斲者，希有不傷其手矣。」（七四章）同時亦反對君王剝削百姓：「民之饑，以其上食稅之多，是以饑。」（七五章）

　　老子對戰爭尤為厭惡。雖《老子》書中有討論戰爭之語，如「以奇用兵」（五七章）、「善戰者不怒，善勝敵者不與。」（六八章）、「抗兵相加，哀者勝矣。」（六八章）然此乃係戰術之運用。老子本質上是排斥戰爭：「雖有甲兵，無所陳之。」（八十章）、「以道佐人主者，不以兵強天下，其事好還。師之所處，荊棘生焉。大軍之後，必有凶年。」（卅章）戰爭之發生，固是不得已，然達到目的即可，不可勉強而用：「兵者，不祥之器，非君子之器，不得已而用之，恬淡為止。勝而不美；而美之者，是樂殺人。夫樂殺人者，則不可得志於天下矣。」（卅一章）、「善者，果而已，不敢以強取。果而勿矜，果而勿伐，果而勿驕，果而不得已，果而勿強。」（卅章）、「殺人之眾，以悲哀泣之，戰勝以喪禮處之。」（卅一章）

　　老子政治思想係反對一切君王有形之干涉，以及暴政戰爭之逼迫百姓，而其最令人神往則為小國寡民之安樂社會：「小國寡民，使有什佰之器而不用。使民重死而不遠徙。雖有舟輿，無所乘之。雖有甲兵，無所陳之。使民

復結繩而用之。甘其食，美其服，安其居，樂其俗。鄰國相望，雞犬之聲相
聞，民至老死不相往來。」（八十章）

　　老子無爲而治，順應自然之思想，誠爲亂世之產物。若論其闡述至道之
精妙，發揚道德之眞精神，則係針對時代弊病而發。自先秦以迄兩漢魏晉，
老學之所以能普遍發展，此一時期與老子有共同相似之時代背景。而莊子能
繼承老子思想，闡述推演，發揚光大，更使道家之學，由入世爲用轉而逍遙
出世，由順物自然因而泯滅是非，齊一生死。其文章洸洋自恣，情見乎辭，
乃別由柱下之軌迹而另樹一新氣象。後世以「老莊」方之「孔孟」，洵屬恰當。

第三章　莊子之學術思想

第一節　莊子本傳

　　關於莊子其人事跡，多不可考，其生平敘述，亦祇見《史記‧本傳》：「莊子者，蒙人也，名周。周嘗爲蒙漆園吏，與梁惠王、齊宣王同時。其學無所不窺，然其要本歸於老子之言。故其著書十餘萬言，大抵率寓言也。作〈漁父〉、〈盜跖〉、〈胠篋〉，以詆訿孔子之徒，以明老子之術。〈畏累虛〉、〈亢桑子〉之屬，皆空語無事實。然善屬書離辭，指事類情，用剽剝儒、墨，雖當世宿學，不能自解免也。其言洸洋自恣以適己，故自王公大人不能器之。楚威王聞莊周賢，使使厚幣迎之，許以爲相。莊周笑謂楚使者曰：『千金，重利；卿相，尊位也。子獨不見郊祭之犧牛乎？養食之數歲，衣以文繡，以入太廟。當是之時，雖欲爲孤豚，豈可得乎？子亟去，無汙我！我寧遊戲汙瀆之中以自快，無爲有國者所羈，終身不仕，以快吾志焉！』」

　　有關莊子姓名、籍貫、生卒年壽、一生事跡，及成書年代、著作本身之問題，亦與老子身世一樣爲後代學者所討論，並各有執異之觀點，由於所涉範圍太廣，本文不擬多敘。《史記‧本傳》謂莊子與梁惠王、齊宣王同時，又嘗却楚威王聘。《莊書》中並載與惠子爲友，相與問答。惠子嘗爲梁相（見〈楚策〉及〈六國表〉襄王十三年），先莊子而卒（〈徐无鬼篇〉）。則莊子生於周烈王、顯王、愼靚王之際，約與孟子同時。〔註 1〕

〔註 1〕可參考馬敍倫《莊子研究年表》部份，頁 373。並參考黃錦鋐《莊子及其文學‧莊子的生卒年》，頁 4。

　　至於莊子係蒙人，嘗爲蒙之漆園吏，其地本屬宋國。周赧王廿七年，宋國康王偃無道，齊、楚、梁乃三分其地，而莊子之蒙城亦隸屬梁國，故或云莊子梁國人也。蒙地約今河南商邱縣附近（見《讀史方輿紀要》），商邱爲商紂子武庚之封地，周公東征後，改封微子啓爲宋公於此，嗣後殷人遂南移楚地，楚宋同源。故朱子曰：「莊子自是楚人」（《語類》卷一二五）。無論蒙人、宋人、梁人、楚人，其實皆一也。

　　至於今本《莊子》一書，乃郭象據《漢書・藝文志》五十二篇（其中〈內篇〉七、〈外篇〉廿八、〈雜篇〉十四、〈解說〉三）所刪節合併爲卅三篇。其理由據郭象〈後序〉曰：「夫學者當以成性易知爲德，不以能攻異端爲貴也。然莊子閎才命世，誠多英文偉詞，正言若反，故一曲之士，不能暢其弘旨，而妄竄奇說。若〈閼弈〉、〈意脩〉之首，〈卮言〉、〈遊鳧〉、〈子胥〉之篇，凡諸巧雜若此之類，十分有三。或牽之令近，或迂之會誕，或似《山海經》，或似《夢書》，或出《淮南》，或辯形名，而參之高韻，龍蛇並御，且辭氣鄙背，竟無深奧，而徒難知，以困後蒙令沈滯失流，豈所求莊子之意哉？故皆略而不存。今唯裁取其長達致全乎大體者，爲卅三篇者。」

　　郭象《莊子》三十三篇共六萬九千九百餘字，究竟是否保存原有之貌，後人頗表懷疑，[註2] 此與《史記・本傳》所謂著書十餘萬言之敘述不符。然若遽以論《莊子》晚出，則頗與事實不合。《荀子・解蔽篇》曰：「莊子蔽於天而不知人。」《史記》司馬遷曰：「莊子散道德放論，要亦歸之自然。」論天言自然係老莊思想一貫立場。莊子有「天鈞」（〈齊物論〉）、「天倪」（同上）、「天鬻」（〈德充符〉）之說。又曰：「常因自然而不益生」（〈德充符〉）、「順物自然而不益生」（〈應帝王〉）、「應以自然」（〈天運〉）、「無爲而才自然矣」（〈田子方〉），是荀卿、司馬遷具讀過《莊子》書，方有此言論。《莊子》書當早於荀卿之前已存在。今觀《莊》書詭詭譎怪，氣勢恢宏，多數體勢相同。唯一部分文體不類，思想不夠縝密，當係後世僞造，或門弟子所雜入。

〔註2〕蘇子瞻《莊子祠堂記》有疑〈盜跖〉、〈漁父〉、〈讓王〉、〈說劍〉之僞。明宋濂《諸子辨》、羅勉道《南華眞經・逍遙篇注》、鄭瑗《井觀瑣言》、清姚鼐《古今僞書考》、王先謙《莊子集解》等皆有懷疑《莊子》一書之眞實性。唯《莊子・內篇》學者多認爲自〈逍遙遊〉至〈應帝王〉，無論內容、條理，都係一貫而成，故可靠信極大。然亦有人對〈內篇〉懷疑者，如王叔岷《莊子校釋序》、胡芝新《莊子考證》、葉國慶《莊子研究》、唐蘭〈老聃的姓名和時代考〉等。至於〈外篇〉、〈雜篇〉，學者多以爲雜有後人僞作在內。

第二節　老莊學術之關係

　　莊子約生於戰國中期。此一時期，正是中國上古社會變動最大之時期。政治上，秦用商鞅以變法，國勢凌厲，有積極併吞天下之野心。南方楚悼王用吳起，練兵增產，推行強權之軍國主義。而中原各國或整武以侵伐，或修城以守備，兵燹蠭起，干戈互見，人民生活於水火之中，苦不堪言。而各國諸侯，亦無不籠絡能謀善言之士，以遂其囊括天下，席卷四海之野心。一時百家諸子，權臣謀士無不貢獻心力，提供意見。於是學說紛遝，呶呶嚷嚷，學術上遂呈現出五光十色，各放異彩之局面。《戰國策・敍》曰：「春秋之後，眾賢輔國者既沒，而禮義衰矣。孔子雖論《詩書》、定《禮樂》，王道粲然分明。以匹夫無勢化之者七十二人而已，皆天下之俊也。時君莫尚之，是以王道遂用不興。故曰：非威不立，非勢不行。仲尼既沒之後，田氏取齊，六卿分晉，道德大廢，上下失序。至秦孝公捐禮讓而貴戰爭，棄仁義而用詐譎，苟以取強而已矣。夫篡盜之人，列為侯王。詐譎之國，興立為強。是以傳相放效，後生師之，遂相吞滅。并大兼小，暴師經歲，流血滿野。父子不相親，兄弟不相安，夫婦離散，莫保其民，潛然道德絕矣。晚世益盛，萬乘之國七，千乘之國五，敵侔爭權。蓋為戰爭，貪饕無恥，競進無厭，國異政教，各自制斷。上無天子，下無方伯。力功爭強，勝者為右，兵革不休，詐偽並起。當此之時，雖有道德，不得施謀。有設之強，負阻而恃固。連與交質，重約結誓，以守其國。故孟子、孫卿儒術之士，棄捐於世。而遊說權謀之徒，見貴於俗。是以蘇秦、張儀、公孫衍、陳軫、代、厲之屬，生縱橫短長之說，左右傾側。」

　　在此特殊之背景下，莊子遂繼承老子之學說，走向「反現實」之同一路線。一以「自然無為」之思想為基礎，對現實殘酷之社會做一批判；一以超然塵外之思想為解脫，以企求恬淡出世之人生觀。故莊子之學術，雖出於老子，却別樹一格。吳康先生曰：

> 莊子瓌瑋軼蕩，與孟子之光明俊偉，其宏放不羈，氣象相同。故孔之有孟，猶老之有莊，皆門下第一龍象也。惟亦有不同者，孟子雖未獲親受業孔子，而自稱私淑諸人，其學唯孔子嫡傳，無可置議。莊則自言道術，已別於老聃之外，其洸洋自恣，情見乎辭，似非柱下所能軌範，然其以自然為教，以無為為治之中心觀念，固猶是老學之基本主張。而書中數述老聃之言，亦三復此旨而不厭，則不得非辦香老氏，

而承《道德》五千言之流澤，發揚而光大之者也。〔註3〕

莊子之學實本老子而來，《史記‧本傳》曰：「其學無所不闚，然其要本歸於老子之言。」吾人可從《莊》書中引用老子文章之多，可以證明。先秦諸子典籍中，固有引用老子之言者，然《莊書》中特多。

如〈天下篇〉曰：「知其雄，守其雌，爲天下谿。知其白，守其辱，爲天下谷。」（與《老子》廿八章同）、「受天下之垢」（與《老子》七八章同）、「堅則毀矣，銳則挫矣。」（與《老子》五六章同）、〈庚桑楚〉曰：「兒子終日嘷而嗌不嗄」（與《老子》五五章似）、〈寓言篇〉曰：「大白若辱，盛德若不足。」（與《老子》四一章同）、〈胠篋篇〉曰：「魚不可脫於淵」、「絕聖棄智」、「大巧若拙」、「民結繩而用之」（各與《老子》卅六、十九、四五、八十章同）、〈在宥篇〉曰：「故貴以身於爲天下」、「萬物云云，各復其根。」（各與《老子》十三、十六章相同）〈天地篇〉曰：「古之畜天下者。」「不尙賢，不使能。」（各與《老子》六五、三章相同）、〈天道篇〉曰：「知者不言，言者不知」、（與《老子》五六章同）、〈至樂篇〉曰：「至譽無譽」、「天下爲以之清」、「芒乎芴乎」（各與《老子》卅九、卅一章相同）、〈達生篇〉曰：「爲而不恃，長而不宰。」（與《老子》五一章相同）、〈山木篇〉曰：「少私而寡欲」、「自伐者無功」（與《老子》廿四章相同）、〈田子方〉曰：「既以與人，己愈有。」（與《老子》八一章相同）、〈知北遊〉曰：「道不可言，言而非也」、「夫知者不言」、「失道而後德」、「爲道日損，損之又損，以至於無爲，無爲而無不爲也」、「終日視之而不見。」（各與《老子》一、五六、卅八、四八、十四章相同）、〈庚桑楚〉曰：「兒子終日嘷」、「衛生之經，能抱一乎。」（各與《老子》五五章、十章相同）、〈則陽篇〉曰：「道不私，故無名。」（與《老子》一章、卅二章相同）、〈寓言篇〉曰：「大白若辱，盛德若不足。」（與《老子》四一章相同）、〈天下篇〉曰：「知其雄，守其雌。」與《老子》廿八章相同。

《莊子》書中引《老子》文句如此之多，可知其立論實爲闡發老子之思想爲主。全書引用老聃、老子之名達十六處之多。或曰莊子著書「寓言十九、藉外論之。」（〈寓言〉）老子縱爲寓言中之人物，但不知莊子亦曰：「重言十七，所以己言也，是爲耆艾。年老矣，而無經緯本末以期年耆者，是非先也。人而無以先人，無人道也。人而無人道，是之謂陳人。」（〈寓言〉）莊子所謂重言，原欲藉古代名人之論，以助長其說，此重言之出，必有經緯本末。故

〔註3〕吳康《老莊哲學‧莊子哲學序》，頁67。

年齡雖古，而無人道，所謂陳朽之人，亦不會引用其言。老子早爲前期名人，故欲借重老子之言與事，以增強其立說。

　　近人每有疑老子後於莊子之說，〔註4〕殊不知先秦典籍固多有引老子之言者，如《戰國策・魏策》魏惠王曰：「故老子曰：『聖人無積，盡以爲人己愈有，既以與人己愈多。』」而《莊子・田子方》亦有此語，魏惠王約與莊子同時，如老子後於莊子，《魏策》豈不宜稱「莊子曰」，又何以引稱「老子曰」？此外《齊策》亦曰：「顏斶曰：『老子曰：雖貴必以賤爲本，雖高必以下爲基。是以侯王稱孤、寡、不穀，是賤之本與非。』」顏斶與齊宣王同時，亦即與莊子同時，如《莊》書早於《老》書，當亦引之曰：「莊子曰」，不應竟謂「老子曰」。

　　《莊子・養生主》曰：「老聃死，秦失弔之。」〈徐无鬼〉曰：「莊子送葬，過惠子之墓。」〈列禦寇〉曰：「莊子將死，弟子欲厚葬之。」可見《莊子》一書，不但成於老聃、惠施卒後，而亦有些作品當完成於莊周身後，爲弟子掇拾而編者。

　　莊子既不先於老子，其學說實繼承老子思想而發揚光大者。故老子本體之「道」，與《莊子・大宗師》所謂：「有情有信，無爲無形，可傳而不可受，可得而不可見」之「道」相同。張成秋先生曰：

> 《老子》九章、四七章、七三章、七七章、七九章、八一章，皆莊子天道之根據。《老子》廿五章、廿六章、卅二章、卅九章、四二章，皆莊子帝道之根據。《老子》七十章、七一章、七二章、八一章，皆莊子聖道之根據。《老子》卅、卅一章，乃莊子臣道之根據。莊子謂天道之本體，係超然絕對，決非他物所可比擬，此即《老子》一章、廿五章之誼也。又謂天道之作用，含有一種原動力，藉以創造一切，此即《老子》卅四章、四十章、四二章、五一章之誼也。又謂天道之特點，有普遍、偉大、必然、萬異、萬同、均調、神秘等不同，亦皆取諸《老子》廿五章、卅二章、卅四章、卅九章（以上言普遍及偉大）、五一章、六四章、七三章、七七章、七九章、八一章（以

〔註4〕　疑老子出莊子之後，如梁啓超認爲《老子》書成於戰國之末，馮友蘭認爲《老子》成於孔、墨、孟之後，孫次舟認爲《老》書爲莊周後學所撰，顧頡剛認爲《老》書成於《呂氏春秋》與《淮南子》之間，錢穆認爲《老子》成書是在《莊子・內篇》之後。

上言必然），一章同出而異名，十六章夫物芸芸（以上言萬異也），一章同謂之玄，十六章各復歸其根，五六章是謂元同（以上言萬同），卅二章言天道均調，一章、十四章、廿一章，皆言天道神秘。又謂聖人之道，一曰隨世，取之於《老子》五六章。二曰隨化，取之於《老子》十六章、卅三章、四十章。三曰安命，取之於《老子》十六章。四曰無情，取之於《老子》五十章、五五章。五曰內心之最高修養，取之於《老子》五六章。由於上述理由，吾人認定老莊之關係甚為密切，且莊子之學，必出於老。〔註5〕

莊子修養論所主張之「淡泊無為」、「虛靜恬淡」、「少私寡欲」、「安時處順」、「齊一是非」、「絕仁棄義」等等，以及政治論所主張「無為而治」、「順物自然」、「太古之治」等等，實際老子思想之翻版。唯由於老莊時代之迥異，以及時空之進展。老子先前「文短而義深」之韻文體裁，至莊子已演為「文繁而思廣」之散文體裁。加以老莊各有其獨特之個性，莊子雖繼承老子之學說，亦有其「繼往開來」「獨立創新」之持點，此為老莊相異之始也。

　　老子身為史官，又承受南方楚文化之影響，故欲取歷史之故實，矯當世之大弊，而創為謙遜柔弱之教訓，以為遁世隱居之想。莊子則富有自由幻想，欲求解脫一切紛擾事物，故主逍遙齊物，以求精神之超越而不受拘束，其思想富浪漫之色彩，較老子思想更有脫俗滌世之氣概。故二家相異之處：老子積極主張無為，其應用人生便是柔弱、謙卑、不爭、無私、自持等，其性質便屬入世。莊子雖主無為，然其手段卻係消極的，其應用人生便是逍遙外世、齊一生死、泯滅是非、安時處順、心齋坐忘、其性質便屬出世。朱熹曰：

　　老子之學，大抵以虛靜無為，沖退自守為事。若曰：旁日月，扶宇宙，揮斥八極，神氣不變者，乃莊生之荒唐，老子曷嘗有是哉？今世人必欲合二家之似而一之，非老子之意矣。」又曰：「老子猶要做事，在莊子都不要做了，又卻說道他會做，只是不肯做。(《朱子語類》卷一二五）

江瑔曰：

　　莊子之學雖淵源於老子，而究未大同。老子所謂清靜無為者，非枯坐拱手之謂也。蓋以靜制動，以柔制剛，以牝制牡，非自勝而後能勝天下。故其言曰？以身治身，以家國天下治家國天下。又曰：我

無爲而民自化，我無事而民自富。又曰：知清靜以爲天下正。是老
子之言，未嘗舍天下家國而獨善其身，未嘗損民以利己。其所謂清
靜無爲者，正其所以安民治國平天下之術。其無爲，即所以大有爲
也。若莊子則純持放任之義，民可不必安，國可不必治，天下可不
必平。世之治亂，漠然無以關其心，豈得與老子同？後世之治天下，
得老子之術者，如漢之文景是也。得莊子之術者，如晉之王何是也。
文景致刑措之治，王何開清談之弊。此老莊之所以分矣。〔註6〕

林景伊先生曰：

莊子學術之要旨，則原於老子，而更精密明晰。但其偏向玄虛之途，
以無用爲處世之良方，以無爲爲守宗之大本，此則超出入格，荀子
所謂其蔽於天而不知人也。」又曰：「老子莊子同爲憤世嫉俗之思想，
其不滿當時社會現象，及出世之論，與儒家完全不同。然老子猶思
以歷史之故實，矯當時之積弊。以虛下後己之教，弭爭競賊害之風，
談論政治，尚近人格。莊子則進而超脫一切現象界，趨於理想之途，
故終流于清談也。〔註7〕

老子致力於無爲之治，漢之黃老用致以興。莊子致力於解脫，此魏晉玄學之
所由盛也。然老莊之關係實不可分，老子因莊子之闡述更成顯學，漢時遂以
「老莊」並稱。故《筆乘》曰：「老之有莊，猶孔之有孟。」明釋德清曰：「《莊
子》一書，乃《老子》之註疏，予嘗謂老子之有莊，猶孔之有孟。若悟徹老
子之道，後觀此書。全從彼中變化出來。以其人宏材博辯，其言洸洋自恣。
故觀者如捕風捉影耳！直是見徹他立言主意，便不被他瞞矣。」（《莊子・內
篇註》）老莊思想關係之密切，於斯可見。

第三節　莊子學術思想之特色

　　莊子思想表現於洞察萬物之直覺力，和縱橫奔放之想像力。莊子能從直
覺體驗中，將形上、形下之宇宙，人世間之內外界，以及物我人己之區別，
化爲「天地與我並生，而萬物與我合一」（〈齊物論〉）之境界。讀莊子之書，
更有「遊無窮之野」、「出六極之外」之氣概。吾人就其「變化無常」之文字

〔註 6〕 江瑔《讀子卮言》卷二〈論黃老莊由韓之遞變〉，頁9。
〔註 7〕 林景伊《中國學術思想大綱》，頁58。

中，更能感受「萬物畢羅」之開濶，及「其理不竭」之生命力。莊子藉著「以巵言爲曼衍，以重言爲眞，以寓言爲廣。」（〈天下篇〉）此三種表達技巧，將老子許多中心思想，更深入曼延表達出來。許多老子之舊概念，莊子用新名詞加以闡釋，如「眞宰」、「眞君」、「天鈞」、「天倪」、「玄聖」……等〔註8〕使得莊子思想更具有創新活潑之色彩。茲將其思想特色，扼要敘述如下：

一、本體論

莊子之本體論，乃繼承老子之本體論發演。老子之本體係「道」。莊子亦以「道」爲宇宙之本體：「夫道，覆載萬物者也。」（〈天地〉）「道者，萬物之所由也。」（〈漁父〉）「天道遊而無所積，故萬物成。」（〈天道〉）

老子之「道」是不可捉摸之實存之體，無法以具體事物敘述，故老子總歸之於「無」。莊子亦有此主張：「泰初有無，無有無名。一之所起，有一而未形。」（〈天地〉）「有乎生，有乎死，有乎出，有乎入。入出而無見其形。是謂天門。天門者，無有也。萬物出乎無有，有不能以有爲有，必出乎無有，而無有一無有。聖人藏乎是。」（〈庚桑楚〉）此無有之狀況，非語言文字感官所能體認：「視之無形，聽之無聲。於人之論者，謂之冥冥，所以論道而非道也。……道不可聞，聞而非也；道不可見，見而非也；道不可言，言而非也。知形形之不形乎？道不常名。」（〈知北遊〉）莊子除以「泰初有無」之「無」，繼承老子之概念外，又能提出「無有」一詞，以說明道不可名相之狀態（「無」容易令人有否定壞滅之聯想，「無有」則令人有實在之感），在觀念上，使人對此一實存之「道」，較有清晰正確之認識。

〔註8〕莊子繼承老子思想，却能開創新名詞。如有因、機括、眞宰、眞君、芒芴、成心、天鈞、天倪、天府、葆光、弔詭、物化、天理、人心、師心、神人、天刑、靈府。眞人、天機、六極、天人、造物者、造化、大塊、坐忘、天放、長生、修身、天之經、配天、天氣、地氣、玄天、天難、物物、六合、大同、天德、泰初、生理、玄德、獨志、照曠、人與天同、滑心、玄聖、素王、人樂、天樂、天行、心術、天王、五常、五德、太和、天門、天倫、化育、俗學、俗思、和理、復其初、曲士、大理、道人、禪、理、萬物之理、天地之理、天性、靈臺、人倫、天虛、八極、大聖、天和、精神、衛在、天光、天民、敬中、誠己、業、庸、宇宙、全人、虛空、神與形、六合之內、言默、風俗、大儒、小儒、人道、天成、細人、內省、人理、變化、百家、道理、體性、天年……等。此類概念或名詞，絕大部份不見莊子以前之文獻，此種名詞之創作，對儒、道、佛三家學術名詞之運用，實有深遠之影響。

　　莊子認爲宇宙之本體絕非空無，乃一實存之「有」：「有先天地生者，物邪？物物者非物，物出不得先物也，猶其有物也。」（〈知北遊〉）「有」之前恒爲「有」，其本質乃一實物，非空無一切：「予能有無矣，而未能無無也。及爲無有矣，何從至此哉？」（〈知北遊〉）「有始也者，有未始有始也者，有未始有夫未始有始也者。有有也者，有無也者，有未始有無也者，有未始有夫夫始有無也者。俄而有無矣，而未知有無之果孰有孰無也。今我則已有謂矣，而未知吾所謂之其果有謂乎？其果無謂乎？」（〈齊物論〉）莊子能反覆推演，最後將「無」與「有」之形式打破，而達至「道」體之最高境界，故能超出人間一切是非執著之觀念：「古之人，其知有所至矣。惡乎至？有以爲未始有物者，至矣，盡矣，不可以加矣。其次以爲有物矣，而未始有封也。其次以爲有封焉，而未始有是非也。是非之彰也，道之所以虧也。道之所以虧，愛之所以成。」（〈齊物論〉）

　　莊子之「道」係指「無有」而非「空無」，故可感受，而不可窮究。此點莊子完全發揮老子之學說：「夫道有情有信，無爲無形，可傳而不可受，可得而不可見，自本自根，未有天地，自古以固存。神鬼神帝，生天生地，在太極之先而不爲高，在六極之下而不爲深，先天地生而不爲久，長於上古而不爲老。」（〈大宗師〉）「聽之不聞其聲，視之不見其形，充滿天地，包裹六極。」（〈天運〉）道係「可行己信，而不見其形，有情而無形。」（〈齊物論〉）之實存之體，故爲萬物所依恃之對象。

　　老子以「一」爲道之常性，「聖人抱一，爲天下式。」（廿二章）莊子亦強調「一」之常性：「通天下一氣耳，聖人貴一。」（〈知北遊〉）「故其好之也一，其弗好之也一。其一也一，其不一也一。其一與天爲徒，其不一與人爲徒。天與人不相勝也，是之謂眞人。」（〈大宗師〉）

　　老子以道之特質爲「大」：「字之曰道，強爲之名曰大。」（廿五章）莊子更將「大」之特性，予以具體化，此即無所不在之特性：「道惡乎往而不存。」（〈齊物論〉）「夫道，於大不終，於小不遺，故萬物備。廣廣乎其無不容也，淵乎其不可測也。」（〈天道〉）莊子之「大」有「周」、「徧」、「咸」之意。「周」係從上下說，道包括整個宇宙。「徧」係從平面說，道普及萬物。「咸」從分析說，道在每個物體。「東郭子問於莊子曰：『所謂道，惡乎在？』莊子曰：『無所不在。』東郭子曰：『期而後可。』莊子曰：『在螻蟻。』曰：『何其下邪？』曰：『在稊稗。』曰：『何其愈下邪？』曰：『在瓦甓。』曰：『何其愈甚邪？』

曰：『在屎溺。』東郭子不應。莊子曰：『夫子之問也，固不及質。正獲之問於監市履狶也，每下愈況。汝唯莫必，無乎逃物。至道若是，大言亦然。周、徧、咸三者，異名同實，其指一也。』」（〈知北遊〉）

此說明道博大廣潤，無所不在之特性。道爲萬物生成之總原理，故道寓於萬物之中：「其爲物，無不將也，無不迎也，無不毀也，無不成也。其名爲攖寧。攖寧也者，攖之而成者也。」（〈大宗師〉）此言攖寧者，攖寓於萬物中，而保持道之常體也。

老子講道之生成變化，較爲抽象：「道生一、一生二、二生三、三生萬物。」（四二章）莊子敘述道之生化過程較爲具體：「精神生於道，形本生於精，而萬物以形相生。」（〈知北遊〉）「雜乎芒芴之間，變而有氣，氣變而有形，形變而有生。」（〈至樂〉）。無形之道變化成氣，氣再變化成形。有形之氣則爲陰陽，陰陽之氣逐調和成萬物：「至陰肅肅，至陽赫赫。肅肅出乎天，赫赫發乎地，兩者交通成和而物生焉。」（〈田子方〉）

莊子認爲形上之道，可具體化生成爲形下之萬物，此即爲「種」「機」之論：「萬物以形相生。故九竅者胎生，八竅者卵生，其來無迹，其往無崖，無門無房，四達之皇皇也。」（〈知北遊〉）「萬物皆種也，以不同形相禪，始卒若環，莫得其倫，是謂天鈞。」（〈寓言〉）「種有幾？得水則爲㡭，得水土之際則爲鼃蠙之衣，生於陵屯則爲陵舃，陵舃得鬱棲則爲烏足，烏足之根爲蠐螬，其葉爲蝴蝶。蝴蝶胥也，化而爲蟲，生於竈下，其狀若脫，其名爲鴝掇。鴝掇千日爲鳥，其名爲乾餘骨。乾餘骨之沫爲斯彌，斯彌爲食醯。頤輅生乎食醯，黃軦生乎九猷，瞀芮生乎腐蠸。羊奚比乎不箰，久竹生青寧，青寧生程，程生馬，馬生人，人又反入於機。萬物皆出於機，皆必於機。」（〈至樂〉）

莊子謂「種」之中已有「道機」之存在，故能生生蘊化，變化萬物。胡適先生更據以此主張莊子似知進化論：

「萬物皆種也，以不同形相禪。這十一個字，竟是一篇物種由來。他說萬物本來同是一類，後來纔漸漸的變成各種不同形的物類。卻又並不是一起首就同時變成了各種物類。這些物類都是一代一代進化出來的，所以說以不同形相禪。」〔註9〕

老子敘述道之性質，有反覆變動之特點，所謂「週行而不殆。」（廿五章）莊子亦講反復變化之理：「物之生也，若驟若馳，無動而不變，無時而不移。」

〔註 9〕胡適《中國哲學史大綱》卷上，頁 260。

（〈秋水〉）

　　在變動之原則下，萬物循環反復：「萬物皆出於機，皆入於機。」（〈至樂〉）「四時迭起，萬物循生。一盛一衰，文武倫經。一清一濁，陰陽調和。」（〈天運〉）整個宇宙事物皆係變動循環。莊子認為人若能「通達」此理，便可窺破生死，不拘牽於事物之消長成毀？故莊妻死，莊子鼓盆而歌，其答惠子曰：「是其始也，我獨何能無慨然？察其始而本無生，非徒無生也而本無形，非徒無形也而本無氣。襍乎芒芴之間，變而有氣，氣變而有形，形變而有生，今又變而之死，是相與為春秋冬夏四時行也。人且偃然寢於巨室，而我噭噭然隨而哭之，自以為不通乎命，故止也。」（〈至樂〉）

　　莊子以萬物出於道，返於道，一切萬物都是寓道而成。因此「通」即為吾人對生命應有之態度：「道通為一。」（〈齊物論〉）「始於玄冥，返於大通。」（〈秋水〉）「凡物無成與毀，復通為一。唯達者，知通為一。」（〈齊物論〉）「壹其性，養其氣，合其德，以通乎物之所造。」（〈達生〉）「通天下一氣耳。」（〈知北遊〉）「墮肢體，黜聰明，離形去知，同於大通，是謂坐忘。」（〈大宗師〉）

　　欲體會道之特性及「通」之修養，則必須清靜無為，方能與道冥合：「至道之精，窈窈冥冥；至道之極，昏昏默默。無視無聽，抱神以靜，形將自正。必靜必清，無勞汝形，無搖汝精，乃可以長生。」（〈在宥〉）

　　老子認為道係自然：「天法道，道法自然。」（廿五章），莊子理論同出一轍，唯以「天」代替「自然」一詞。何謂「天」？莊子曰：「牛馬四足，是謂天。落馬首，穿牛鼻，是謂人。故曰：無以人滅天。」（〈秋水〉）「無為為之之謂天。」（〈天地〉）「何謂道？有天道，有人道，無為而尊者，天道也。有為而累者，人道也。」（〈在宥〉）天係自然之代稱，道亦以法天為對象：「技兼於事，事兼於義，義兼於德，德兼於道，道兼於天。」（〈天地〉）此即老子所謂：「人法地，地法天，天法道，道法自然。」（廿五章）之意。

　　莊子之本體論，實就老子無為自然之「道」而來。唯老子不講天而講自然，莊子罕言自然而講天，其本質皆一也。莊子之本體論為其修養論、政治論之基礎，要之皆以「自然無為」為本。

二、修養論

　　莊子修養論係以「自然無為」為基礎。萬物能順其本性，保持自性之本然狀況，即為人生基本修養：「吾所謂無情者，言人之不以好惡內傷其身，常

因自然而不益生也。」（〈德充符〉）「天地雖大，其化鈞也。萬物雖多，其治一也。人卒雖眾，其主君也。君原於德，而成於天。故曰：玄古之君天下，無爲也，天德而已矣。……無爲爲之之謂天。」（〈天地〉）

所謂「無爲」係泯滅一切人爲造作：「無以人勝天」，不要「乘人而無天」而是「不以人助天」（〈大宗師〉）莊子特用一寓言，敘述無爲之狀況：「南海之帝爲儵，北海之帝爲忽，中央之帝爲渾沌。儵與忽時相與遇於渾沌之地。渾沌待之甚善，儵與忽謀報混沌之德曰：『人皆有七竅，以視聽食息，此獨無有，嘗試鑿之。』日鑿一竅，七日而混沌死。」此即順物自然，不以人助天，而達物性原始之地步。莊子引《老子》之言曰：「故曰：爲道者日損，損之又損，以至於無爲，無爲而無不爲也。」（〈知北遊〉）

老子由無爲而反智，莊子亦有如此說法。莊子認爲知識發展愈盛，而人類淳樸之德愈衰：「古之人，在混芒之中，與一世而得澹漠焉。當是時也，陰陽和靜，鬼神不擾，四時得節，萬物不傷，群生不夭，人雖有知，無所用之，此之謂至一。當是時也，莫之爲而常自然。逮德下衰，及燧人伏羲始爲天下，是故順而不一。德又下衰，及神農黃帝始爲天下，是故安而不順。德又下衰，及唐虞始爲天下，興治化之流，澆淳散朴，離道以善，險德以行。然後去性而從於心，心與心識知，而不足以定天下。然後附之以文，益之以博。文滅質，博弱心，然後民始惑亂，無以反其性情而復其初。」（〈繕性〉）

此外知識亦嚴重妨碍修道者之精神生活，使人易爲外物所限制束縛：「知士無思慮之變則不樂，辯士無談說之序則不樂，察士無凌誶之事則不樂，皆囿於物也。」（〈徐无鬼〉）知識亦爲人爭名奪利之工具：「且若亦知夫德之所蕩，而知之所爲出乎哉？德蕩乎名，名出乎爭。名也者，相軋也。知也者，爭之器也。」（〈人間世〉）

因此莊子反知：「去知與故，順天之理，故無天災，無物累，無人非，無鬼責。其生若浮，其死若休。不思慮，不豫謀。光矣而不耀，信矣而不期。其寢不夢，其覺無憂。其精純粹，其魂不罷。虛無恬淡，乃合天德。」（〈刻意〉）莊子認爲人生苦短，不要追求有限之「小知」：「吾生也有涯，而知也無涯。以有涯隨無涯，殆已。已而爲知者，殆而已矣。」（〈養生主〉）而要追求「大知」：「大知閑閑，小知閒閒。」（〈齊物論〉）「小知不及大知，小年不及大年。」（〈逍遙遊〉）所謂「大知」即是發揮「無知」之「知」：「齧缺問乎王倪曰：『子知物之所同是乎？』曰：『吾惡乎知之？』『子知子之所不知邪？』

曰：『吾惡乎知之？』『雖然，嘗試言之，庸詎知吾所謂知之非不知邪？庸詎知吾所謂不知之非知邪？』」（〈齊物論〉）無論知與不知，若拘於人世間各種事物名相所限制，實非眞知，因此莊子以「知止乎其所不能知，至矣。」（〈庚桑楚〉）爲其追求相標。

莊子反知，連帶反名。蓋莊子之時，儒墨皆有名實之論，此外以名家爲主之惠施、公孫龍亦皆以詭辯有名。莊子繼承老子無名之說法，反對有名之論：「名也者，相札也；知也者，爭之器也。二者凶器，非所以盡行也。」（〈人間世〉）一般人爭論名實，常有主觀感情因素在：「名實未虧，而喜怒爲用。」（〈齊物論〉）故莊子反名：「名實者，聖人之所不能勝也。」（〈人間世〉）

莊子反知，反名，亦反辯：「既使我與若辯矣，若勝我，我不若勝，若果是也，我果非邪？我勝若，若不吾勝，我果是也，而果非也邪？其或是也，其或非也邪？其俱是也，其俱非也邪？我與若不能相知也。」（〈齊物論〉）

莊子認爲知識無絕對之標準，一切天地事物皆是相對，無論是非、善惡、美醜、生死皆可齊一等觀：「物無非彼，物無非是。自彼則不見，自知則知之。故曰：彼出於是，是亦因彼。彼是方生之說也。雖然，方生方死，方死方生，方可方不可，方不可方可。因是因非，因非因是。是以聖人不由，而照之於天，亦因是也。是亦彼也，彼亦是也。彼亦一是非，此亦一是非。果且有彼是乎哉？果且無彼是乎哉？彼是，莫得其偶，謂之道樞。樞始得其環中，以應無窮。是亦一無窮，非亦一無窮也，故曰莫若以明。」（〈齊物論〉）

因此人生無必要去辯論是非對錯等毫無意義之問題：「是不是，然不然。是若果是也，則是之異乎不是也，亦無辯。然若果然也，則然之異乎不然也，亦無辯。化聲之相待，若其不相待，和之以天倪，因之以曼衍，所以窮年也。忘年忘義，振於無竟，故寓諸無竟。」（〈齊物論〉）「道惡乎隱而有眞僞？言惡乎隱而有是非？道惡乎往而不存？言惡乎存而不可？道隱於小成，言隱於榮華，故有儒墨之是非。以是其所非，而非其所是，則莫若以明。」（〈齊物論〉）

同時宇宙事物是相對的，不可有主觀之論定：「自我觀之，仁義之端，是非之塗，樊然殽亂，吾惡能知其辯？」（〈齊物論〉）莊子舉出數例爲證：「民濕寢則腰偏死，鰍然乎哉？木處則惴惴拘懼，猿然乎哉？三者孰知正處？民食芻豢，麋鹿食薦，蝍且甘帶，鴟鴉耆鼠，四者孰知正味？猿猵狙以爲雌，麋與鹿交，鰍與魚游，毛嬙麗姬，人之所美也。魚見之深入，鳥見之高飛，麋鹿見之決驟，四者孰知天下之正色哉？」（〈齊物論〉）連大小、遠近亦是相

對：「天下莫大於秋毫之末，而太山爲小，莫壽於殤子，而彭祖爲夭。天地與我並生，而萬物與我爲一。」（〈齊物論〉）「自其異者視之，肝膽楚越也。自其同者視之，萬物皆一也。」（〈德充符〉）「以差觀之，因其所大而大之，則萬物莫不大。因其所小而小之，則萬物莫不小。知天地之爲稊米也，知毫末之爲丘山也，則差數覩也。」（〈秋水〉）

因此莊子在修養功夫上，能從道體之觀點來看萬物，脫離主觀，超越人情，使是非泯滅，偏見去除，而通達於萬物一體，無成無毀之地步：「物固有所然，物固有所可。無物不然，無物不可。故爲是舉莛與楹，厲與西施，恢詭譎怪，道通爲一。其分也，成也；其成也，毀也。凡物無成與毀，復通爲一。唯達者，知通爲一。」（〈齊物論〉）「以道觀之，何貴何賤？是謂反衍。無拘而志，與道大蹇，何少何多，是謂謝施。無一而行，與道參差。……萬物一齊，孰短孰長？道無終始，物有死生，不恃其成。一虛一滿，不位乎其形。年不可舉，時不可止，消息盈虛，終則有始。是所以語大義之方，論萬物之理也。」（〈秋水〉）

此外莊子對生死亦有特特之看法。莊子並非貪生怕死者，其主張養生，乃在於順乎自然，全其天守，凝其精神，不競外物，不溺私慾，此係養生之旨。否則徒然養形而已：「養形必先之，物有餘而形不養者有之矣。有生必先無離形，形不離而生亡者，有之矣。生之來不能却，其去不能止，悲夫！世之人以爲養形足以存生，而養形不足以存生，則世奚足爲哉？」（〈達生〉）一般世人注重物質之形體，則終身役役，終有亡盡之一天，養生實在不在於養形：「一受其成形，不亡以待盡，與物相刃相靡，其行盡如馳而莫之能止，不亦悲乎？終身役役而不見其成功，薾然疲役而不知其所歸，可不哀邪？人謂之不死，奚益？其形化，其心與之然，可不謂大哀乎？」（〈齊物論〉）

因此欲超脫形累，不如棄世而修心：「夫欲免爲形者，莫如棄世。棄世則無累，無累則正平，正平則彼更生，更生則幾矣。事奚足棄，而生奚足遺？棄事則形不勞，遺生則精不虧。夫形全精復，與天爲一。」（〈達生〉）不但棄世修心，最好能外生而不眷戀生：「已外生矣，而後能朝徹，朝徹而後能見獨，見獨而後能古今，無古今而後能入於不死不生。」（〈大宗師〉）

莊子指出人生充滿痛苦：「人之生也，與憂俱生。壽者惛惛，久憂不死，何其苦也。」（〈至樂〉）而人死之後並非不樂。其藉髑髏之語曰：「無君於上，無臣於下，亦無時之事，縱然以天地爲春秋，雖南面王樂，不能過也。」（〈至樂〉）

　　生死是大自然之運化，人不必計較有形之生，亦不必哀戚，唯有順應自然，方足保身全生：「為善無近名，為惡無近刑，緣督以為經，可以保身，可以全生，可以養親，可以盡年。」（〈養生主〉）就是一但不幸離世，亦是順應自然法則：「適來，夫子時也。適去，夫子順也，安時而處順，哀樂不能入也。古者謂之帝之懸解。」（〈列禦寇〉）

　　莊子認為生死不過大自然轉化過程，是生命必經之路，人宜安時處順面對之：「亡，予何惡？生者，假借也。假之而生，生者塵垢也。死生為晝夜。且吾與子觀化，而化及我，我又何惡焉？」（〈至樂〉）「浸假化予之左臂以為雞，予因以求時夜。浸假而化予之右臂以為彈，予因以求鴞炙。浸假而化予之尻以為輪，以神為馬，予因而乘之，豈更駕哉？」（〈大宗師〉）

　　因此莊妻死，莊子鼓盆而歌，便是此種安時處順精神表現。〈大宗師〉記子來之事，亦是面對死亡應有之態度：「子來有病，喘喘然將死。其妻小環而泣之。子犁往問之，曰：『叱！避！無怛化！』倚其戶與之語曰：『偉哉造化！又將奚以汝為？將奚以汝適？以汝為鼠肝乎？以汝為蟲臂乎？』」〈齊物論〉更有「物化」之說：「昔者莊周夢為蝴蝶，栩栩然蝴蝶也，不知周也。俄然覺，則蘧蘧然周也。不知周之夢為蝴蝶與？蝴蝶之夢為周與？此之謂物化。」

　　莊子能從宇宙之本體觀察萬物，將整個生命視為一整體，故對生命不拘限於有形之個體，而能推展至無窮：「指窮於為薪，火傳也不知其盡。」（〈養生主〉）同時對大自然中所謂「腐巧」與「神奇」認為無甚區別：「生也死之徒，死也生之始，孰知其紀？人之生，氣之聚也。聚則為生，散則為死。若死生為徒，吾又何患？故萬物一也。是其所美者為神奇，其所惡者為臭腐。臭腐復化為神奇，神奇復化為臭腐。故曰：『通天下一氣耳！』聖人故貴一。」（〈知北遊〉）

　　莊子能窺破生死，視「萬物一府，死生同狀。」（〈天地〉）並認為「其生也，天行。其死也，物化。」（〈天道〉）故能產生一種超越生死之情懷，「以天地為棺槨，以日月為連璧，星辰為珠璣，萬物為齎送。」並從而發展出「天地與我並生，而萬物與我為一」「上與造物者遊，下與外死生，無終始為友。」（〈天下〉）之人生觀。

　　由此人生觀產生莊子「安命」之思想：「知其不可奈何，而安之若命，德之至也。」（〈人間世〉）「死生存亡，窮達貧富，賢與不屑毀譽，飢渴寒暑，是事之變，命之行也。」（〈德充符〉）「父母於子，東西南北，唯命之從。陰

陽於人，不翅於父母。彼近吾死，而我不聽，我則悍矣，彼何罪焉？夫大塊載我以形，勞我以生，佚我以老，息我以死。故善吾生者，乃所以善吾死也。今之大冶鑄金，金踊躍曰：『我且必爲鎮鋣。』大冶必以爲不祥之金。今一犯人之形，而曰：『人耳人耳！』造化者必以爲不祥之人。今一以天地爲大鑪，以造化爲大冶，惡乎往而不可哉！」（〈大宗師〉）

　　老子講無爲，莊子言安命，其性質皆相似。唯莊子能更推而言之，泯滅是非，齊一生死，超然塵外，逍遙世間，實較老子更有積極性。

　　老子思想中有絕仁棄義之問題，莊子亦祖述老子之說：「故曰：失道而後德，失德而後仁，失仁而後義，失義而後禮。禮者，道之華而亂之首也。」（〈知北遊〉）

　　上古淳樸之世，本無仁義教化之名，最合於自然原始之本性：「至德之世，不尙賢，不使能，上如標枝，民如野鹿。端正而不知以爲義，相愛而不知以爲仁，實而不知以爲忠，當而不知以爲信，蠢動而相使，不以爲賜。是故行而無跡，事而無傳。」（〈天地〉）「夫至德之世，同與禽獸居，族與萬物並，惡乎知君子小人哉！同乎無知，其德不離，同乎無欲，是謂素樸。素樸而民性得矣。及至聖人，蹩躠爲仁，踶跂爲義，而天下始疑矣。澶漫爲樂，摘僻爲禮，而天下始分矣。故純樸不殘，孰爲犧尊？白玉不毀，孰爲珪璋？道德不廢，安取仁義？性情不離，安用禮樂？五色不亂，孰爲文采？五聲不亂，孰應六律？夫殘樸以爲器，工匠之罪也。毀道德以爲仁義，聖人之過也。」（〈馬蹄〉）

　　然而後世文明寖備，飾僞萌生，道德之原意盡喪，淳樸之本性不可復得：「逮德下衰，及燧人伏羲始爲天下，是故順而不一。德又下衰，及神農黃帝始爲天下，是故安而不順。德又下衰，及唐虞始爲天下，興治化之流，泊淳散朴，離道以善，險德以行，然後去性而從於心。心與心識。知，而不足以定天下。然後附之以文，益之以博。文滅質，博溺心，然後民始惑亂，無以反其性趣而復其初。由是觀之，世喪道矣，道喪世矣，世與道交相喪也。」（〈繕性〉）

　　仁義乃後世僞起，非出於本性。莊子詆毀後世聖人之矯揉造作，摧殘本性，因譏儒家之主仁義爲有「機心」：「機心存於胸中，則純白不備，則神生不定。神定不定者，道之不載也。」（〈天地〉）。且世俗一般人對仁義之觀念常應時而變，豪無定則：「禮義法度者，應時而變者也。今取猨狙而衣以周公之服，彼必齕齧挽裂，盡去而後慊。觀古今之異，猶猨狙之異乎周公也。」（〈天運〉）

　　同時莊子認爲孔子之揭倡仁義，實爲擾亂人之本性：「孔子西藏書於周室，

子路謀曰：『由聞周之徵藏史有老聃者，免而歸居。夫子欲藏書，則試往因焉。』
孔子曰：『善！』往見老聃，而老聃不許。於是繙十二經以說。老聃中其說曰：
『大謾，願聞其要。』孔子曰：『要在仁義。』老聃曰：『請問仁義，人之性邪？』
孔子曰：『然！君子不仁則不成，不義則不生。仁義眞人之性也，又將奚爲矣？』
老聃曰：『請問何謂仁義？』孔子曰：『中心物愷，兼愛無私，此仁義之情也。』
老聃曰：『意！幾乎後言！夫兼愛不亦迂乎？無私焉，乃私也。夫子若欲使天下
無失其牧乎？則天地固有常矣，日月固有明矣，星辰固有列矣，禽獸固有群矣，
樹木固有立矣。夫子亦放德而行，循道而趨，已至矣。何偈偈乎揭仁義，若擊
鼓而求亡子焉。意！夫子亂人之性也。』」（〈天道〉）儒家仁義之說，在老莊眼
中，正代表文明對自然之侵害，反而促使虛僞徒飾之風氣產生，造成天下大亂，
所謂「仁義憯然，乃憤吾心，亂莫大焉。」（〈天運〉）

　　仁義既爲下德，祇有追求淳樸自然之上德：「若夫不刻意而高，無仁義而
修，無功名而治，無江海而閒，不道引而壽，無不忘也，無不有也，澹然無
極，而眾美從之。此天地之道，聖人之德也。故曰：夫恬淡高漠，虛無無爲，
此天地之平，而道德之質也。」（〈刻意〉）「故曰：至禮有不人，至義不物，
至知不謀，至仁無親，至信辟金。徹志之勃，解心之謬，去德之累，達道之
塞。貴、富、顯、嚴、名、利六者，勃志也。容、動、色、理、氣、意六者、
繆心也。惡、欲、喜、怒、哀、樂六者，累德也。去、就、取、與、知、能
六者，塞道也。此四六者，不盪胸中則正，正則靜，靜則明，明則虛，虛則
無爲而無不爲也」（〈庚桑楚〉）

　　老子修養論中有謙讓不爭之德，莊子亦探老子「不敢爲天下先」之態度：
「爲善無近名，爲惡無近刑，緣督以爲經，可以保身，可以全生，可以盡年。」
（〈養生主〉）「東海有鳥焉，名曰意怠，其爲鳥也，翂翂翐翐，而似無能。引
援而飛，迫脅而棲，進不敢爲前，退不敢爲後，食不敢先藏，必取其緒，是
故其行列不斥，而外人卒不得害，是以免於患。」（〈山木〉）

　　若一味驕矜恃寵，逞能獻巧，反而速招禍害，有違自然之道：「吳王浮於
江，登乎狙之山。眾狙見之，恂然棄而走，逃於深蓁。有一狙焉，委蛇攫搔，
見巧乎王。王射之敏給，搏捷矢。王命相者趨射之，狙執死。王顧謂其友顏
不疑曰：『之狙也，伐其巧，恃其便，以敖予，以至此殛也。戒之哉！嗟乎，
無以汝色驕人哉！』顏不疑歸而師董梧，三年而國人稱之。」（〈徐无鬼〉）又
「陽子之宋，宿於逆旅。逆旅有妾二人，其一人美，其一人惡。惡者貴而美

者賤。陽子問其故，逆旅小子對曰：『其美者自美，吾不知其美也，其惡者自惡，吾不知其惡也。』陽子曰：『弟子記之！行賢而去自賢之行，安往而不愛哉？』」(〈山木〉)莊子除講謙讓自持外，同時亦提出不爭之德：「德蕩乎名，知出乎爭。名也者，相軋也。知也者，爭之器也。二者凶器，非所以盡行也。且德厚信矼，未達人氣。名聞不爭，未達人心。而強以仁義繩墨之言，術暴人之前者，是以人惡有其美也，命之曰菑人。菑人者，人必反菑之。」(〈人間世〉)

莊子雖講謙讓不爭，以退隱為志，然亦非深藏不露，而是伺機以動，以求反世於大道：「古之所謂隱士者，非伏其身而弗見也。非閉其言而不出也。非藏其知而不發也，時命大謬也。當時命而大行乎天下，則反一無迹。不當時命而大窮乎天下，則深根寧極而待，此存身之道也。」(〈繕性〉)此種退隱思想，實亦有其積極一面，故陳于廷曰：「莊子拯世，非忘世。其為書，求入世，非求出世也。」(《莊子故》引)

莊子既講謙讓之德，故其淑世是先求「自化」以「化人」：「古之至人，先存諸己，而後存諸人。所存於己者未定，何暇至於暴人之所行？」(〈人間世〉)「聞以有翼飛者矣，未聞以無翼飛者也。聞以有知知者矣，未聞以無知知者也。」(〈人間世〉)

而「化人」之原則，應順應自然，不可勉強求之，否則反遭怨退之心：「入則鳴，不入則止，無門無毒。一宅而寓於不得已，則幾矣。絕迹易，無行地難。為人使易以偽，為天使難以偽。」(〈人間世〉)「剋核太至，則必有不肖之心應之，而不知其然也。苟為不知其然也，孰知其所終？故《法言》曰：『無遷令，無勸成。』過度，益也。遷令勸成殆事，美成在久，惡成不及改，可不慎與？」(〈人間世〉)

莊子亦指出世間險惡，人事難渺。故處世之道，尤須戒慎小心：「凡人心險於山川，難於知天。天猶有春秋夏冬日暮之期，人者厚貌深情。故有貌愿而益，有表若不肖，有順懁而達，有堅而縵，有緩而釬。故其就業若渴者，其去義若熱。」(〈列禦寇〉)即使表面有君子行徑，其實與小人無分軒輊：「天下盡殉也，彼其殉仁義也，則俗謂之君子。其所殉貨利也，世俗謂之小人，其殉一也。」世人之行為，常顛倒反復，詭譎莫測，令人難以把握：「且以功力鬥力者，始乎陽，常卒乎陰，大至則多奇巧。以禮飲酒者，始乎治，常卒乎亂，大至則多奇樂。凡事亦然，始乎諒，常卒乎鄙，其作始也簡，其將畢也巨。夫言

者，風波也。行者，實喪也。風波易以動，實喪易以危。」（〈人間世〉）

因此在此險惡人世間，與人相處之原則，就是「形就心和」此與老子之「和光同塵」之說法相似：「形莫若就，心莫若和。雖然，之二者有患，就不欲入，和不欲出。形就而入，且為顛為滅，為崩為蹶。心和而止，且為聲為名，為妖為孽。彼且為嬰兒，亦與之為嬰兒。彼且無町畦，亦與之為無町畦。彼且為無崖，亦與之為無崖，達之人於無疵。」（〈人間世〉）形就者，同流也；心和者，守正也。同流不合污，規勉而不忤逆，此處世修養之藝術也。故〈徐无鬼篇〉記徐无鬼見武侯，直語武侯之不是，武侯超然不悅。而以相狗馬為喻，則投其所好，武侯大悅而笑。此即是「形就心和」之運用也。

此外居間調停，傳雙方之言，亦須合乎事實，不可造作妄為：「夫傳兩喜兩怒之言，天下之難者也。夫兩喜必多溢美之言，兩怒必多溢惡之言。凡溢之類妄，妄則其信之也莫，莫則傳言者殃，故《法言》曰：『傳其常性，無傳其溢言，則幾乎全。』」（〈人間世〉）

莊子修養論之極至，便是重視心靈生活，力求超越人間事物之上。所有是非、生死、善惡、美醜皆在摒除之外，心和宇宙，冥凝萬物，達於物我一體，成毀如一之地步。莊子自述其思想之曠達：「獨與天地精神往來，而不敖倪於萬物，不譴是非，以與世俗處，其書雖瓌瑋而連犿無傷也。其辭雖參差而諔詭可觀。彼其充實不可以已。上與造物者遊，而下與外生死，無終始者為友。」（〈天下〉）

故〈人間世〉、〈德充符〉二篇所敘述之支離疏、兀者王駘、申徒嘉、叔山無趾、哀駘它、闉跂支離無脤、甕瓷大癭之徒，或天生衰殘，或慘遭人刑，均屬醜惡殘廢之人。然其性情樂觀，不自懷慚；而與之交遊者，亦不以異類視之，此皆能忘卻形骸，通於大道：「墮枝體，黜聰明，離形去知，同於大通，此謂坐忘。」（〈大宗師〉）能忘却有形之物累，與一切是非得失，便能無入而不自得：「魚相造乎水，人相造乎道。相造乎水者，穿池而養給；相造乎道者，無事而生定。故曰：魚相忘乎江湖，人相忘乎道術。」（〈大宗師〉）此亦莊子「外物、外天下、外生」之思想：「參日而後能外天下，已外天下矣，吾又守之，七日而後能外物，已外物矣，吾又守之，九日而後外生。已外生矣，而後能朝徹。朝徹而後能見獨，見獨而後能無古今，無古今而後能入於不死不生。」（〈大宗師〉）

能朝徹而後無古今死生，脫出形體之限制，此才是絕對逍遙快樂。莊子

書中所謂眞人、至人、神人、聖人皆是至高修養之理想人格:「古之眞人,不知說生,不知惡死,其出不訢,其入不距。翛然而往,翛然而來而已矣。不忘其所始,不求其所終。受而喜之,忘而復之,是之謂不以心揖道,不以人助天,是之謂眞人。」(〈大宗師〉)「至人潛行不窒,蹈火不熱,行乎萬物之上而不慄。」(〈達生〉)「至人神矣,大澤焚而不能熱,河漢沍而不能寒,疾雷破山,風振海而不能驚。若然者,乘雲氣,騎日月,而遊乎四海之外,死生無變於己,而況利害之端乎?」(〈齊物論〉)「聖人不從事於物,不就利,不違害,不喜求,不緣道,無謂有謂,有謂無謂,而遊乎塵埃之外。」(〈齊物論〉)「藐姑射之山,有神人居焉。肌膚若冰雪,淖約若處子,不食五穀,吸風飲露,乘雲氣,御飛龍,而遊乎四海之外。其神凝,使物不疵癘,而年穀熟。」(〈逍遙遊〉)

此種理想人格,在於發揮「無所待」之精神:「若夫乘天地之正,而御六氣之辯,以遊無窮者,彼且惡乎待哉?」(〈逍遙遊〉)因此才能做到絕對之逍遙,發揮「無用之用」之人生觀:「子有大樹,何不樹之於無何有之鄉,廣莫之野,彷徨乎無為其側,逍遙乎寢臥其下,不夭斤斧,物無害者,無所可用,安所困苦哉?」(〈逍遙遊〉)

莊子修養論能從老子自然無為思想而來,其能袪除一切知識詐偽,詆譭仁義道德之虛名,從而直指人心,重返大道。因而破生死,齊是非,逍遙外世,與物同體。比較老子之修養論尤為具體可行,內容益為豐富。胡哲敷先生曰:

> 莊子認定「天地與我並生,萬物與我為一」人也只是萬物中之一。故人世間一切對待的名詞,都沒有存在的必在,即存在亦不必加以注意,較老子在這上面做工夫的,為更進一層。他覺天地間一切善惡、是非、妍媸、美惡等,都無大分辨,不過是成虧的關係。……「故為是舉莛與楹,厲與西施,恢詭譎怪,道通為一。……凡物無成與毀,復通為一。」他說:「與其譽堯而非桀,不如兩忘而化其道。」故一切名相,在莊子眼中,都認為不值一盼。「呼我以馬者馬應之,呼我以牛者牛應之。」老子猶繫念於道德仁義的興廢而未免歎息於其間。莊子則謂:道德不廢,安取仁義?性情不離,安用禮樂?老子猶謂:生之徒十有三,死之徒十有三,與善攝生云云。莊子則置死生於度外,他說:「古之眞人,不知說生,不知惡死,其出不訢,其入不距,翛然而往,翛然而來已矣。」又曰:「適來夫子時也,適

去夫子順也。安時而處順，哀樂不能入也。」這種「以死生爲一條，以可不可爲一貫」的精神，都是從他根本思想「天地與我並生，萬物與我爲一」流露出來。這是莊子獨具的精神，亦即其所以異於老子的地方。李石岑曰：「莊子人生哲學的影響，重的可以養成一種深造有得的學問家、藝術家，輕的也會造成一種不蠅苟且的高潔之士。」這幾句話，要算莊子的知音之言。〔註10〕

三、政治論

　　莊子之政治論與老子相同，源於自然無爲思想，反對政治上一切干涉及作爲。《莊子》書中屢言無爲之治：「明王之治，功蓋天下，而似不自己。化貸萬物，而民弗恃。有莫舉名，使物自喜。立乎不測而遊於無有者也。」（〈應帝王〉）「故古之王天下者，知雖落天地不自慮也，辯雖雕萬物不自說也，能雖窮海內不自爲也。」（〈天道〉）「故君子不得已而臨莅天下，莫若無爲，無爲也而後安其性命之情。」（〈胠篋〉）「汝遊心於淡，合氣於漠，順物自然而無容私焉，而天下治矣。」（〈應帝王〉）「若乘日之車，而遊於襄城之野……夫爲天下，亦若此而已，予又奚事焉。」（〈徐无鬼〉）

　　帝王施政，應以順乎自然爲宗；「夫帝王之德，以天地爲宗，以道德爲主，以無爲爲常。無爲也，則用天下而有餘；有爲也。則用天下而不足。」（〈天道〉）故〈馬蹄篇〉所謂伯樂治馬，陶匠治埴，匠人治木，皆未能順物之性，此善爲政者所不取也。若能順物性而不妄作，則海內安服：「天道運而無所積，故萬物成。帝道運而無所積，故天下歸。聖道運而無所積，故海內服。」（〈天道〉）

　　如治天下出於己意妄爲，則是「欺德」，政治上必無所德：「肩吾見狂接輿。狂接輿曰：『日中始何以語汝？』肩吾曰：『告我君人者，以己出經式義度，人孰敢不聽而化諸？』狂接輿曰：『是欺德也，其於治天下也，猶涉海鑿河，而使蚊負山也。夫聖人之知也，治外乎？正而後行，確乎能其事者而已矣。且鳥高飛，以避矰弋之害，鼷鼠深穴乎神丘之下，以避熏鑿之患，而曾二蟲之無知？』」（〈應帝王〉）

　　莊子特指出人爲政治之弊害：「將爲胠篋，探囊匱之盜，而爲守備，則必攝緘縢，固扃鐍，此世俗之所謂知也。然而巨盜至，則負匱揭篋擔囊而趨，

〔註10〕　胡哲敷《老莊哲學》，頁44。

唯恐緘縢扃鐍之不固也。然則鄉之所謂知者，不乃爲大盜積者也。」「爲之斗斛以量之，則并與斗斛而竊之。爲之權衡以稱之，則并與權衡而竊之。爲之符璽以信之，則并與符璽而竊之。爲之仁義以矯之，則并與仁義而竊之。何以知其然邪？彼竊鉤者誅，竊國者爲諸侯。諸侯之門而仁義存焉，則是非竊仁義聖知邪？故逐於大盜，揭諸侯，竊仁義，并斗斛權衡符璽之利者，雖有軒冕之賞，弗能勸。斧鉞之威，弗能禁。此種利盜跖而使不可禁者，是乃聖人之過也。」（〈胠篋〉）

故緘縢扃鐍所以防竊者也，反足以助大盜；一切人爲制度，往往造成相反之效果：「昔堯治天下，不賞而民勸，不罰而民畏。今子賞罰而民且不仁，德自此衰，刑自此立，後世之亂，自此始矣。」（〈天地〉）「舉天下以賞其善者不足，舉天下以罰其惡者不給。故天下之大，不足以賞罰。自三代以下者，匈匈焉終以賞罰爲事，彼何暇安有性命之情哉」（〈胠篋〉）

因此絕聖棄知，摒除妄爲，實行無爲而治，乃莊子政治上之主張：「故絕聖棄知，大盜乃止。擿玉毀珠，小盜不起。焚符破璽，而民朴鄙。掊斗折衡，而民不爭。殫殘天下之聖法，而民始可與論議。」（〈胠篋〉）「汝遊心於淡，合氣於漠，順物自然而無容私焉，而天下治矣。」「明王之治，功蓋天下而似不自己，化貸萬物而民弗恃，有莫舉名，使物自喜，立乎不測，而遊於無有者也。」（〈應帝王〉）

老子有「小國寡民」之政治理想社會，莊子亦有「赫胥氏」等之至德盛世：「夫赫胥氏之時，民居不知所爲，行不知所之。含哺而熙，鼓腹而遊，民能已此矣。」（〈馬蹄〉）「吾意善治天下者不然，彼民有常性，織而衣，耕而食，是謂同德。一而不黨，命曰天放。故至德之世，其行塡塡，其視顚顚。當是時也，山無蹊隧，澤無舟梁，萬物群生，連屬其鄉，禽獸成群，草木遂長，是故禽獸可係羈而遊，鳥鵲之巢，可攀援而闚。夫至德之世，同與禽獸居，族與萬物並，惡乎知君子小人哉？同乎無知，其德不離；同乎無欲，是謂素樸。素樸而民性得矣。」（仝上）「子獨不知至德之世乎？昔者容成氏、大庭氏、伯皇氏、中央氏、栗陸氏、驪畜氏、軒轅氏、赫胥氏、尊盧氏、祝融氏、伏羲氏、神農氏，當是時也，民結繩而用之。甘其食，美其服，樂其俗，安其居，鄰國相望，雞狗之音相聞，民至老死而不相往來。若此之時，則至治矣。」（〈胠篋〉）

莊子之時，天下大亂，群雄並峙，政治紛擾，民生疾苦。無爲而治之政治

理想，正切合民心需要。莊子能繼承老子之說，強調純樸自然精神重要，而使民歸於無知無慮之祥和社會，實為亂世之清涼劑。故王安石《莊子論》曰：「昔先王之澤，至莊子之時竭矣。天下之俗，譎詐大作，質樸並散，雖世之學大夫，未有知貴己賤物之道也。於是乎棄絕乎禮義之緒，奪攘乎利害之際。趨利而不以為辱，殞身不以為怨，漸潰陷溺以至乎不可救己。莊子病之，思其說以矯天下之弊，而歸之於正者也。其心過虛，以為仁義禮樂，皆不足以正之。故同是非，齊彼我，一利害，則以足乎心為得，此其所矯天下之弊者也。」

第四章　老莊思想對先秦學術思想之影響

第一節　諸子出於王官論

　　王官者，王朝之官也。古政教不分，官師合一。學術之掌，在於王官。民間未有著述，欲受教育者，須以官為師。故《尚書》曰：「學古入官。」(《周官》)《禮記》曰：「官學事師。」(《曲禮》)皆此之謂也。章學誠曰：「占無文字，結繩之治。易之書契，聖人明其用曰：『百官以治，萬物以察。』理大物博，不可殫也。聖人立官分寸，而文字亦從而紀焉。有官斯有法，故法具於官。有法斯有書，故官守其書。有書斯有人，故師傳其學。有書斯有業，故弟子習學業。官守學業，皆出於一，故私門無著述文學。」(《校讎通義》)

　　而周朝政府，乃藏書之所在，文獻之中心。《論語》曰：「周監於三代，郁郁乎哉！」(〈八佾〉)而此「郁郁之文」，殆掌握於王官之手也。

　　及至周室東遷，王綱解紐。孔子曰：「天子失官，守在四夷。」又曰：「禮失而求諸野。」於是官學漸衰，而私學是興。諸子之學於焉萌焉，官學遂因而流入民間矣。

　　故當時民間書籍漸多，收藏益備。墨子曰：「今天下之士，君子之書，不可勝載。」(〈天志〉上)莊子亦曰：「惠施多方，其書五車。」(〈天下〉)。而民間亦能見官書。墨子曰：「尚觀於先王之書。」(〈非命〉上)「徵以先王之書。」(〈非命〉中)《戰國策》稱蘇秦：「發書陳篋，得太公陰符之謀。」孟子亦曰：「盡信書則不如無書。吾於《武成》，取其二、三策而已。」(〈盡心〉下)因此書書籍之普遍流行，遂造成諸子之學術風行。

　　言諸子學發生之原因，最早始於劉歆之《七略》。班固本之，因而撰《漢

志》，遂有「九流十家」之名目，以諸子學術出於王官。《漢書·藝文志》曰：「儒家者流，蓋出於司徒之官。道家者流，蓋出於史官。陰陽家者流，蓋出於羲和之官。法家者流，蓋出於理官。名家者流，蓋出於禮官。墨家者流，蓋出於清廟之守。縱橫家者流，蓋出於行人之官。雜家者流，蓋出於議官。農家者流，蓋出於農稷之官。小說家者流，蓋出於稗官。」又曰：「諸子十家，其可觀者，九家而已。」文中之「蓋」字，皆籠統謂之。而「出」字亦有導源之意。謂諸子當受王官之影響，而能開闢新說，自創學派，非謂其學術完全承自王官而來。

《莊子·天下篇》亦曰：「古之所謂道術者，果惡乎在？曰無乎不在。」又曰：「百官以此相齒。」則道術本在百官矣。〈天下篇〉又分論各派曰：「古之道術有在於是者，某某聞其風而說之。」此明敘諸子以百官為濫觴也。又曰：「鄒魯之士，縉紳先生，多能明之。」所謂「鄒魯之士」當指「孔孟」二家。「縉紳先生」即指百官而言也。

諸子之學既濫觴於王官。王官之中，尤以史官為古代學術之府。故《世本》言黃帝時史皇作圖，倉頡、沮誦造字。《呂氏春秋·先識篇》謂夏末有太史修古，商末有內史尹摯，皆能保持典籍於亡國之際。周朝史佚為四輔之一，史克作魯誦，內史敬服與內史過善相人，內史萇弘且深明樂理。楚左史倚相能讀《三墳》、《五典》、《八索》、《九邱》之古籍。餘如晉之董狐、齊之太史、南史均以直筆有名。而史官亦多有收藏典籍者，《莊子·天運篇》記孔子欲適周觀書，子路言周守藏室史聃可與謀。《左傳》言晉韓宣子聘魯，觀書於魯太史，見《易象》與魯《春秋》（昭公二年）。史官實為學術之總流，亦為學術之依歸。《莊子·天下篇》曰：「其明在數度者，舊法世傳之史，尚多有之。」所謂「明在數度」即指道術已形成之典章制度而言，亦即學術之資料所在。故史官實為百官（王官）之首，亦為諸子學術之源。龔自珍曰：「周之世官，史為大。史之外，無有文字焉。史之外，無有人倫品目焉。」又曰：「六經者，周史之大宗也。諸子者，周史之支孽小宗也。」（《古史鈎沈論》二）江瑔亦曰：

> 官亦謂之吏，吏字從史。有官必有所司之事，事字亦從史，蓋古人
> 殆以史為百官之總稱，史以外無官可言。〔註1〕

王官以史官為首，而道家則得史官之正傳。《漢書藝文志》曰：「道家者流，蓋出於史官，歷記成敗存亡禍福，古今之道。然後知秉要執本，清虛以自守，

〔註1〕江瑔《讀子巵言》卷一，頁15。

卑弱以自持，此君人南面之術。合於堯之克讓，易之嗛嗛，一謙而四益，此其所長也。」

　　道家以老莊爲代表。老子爲周之柱下史，其本身又兼上古學術之所長，並能洞悉世事人情之故實，以及盛衰存亡之道理，實爲智慧之表率，故對諸子影響最爲深切。《史記・老莊申韓列傳》曰：「老子所貴道、虛無，因變化於無爲，故著書稱微妙難識。莊子散道德、放論，要亦歸之自然。申子卑卑，施之於名實。韓非子引繩墨，切事情，明是非，其極慘礉少恩。皆原於道德之意，而老子深遠矣。」

　　老子不但對莊子法家等影響深遠，先秦諸子亦無不受老子之學術影響。江瑔曰：

> 上古三代之世，學在官而不在民。草野之士，莫由登大雅之堂。惟老子世爲史官，得以掌數千年學庫之管鑰，而司其啓閉。故老子一出，遂盡洩天地之秘藏，集古今之大成。學者宗之，天下風靡，道家之學，遂普及於民間。道家之徒既眾，遂分途而趨，各得其師之一端，演而分諸家之學，而九流之名以興焉。道家之學，無所不賅，徹上徹下，亦實亦虛，學之者不得其全，遂分爲數派。其得道家之玄虛一派者爲名家，爲陰陽家及後世之清談家、神仙符籙家，得道家之踐實一派者爲儒家。得道家之陰謀一派者爲兵家、爲縱橫家。得道家之慈儉一派者爲墨家。得道家之齊萬物，平貴賤一派者爲農家。得道家之寓言一派者爲小說家。傳道家之學而不純，更雜以諸家之說者爲雜家。是春秋戰國之世，百家爭鳴，雖各張一幟，勢若水火，而其授受之淵源，實一一出於道家。〔註2〕

第二節　老莊思想與諸子之關係

　　老莊思想爲道家思想之代表。先秦諸子與老莊思想（特別是老子）有密切之淵源及關係。則老莊思想，不僅對後來兩漢、魏晉具有深遠之影響，而在先秦諸子學術中，亦早已發揮其影響力。蓋老莊思想博大精深，眞誠自然，原與諸子學術有相通之處，此後來司馬談〈論六家要旨〉所謂：「因陰陽之大順，採儒墨之善，撮名法之要。」。茲略述老莊思想與諸子關係於後：

〔註2〕仝〔註23〕，頁78。

一、儒　家

　　儒家與道家固有其根本之差異（分屬南北不同學派），然並非學術上全無相通之處。

　　《禮記‧曾子問》、《史記‧老子列傳》、《孔子世家》皆載有孔子向老子問禮之事。《孔子家語‧觀周篇》亦記孔子「師事老子」。《莊子天運》、〈天地〉、〈天道〉、〈外物〉、〈德充符〉〈田子方〉、〈知北遊〉亦載孔子見老聃之事。《呂氏春秋‧當染篇》亦有同樣記載。（後世韓愈雖有非老子之論，然其〈師說〉亦曰：「孔子師郯子、萇弘、師襄、老聃。」）可知孔子向老子問禮，乃上古社會普遍流傳之事。

　　孔子最好問學，所謂：「敏而好學，不恥下問。」（〈學而〉）「三人行，必有我師焉。」（仝上）「我非生而知之者，好古敏以求之者也。」（〈述而〉）「十有五而志於學」（仝上）「入太廟，每事問。」（〈八佾〉）孔子又好禮，所謂：「子所雅言，《詩》、《書》、執禮。」（〈述而〉）「君子博我於文，約之以禮。」（〈雍也〉）「不學禮，無以立。」（〈季氏〉）

　　因此孔子向老子學禮問禮之事，非不可能。《史記‧仲尼弟子列傳》曰：「孔子之所嚴事於周則老子，於衛蘧伯玉，於齊晏平仲，於楚老萊子，於鄭子產，於魯孟公綽。」以上數子皆於史可徵之人。故孔子問禮之事，當屬不謬。胡適先生以為：「老子本是儒，其職業正是為人治喪、相禮、教學。故《禮記‧曾子問篇》孔子說：『昔者吾從老聃助葬於巷黨。』」〔註3〕胡適論老子職業雖嫌主觀，然其與孔子之關係必甚為密切。

　　此外儒家本出於司徒之官（《漢書‧藝文志》）。司徒之官是指保氏而言。古保氏以六藝教國子。六藝者，六經也。六經係儒家重要典籍，如《詩》、《書》、《易》皆與老子思想有若干符合之處（參本編第二章第二節）。老子為周之太史（或柱下史）對所謂儒家經典必有涉獵，或搜集，故老子與六藝當有某種關係。張采田先生曰：

　　　　六藝皆史也，百家道術，六藝之支與流裔也。何以知其然哉？中國文明，開自黃帝。黃帝正名百物，始備百官。官各有史，史世其職，以貳於太史。太史者，天子之史也。其道君人南面之術也（〈漢志〉謂道家乃君人南面之術）。故自孔子以上，諸子未分以前，學術政教，

────────────
〔註3〕胡適《中國中古思想史長編‧附錄乙》，頁30。

皆聚於官守。一言以蔽之，曰史而已矣。史之書凡六：曰《詩》、曰
《書》、曰《易》、曰《禮樂》、曰《春秋》。〔註4〕

此外儒家思想亦與老子思想有符合之處。《說文》「儒」字曰：「柔也，術士之
稱。」段《注》引鄭《目錄》云：「儒之言優也，柔也，能安人，能服人。」
儒之柔意，正係老子之思想。老子曰：「專氣致柔。」（十章）「柔之勝剛。」
（七八章）「守柔曰強。」（五二章）皆有柔弱自處之意。

而《論語》之中亦可發現與老莊思想有相通之處：

老子講不爭：「夫唯不爭，故無尤。」（八章）孔子亦曰：「君子無所爭。」
又曰：「君子矜而不爭。」（〈衛靈公〉）

老子講謙遜：「大盈若沖，其用不窮。」（十五章）曾子亦曰：「以能問於
不能，以多問於寡。有若無，實若虛，犯而不校。」（〈泰伯〉）子貢曰：「夫
子溫良恭儉讓。」（〈學而〉）孔子曰：「能以禮讓爲國乎，何有？」（〈里仁〉）

老子講無欲：「不見可欲，使民心不亂。」（〈三章〉）孔子亦曰：「苟子之
不欲，雖賞之不竊。」（〈顏淵〉）

老子講無爲：「爲無爲，則無不治。」（〈三章〉）孔子亦曰：「無爲而治者，
其舜也與？夫何爲哉？恭已正南面而已。」（〈衛靈公〉）

老子講行不言之教（二章）孔子亦曰：「予欲無言，天何言哉？」（〈陽貨〉）

此外孟子、荀子思想中亦有與老莊相通之處：

老子主反戰：「夫佳兵者，不祥之器。」（卅一章）孟子亦曰：「爭地以戰，
殺人盈野；爭城以戰，殺人盈城。此所謂率土地而食人肉，罪不容於死。」
又曰：「善戰者服上刑。」（〈離婁〉上）

老子以百姓爲心：「聖人常無心，以百姓心爲心。」（四九章）孟子亦曰：
「得其民有道，得其心，斯得民矣。」

老子講省刑罰：「民之飢，以其上食稅之多，是以飢。」（七五章）孟子

〔註4〕張采田《史微·內篇》卷一《原史》。此外錢大昕《廿二史箚記序》曰：「經
學與史學，初無明顯之分野。經即史，史即經。《尚書》、《春秋》爲史學之權
輿。」王陽明曰：「以事言謂之史，以道言謂之經。事即道，道即事，《春秋》
亦經。五經亦史。《易》是庖犧氏之史，《書》是堯舜以下之史，《禮樂》是三
代之史。」（《傳習錄·答徐愛問》）章學誠曰：「六經皆史也。古人不著書，
古人未嘗離事而言理，六經皆先王之政典也。」（《文史通義·易教》上）又
曰：「六經特聖人取此六種之史，以垂訓耳。子集諸家，其源皆出於史，末流
忘所自出，自生分別。」（〈報孫淵如書〉）老子既爲史官，當與儒家六藝有密
切關係。

亦曰：「施仁政於民，省刑罰，薄稅斂。」（〈梁惠王〉上）

老子講去知：「使夫知者不敢為。」（四九章）孟子亦曰：「所惡於智者，為其鑿也。如智者，亦行其所無事，則智亦大矣。」（〈離婁〉下）

老子重自然之道：「天法道，道法自然。」（廿五章）荀子亦曰：「天行有常，不為堯存，不為桀亡。應之以治則吉，應之以亂則凶。」（〈天論〉）

莊子講「與物冥合」，孟子亦曰：「上下與天地同流。」又曰：「萬物皆備於我。」（〈盡心〉上）

莊子講「唯道集虛」（〈人間世〉），荀子亦曰：「虛壹而靜。」（〈解蔽〉）

此外屬於儒家之經典，如《中庸》曰：「不見而章，不動而變，無為而成。」「萬物並育而不相害，道並行而不相背，小德川流，大德敦化，此天地之所以為大也。」《大戴禮記》曰：「至禮不讓，至賞不費，至樂無聲。」（〈主言〉）皆與道家思想有相符合之處。

老莊思想雖於文字表現上與儒家不同，然若論其淑世匡俗之精神，則與儒家一致。唯道家講自然率真，厭惡繁文縟節，謂仁義為虛名，而強調事物之自發性與真實性，所謂：「失道而後德，失德而後仁，失仁而後義，失義而後禮。夫禮者，忠信之薄，而亂之首。」（卅八章）而認為儒家僅是「道之華，愚之始。」（全上）此實較儒家對事物之觀察，更能鞭辟入裡。故魏晉玄學家如王弼、何晏等人註解儒家經典如《易經》、《論語》等，皆能本道家立場，更深入發揮儒學之精義，此儒道可相通之證也。唯魏晉以後社會風氣之重玄虛，崇曠達，不遵守禮法，以放蕩為名，此皆曲解老莊之原意也。而儒家亦僅守仁義禮教之虛名，終流於惑者辟者之流，此漢末至魏晉儒衰道盛原因之一也。《漢書・藝文志》論儒家之缺點曰：「然惑者既失精微，而辟者又隨時抑揚，違離道本，苟以嘩眾取寵。後進循之，是以五經乖析，儒學浸衰，此辟儒之患。」胡哲敷先生論儒道二家異同曰：

> 兩家議論行為，頗多相異。然而最後境界，我則以為並無二致，而一歸於玄同。……余意孔子見老子後，思想頗有轉變，言論行為，多與道家冥契，而理想治道，亦在無為。且不惟孔子，即孟子、荀子，雖大體上是重在力行，而說及最高境界，仍歸於無為妙境。……是故儒道兩家之思想行徑，雖頗多相洪，然其指歸，則均以合於自然法則為準。不過儒家所要求的自然法則，是由人力奮鬥得來的，道家所要求的自然法則，是任自然力之支配，順應成功的，這是兩

家異同的大較。〔註5〕

二、陰陽家

陰陽家本出於羲和之官。《漢書·藝文志·諸子略》曰：「陰陽家者流，蓋出於羲和之官。敬順昊天，曆象日月星辰，敬授民時，此其所長也。」

天時卜筮，係羲和之官所掌。《尚書·堯典》曰：「乃命羲和，欽若昊天，曆象日月星辰，敬授民時。」此種職務與史官本有相同之處。《周禮》曰：「太史，抱天時，與太師同車。」（〈春官宗伯〉下）鄭司農《注》曰：「太史主抱式，以知天時，處吉凶。史官主知天道。故《國語》曰：『吾非瞽史，焉知天道？』《春秋傳》曰：『楚有雲如泉，赤烏夾日以飛。楚子使問諸周太史，太史主天道。』」

故史官與羲和之官職務實有相似之處。《後漢書·明帝紀注》云：「史官，即太史掌天文之官也。」司馬遷曰：「文史星曆近乎卜祝之間。」（〈報任少安書〉）古書中以巫史、祝史連稱者，屢見不鮮。《左傳》載晉史蘇、史墨善於占卜，又言史華爲衛侯掌祭祀，史囂爲虢公享神，故《周官》曰：「太史掌祭祀，小史辨昭穆。」

老子爲史官之正，故思想上必多與陰陽家有淵源之關係。老莊喜談天道，善言自然，此皆與掌天文之職有關。唯原始陰陽家之書已佚，今僅就鄒衍之思想，略加比較。

陰陽家以「陰」、「陽」二元爲出發點，解釋宇宙萬事萬有之現象。陰、陽二字，《說文》「阜」部曰：「陰爲雲覆日，陽爲日出。」此係原始之本義。引申其義，凡相對之事物皆可以陰、陽表示之，如明暗、南北、男女、剛柔、動靜……等。儒家《易經》亦多言陰陽之事。如《繫辭上傳》曰：「一陰一陽之謂道。」其《下傳》曰：「立天之道曰陰與陽。」

《老子》一書亦主陰陽之說（比《易經》更早提出）：「道生一，一生二，二生三，三生萬物。萬物負陰而抱陽，沖氣以爲和。」（四一章）《莊子》書中亦述陰陽調和變化，生成萬物：「至陰肅肅，至陽赫赫。肅肅出乎天，赫赫發乎地，兩者交通成和而物生焉。」（〈田子方〉）「一清一濁，陰陽調和。」（〈天運〉）「靜而與陰同德，動而與陽同波。」（〈天道〉）「且以巧鬥力者，始乎陽，常卒乎陰。」（〈人間世〉）

〔註 5〕胡哲敷《老莊哲學老莊哲學與儒家哲學》，頁 282。

《老子》書中多從「陰、陽」而引出相對之事物如有無、長短、高下、難易、前後、虛實、強弱、外內、開闔、去取、寵辱、得失、濁清、敝新、唯啊、昭昏、察悶、全曲、直枉、多少、大小、輕重、躁靜、雄雌、行隨、歔吹、白黑、吉凶、張歙、興廢、與奪、剛柔、厚薄、貴賤、進退、損益、寒熱、生死、親疏、利害、禍福、正奇、壽夭、智愚、牝牡……等。而「萬物負陰抱陽」亦說明萬物相反相成之道理:「有無相生,難易相成,長短相形,高下相傾,音聲相和,前後相隨。」(二章)「善人者,不善人之師。不善人者,善人之資。」(卅七章)

此外陰陽家又以五行思想解釋宇宙事物運行之理。《史記‧孟荀列傳》曰:「鄒衍……稱引天地剖判以來,五德轉移,治各有宜,而符應若茲。」〈封禪書〉曰:「鄒子之徒,論著終始,五德之運。」

五行思想為上古已有之觀念,《書經‧甘誓》、〈洪範〉、〈大禹謨〉及《左傳》(昭公廿五、廿九、卅二)皆有提及五行之名稱。《墨子經下‧貴義篇》、《荀子‧非十二子篇》、《莊子‧外物》、〈說劍篇〉亦有提及五行之事及名稱。

然老莊陰陽(或五行)之說,本用以論自然之天道,非有涉及迷信,而五行家之末流:「及拘者為之,則牽於禁忌,泥於小數,舍人事而任鬼神。」(《漢書‧藝文志》)故鄒衍五行之說,至漢時卒演為五德相生相勝之理論。董仲舒《春秋繁露》遂以之推論災異感應之原理,劉向父子乃以之與《易》理八卦合而為一。嗣後道家思想之衍流——道教之產生,更以之與符籙相結合,成為宗教迷信之混合體。梁啟超先生曰:「陰陽五行說,為二千年來迷信之大本營,直至今日,在社會上,猶有莫大勢力。」(〈陰陽五行說之來歷〉)此陰陽家與老莊始而相同,而末終分異也。

鄒衍之學除五行陰陽之說外,其政治學理亦有與老莊思想相通之處。《史記‧孟荀列傳》曰:「鄒衍睹有國者,益淫侈,不能尚德,若大雅整之於身,施及黎庶矣。」又曰:「然其要歸,必止乎仁義節儉,君臣上下六親之施,始也濫耳。」仁義之說,為老莊所反對,然節儉之言則為老莊所提倡。老子曰:「五色令人目盲。五音令人耳聾。五味令人口爽。馳騁畋獵,令人心發狂。難得之貨,令人行妨。」(十二章)並主張「少私寡欲。」(十九章)「無欲自樸。」(五七章)「治人事天莫若嗇。」(五九章)節儉係老子三寶之一(六七章),此與鄒衍之說相同。

唯鄒衍之學,應用政治上似未甚得意:「王公大人初見其術,懼然顧化,

其後不能行之。」(《史記‧孟荀列傳》),故其政治上之趨向,則走向老子「和光同塵」之主張。《漢書‧嚴安傳》曰:「鄒子曰:『政教文質者,所以云救也。當時則用,過則舍之,有易則易也。故守一而不變者,未睹治之至也。』」然老莊能抱一為天下式,守道為應變之本,鄒子雖善與時變,隨物而和,然却未能守一而變。故太史公稱其「有意阿世俗,苟合而已哉。」(《孟荀列傳》)

此外鄒衍之人生觀,能從超大之宇宙觀發演,此點與莊子頗相類似。《史記‧孟荀列傳》曰:「乃深觀陰陽消息而作怪迂之變,〈終始〉〈大聖〉之篇,十餘萬言。其語閎大不經,必先驗小物,推而大之,至於無垠。先序今以上至黃帝,學者所共術,大並世盛衰,因載其禨祥度制,推而遠之,至天地未生,窈冥不可考而原也。先列中國名山大川、通谷、禽獸、水土所殖、物類所珍。因而推之,及海外人之所不能睹,稱引天地剖判以來,五德轉移,治各有宜,而符應若茲。以為儒者所謂中國者,於天下,乃八十一分居其一分耳。中國名曰赤縣神州。赤縣神州內,自有九州,禹之序九州是也,不得為州數。中國外,如赤縣神州者九,乃所謂九州也。於是有裨海環之,人民禽獸,莫能相通者,如一區中者,乃為一州。如此者九。乃有大瀛海環其外,天地之際焉,其術皆此類也。」桓寬《鹽鐵論‧論鄒篇》曰;「鄒子疾晚世之儒墨,不知天地之宏曠,守一隅而欲萬方……於是推大聖終始之運,以喻王公列士。」

鄒子之人生觀能超越時人鄙陋窄小地域觀,而發演為超然之宇宙觀,其視野之開濶,心胸之曠達,故時人譏之「迂大不實」。此與莊子之宇宙觀相似:「大而無當,往而不反。吾驚怖其言,猶河漢而無極也。大有逕庭,不近人情焉。」(〈逍遙遊〉)

莊子喜從天道申論,故有〈天道〉、〈天地〉〈天運〉等篇。鄒子亦喜談天(陰陽家本屬司天象羲和之官)。劉向《別錄》曰:「鄒衍之所言,五德終始,天地廣大,書言天事,故曰談天。」劉勰《文心雕龍》曰:「鄒子養政於天文。」二子能從天道發演,故能大宇宙而小人生,此即莊子〈天下篇〉所謂「獨與天地精神往來,而不敖倪於萬物。」之精神。

老莊思想與陰陽家思想關係密切。然鄒衍以後,陰陽五行思想流行漢際,與災異之說並行。故司馬談評之曰:「嘗竊觀陰陽之術大詳,而眾忌諱,使人拘而多所畏。然其序四時之大順,不可失也。」(〈論六家要旨〉)此陰陽家卒走向舍人事而任鬼神之路也。

三、墨 家

墨家本出於清廟之守（《漢書・藝文志》）。清廟之事，屬於巫事，後史盛而巫衰。史官遂取代巫而司清廟之職，如卜史、祝史之屬。

墨家曾往史角處學郊廟之禮。而周太史尹佚之書，劉向及〈漢志〉中皆列於墨家之首，故知墨家與史官之關係甚深。汪中〈墨子序〉曰：「周太史尹佚之書十二篇，劉向校書，列諸墨子之首。魯惠公請郊廟之禮於天子。桓王使史角往，惠公止之。其後在於魯，墨子學焉。」又〈漢志〉墨家之首列「〈尹・佚〉」二篇，王應麟《注》曰：「《左傳》稱史佚有言。史佚之志，《晉語》胥臣曰：『文王訪於辛、尹』《注》：辛甲、尹佚皆周太史。《說苑・政理篇》引成王問政於尹佚。伊佚，周史也，而爲墨家之首。今書亡，不可考。《呂覽・當染篇》：『魯惠公使宰讓請郊廟之禮於天子。天子使史角往。其後在於魯，墨子學焉。』意者，史角之後，託於佚歟。」

史佚之書，今已亡佚，唯《周書世錄》解云：「武王降白軍，乃俾史佚繇書。」《周紀》有引：「史佚筴祝。」《逸周書》亦引：「史佚筴。」另《左傳》僖公十五年、文公十五、成公四年、襄公十四年、昭公元年、及《國語晉語》中皆有引史佚之言。無論史角、史佚皆墨學之先趨。史佚掌筴祝，爲清廟之守，其思想與老子實有密切之關係（可參本編第二章第二節）。《墨子》書中有「〈明鬼〉」一篇，此蓋承卜史、祝史之遺跡矣。江瑔曰：

> 「墨家之學，實出於史佚、史角。而史佚、史角亦實有事於廟之人。
> 故墨氏〈明鬼〉」，即承清廟之遺，則清廟之守，亦即史官之所掌矣。

〔註6〕

墨子既從史佚所學，故亦多能發揮史佚之精神，與老莊學說有相通之處。

老子思想以慈爲三寶之一，墨子主兼愛，此亦與老子尚慈之精神相同。老子因尚慈，故能徧及好壞，所謂：「善者吾善之，不善者吾亦善之，德善。信者吾信之，不信者吾亦信之，德信。」（四九章）「聖人常善救人，故無棄人。常善救物，故無棄物。」（廿七章）而墨子正係此種精神之發揚。其兼愛係不分等差：「子墨子曰：兼以易別。」（〈天志〉下）又曰：「仁，體愛也。」（〈經上〉）又曰：「當天意而不可不順天意者，兼相愛，交相利，必得賞。」（〈天志〉上）

〔註6〕仝〔註23〕，頁34。

老子因尚慈，故反對戰爭殺戮：「以道佐人主者，不以兵強天下。」（卅章）而墨子因兼愛，而主張非攻去殺：「殺一人，謂之不義，必有一死罪矣。若以此說，往殺十人，十重不義，必有十死罪矣。殺百人，百重不義，必有百死罪矣。當此天下之君子，皆知而非之，謂之不義。今至大不義爲攻國，則弗知非，從而譽之，謂之義。」（〈非攻〉上）

老子因尚慈，故極富有救世之熱忱，所謂：「慈故能勇。夫慈，以戰則勝，以守則固，天將救之，以慈衛之。」（六七章）而墨子因主兼愛，故亦富有救世之精神，所謂：「摩頂放踵，利天下爲之者也。」故其爲宋守，服役者百八十八人，可使赴湯蹈刃，此皆從慈之精神而來也。

老子尚儉，所謂：「儉故能廣。」（六七章）「治人事天莫若嗇。」（十九章）墨子亦主儉，《漢書・藝文志》言其：「茅屋采椽，是以貴儉。」《淮南子・要略訓》謂其：「節財、薄葬、閑服生焉。」《莊子・天下篇》言其尚儉之精神：「腓無胈，脛無毛，沐甚雨，櫛疾風，置萬國。」「以裘褐爲衣，以跂蹻爲服，日夜不休，以自苦爲極。」司馬談〈論六家要旨〉言其：「堂高三尺，土堦三等，茅茨不翦，采椽不刮。食土簋，啜土刑，糲粱之食，藜藿之羹，夏日葛衣，冬日鹿裘，其送死，桐棺三寸。」

老子講無欲，所謂：「無欲見樸。」（五七章）而《莊子・天下篇》言其：「不侈於後世，不靡於萬物，不暉於數度，以繩墨自矯而備世之急。」

老子有「絕聖棄知」（十八章）摒棄禮學之言，而墨子亦有「非禮」之論。《漢書・藝文志》曰：「見儉之利，因以非禮。」《淮南子・要略訓》曰：「墨子學儒者之業……以爲其禮煩擾而不悅。」此與老子「禮者忠信之薄，而亂之首。」（卅八章）意義相同。墨子因非禮而更有「非樂」、「節葬」之說，凡此皆與老莊清靜無爲之旨相若。

唯墨家與老莊亦有相異之處。老子欲不尚賢，墨子則主尚賢。老子欲棄義，墨子則主貴義。老子講自然，墨子明鬼神。老子主不妄作，墨子主力行。老子講「大辯不言。」墨子謂：「辯，爭彼也。辯勝，當也。」（〈經上〉）老子主無名，墨子則主「以名舉實」（〈小取〉）

凡與老莊思想相背者，皆採於儒者也，此與其「學儒者之業，受孔子之行。」（《淮南子・要略訓》）有關。唯墨子雖主張崇儉去欲與老莊相同，而却未能適乎本性，順應自然，不免矯枉太過，有違養生之原則。故《莊子・天下篇》評之曰：「爲之太過，命之曰節用。」「以此教人，恐不愛人。以此自行，固不愛

己。」「其生也勤，其死也薄，其道大觳。使人憂，使人悲，其行難爲也。恐其不可以爲聖人之道，反天下之心。天下不堪，墨子雖獨能任，奈天下何？」然墨子以兼愛行事，畢竟與道家尚慈精神相同，故莊子對墨子亦有溢美之辭：「墨子眞天下之好也，將求之不得也，雖枯槁不舍也，才士也夫。」江瑔曰：

> 莊子於諸家之學，多所訾毀。獨於關尹、老聃無毀辭。尹聃之外，於墨子亦譽之者多，與對於惠施諸人，辭調大異，蓋以其同出於老氏也。楊朱亦道家別派，故孟子書以楊墨並稱，大抵楊氏偏於爲我，墨氏偏於爲人，皆得道家之一偏。故莊子譽之，而亦略有所譏。然墨子之所得，亦實較諸子爲最多也，此墨家出於道家之證也。〔註7〕

司馬談〈論六家要旨〉亦曰：

> 墨家儉而難遵，是以其事不可徧循。然其彊本節用，不可廢也。

四、縱橫家

　　縱橫家出於行人之官。《漢書・藝文志》曰：「縱橫家者流，蓋出於行人之官。孔子曰：『誦《詩》三百，使於四方，不能專對，雖多，亦奚以爲？』又曰：『使乎！使乎！』言其當權事制宜，受命而不受辭。此其所長也。」

　　所謂行人之官，乃奉使命出於邦國者也。《說文》「使」字曰：「令也，從人吏聲。」下《注》曰：「《許》書無駛、駛字。《左傳》吏走問諸朝，本作使走問諸朝。」吏、史二字本通用，故《說文》「吏」字曰：「吏，治人者也，從一從史，史亦聲。」下《注》曰：「此亦會意也，吏必以一爲體，以史爲用。史者，記事者也。」

　　古人使命，多以史爲之。《白虎通・諫諍篇》曰：「所以謂之史何？明王者使爲之也。」《漢書・杜延年傳・注》曰：「史，使一也。」《禮記・雜記》曰：「客使自下由路西。」《注》曰：「使或爲史。」《漢書・霍光傳》曰：「使樂成。」《注》曰：「使字或作史。」

　　故可知「使」、「史」二字諧聲相通，可互用。古人使命常以史爲之。而史之職，亦因出使各地，陳詩以觀民風，考知各地政治得失。此即《漢書藝文志》所謂：「古有采詩之官，王者所以觀風俗，知得失，自考正也。」

　　行人之官出於史，老子爲史官，縱橫家與老莊當有相當淵源。

〔註7〕全〔註23〕，卷二，頁86。

　　縱橫家可以蘇秦、張儀爲代表。《史記・蘇秦列傳》曰：「蘇秦者，東周雒陽人也。東事師於齊而習之於鬼谷先生，出遊數歲，大困而歸。兄弟嫂妹妻皆竊笑之曰：『周人之俗，治產業，力工商，逐什二，以爲務。今子釋本而事口舌，固不亦宜乎。』蘇秦聞之而慙，自傷。乃閉室不出，出其書徧觀之曰：『夫士業已屈首受書，而不能以取尊榮，雖多亦奚以爲？』於是得《周書陰符》，伏而讀之，期年以出。揣摩曰：『此可以說當世之君矣。』」又〈張儀列傳〉曰：「張儀者，魏人也，始嘗與蘇秦，俱事鬼谷先生學術。」

　　蘇秦受妻嫂兄弟之辱，張儀受館人之毆，皆能忍辱負恥，不屈不撓，卒能成其事業。此實係道家之忍學也，老子曰：「曲則全，枉則直，窪則盈，敝則新。」（廿二章）「知其雄，守其雌。知其白，守其黑。知其榮，守其辱。」（廿八章）「處眾之所惡，故幾於道。」（八章）

　　蘇、張之師鬼谷子，以隱居潁川陽城之鬼谷，遂以爲號。《風俗通》曰：「鬼谷子，六國時縱橫家也。」《史記》言鬼谷子長於養性治身之術，今存有《鬼谷子書》二卷，書中有〈陰符七符〉及〈揣摩〉諸篇（乃蘇秦研讀者）。所謂〈揣摩〉之旨：「說主人者，不得不詳人主之心，此之謂揣。一切事物，均有連絡，推一端能知他端，此之謂摩。應於摩時而來者，謂之符。」縱橫家因能揣摩人心，鼓其如簧之舌，縱橫捭闔，與物推移。此實老子「將欲歙之，必固張之。將欲弱之，必固強之。將欲廢之，必固舉之。將欲奪之，必固與之。」（卅六章）之術，而應用於外交之陰謀也。

　　《漢書・藝文志》縱橫家又有〈蒯子〉五篇。《漢書・蒯通傳》曰：「通論戰國時說士權變，亦自序其說。」蒯通之書以權變立論，此與《史記》謂蘇秦「其術長於權變。」相同，皆發揮政治上之陰謀權變之道也。後世每謂老子爲陰謀家。程明道曰：「老子語道德而雜權詐，本末舛矣。」又曰：「予奪翕張，理所有也。而老子之言非也。予之之意，乃在乎取之。張之之意，乃在乎翕之。權詐之術也。」〔註8〕所謂「陰謀」非合老子本意，然諸子皆得道術之徧，《莊子・天下篇》所謂：「天下大亂，聖賢不明，道德不一，天下多得一察焉以自好。」故縱橫家或附和老子之說，以成其取巧之學也。

　　又蘇秦所學之「《太公書》」及「《陰符經》」皆屬有濃厚道家意味之兵家典籍。太公之《六韜》將於兵家思想敍述。此處略述《陰符經》之思想。

　　《陰符經》與老子崇尚自然思想頗相吻合。張東〈陰符經敍〉曰：「《陰

〔註8〕二程《粹言・論道篇》。

符》自黃帝有之,蓋聖人體天用道之機也。《經》曰:『得機者萬變而愈盛,以至於王。失機者,萬變而愈衰,以至於亡。』機者,自然之變化也。」

老子講「天地不仁,以萬物為芻狗。」(五章)而《陰符經》亦曰:「天之無恩,而大恩生。迅電烈風,莫不蠢然。」(〈下篇〉)

老子講「以其無私,故能成其私。」(七章)而《陰符經》亦曰:「天之至私,用之至公,禽之制在氣。」(〈下篇〉)

莊子講「生也死之徒,死也生之徒,孰知其紀。」(〈知北遊〉)而《陰符經》亦曰:「生者死之根,死者生之根。恩生於害,害生於恩。」(〈下篇〉)此又與老子「禍兮福所倚,福兮禍所伏。」(五八章)相同。

老子講「靜為躁君。」(廿六章)而《陰符經》亦曰:「自然之道靜,故天地萬物生。天地之道浸,故陰陽勝。」(〈下篇〉)

《陰符經》與道家思想甚接近,而蘇秦讀《陰符》之書,當受道家影響甚深。唯縱橫家以陰謀取巧制勝,實有違老莊淳樸無辯之旨。《漢書藝文志》曰:「及邪人為之,則上詐諼,而棄其信。」終落入遊談術士之小技中。

五、小說家

小說之名,原指對大道而言。《莊子·外物篇》曰:「飾小說以干縣令,其於大道亦遠矣。」《漢書·藝文志》曰:「小說家者流,蓋出於稗官。街談巷語,道聽塗說者之所造也。孔子曰:『雖小道,必有觀者焉,致遠恐泥。』是以君子弗為也,然亦弗滅也。閭里小知者之所及,亦使綴而不忘。如或一言可采,此亦芻蕘狂夫之議也。」如淳《注》曰:「細米為稗,街談巷說,其細碎之言也。王者欲知閭巷風俗,故立稗官使稱說之。」

稗官以街談巷說為王陳風俗,觀得失,此與史之職相若也。《隋書·經籍志》曰:「古者,聖上在上,史為書,瞽為詩,工誦箴諫,大夫規誨,士傳言而庶人謗。孟春徇木鐸以求歌謠,巡省觀人詩,以知風俗。」《崇文總目》曰:「古者懼下情之壅於上聞,故每歲孟春,以木鐸,徇於路,採其風謠以觀之。」故採街談巷說以觀民風,為史之職。此稗官與史官關係密切,小說家與道家亦有其淵源也。

今觀《漢書·藝文志》所錄小說家目錄如《周考》、《青史子》、《臣壽周紀》、《虞初周說》,亦全然史體,此小說家出於史官之證也。

《漢書藝文志·小說家》又錄有〈黃帝說〉四篇、〈伊尹說〉廿七篇、〈鬻

子說〉十九篇，此皆與道家思想有關之著作也。黃帝為道家所託，伊尹、鬻子亦為道者流。又有〈宋子〉十八篇，《注》曰：「孫卿道宋子其言黃老意。」《莊子‧天下篇》曰：「不累於俗，不飾於物，不苟於人，不忮於眾。願天下之安寧以活民命，人我之養畢足而止。以此白心，古之道術有在於是者，宋鈃尹文聞其風而說之。」此宋子學說隱然有合乎道家之旨。《荀子‧正論篇》曰：「子宋子曰：『明見侮之不辱，使人不鬥。』人皆以見侮為辱，故鬥也。知見侮之不辱，則不鬥矣。」《莊子‧天下篇》亦曰其「見侮不辱，救民不鬥，禁攻寢兵，救世之戰。」又曰：「不以身假物，以為無益於天下者。」「以禁攻寢兵為外，以情欲寡淺為內，其小大精粗，其行適至是而止。」凡此思想，皆深得老莊之旨也。

　　《漢書‧藝文志》有〈務成子〉十一篇。錢大昭《注》曰：「《荀子‧大略篇》云：舜學於務成昭。」楊倞《注》引《尸子》曰：「務成昭之教舜曰：『避天下之逆，從天下之順，天下不足取。避天下之順，從天下之逆，天下不足失。』」此亦道家以「百姓之心為心」之意也。

　　此外又有《待詔臣安成‧未央術》一篇，應劭《注》曰：「道家也，好養生，事為未央之術。」

　　又有《待詔臣‧饒心術》廿五篇。劉向《別錄》云：「饒，齊人也，不知其姓。武帝時待詔，作書名曰：《心術》。」既為齊人，書名《心術》，當為道家之言也。

　　又有《封禪‧方說》十八篇，《注》曰：「此方士所本。」當係道士言禪之事，方士道士與道家皆有淵源。

　　由以上所述，小說家與老莊實有密切之關係也。

六、農　家

　　《漢書‧藝文志》曰：「農家者流，蓋出農稷之官，播百穀，勸耕桑以足衣食。故八政：一曰食，二曰貨。孔子曰：所重民食。此其所長也。」

　　農家出於農稷之官，掌理農事。今其書已佚。《漢志》有〈神農〉二十篇，《注》曰：「六國時，諸子疾世，怠於農業，道耕農事，託之神農。」《呂氏春秋‧愛類篇》曰：「神農之教曰：士有當時而不耕者，則天下或受其飢矣。女有當年而不績者，則天下或受其寒矣。故身親耕，妻親績，所以見致民利也。」

農家重農事，與老子重農事之思想相若。老子曰：「天下有道，却走馬以糞。天下無道，戎馬生於郊。」（四六章）「朝甚除，田甚蕪，倉甚虛，服文綵，帶利劍，厭飲食，財貨有餘，是謂盜夸，非道也哉。」（五三章）又主張民生以飽腹爲主：「聖人爲腹不爲目。」（十二章）「聖人之治，虛其心，實其腹。」（三章）

《孟子》書又記有許行者，爲神農之言，其徒數十人，皆衣褐捆屨，織席以爲食，倡導「君民並耕而食」之說。（〈滕文公〉上）其學說欲均貧富，齊勞逸，以平上下之序，而齊天下之物者，此與老子重勤儉純樸之旨相同，亦與老子「欲上民，必以言下之。欲先民，必以身後之。」（六六章）「損有餘而補不足。」（七七章）之平等觀及莊子欲齊萬物之觀點一致。

《漢書・藝文志・神農》廿篇下《注》曰：「劉向曰：疑李悝商君所說。」

李悝爲魏文侯相，亦爲其師，《漢書・食貨志》謂其：「治田勤謹」，使魏國富強，「雖遇饑饉水旱，糴不貴而民不散，取有餘以補不足也。」此與老子「損有餘而補不足」（七七章）之旨相同。

而商鞅爲法家代表，法家與道家本有淵源之關係。農家「均勞逸」、「重民生」之思想，實與道家若合符節。唯農家之末流，「鄙者爲之，以爲無所事聖王，欲使君臣竝耕，誖上下之序。」《漢書・藝文志》則已失自然之旨，此農道二家終相異也。

七、名 家

《漢書・藝文志》曰：「名家者流，蓋出於禮官。古者，名位不同，禮亦異數。孔子曰：『必也正名乎。名不正，則言不順，言不順，則事不成。』此其所長也。」

禮官之職爲史所擅長。《周禮・條狼氏》曰：「誓邦之大史曰殺，誓小史曰墨。」《注》曰：「大史、小史主禮事者。」《儀禮・既夕》曰「公史自西方，東面命母苦，主人主婦皆不哭。」《注》曰：「公史，君之典禮書者，遺者入壙之物，君使史來讀之，成其得禮之正以終也。」

是史之職亦與禮有關者。內史、外史、右史之屬，記言記事，悉與禮有關。《論語》曰：「質勝文則野，文勝質則史。」（〈雍也〉）《集解》引包《注》曰：「史者文多而質少。」以史多文飾，所謂禮文繁縟也。

《說文》「禮」字曰：「禮，履也。所以事神致福也。从示从豊，豊亦聲。

豐，行禮之器，从豆象形。」禮之本意爲人民崇祀鬼神之儀節也。

《周禮·春官宗伯》曰：「太史……與執事卜日，戒及宿之日，與群執事讀禮書而協事……大會同、朝覲，以書協禮事……凡射事、飾中、舍等，執其禪事。」又論《小史》曰：「大祭祀，讀禮灋，史以書敘昭穆之俎簋。」史官既司禮，故名家與道家亦有淵源之關係。

《漢書·藝文志》有〈鄧析〉二篇，屬名家。鄧析，鄭人，好刑名，善巧辯，採兩可之說，設無窮之辭。《荀子·非十二子篇》曰：「不法先王，不事禮義，而好治怪說，玩琦辭。其察而不惠，辯而無用，多事而無功，不可以治綱紀。然而其言之成理，足以欺惑愚眾，是惠施鄧析也。」〈不苟篇〉記其學說曰：「山淵平，天地比，齊秦襲，入乎耳，出乎口，鉤有鬚，卵有毛，是說之難持者也，而惠施、鄧析能之。」

鄧析「兩可之說」、「無窮之辭」，實與老莊「正言若反」（七八章）「正復爲奇」（五八章）「反者道之動」（四十章）以及莊子「道通爲一」（〈齊物論〉）之立論有異曲同工之妙。

老子講「無私」「不爭」，而《鄧析子·轉辭篇》曰：「天治之法，莫大於私不行。功，莫不於使民不爭。」

老子講無爲而治，《鄧析子·轉辭篇》曰：「善治國者，見諸無形，聽諸無聲，當平心靜氣，定是非，分異同。」

而〈轉辭篇〉中甚有老子「聖人不死，大盜不止」之句，及《莊子·胠篋篇》中語。《四庫全書總目提要》因謂：「析遠在莊子以前，不應預有剿說，而莊子所載，又不云鄧析之言，或篇章殘闕，後人摭拾莊子以足之歟？」是《鄧析子》文中實夾道家之言甚多。

此外《漢書·藝文志》又有《惠子》一篇。惠施，宋人也，與莊子相友善，《莊子·秋水篇》記濠梁之辯，又〈天下篇〉謂「其書五車」，「徧爲萬物，說而不休。」以雄辯見長。（〈齊物論〉）謂其「以堅白之昧終。」並舉其十論：「氾愛萬物，天地一體也。」「至大無外，謂之大一；至小無內，謂之小一。」「天與地卑，山與澤平。」「日方中方睨，物方生方死。」「南方無窮而有窮。」「今日適越而昔來。」「我知天下之中央，燕之北，越之南是也。」「大同而與小同異，此之謂小同異。萬物畢同畢異，此之謂大同異。」「無厚不可積也，其大千里。」「連環可解也。」

又有《公孫龍子》十四篇。公孫龍趙人也，善巧辯。《列子·仲尼篇》記

其以七事告魏王曰：「有意不心，有指不至，有物不盡，有影不移，髮引千鈞，白馬非馬，孤犢未嘗有母。」

惠施、公孫龍皆以論辯著名，唯喜以反面敘述事物，此即道家「正言若反」之意。而惠子之「氾愛萬物，天地一體」亦與莊子之「天地與我一體，萬物與我合一」之旨相同。至於其論「天與地卑，山與澤平。」「日方中方睨，物方生方死。」與《莊子‧齊物論》中「凡物無成與毀，復為一。」「方生方死，方死方生。方可方不可，方不可方可。因是因非，因非因生。」之旨相同。若謂名家所言為「兩可之說」、「無窮之辭」，則老莊之言亦常為「弔詭」（〈齊物論〉），與名家所言相去不遠。唯老莊弔詭之言雖為「謬悠之說，荒唐之言，無端崖之辭，時恣縱而不儻，不以觭見之也。」（〈天下〉）要其旨乃在於齊一是非，通乎成毀，而達於「忘年忘義，寓諸無竟」（〈齊物論〉）之地步。故莊子曰：「物固有所然，物固有所可。無物不然，無物不可。」（〈齊物論〉）「自其異者視之，肝膽楚越也，自其同者視之，萬物皆一也。」（〈德充符〉）「以差觀之，因其所大而大之，則萬物莫不大。因其所小而小之，則萬物莫不小。」（〈秋水〉）因此主張泯滅偏見是非，達於無辯無言之境界。

故濠梁之辯，莊子能與魚同樂，物我合一。惠子卻斤斤計較於魚我之別，此惠施未能體莊子之物化之境界也。

老莊與名家皆能從「正言若反」處著手，而老莊最後乃是到達「忘言」「忘辯」之境界。名家之末流，不過淪為賣弄奇巧，衒耀口才，竟以競逞辯駁為能事。《漢書‧藝文志》曰：「及譥者為之，則苟鉤鈲析亂而已。」《莊子‧天下篇》曰：「夫充一尚可，曰愈貴道，幾矣。惠施不能以此自寧，散於萬物而不厭，卒以善辯為名。惜乎！惠施之才駘蕩而不得，逐萬物而不反，是窮響以聲，形與影競走也。悲夫！」

八、法　家

《漢書‧藝文志》曰：「法家者流，蓋出於理官，信賞必罰，以輔禮制。《易》曰：『先王以明罰飾法』此其所長也。」

古代理官為獄官，《管子‧小匡篇》曰：「弦子旗為理。」尹知章《注》曰：「理，獄官。」

太史亦掌獄政典刑之事，《周禮‧春官宗伯》下曰：「太史，掌建邦之大典，以逆邦國之治。掌灋，以送官府之治。掌則，以逆都鄙之治。凡辨灋者

考焉，不信者刑之……若約劑亂，則辟灋，不信者刑之。」又〈秋官司寇〉曰：「司約掌邦國及萬民之約劑。……若有訟者，則珥而辟藏，其不信者服墨刑。若大亂，則六官辟藏，其不信者殺。」

太史、司約二者本相關連。太史掌典之職，司契亦掌典藏契券事，斷獄訟案本與文書典藏不可分也。又《禮記・王制》曰：「史以獄成告於正，正聽之。正以獄成，告于大司寇，大司寇聽之。」《注》曰：「史，司寇吏也。」（司寇即理官，《禮記・月令》曰：「孟秋，乃命大理。」鄭玄《注》：「有虞曰士，夏曰大理，周曰大司寇。」）故史官與理官關係密切。道家爲史官之正，亦必與法家有密切關連。

法家與道家關係既是如此密切，《史記・老莊申韓列傳》遂將法家與道家並列，且謂申、韓二家：「皆原於道德之意，而老子深遠矣。」

無爲而治原係道、法二家政治之理想。老子有「上德無爲而無以爲。」（卅八章）「取天下常以無事，及其有事不足以取天下。」（四八章）莊子亦有：「遊心於淡，合氣於漠，順物自然，而無容私焉。」（〈應帝王〉）而法家亦主無爲政治。如《管子》曰：「聖人之治也，靜身以待之，物至而名之。正名自治，奇名自廢。名正法備，則聖人無事。」（〈白心〉）《愼子》曰：「君臣之道，臣事事而君無事。君逸樂而臣任勞。臣盡智力以善其事，而君無與焉，仰成而已。故無不治，治之正道然也。」（〈民雜〉）《韓非子》曰：「虛靜以待令，令名自命也，令事自定也。虛則知實之情，靜則爲動者正。有言者，自爲名。有事者，自爲形。形名參同，君乃無事焉。」（〈主道〉）唯道家無爲是順應自然，君臣無事；而法家無爲則係依法而行，君臣相安。

此外在精神上，道家以齊物觀點來看事物，故能泯物我之分，齊是非之別。法家以執法觀點來行世務，故主張均平等，滅公私。若論其平等之精神而言，二家並無不同。道家主張不尙賢而毀聖智，法家亦站在平等基礎上主張「遠仁義，去智能，服之以法。」（《韓非子・說疑》）「舉仕而求賢智，爲政而期適民，皆亂之端，未可與爲治也。」（《韓非子・難一》）

道家以柔弱虛靜爲主，故處理事物則能平心靜慮，虛心以待，老子曰：「反者道之動，弱者道之用。」（四十章）而法家因虛靜而生穩重，理智大於感情，而能凡事依法行事，因而生出「忍學」。蘇子瞻論韓非曰：「其得老莊輕天下而齊萬物之術，是以敢爲殘忍而無疑。」（〈韓非論〉）朱子曰：「老子惟靜，故能知變，然其勢必至於忍心無情，視天下之人，皆如土偶爾。其心都冷冰

冰地了，便是殺人也不恤，故其流多入於變詐刑名。太史公將他與申韓同傳，
非是強安排，其源流實是如此。」〔註9〕

　　由以上所述，皆可見法家與老莊思想關係之密切。故漢朝黃老思想盛行，
其中亦滲雜不少法家刑名思想在內。

　　今《漢書・藝文志》有《管子》八十六篇列入道家，然《隋唐志》則列
入法家。西漢劉向〈管子序〉曰：「凡《管子》之書，務富國安民，道約言要，
可以曉合經義。」文中多合道家之語。

　　《管子》書中論道德，多與道家同：「凡道，無根無莖，無葉無榮，萬物
以生，萬物以成，命之曰道。」（〈內業〉）「天之道，虛其無形，虛則不屈，
無形則無所位赶，無所位赶，故徧流萬物而不變。」（〈心術〉上）「德者道之
舍，物得以生，生知得以職道之精，故德者得也。得也者，其謂所得以然也。」
（〈心術〉上）

　　《管子》書中主無爲恬淡之修養，亦與老莊思想合：「恬愉無爲，去智與故。
其應也，非所設也。其動也，非所取也。過在自用，罪在變化。是故有道之君，
其處也若無知，其應物也若偶之。」（〈心術〉上）「君子之處世，言至虛也。其
應物也，若偶之，言時適也。若影之象形，響之應聲也。故物至則應，過者舍
矣。舍矣者，言復所以虛也。」（仝上）其論謙遜之德，亦與老莊相同：「持而
盈之，及其殆也。名滿天下，不若其已也。名而身退，天之道也。」（〈白心〉）
其論去奢去欲，亦與老莊一致：「心處其道，九竅循理。嗜欲充益，目不見色，
耳不聞聲。」（〈心術〉上）「聖人齊滋味而時動靜，御正六氣之變，禁止聲色之
淫，邪行亡乎體，違言不存口，靜無定生，聖也。」（〈戒篇〉）

　　管子政治上取法無爲，亦合老莊之旨：「故必知言無爲之事，然後知道之
紀。」「無爲之道，因也。因也者，無益無損也。」（〈心術〉上）老子主張順
從民心，管子亦主之：「政之所興，在順民心。政之所廢，在逆民心。民惡憂
勞，我佚樂之。民惡貧賤，我富貴之。民惡危墜，我存安之。民惡滅絕，我
生育之。」（〈牧民〉）

　　管子思想中，包涵許多道家之思想，其自謂曰：「以無爲之謂道，舍之之
謂德，故道之於法無間。」（〈心術〉上）實欲調和道、法二家思想於一爐。

　　《漢書・藝文志》又有《申子》六篇。其書亦多有老莊無爲思想在內。《群
書治要》引《申子・大體篇》曰：「善爲主者，倚於愚，立於不盈，設於不敢，

藏於無事，竄端匿疏，示天下無爲。是以近者親之，遠者懷之。示人有餘者，人奪之。示人不足者，人與之。剛者折，危者覆，動者搖，靜者安。名自正也，事自定也。是以有道者，自名而正之，隨事而定之也。」《呂氏春秋‧任數篇》引申子曰：「至智棄智，至仁忘仁，至德不德，無言無思，靜以待時，時至而應，心暇者勝，凡應之理，清淨公素，而正始卒焉。此治紀無昌有和，無先有隨。古之王者，其所爲少而其所因多。因者，君術也。爲者，臣道也。爲者擾矣，因則靜矣。因冬爲寒，因夏爲暑，君奚事哉？故曰：君道無知無爲，而賢於有爲，則得之矣。」申子之書今佚，然由以上所引，亦知其出於老莊，殆無疑矣。

　　《漢書‧藝文志》又有《愼子》四十二篇，亦與老莊思想有密切淵源。《注》云：「其術本黃老，歸刑名，多明不尚賢。」《史記‧孟荀列傳》亦謂愼到曰：「學黃老之術，因發明其指意。」其說與莊子齊萬物之說法大致相同（見《莊子‧天下篇》）。

　　愼子以道化生萬物之說亦頗似道家之主張：「天道因則大，化則細。因也者，因人之情也。人莫不自爲也，化而使之爲我，則莫可得而用。」（〈因循〉）此老莊「道生萬物」之思想。「聖人之有天下也，受之也，非敢取之也。百姓之於聖人也，養之也，非使聖人養己也。」（〈威德〉）此老子「天下神器，不可爲也，不可執也。」（廿九章）之旨也。至於其「齊萬物以爲首」，《莊子‧天下篇》謂：「愼到棄知去己，而緣不得已。冷汰萬物，以爲道理。」此即莊子「天地與我並生，萬物與我爲一」之旨也。

　　《漢書‧藝文志》又有《韓子》有五十五篇。《史記‧韓非列傳》謂：「喜刑名法術之學，而其歸本於黃老。」

　　《韓非》書中亦多老莊自然無爲思想：「古之全大體者，望天地，觀江海，因山谷。日月所照，四時所行，雲布風動，不以智累心，不以私累己。寄治亂於法術，託是非於賞罰，屬輕重於權衡。不逆天理，不傷情性。不吹毛求小疵，不洗垢而察難知。不以繩之外，不推繩之內。不急法於外，不緩法於內。守城理，因自然。禍福生乎道法，而不出乎愛惡。榮辱之責，在乎己而不在乎人。」（〈楊權〉）

　　此外《韓非子》有〈解老〉、〈喻老〉之作，章炳麟《國故論衡》曰：「凡周秦解故之書，今多亡佚，諸子尤寡。韓子獨有〈解老〉、〈喻老〉二篇。後有說《老子》者，宜據《韓非》爲大傳，而疏通證明之。」韓非子不但思想

多與老莊相符，其釋《老子》二篇，實爲最早解《老子》之著作。《漢書・藝文志・道家類》有《鄭長者》一書，《注》曰：「六國時先韓子。韓子稱之。」而《韓非子・外儲》、〈說右〉二篇皆兩引《鄭長者》言：「夫虛靜無爲而見也，其可以爲此廩乎？」由此亦可見韓非與道家關係之密切。

　　道家、法家思想多相似，唯道家以自然之道爲出發點，其最後目的係與大自然合一，達成天人一體之理想。而法家以法爲出發點，雖其精神強調無爲，然其最後目的則爲實現政治之目標。是道法之形式上相同，而本質及目的則不同。而法家之末流，甚且拋棄無爲之形式，專務刑法，以做爲政治上之手段，成爲慘刻寡恩之酷吏，此即《漢書・藝文志》所謂：「及刻者爲之，則無教化，去仁愛，專任刑法，而欲以致治，至於殘害至親，傷恩薄厚。」

九、雜　家

　　《漢書・藝文志》曰：「雜家者流，蓋出於議官，兼儒墨，合名法，知國體之有此，見王治之無不貫，此其所長也。」

　　古議官能綜合各家之長，辨明政治得失，以爲人君之勸戒，此與史官之職相同。史官之職亦爲歷記成敗存亡之禍福，古今治國之大道，以爲人君之龜鑑，其目的則一。故《周禮》謂：「大史掌建邦之六典，以逆邦國之治。」議官與史官關係不可分，道家與雜家實有深厚之淵源。

　　雜家能博通眾家之長，道家之學自必爲其所涵蓋。胡適先生以爲漢之雜家，實亦道家之別稱。〔註10〕

　　今《漢書・藝文志》中有《呂氏春秋》廿六篇，其八覽、六論思想，多出於《老莊》。〈十二紀〉以紀歲時，故名曰「春秋」。而「春秋」之名，亦源於道家世傳之史。高誘〈呂覽序〉曰：「此書所尚，以道德爲標的，以無爲爲綱紀，以忠義爲品式，以公方爲檢格，與孟軻、荀卿、淮南、揚雄相表裡也。」是知書中與老莊思想，關係實爲密切。（關於《呂氏春秋》與道家思想參看第貳編第三章第一節）

　　又有《尸子》廿篇。劉向〈荀子敘錄〉曰：「尸子著書，非先王之法，不循孔氏之術。」《後漢書・呂強列傳》章懷太子《注》曰：「《尸子》書二十篇，十九篇陳仁義道德之紀。」是《尸子》一書亦雜道家之言。

〔註10〕胡適《中古思想史長編雜家與道家》，頁86。

　　書中言無爲之治：「天無私於物，地無私於物，襲此行者，謂之天子。」
（〈治天下〉）「舜無爲也，而天下以爲父母。」（〈仁意〉）「明王之治民也，事
少而功立，身逸而國治，言寡而令行。」（〈分篇〉）頗近老莊思想。因此亦主
去智與巧：「執一之道，去智與巧。」（〈分篇〉）「明君不用長耳目，不行間諜，
不強聞見。形至而觀，聲至而聽，事至而應。近者不過，則遠者治矣。明者
不失，則微者敬矣。」（〈啓蒙〉）此外如主謙遜：「下士得賢，下敵者爲友，
下眾者得譽。」（〈明堂〉）此與老子之「江海所以能爲百谷王者，以其善下之。」
（六六章）之旨相相同。主不以物喜：「堯受天下，顏色不變，堯以天下與舜，
顏色不變，知天下無能損益於己也。」（《尸子》卷下）此亦道家之修養也。

　　其他如孔甲《盤盂》，班氏列雜家之首，而孔甲爲黃帝之史，蔡邕〈銘
論〉：「黃帝有〈巾機〉之法，孔甲有〈盤盂〉之戒。」則其書當與黃老思想
有關係矣。

　　《淮南子》一書爲漢初雜家代表著作，亦以道家之言爲主，將於下編論及。

　　道家與雜家內容多有相似，唯雜家既兼諸家之說，則內容駁雜不純，令
人難統合其旨也。故《漢書·藝文志》曰：「及盪者爲之，則漫羨而無所歸心。」

十、兵　家

　　班固《漢書·藝文志·諸子略》中，並無所謂兵家。言及兵家，首見於
《呂氏春秋·不二篇》，其中列舉：「孫臏貴勢，王廖貴先，兒良貴後。」兵
家之書別見《漢書·藝文志·兵書略》。

　　兵家之學講權謀，《班志》曰：「權謀者，以正守國，以奇用兵，先計而
後戰。兼形勢，包陰陽，用技巧者也。」又曰：「兵家者，蓋出古司馬之職，
王官之武備也。」

　　《史記》司馬遷〈自序〉云：「當周宣王時，失其守而爲司馬氏，司馬氏世
典周史。」《索隱》云：「司馬，夏官卿，不掌國史，自是先代兼爲史。」司馬
氏其先爲掌軍事，至周則爲史，司馬與史之關係亦密切也。古司馬掌五兵，史
掌五禮，五禮之中有革禮，亦可見司馬與史所掌有相同之處。故《司馬法》一
書，劉《略》入於兵家，班《志》移而歸於禮類。兵家與道家之關係可見。

　　兵家既講陰謀權術，老子所言，亦有足爲資取者。王應麟曰：「老子曰：
『將欲翕之，必固取之。將欲奪之，必固予之。』此陰謀之言也。范蠡用之
以取吳，張良本之以滅項，而言兵者尚焉。」（《漢書藝文志考證》）

《老子》書中多反戰思想，然亦有戰術之運用者，如：「以正治國，以奇用兵。」（五七章）「善戰者不怒。」（六八章）其他如以靜制動，以柔克剛，反者道之動等，皆可爲兵家謀略之運用。

兵家著作當起於姜尙，《史記·齊世家》曰：「後世之言兵及周之陰權，皆宗太公爲本。」《漢書·藝文志·道家類》有《太公》二百三十七篇，其中有《兵》八十五篇。今傳《六韜》之書亦爲太公所著。《六韜》思想亦多與老子相似。如：「凡兵之道，莫過於一。」（〈兵道〉）此老子「以一爲式」之旨。「故聖王號兵爲凶器，不得已而用之。」（〈兵道〉）此老子「兵者，不祥之器，不得已而用之。」（卅一章）之旨。「道在不可見，事在不可聞，勝在不可知，微哉！微哉！鷙鳥將擊，卑飛斂翼。猛獸將搏，弭耳俯伏。聖人將動，必有愚色。」（〈發啓〉）此老子「將欲歙之，必固張之。」（卅六章）之旨。「天地不自明，故能長生。聖人不自明，故能名彰。」（〈文啓〉）此老子「不自見故明，不自是故彰。」（廿一章）之旨。

此外兵家有著名之著作，《漢書·藝文志》中有吳孫武之《孫子兵法》八十二篇，此書亦與老子思想多所謀合。如：「故百戰百勝，非善之善者也。不戰而屈人之兵，善之善者也。」（〈謀攻〉）此老子「兵者，不祥之器，不得已而用之，恬淡爲上。」（卅一章。）「凡戰者，以正合，以奇勝。」（〈兵勢〉）此老子「以正治國，以奇用兵。」（五七章）之旨也。「兵者，詭道也。故能而示之不能，用而示之不用，近而示之遠，遠而示之近。」（〈始計〉）此老子「正復爲奇，善復爲妖。」（五八章）之旨也。「微乎！微乎！至於無形。神乎！神乎！至於無聲，故能爲敵之司命。」（〈虛實〉）此老子「善行無轍迹」（廿七章）之旨也。「主不可以怒而興師，將不可以慍而致戰。」（〈火攻〉）此老子「善戰者不怒」（六八章）之旨也。「視卒如嬰兒，故可與之赴深谿；視卒如愛子，故可與之俱死。」（〈地形〉）此老子「夫慈，以戰則勝，以守則固。」（六七章）之旨也。「夫兵形象水，水之形，避高而趨下。兵之形，避實而擊虛。水因地而制流，兵因敵而制勝。故兵無常勢，水無常形。」（〈虛實〉）此老子「天下莫柔弱於水，而攻堅強者，莫之能勝。」（六七章）之旨也。

《漢書·藝文志》尙有齊孫臏之《孫子兵法》八十九卷，亦與老子思想若合符節。如：「夫樂兵者亡，而利勝者辱。兵非所以樂也，而勝非所以利也。事備而後動。」（〈見威王〉）此老子「兵者，不祥之器，非君子之器，不得已

而用之，恬淡爲上。」（卅一章）之旨也。其〈將敗篇〉敘述兵敗之因：「一
曰不能而自能，二曰驕，三曰貪於位，四曰貪於財，六曰輕，十八曰賊」皆
合於老子不矜、不貪、不輕敵、不強梁之旨也。其〈奇正篇〉曰：「以靜爲動
奇，佚爲勞奇，飽爲饑奇，治爲亂奇，眾爲寡奇。……」亦即老子「正復爲
奇」「以奇用兵」之旨也。

　　《漢書・藝文志》中又有《吳起》四十八篇，今僅傳六篇，書中亦多與
老子思想相吻合。如：「民知君愛其命，惜其死，若此之至，而與之臨難，則
以進死爲榮，退生爲辱矣。」（〈圖國〉）此老子「慈故能勇……夫慈以戰則勝，
以守則固。天將救之，以慈衛之。」（六七章）「戰勝易，守勝難。故曰：天
下戰國，五勝者禍，四勝者弊，三勝者伯，二勝者王，一勝者帝。是以數勝
得天下者稀，以亡者眾。」（〈圖國〉）此老子「以道佐人主者，不以兵強天下，
其事好還。」（卅章）「夫樂殺人者，不可得志於天下。」（卅一章）

　　《漢書・藝文志》中又有《尉繚子》卅一篇。尉繚嘗事秦王政，有功於
秦，後懼秦王虜，乃亡去。（見《史記・秦始皇本紀》）此合於老子「功成，
名遂，身退，天之道。」（九章）其思想亦多與老子相合。如：「治兵者若祕
於地，若邃於天，生於無。故開之，大不窕，小不恢。」（〈兵談〉）此老子「有
生於無」（四十章）之旨也。「兵不血刃，而天下親焉。」（〈武議〉）此老子「不
以兵強天下」（卅章）之旨也。「凡兵有以道勝，有以威勝，有以力勝。講武
料敵，使敵之氣失而師散，雖刑全而不爲之用，此道勝也。」（〈戰威〉）此老
子「天之道，不爭而善勝。」（七三章）之旨也。「兵者，凶器也。爭者，逆
德也。將者，死官也。故不得已而用之。」（〈武議〉）此老子「兵者，不祥之
器，非君子之器，不得已而用之。」（卅一章）之旨也。「勝兵似水，夫水至
柔弱者也，然所觸兵陵，必爲之崩。」（〈武議〉）此老子「天下莫柔弱於水，
而攻堅強者，莫之能勝。」（七八章）之旨也。「凡治人者何？曰非五穀無以
充腹，非絲麻無以蓋形。故充腹有粒，蓋形有縷，夫在耕耨，妻在機杼，民
無二事，則有儲蓄。夫無雕文刻縷之事，女無繡纂組之作。木器液，金器腥。
聖人飲於土，食於土，堲埴以爲器，天下無費。」（〈治本〉）此老子「聖人之
治，虛其心，實其腹，弱其志，強其骨，常使民無知無欲。」（三章）之旨也。

　　以上兵家思想與老莊思想實有甚多相通之處。《漢書・藝文志》中列《兵
家》者，尚有《黃帝》十六篇、《太壹兵法》一篇、《地典》六篇，此皆與黃
老思想有關。又有《封胡》五篇、《風后》十三篇、《力牧》十五篇、《鬼谷區》

三篇、《蚩尤》二篇，皆黃帝之臣，當與黃老思想有淵源。至若《道家》所錄，亦往往見之於《兵家》，如《伊尹》、《太公》、《管子》、《鶡冠子》之類，是道家與兵家思想，誠有深厚之關係。

十一、道　家

《漢書・藝文志》曰：「道家者流，蓋出於史官，歷記成敗，存亡禍福，古今之道，然後知秉要執本，清虛以自守，卑弱以自持，此君人南面之術，合於堯之克讓，《易》之嗛嗛，一謙而四益，此其所長也。」

老子為周之史官，能遍覽上古學術，對世事人情有透徹之領悟，故能綜合人世間成敗、存亡、禍福、古今之道，而秉要執本，創立學說，以期重返衰世於大道，振頹風於清平。莊子能繼承老子之學術思想，加以闡揚光大。老莊是以合稱。漢時凡闡述老莊之學，引申自然無為之思想者，總名為道家。

《漢書・藝文志》列為道家諸書如下：

（1）《伊尹》五十篇（2）《太公》二百卅七篇（《謀》八十一篇、《言》五十一篇、《兵》八十五篇）（3）《辛甲》廿九篇（4）鬻子廿二篇（5）《筦子》八十六篇（6）《老子鄰氏經傳》四篇（7）《老子傅氏經說》卅七篇（8）《老子徐氏經說》六篇（9）《劉向說老子》四篇（10）《文子》九篇（11）《蜎子》十三篇（12）《關尹子》九篇（13）《莊子》五十二篇（14）《列子》八篇（15）《老成子》十八篇（16）《長盧子》九篇（17）《王狄子》一篇（18）《公子牟》四篇（19）《田子》廿五篇（20）《老萊子》十六篇（21）《黔婁子》四篇（22）《宮孫子》二篇（23）《鶡冠子》一篇（24）《周訓子》十四篇（25）《黃帝四經》四篇（26）《黃帝銘》六篇（27）《黃帝君臣》十篇（28）《雜黃帝》五十八篇（29）《力牧》廿二篇（30）《孫子》十六篇（31）《捷子》二篇（32）《曹羽》二篇（33）《郎中嬰齊》十二篇（34）《臣君子》二篇（35）《鄭長者》一篇（36）《楚子》二篇（37）《道家言》二篇。

今道家書已大部分亡佚，未亡佚者，亦間雜部份偽作。然道家諸子大抵皆發揚老莊之旨，縱使偽作，或託道家人物之名，要其功效皆在闡揚老莊學說，以求淑世化民之果效。自漢興以來，政治上崇奉黃老，宗教上一尊道教，即連儒家亦染上黃老色彩，而學術思想亦無不受老莊自然主義思想之影響。魏晉儒學衰，玄學盛，是乃老莊思想如日正中天，其影響之深遠，上至廟堂，下至百姓，甚連新興之佛學亦無不受其思想左右，老莊思想之博大精深，於

斯可見。

司馬談〈論六家要旨〉盛贊道家曰：「道家使人精神專一，動合無形，贍足萬物。其爲術也，因陰陽之大順，采儒墨之善，撮名法之要，與時遷移，應物變化，立俗施事，無所不宜，指約而易操，事少而功多。」又曰：「道家無爲，又曰無不爲，其實易行，其辭難知。其術以虛無爲因，以因循爲用。無成勢，無常形。故能究萬物之情，不爲物先，不爲物後，故能爲萬物主。有法無法，因時爲業，有度無度，因物與合。故曰：聖人不朽，時變是守。虛者，道之常也。因者，君之綱也。群臣並至，使各自明也。其實中其聲者，謂之端。實不中其聲者，謂之窾。窾言不聽，姦乃不生。賢不肖自分，白黑乃形。在所欲用耳！何事不成？乃合大道，混混冥冥，光耀天下，復反無名。凡人所生者，神也，所託者，形也。神太用則竭，形太勞則敝，形神離則死。死者不可復生，離者不可復反，故聖人重之。由是觀之，神者，生之本也。形者，生之具也。不先定其神，而曰我有以治天下，何由哉？」司馬談論其餘五家皆有微辭，獨對道家有溢美之辭，其欽服若是。

《莊子‧天下篇》亦以老子爲博大眞人：「以本爲精，以物爲粗，以有積爲不足，淡然獨與神明居，古之道術有在於是者。關尹老聃聞其風而說之。建之以常無有，主之以大一。以濡弱謙下爲表，以空虛不毀萬物爲實。關尹曰：『在己無居，形物自著。其動若水，其靜若鏡，其應若響。芴乎若亡，寂乎若清。同焉者和，得焉者失。未嘗先人而常隨人。』老聃曰：『知其雄，守其雌，爲天下谿。知其白，守其辱，爲天下谷。』人皆取先，己獨取後，曰：『受天之垢』。人皆取實，己獨取虛。無藏也故有餘，巋然而有餘。其行身也，徐而不費，無爲也而笑巧。人皆求福，己獨曲全，曰：『苟免於咎』。以深爲根，以約爲紀，曰：『堅則毀矣，銳則挫矣。』常寬容於物，不削於人，可謂至極。關尹老聃乎！古之博大眞人哉！」全文皆對老子關尹有溢美褒揚之言，其對老子之嚮往如此。而〈天下篇〉亦對莊子自身之立場敘述如下：「芴漠無形，變化無常。死與生與，平地並與，神明往與。芒乎何之？忽乎何適？萬物畢羅，莫足以歸。古之道術有在於是者，莊周聞其風而說之。以謬悠之說，荒唐之言，無端崖之辭，時姿縱而不儻，不以觭見之也。以天下爲沈濁，不可與莊語。以卮言爲曼衍，以重言爲眞，以寓言爲廣。獨與天地精神往來而不敖倪於萬物。不譴是非，以與世俗處。其書雖瓌瑋而連犿，無傷也。其辭雖參差而諔詭可觀。彼其充實不可已，上與造物者遊，而下與外生死無終始

者爲友。其於本也，宏大而辟，深閎而肆。其於宗也，可謂適而上遂矣。雖然，其應於化而解於物也。其理不竭，其來不蛻，芒乎昧乎，未之盡者。」

老莊思想以順應自然，不事人爲爲主，要之在於「率性求眞」之精神，故反對一切禮法虛名，矯揉造作。然其眞正用意，並非刻意違俗，故作驚言駭語。所謂「謬悠之說、荒唐之言，無端崖之辭，皆是其以「巵言、重言、寓言」而曼衍出來之道理。讀《莊子》不可爲其諔詭之辭所限，而讀《老子》更不可受其「正言若反」之文字所惑。老莊皆是以救世爲己志，故其論道，非衹憑空而虛言也。《淮南子・要略訓》曰：「言道而不言事，則無以與世浮沈，言事而不言道，則無以與化遊息。」是老莊之道，雖似虛無空渺，然實際上卻可應用於人生。胡哲敷先生曰：

> 老子莊子，誰都知是言道之書，然苟其言道而不言事，則直與世無關，尚復有何意義？他們書中，固然是談天道者居多，但其表現，仍落在人事上。不過他們都從事物的源頭說起罷了。所以我們翻開他們的書，不但未嘗超然物表，並且是一切事物的總原理。如曰：「不尚賢，使民不爭。不貴難得之貨，使民不爲盜。不見可欲，使民心不亂。」豈不是說盡天下爲爭爲盜爲亂之原理嗎？莊子曰：「物無非彼，物無非是，自彼則不見，自知則知之……是亦彼也，彼亦是也，彼亦一是非，此亦一是非。」豈不是說盡天下是非之原理嗎？我覺得老莊之書，沒有一句不能拿人間事物爲之參驗。讀了他們的書，不由得會令人懷想到世事人情，舉不出其理論。昔人謂：「三日不讀《道德經》，便覺舌本間強。」於此可見其感人之深，有如此者。苟非其書的深切著明，偏載天下事物之理者，何能至此？〔註11〕

惜乎後世之人，以爲老莊之學皆虛無放散，不切實際。《荀子・解蔽篇》曰：「莊子蔽於天而不知人。」又評老子曰：「有見於詘，無見於信，貴賤不分。」（〈天論〉）《韓非子・六反篇》曰：「老聃有言，知足不辱，知止不殆。夫以殆辱之故，而不求於足之外者老聃也。今以爲足民而可以治，是以民爲皆如老聃也。」又曰：「世之所爲烈士者，離眾獨行，取異於人，爲恬淡之學，而理恍惚之言。臣以爲：恬淡，無用之教也。恍惚，無法之言也。言出於無法，教出於無用者，天下謂之察。臣以爲人生必事君養親。事君親，不可以恬淡。人生必言論忠信法術。言論忠信法術，不可以恍惚。恍惚之言，恬淡之學，

〔註11〕仝〔註27〕《緒言》，頁3。

天下之惑術也。」（〈忠孝〉）

　　甚至有人以爲老子爲權詐陰謀家，莊子爲放蕩厭世之徒，而道教神仙家亦附會老莊，以爲修鍊之權輿，此《漢志》所謂：「及放者爲之，則欲絕去禮學，兼棄仁義。曰：獨任清虛，可以爲治。」是以老莊之學，漢魏以後，駁然不純。道家之形具徒在，而其原始精神已漸喪失。

　　總之，先秦諸子與老莊思想淵源甚深。諸子百家學術皆由史所出，而道家爲史官之正，因此彼此關係誠爲密切。江瑔曰：

> 諸子百家莫不淵源於史。故《漢志》所錄，道家老子爲周柱下史外，他如儒家有六弢，《繫》曰：「周史」。小說家有「青史」爲古史官。雜家有「孔甲」爲黃帝之史。墨家有「尹佚」。兵家、陰陽家有「萇弘」皆周之史官。陰陽首列「司星子韋」爲宋之史官。農家有「董安國」爲漢代内史。又法家有《燕十事》十篇，亦當爲燕史官之所掌。是百家之學，莫不有史官在其中，則可知百家流派之不同，皆因於古之史官所職各異之故也。」又曰：「道家者，上所以接史官之傳，下所以開百家之學者也。黃帝以後，老子以前，上下二千年，惟道家之學，扶輿磅礴而無他家立足於其間。然則是時，舍道家外，殆無學之可言矣。〔註12〕

道家爲諸子之宗，而諸子亦僅得道術之偏。是以諸子雖承襲部份道家之思想，然畢竟異途殊歸，卒演成不同之學派學理也。《莊子·天下篇》敘述諸家之興起，原於一而卒散於異：「古之所謂道術者，果惡乎在？曰：無乎不在。曰：神何由降？明何由出？聖有所生，王有所成，皆原於一。不離於宗，謂之天人。不離於精，謂之神人。不離於眞，謂之至人。以天爲宗，以德爲本，以道爲門，兆於變化，謂之聖人。以仁爲恩，以義爲理，以禮爲行，以樂爲和，薰然慈仁，謂之君子。以法爲分，以名爲表，以參爲驗，以稽爲決，其數一二三四是也。百官以此相齒，以事爲常，以衣食爲主，蕃息蓄藏，老弱孤寡爲意，皆有以養，民之理也。古之人其備乎。配神明，醇天地，齊萬物，和天下，澤及百姓，明於本數，係於末度，六通四辟，小大精粗，其運無乎不在。其明而在數度者，舊法世傳之史，尚多有之。《詩》以道志，《書》以道事，《禮》以道行，《樂》以道和，《易》以道陰陽，《春秋》以道名分。其數散於天下而設於中國者，百家之學時或稱而道之。天下大亂，聖賢不明，道

〔註12〕全〔註23〕卷一，頁18，又卷二，頁78。

德不一，天下多得一察焉以自好。譬如耳目鼻口，皆有所明，不能相通。猶百家眾技也，皆有所長，時有所用。雖然，不該不徧，一曲之士也。判天地之美，析萬物之理，察古人之全，寡能備於天地之美，稱神明之容。是故內聖外王之道，闇而不明，鬱而不發，天下之人各為其所欲焉以自為方。悲夫，百家往而不反，必不合矣！後世之學者，不幸不見天地之純，古人之大體，道術將為天下裂。」

〈天下篇〉以學術原起於一，後天下大亂，「天下多得一察以自好」、「天下各為所欲以自方」，遂使原本相同之道術分裂，諸子由是興也。此與《漢書藝文志諸子略》記載相似：「諸子十家，其可觀者九家而已。皆起於王道既微，諸侯力政，時君世主，好惡殊方。是以九家之說，蠭起並作，各引一端，崇其所善。以此馳說，取合諸侯，其言雖殊，辟猶水火相滅，亦相生也。仁之與義，敬之與和，相反而皆相成也。《易》曰：『天下同歸而殊塗，一致而百慮。』今異家者，各推所長，窮知究慮，以明其指，雖有蔽短。合其要歸，亦六經之支與流裔。」六經與史本有密切之關係（參本章第三節儒家），百家雖各有所長，要皆原於道家也。

唯諸家不明本源，各執一偏，互相攻訐，勢如水火，董仲舒所謂：「師異道，人異論，百家殊方，指意不同。」（《漢書‧本傳》）因此學術成為爭名奪利之工具，德蕩乎名，知出乎爭。名也者，相札也。知也者，爭之器也。（〈人間世〉）於是因偏見而各有是非：「道隱於小成，言隱於榮華。故有儒墨之是非，以是其所非，而非其所是。」（〈齊物論〉）《荀子‧解蔽篇》亦謂：「故由用謂之道，盡利矣。由俗謂之道，盡嗛矣。由法謂之道，盡數矣。由執謂之道，盡便矣。由辭謂之道，盡論矣。由天謂之道，盡因矣。此數具者，皆道之一隅也。夫道者，體常而盡變，一隅不足以舉之。曲知之人，觀於道之能識也。故以為足而飾之，內以自亂，外以惑人。」

諸子百家學術皆原於道術，老莊思想與諸家思想皆有相通相合之處。唯後世各家皆偏於一曲之見，遂不復以道家為歸，道術遂為天下裂。自周沒秦興之後，罷黜百家，焚燒經籍，諸子學遂由絢爛歸於平淡。斯時戰亂頻仍，兵燹四起，人民於飽經痛苦之後，所欲棲息者，亦僅老莊一家而已。

第貳編　老莊思想對兩漢學術思想之影響

第一章 黃老思想之產生及其發展

第一節 黃老思想產生之政治背景

　　戰國末年，天下大亂。七雄之中，以秦處西陲，最為強大。其民性質樸，處艱居困，故頗有奮發蹈厲之氣。《荀子・彊國篇》形容秦地之民性曰：「以固險塞，形勢便，山林川谷美，天材之利多，是形勝也。入境觀其風俗，其百姓樸，其聲樂不流污，其服不挑，甚畏有司而順，古之民也。及都邑官府，其百吏肅然，莫不恭儉敦敬忠信而不楛，古之吏也。入其國，觀其士大夫，出於其門，入於公門；出於公門，歸於其家，無有私事。不比周，不朋黨，偶然莫不明通而今也，古之士大夫也。觀其朝廷，其間聽決，百事不留，恬然如無治者，古之朝也。故四世有勝，非幸也，數也。……故曰佚而治，約而詳，不煩而功，治之至也，秦類之矣。」

　　秦能保有上古先民之遺風，以儉樸敦厚為尚，政治上亦能以清約無事為主，頗合乎老莊之旨。故在春秋戰國之際，遂能快速發展，儼然以新興強國出現。

　　秦自獻公以來，連敗魏師而躋身強國之列。傳至孝公，用法家公孫鞅，推行富國強兵政策，在位廿四年，使得秦國日益強大，構成東方諸國之威脅。賈誼〈過秦論〉曰：「秦孝公據殽函之固，雍州之地，君臣固守，以窺周室。有席卷天下，包舉宇內，囊括四海之意，并吞八荒之心。當是時，商君佐之，內立法度，務耕織，修守戰之備。外連衡而鬥諸侯，於是秦人拱手而取西河之外。孝公既沒，惠文武昭襄，蒙故業，因遺策。南取漢中，西舉巴蜀，東

割膏腴之地，收要害之郡。諸侯恐懼，會盟而謀弱秦，不愛珍器重寶肥饒之地，以致天下之士。合從締交，相與爲一。」「嘗以十倍之地，百萬之眾，叩關而攻秦。秦人開關延敵，九國之師逡巡遁逃而不敢進。秦無亡矢遺鏃之費，而天下諸侯已困矣。於是縱散約解，爭割地而賂秦，秦有餘力而制其敝。追亡逐北，伏尸百萬，流血漂櫓，因利乘便，宰割天下，分裂河山，強國請服，弱國入朝。」

至秦王政掌握秦政之後，遂實現其統一天下之宿願。揮兵中原，併滅六國，終於廿六年，統一天下，使得戰國擾攘不安之局面得以結束。

自戰國伊始，人民生活於水火之中，戰爭頻仍，徭役繁興，苛稅酷刑，天災人禍，孟子所謂：「凶年饑歲，老弱轉乎溝壑，壯者散而之四方。」（〈梁惠王〉）「仰不足以事父母，俯不足以畜妻子。樂歲終其苦，凶年不免於死亡。」（仝上）

而周秦之際，殺人如麻，流血漂杵，伏屍百萬，哀鴻遍野，更是慘絕人寰。秦尚首功之制，手段更爲殘酷，伊闕之役，斬首韓魏聯軍二十四萬；長平之戰，坑殺趙卒四十餘萬。大軍過境，如猛虎出柙，摧殘殆盡，人民苦不堪言。

秦王政統一天下之後，並未予民休息，反而專任刑罰，與民爲敵。其酷法苛政之理由，乃係嚴法有嚇阻之作用，寬法足以姑息養奸。所謂：「火烈民畏，故鮮死焉。水柔民狎，故多死焉。」「慈母有敗子，嚴家無悍勇。」「惜草茅者害稻穗，惠盜賊者傷良民。」「法重其輕者，則輕者不至，重者不來。」因此爲推行其控制天下之果效，故法嚴而密，刑重而濫。遂使舉國上下「囹圄成市，赭衣塞途。」《史記・始皇本記》謂始皇「蜂準長目，鷙鳥膺，豺聲，少恩而虎狼心。居約，易出人下。得志，亦輕食人。」是其人殘酷暴戾，刻薄而少恩。

始皇統一天下之後，徭役頻仍，築路開河巡行之外，大修宮闕陵墓，徵用百姓七十餘萬人，均自備糧食。又遠自蜀楚運輸木材，戕害民力無數。此外北伐匈奴，南征百越，軍士死傷枕藉。所有軍事給養，全賴「天下飛芻輓粟」，往往一石糧食，運抵前方，轉輸所耗，幾近廿倍。漢晁錯追述此事曰：「戍者死於邊，輸者僨於道，秦民見行，如往棄世。」

此外秦時賦斂奇重，其力役竟三十倍於古，賦稅所出，佔人民歲入泰半。百姓生活於困苦之中：「男子力耕，不足糧饟。女子紡績，不足衣服。」「病者不得養，死者不得葬。」其他之苛政，如學術上箝制思想，焚書坑儒。民役上修道開渠，建阿房宮、驪山陵墓，巡行南狩……等。甚至爲求長生不死，

派徐市入海中三神山求不死之藥。此種暴政，使得海內愁怨，叛亂四起。至秦二世時，用趙高，繼始皇之餘孽，變本加厲，迫害生靈。《史記・始皇本紀》曰：「二世不行此術，而重之以無道，壞宗廟與民，更始作阿房宮，繁刑嚴誅，吏治刻深，賞罰不當，賦斂無度。天下多事，吏弗能紀，百姓困窮而主弗收恤。然後姦偽並起，而上下相遁。蒙罪者眾，刑戮相望於道，而天下苦之。自君卿以下，至於眾庶，人懷自危之心，親處窮苦之實，咸不安其位。」

二世元年七月，戍卒陳勝、吳廣卒起事於大澤，「天下雲集而響應，贏糧而影從」，六國後裔及各地豪傑，紛紛自立，或相統屬，或相對立，天下鼎沸，江山割裂。楚將武臣分趙，劉邦起兵稱沛公，楚人項梁擁地於吳，田儋自立為齊王，韓廣自封為燕王，楚將周市立魏公子咎為魏王。各自擁兵，群雄並峙。秦統一後之江山，再次破碎分裂，百姓於飽受秦暴政浩劫之後，復再次為戰火所蹂躪。

羣雄中以項羽、劉邦二人最為傑出。項羽自安陽之戰，破釜沈舟，渡河破秦之後，銳不可當。乃坑殺秦降卒二十萬人於新安城南。與劉邦相制衡，遂有鴻門之會。後項羽引兵而西，屠咸陽，殺秦降王子嬰，燒秦宮室，大火三月不滅，收其寶貨婦女而東，並殺義帝，與天下諸侯為敵。項羽為人「自矜功伐，奮其私智而不師古，謂霸王之業，欲以力征經營天下，五年卒亡其國，身死東城，尚不覺悟而不自責過矣。乃引天亡我，非用兵之罪也。豈不謬哉！」(《史記・本傳》) 卒因剛愎自用，敗於垓下，自刎於烏江之畔。

劉邦以一介平民，出身於泗水亭長。其為人豪放大度，知人善任。能任用蕭何、曹參、張蒼等秦吏，以及張良、韓王成、魏王豹等六國之後裔，又敢取用周勃、陳平、樊噲、酈食其、韓信、彭越、英布等抗秦之平民。且能與部下同甘共苦，深得部下之愛戴。其入咸陽，即封其寶物府庫，取其圖籍，召集父老豪傑，約法三章，多得百姓喜悅。鴻門會後，劉邦還軍霸上，受封於漢中，乃用韓信計策，東出陳倉。又聽董公之議，為義帝發喪，與諸侯兵五十六萬人共伐楚。與楚相持於滎陽成皋，並以鴻溝為界。後採張良、陳平之奇計，終滅項羽於烏江之畔。劉邦為人能與天下同利，又善於用人，其自謂：「運籌策帷帳之中，決勝於千里之外，吾不如子房。鎮國家，撫百姓，給餽饑，不絕糧道，吾不如蕭何。連百萬之軍，戰必勝，攻必取，吾不如韓信，此三人皆人傑也。吾能用之，此吾所以取天下也。」(《史記・高祖本紀》)

然秦以暴政而亡，實由於其仁義不施，酷刑暴政所致。《史記・高祖本紀

贊》曰:「夏之政忠,忠之敝,小人以野,故殷人承之以敬。敬之敝,小人以鬼,故周人承之以文。文之敝,小人以僿,故救僿莫若以忠。王之道若循環,終而復始,周秦之間,可謂文敝矣。秦政不改,反酷刑法,豈不謬乎!故漢興承敝易變,使人不倦,得天統矣。」

　　從戰國動亂至暴秦興起,以迄劉漢之統一,前後動亂達數百年之久。其間殺人如麻,兵災紛沓,大軍所至,草木皆灰。民生塗炭,生靈遭害,人民痛苦達到極點。戶口耗減,經濟衰竭,農業凋弊,元氣喪盡。而漢初劉邦爲鞏固政權,消滅項羽之後,更圖芟除異姓分封之諸王,自韓信以次,先後發動剿戰,造成屠戮事件再次產生,此種糾紛,至漢高祖沒,始漸平夷。

　　當漢高祖平定天下之後,一切漸趨就緒。在此數百年大動亂之餘,人心亟思安靜,皆欲喘息以求舒解戰亂之餘悸。而社會一般學者,亦對一切學說採取一種冷靜之態度。再加上漢庭君臣,崛起草野,粗樸之風未脫,謹厚之氣尚在,皆欲使民休養生息,不欲擾攘妄作。故老莊思想之安靜無爲,順應自然,自當爲整個國家社會所歡迎。因此上有君王之提倡,下有草野之響應,黃老思想,乃盛極一時。

第二節　黃老思想之淵源

　　黃老之名稱,漢以前未有,《韓非子》書中雖有〈解老〉、〈喻老〉二篇,其學固涉於「老」者,然絕無所謂「黃」者。黃老之名聯稱,則起於漢初。《史記·外戚世家》曰:「帝及太子諸竇,不得不讀《黃帝》、《老子》。」〈老莊申韓列傳〉曰:「韓非者……喜刑名法術之學,而其歸本於黃老。」〈孟子荀卿列傳〉曰:「愼到,趙人。田駢、接子,齊人。環淵,楚人。皆學黃老道德之術。」〈樂毅列傳〉曰:「樂臣公善脩黃帝、老子之言。」〈田叔列傳〉曰:「叔喜劍,學黃老術於樂臣公。」〈日者列傳〉褚先生曰:「夫司馬季主者,楚賢大夫,遊學長安,通《易經》。術《黃帝》、《老子》。」

　　此上所引之黃帝、老子不單指爲人名,亦且爲專門之著述。《法苑珠林》六引《吳書》曰:「漢景帝以《黃帝》、《老子》義體尤深,改子爲經。」因此「善脩《黃帝》、《老子》之言」「不得不讀《黃帝》、《老子》」皆指其著述也。此黃帝、老子不單是指政治上一種作爲而言,當亦有其思想及學術上之價值也。關於黃老思想之淵源,茲敘述如下:

一、淵源於老莊

老莊思想係以自然無爲，清靜簡約，至公無私，守柔不爭爲特色。故政治上表現，在於發揮以慈，以儉，不敢爲天下先之精神。

老子曰：「以正治國，以奇用兵，以無事取天下，吾何以知其然哉？以此。天下多忌諱而民彌貧；民多利器，國家滋昏；人多伎巧，奇物滋起；法令滋章，盜賊多有。故聖人云：我無爲而民自化，我好靜而民自正，我無事而民自富，我無欲而民自樸。」（五七章）因此老子反對一切人爲之干涉：「絕聖棄智，民利百倍。絕仁棄義，民復孝慈。絕巧棄利，盜賊無有。此三者以爲文不足，故令有所屬，見素抱樸，少私寡欲。」（十九章）政治上之措施，主張棄智爲用：「古之善爲道者，非以明民，將以愚之。民之難治，以其智多，故以智治國國之賊，不以智治國國之福。知此兩者亦稽式，常知稽式，是謂玄德。玄德深矣，遠矣，與物反矣！然後乃至大順。」（六五章）

莊子亦主張無爲之治：「夫虛靜恬淡，寂寞無爲者，萬物之本也。明此以南鄉，堯之爲君也；明此以北面，舜之爲臣也。以此處上，帝王天子之德也；以此處下，玄聖素王之道也。以此退居而閒遊，江海山林之士服；以此進爲而撫世，則功大名顯而天下一也。靜而聖，動而王，無爲也而尊，樸素而天下莫能與之爭美。」又曰：「夫帝王之德，以天地爲宗，以道德爲主，以無爲爲寧。無爲也則用天下而有餘，有爲也則爲天下用而不足。故古之人貴夫無爲也。上無爲也，下亦無爲也。是下與上同德，下與上同德則不臣。下有爲也，上亦有爲也。是上與下同道，上與下同道則不主。上必無爲而用天下，下必有爲爲天下用，此不易之道也。故古之王天下者，知雖落天地不自慮也，辯雖雕萬物不自說也，能雖窮海內不自爲也。天不產而萬物化，地不長而萬物育，帝王無爲而天下功。」（〈天道〉）。

老莊無爲之政治理想，正係黃老無爲而治精神之所在。關於老莊無爲之思想，可參考第壹篇第二章、第三章《老莊思想之特色》，在此並不重述。

二、淵源於黃帝

黃老思想之「黃」字係指「黃帝」而言。《論衡・自然篇》曰：「黃者，黃帝也。老者，老子也。」

黃帝爲中國傳說中之遠古聖王。《史記・五帝本紀》云：「黃帝姓公孫名曰軒轅。」又云：「黃帝爲有熊氏。」《易繫辭》論帝王之世系謂：「庖犧氏沒，

神農氏作。神農氏歿，黃帝堯舜氏作。」《左傳》昭公七年，孔子學官於郯子。郯子論官曰：「昔者黃帝氏以雲紀官，故爲雲師而雲名。」《管子‧五行篇》述黃帝作五聲正夫時，得六相而天下治。《尸子卷下》記子貢與孔子問答黃帝之軼聞，此皆有關黃帝之史事也。《大載禮記‧五帝德》述說黃帝之德，其爲詳盡：「宰我問於孔子曰：『昔者，予聞諸榮伊，言黃帝三百年。請問黃帝者人邪？亦非人邪？何以至於三百年乎？』孔子曰：『予！禹、湯、文、武、成王、周公，可勝觀也！夫黃帝尚矣，汝何以爲？先生難言之。』宰我曰：『上世之傳，隱微之說，卒業之辨，闇昏忽之，意非君子之道也，則予之問也，固矣。』孔子曰：『黃帝，少典之子也，曰軒轅。生而神靈，弱而能言，幼而慧齊，長而敦敏，成而聰明。治五氣，設五量，撫萬民，度四方，教熊罷貔豹虎，以與赤帝戰於版泉之野，三戰然後得行其志。黃帝黼黻衣，大帶黼裳，乘龍扆雲，以順天地之紀，幽明之故，死生之說，存亡之難。時播百穀草木，故教化淳鳥獸昆蟲，歷離日月星辰，極畎土石金玉，勞心力耳目，節用水火材物。生而民得其利百年，死而民畏其神百年，亡而民用其教百年，故曰三百年。』」

由於黃帝之上古聖王，其德風教化，普及後代。故後代之人，咸感而稱之。唯黃帝時代悠遠難稽，欲知黃帝之事蹟，固屬不易。因此後人對黃帝有關事物，遂常有空洞玄邈而不著邊際之言，如所謂「生而神靈，弱而能言。」皆此類也。《史記‧五帝本紀》亦曰：「學者多稱五帝，尚矣，然《尚書》獨載堯以來。而百家言黃帝，其文不雅馴，薦紳先生難言之。」故黃帝不但成爲神化中之人物，而更爲兩漢先秦人士用以託古喻道之人物。《淮南子‧脩務訓》曰：「世俗之人，多尊古而賤今。故爲道者，必託之神農、黃帝而後能說。」《史記‧孟荀列傳》亦曰：「先序今以至黃帝，學者所共術。」因此託名爲黃帝之著作特多。

據《漢書‧藝文志》所載《道家類》有《黃帝四經》四篇、《黃帝銘》六篇、《黃帝君臣》十篇（《注》謂：「起六國時，與老子相似也。」）、《雜黃帝》五十八篇（《注》謂：「六國時賢者作。」）、《力牧》廿二篇。是皆託名黃帝，而實際則爲發揮老莊道家之言論。此外《陰陽家類》有《黃帝泰素》廿篇。《小說家類》有《黃帝說》四十篇。《兵陰陽類》有《黃帝》十六篇、《封胡》五篇、《風后》十三篇、《力牧》十五篇、《鵊冶子》一篇、《鬼臾區》三篇、《地典》六篇。《天文類》有《黃帝雜子氣》卅三篇。《歷譜類》有《黃帝五家歷》

卅三卷。《五行類》有《黃帝陰陽》廿五卷、《黃帝諸子論陰陽》廿五卷。《雜占類》有《黃帝長柳占夢》十一卷。《醫經類》有《黃帝內經》十八卷、《外經》卅九卷。《房中類》有《黃帝三王養陽方》廿卷。《神仙類》有《黃帝雜子步引》十二卷、《黃帝岐伯按摩》十卷、《黃帝雜子芝菌》十八卷、《黃帝雜子十九家方》廿一卷。以上託黃帝之名，共廿三種。可知秦漢之前，託名爲黃帝之著作種類繁多。而各種先秦典籍中引用黃帝之語或稱其名者亦多。如《莊子》(〈胠篋〉、〈在宥〉、〈天地〉、〈天運〉、〈山木〉、〈田子方〉、〈徐无鬼〉、〈盜跖〉)、《韓非子》(〈揚權〉)、《呂氏春秋》(〈去私〉、〈圜道〉、〈應同〉、〈遇合〉、〈審時〉)、《管子》(〈五行〉)、《尸子》(〈卷下〉)、《大戴禮》(〈五帝德〉)、劉向《新序》(〈第五〉)……等。

　　大抵《道家類》所引《黃帝》諸書，及秦漢書籍中所載黃帝之言，皆與老莊思想極爲類似。茲舉例如下：

（一）諸書所引黃帝之言

　　如《呂氏春秋·去私篇》引黃帝言曰：「聲禁重，色禁重，香禁重，味禁重，室禁重。」此與老子去欲去奢之旨相同。

　　《呂氏春秋·圜道篇》述黃帝曰：「帝無常處也，有常處者，乃無處也。」《注》：「無常處，言無爲而化乃有處也。有處，有爲也。有爲則不能化，乃無處爲也。」此與老子無爲而治之精神相同。

　　《賈誼新書·宗首篇》引黃帝言曰：「日中必熭，操刀必割。」〈修政篇〉曰：「道若川谷之水，其出無已，其行無止。」此與老子虛而愈出之道相同。

　　《列子·天瑞篇》引黃帝言曰：「精神入其門，骨骸反其根，我尚何存？」此與老子歸根復命之旨相同。篇中黃帝言「谷神不死」語與老子之語全同。

　　《淮南子·繆稱訓》引黃帝言曰：「茫茫昧昧，從天之道，與玄同氣。」此與老子恍惚之道相同。

　　《管子·任法篇》曰：「黃帝之治天下也，其民不引而來，不推而往，不使而成，不禁而止。置法而不變，使民安其法。」此與老子無爲自化，清靜自正之旨相同。

　　《莊子》書中，黃帝係其經常用以喻道之人物。此因黃帝與老莊思想本有相同之故。〈知北遊〉曰：「黃帝曰：無思無慮始知道，無處無服始安道，無從無道始得道。」〈天道篇〉曰：「黃帝之治天下，使民心一。」〈山木篇〉曰：「無譽無訾，一龍一蛇，與時俱化而無肯專爲，一上一下，以和爲量，浮

游乎萬物之祖，物物而不物於物，則胡可得而累邪？此黃帝、神農之法則也。」
〈徐无鬼〉曰：「黃帝曰：『夫爲天下者，則誠吾子之事。雖然，請問爲天下。』
小童辭，黃帝又問。小童曰：『夫爲天下者，亦奚以異於牧馬者哉？去其害馬
者而已矣。』黃帝再拜稽首稱『天師』而退。」〈在宥篇〉更從黃帝與廣成子
對話中，發揮清靜無爲之旨：「黃帝順下風膝行而進，再拜稽首而問曰：『聞
吾子懷於至道，敢問治身奈何而可以長久？』廣成子蹶然而起曰：『善哉問
乎！來，吾語汝至道：至道之精，窈窈冥冥，至道之極，昏昏默默。無視無
聽，抱神以靜，形將自正。安靜必清，無勞汝形，無搖汝精，乃可以長生。
目無所見，耳無所聞，心無所知，汝神守形，形乃長生。愼汝內，閉汝外，
多知爲敗。我爲汝遂於大明之上矣，至彼至陽之原也。爲汝入於窈冥之門矣，
至彼至陰之原也。天地有官，陰陽有藏，愼守汝身，物將自壯。我守其一，
以處其和。故我修身千二百歲矣，吾形未常衰。』」
　　由以上諸書所引黃帝之言，老莊與黃帝思想，多有相同之處。

（二）〈黃帝銘〉

　　劉向《新序・第五》、劉劭之《皇覽》，皆載有黃帝〈金人銘〉。〈金人銘〉
爲黃帝六銘之一，銘詞中如「綿綿不絕，或成網羅。毫末不札，將尋斧柯」
之語，汲冢《周書》亦有之。銘詞中「盜憎主人，民怨其上」之語，亦見《左
傳》成公十五年，晉伯宗之妻曾言之。〈金人銘〉當係黃帝時傳下來之古語。
　　〈金人銘〉中亦多符合老莊思想者，如：「誠能愼之，福之根。謂此何傷，
禍之門。」此與老子「禍兮福之所倚，福兮禍之所伏。」（五八章）之旨相同。
「強梁者，不得其死。」此與《老子》四二章之用語相同。「知天下之不可上，
故下之。知眾人之不可先，故後之。」此與老子「欲上民，必以言下之。欲
先民，必以身後之。」（六六章）之旨相同。「執雌守下，人莫踰之。」此與
老子尙謙退不爭之德相同。「人皆趨彼，我獨守此。」此與老子「知雄守雌，
知榮守辱。」（廿八章）之旨相同。「人皆惑之，我獨不徙。」此與老子「處
眾人之所惡」（八章）之旨相同。「內蘊我智，不示人技。」此與老子「眾人
昭昭，我獨昏昏。眾人察察，我獨悶悶。」（廿章）之旨相同。「江海雖左，
長於百川，以其卑下也。」此與老子「江海所以爲百谷王者，以其善下之。」
（六六章）之旨相同。「天道無親，而後下人。」此與《老子》七九章之用語
相同。「無多言，無多事。」此與老子「多言數窮，不如守中。」（五章）之
旨相同。「將欲取之，必姑與之。」此與《老子》卅六章之用語相同。

故〈金人銘〉之思想，與老莊思想多所相合。

（三）《黃帝四經》

《漢書・藝文志》中有《黃帝四經》，唯《隋書・經籍志》中，此四篇已不見著錄，可知其時四篇已失傳。

民國六十二年十一月起，大陸考古團於湖南長沙馬王堆第三號墓地，挖出老子《道德經》甲乙本。〔註1〕其中《老子》隸書本之前有四篇〈經法〉、〈十大經〉、〈稱〉、〈道原〉之文，後接《老子》〈德〉篇與〈道〉篇。學者多信此四篇爲《漢書・藝文志》所謂《黃帝四經》。其理由如下：

1. 四篇文體一貫。如〈經法〉云：「毋陽竊，毋陰竊，毋土敝，毋故執，毋黨別。」〈十大經〉亦曰：「使民毋人執，舉事毋陽察，力地毋陰敝。」又如〈經法〉云：「抹利、襦傳、達刑、爲亂首、爲怨媒，此五者，禍皆反目及也。」〈十大經〉亦曰：「不達天刑，不襦不傳。」「聖人不達刑、不襦傳。」「不爲亂首，不爲怨媒。」〈經法〉有「稱以權衡」一節，而在〈稱〉篇就加以發揮。〈十大經〉有「雌雄節」一章，〈稱〉篇則曰：「此地之度而雌之節也。」〈經法〉云：「道者，神明之原也。」〈十大經〉亦云：「道有原而無端。」並加以發揮。故四篇脈胳連貫，思想一致，可算一部完整之著作。

2. 〈十大經〉記載黃帝初立和擒蚩尤之故事，以及黃帝和力黑（力牧）、閹冉、單才（單盈才）、果童（四輔之一）、大山之稽（太山稽）、高陽（即〈離騷〉之帝高陽）等人之問答，可知此書實有關黃帝思想之著作。

3. 此書成立之背景係漢文帝初年，斯時正係黃老盛行之時。《隋書・經籍志・道家類》曰：「自黃帝以下，聖哲之士，所言道者，傳之其人，世無師說。漢時曹參始荐蓋公，能言黃老。文帝宗之，自是相傳，道學眾矣。」文帝后竇氏亦喜黃老之學：「竇太后好黃帝、老子言，帝（景帝）及太子諸竇，不得不讀

〔註1〕 民國62年11月起，大陸考古團於湖南長沙馬王堆第三號墓地，挖出老子《道德經》甲、乙本，皆以帛書爲之。並以小篆、隸書二種字體寫成。此類帛書約爲二千一百五十年前之古籍。其中《老子》小篆本「邦」字共二十字，隸書本改爲「國」字。漢惠帝名「盈」，文帝名「恒」，而「盈、恒」二字，兩本俱出現。故極可能是劉邦之後，漢惠帝、文帝前之作品（西元前206～195）。此長沙馬王堆第三號墓，係第一代軑侯利蒼之子，第二代軑侯利豨之兄弟。葬於漢文帝十二年（西元前168），距離高祖在位最後一年（西元前195），計廿七年（中間經漢惠帝在位七年，呂后執政八年）。此類帛書爲手抄本，死後做殉葬之用。此《老子》之書，《德經》在前，《道經》在後，與今本《老子》文意無甚出入。故可推知《老子》一書，於秦漢之前，當早已流傳。

《黃帝》、《老子》，尊其術。」（《史記・外戚世家》）可知《黃帝》、《老子》係合讀之書，故常置於一起。此四篇既屬於黃帝之書，又放於《老子》之前，抄書時代又正是文帝初年，故可知正是文帝和景帝時所通行之「黃帝老子言」而《隋書・經籍志・道經部》曰：「漢時，諸子道書之流有卅七家……其《黃帝》四篇、《老子》二篇，最得深旨。」則出土之四篇與《道德經》二篇正符合此一記載。

4. 《漢書・藝文志》稱「《黃帝四經》」，此四篇如「〈經法〉」以「經」爲名。〈十大經〉亦是根據「欲知得失，請必審名察刑」十字爲〈十大經〉，既以「經」爲名，此亦與《漢書・藝文志》之四經相合。

5. 漢初黃老思想除老莊無爲而治思想外，亦融入大量法家思想，即所謂「黃老刑名」之學。而此四篇亦雜有豐富道法二家思想。第一篇係〈經法〉，以道家之語，述法家之觀點。此四篇又將「名」和「形」（刑）對立，稱之爲「刑名」。又將「刑」和「德」對立，稱之爲「刑德」。老子不談理，而四篇講「循名廐理」，講曲直公私，作爲君人南面之術，凡此皆符合漢初黃老之特色（《史記》將老莊與申韓並列，亦漢人黃老思想之表現）。

《黃帝四經》內容既與法家有關，其「刑名」之學實繼承管子、愼到、申不害、韓非以來之法家緒統。法家最喜託黃帝之名，以增加其立論。《漢書・藝文志》中陰陽家有《黃帝泰素》二十篇，原《注》：「六國時韓諸公子所作。」韓非亦是韓諸公子之一，故《黃帝四經》爲韓諸公子所作，似有可能。

此外《黃帝四經》之文句亦與當代作品，或前人作品有相似之處。如〈稱篇〉曰：「毋借賊兵，毋裏盜糧。借賊兵，裏盜糧，短者長，弱者強，羸細變化，后將反施。」此一語句，於秦昭王三十六年爲范雎引用：「故齊所以大破者，以其伐楚而肥韓魏也，此所謂借賊兵齎盜糧者也。」（見《戰國策・秦策》及《史記・范雎傳》）李斯〈諫逐客書〉中亦有此語。「此所謂」三字顯然係引用成語，是《黃帝四經》早在西元前三世紀上半之前已有流傳。又《十大經順道章》曰：「大庭氏之有天下也，安徐正靜，柔節先定。……之于不敢，行于不能。單視不敢，明勢不能。守弱節而堅之，胥雄節之窮而因之。」而《管子・勢篇》曰：「故賢者安徐正靜，柔節先定。行于不敢而立于不能，守弱節而堅處之。」此與《黃帝四經》文句相似，是否管子時已見此書。〈十大經〉中兩次提到「當斷不斷，反受其亂。」此係古人常用之語。《漢書・高五王傳》記呂后卒，齊相召平悔之曰：「嗟呼！道家之言：當斷

不斷，反受其亂。」（亦見《史記‧齊悼王世家》）《史記‧春申君贊》曰：「語云：當斷不斷，反受其亂。」《後漢書‧楊倫傳》亦曰：「當斷不斷，黃石所戒。」此外銀雀山竹簡〔註2〕有：「夫百言有本，千言有要，萬言有總。」之字，與〈十大經〉上所載：「夫百言有本，千言有要，萬言有悤（總）。」相同。是漢人作品中已有受《黃帝四經》之影響。《淮南子》亦有多處語句與《黃帝四經》相同。如〈十大經〉曰：「跂行喙息，扇飛蠕動。」亦見於《淮南子‧原道訓》曰：「跂行喙息，蠉飛蠕動。」又〈十大經〉曰：「實穀不華，至言不飾，至樂不笑。」亦可與《淮南子‧詮言訓》：「至味不慊，至言不文，至樂不笑，至音不叫。」之言相比較。淮南王安於漢文帝十六年受封，當亦見此《四經》。「不襦不傳」係書中常見語，東漢李尤〈函谷關賦〉曰：「察言服以有譏，指襦傳而勿論。」恐亦讀過此書。〔註3〕

至於此《黃帝四經》之內容，則係援道於法，以刑名為主，而輔之於無為之術。〈經法篇‧道法章〉曰：「道生法，法者，引得失以繩，而明曲直也。」「見知之道，唯虛無有。虛無有，秋毫成之，必有刑名。刑名立，則黑白之分已。故執道者之觀於天下也，無執也，無處也，無私也。」「名刑已定，物自為正。故唯執道者能上明於天之反，而中達君臣之半，富密察於萬物之所終始，而弗為主。」

唯雖以刑法為主，然須以德養之：「天德皇皇，非刑不行。穆穆天刑，非德必傾。」「刑德相養，逆順乃成。刑晦而德明，刑陰而德陽，刑微而德章，其明者以為法。」（《十大經‧姓爭章》）

既貴德性，當以道家謙柔慈愛為主：「審知逆順，是謂道紀，以強下弱，以何國而不克？以貴下賤，何人不得？」（〈經法篇‧四度章〉）「以剛為柔者活，以柔為剛者伐，重柔者吉，重剛者滅。」（〈經法篇‧名理章〉）「卑約主柔，常后而不先。體正信以仁，慈愛以愛人，端正勇，弗敢以先人。」（《十大經‧順道章》）

政治之作為當以「虛靜無為」為主，此係黃老政治之主張：「上虛下靜而道得其正，信能無欲，可為民命。上信無事，則萬物周遍。分之以其分，而萬民不爭。授之以其名，而萬物自定。不為治勸，不為亂懈，廣大弗務，及也。深微弗索，得也。」（〈稱篇〉）

〔註2〕1972年山東漚沂銀雀山發掘兩座漢墓，墓中除隨葬器物外，尚有許多竹簡。
〔註3〕參《黃帝四經研究》（《經法》、《十大經》、《稱》、《道原》）。天士出版社印。

　　黃老思想淵源於黃帝，實係以「黃帝」爲託名之一種政治理想。黃帝既爲幽渺難知之物，道家、法家等遂藉以憑託以增加其立論。故所傳之〈黃帝言〉、〈黃帝銘〉皆合道家之旨。至於《黃帝四經》之再現，則更使吾人認識黃老思想之內容，及肯定「黃老」二字除係人名外，當爲專門著述之稱呼，如此方能「讀《黃帝》、《老子》」（見《史記・外戚世家》）

三、淵源於法家

　　法家思想與道家思想最爲接近。《管子》一書，《漢書・藝文志》列爲道家。貴勢派之愼到，《史記》謂：「愼到學黃老道術之術。」（〈孟荀列傳〉）。貴術派之申不害，《史記》謂：「本於黃老而主刑名。」（〈老莊申韓列傳〉）韓非子集法家之大成，《史記》謂：「喜刑名法術之學而歸本於黃老。」（仝上）可見法家與黃老關係甚爲密切。

　　法家思想與道家思想本有相通之處（參本文第壹編第四章第二節八法家）。道法二家之政治理想係「無爲而治」。道家之無爲乃是順應自然，而法家之無爲乃是以人主不妄加干涉，一切依法而行，因此有其政治之目的及實用性。管子曰：「故必知言無爲之事，然後知道之紀。」（〈心術〉上）又曰：「法者，所ㄙ同出不得不然者也。故殺僇禁誅以一也。故事督乎法，法出乎權，權出乎道。」（〈心術〉上）愼子亦曰：「爲人君者不多聽，據法倚數，以觀得失。無法之言，不聽於耳。無法之勞，不圖於功。無勞之親，不任於官。官不私親，法不遺愛。上下無事，惟法所在。」（〈君臣〉）申子亦曰：「聖君任法而不任智，任數而不任說。黃帝之治天下，置法而不變，使民安樂其法也。」（《藝文類聚》引）韓非亦曰：「古之全大體者，望天地，觀江海，因山谷。日月所照，四時所行，雲布風動，不以智累心，不以私累已。寄治亂於法術，託是非於賞罰，屬輕重於權衡。不逆天理，不傷情性。不吹毛而求小疵，不洗垢而察難知。不引繩之外，不推繩之內。不急法於外，不緩法於內。守成理，因自然。禍福生乎道法，而不出乎愛惡。榮辱之責，在乎已而不在乎人。」（〈大體〉）故法家「守法而治」自能達到老莊「無爲而治」之果效。

　　至於如何達到「守法無爲」之地步？道家強調無私。老子曰：「以其無私，故能成其私。」（七章）法家亦有此相同之看法。管子曰：「聖君任法而不任智，任數而不任說，任公而不任私，任大道而不任小物，然後身佚而天下治」（〈任法〉）愼子曰：「法制禮籍，所以立公義也，凡立公所以棄私也。」又曰：

「法雖不善，猶愈於無法，所以一人心也。夫投鈎以分財，投策以分馬，非
鈎策爲均也。使得美者不知所以德，使得惡者不知所以怨，此所以塞願望也。」
（〈威德〉）韓非曰：「釋法術而任心治，堯不能正一國。去規矩而妄意度，奚
仲不能成一輪。廢尺寸而差短長，王爾不能半中。使中主守法術，拙匠守規
矩尺寸，則萬不失矣。吾人者，能去賢巧之所不能，守中拙之所萬不失，則
人力盡而功名立。」（〈用人〉）「法不阿貴，繩不撓曲。法之所加，智者弗能
辭，勇者弗能爭，刑過不避大臣，賞善不遺匹夫。故矯上之失，詰下之邪，
治亂決謬，絀羨齊非，一民之軌，莫如法。」（〈有度〉）

　　法家之「至公無私」之態度，與依法而出之「無爲而治」之理想，實與
道家相近。唯道家以清靜虛無爲用，其重點在個人修身及處世態度，未免消
極自守。而法家以實現政治抱負爲用，其重點在審定君臣名分，發揮整體作
用，以達其政治目的，自有其實用性。蓋漢基初肇，百廢待舉，純屬老莊之
學固不能發揮實際效用，而過於採取法家苛刻路踐，則有重蹈暴秦覆轍之險，
自不爲人民所歡迎。亦祇有調和道法二家，於老莊思想中，滲和法家之學，
此黃老刑名思想之所由生也。故漢之黃老，非單純僅爲老莊之說也，實滲有
法家思想在內也。

四、淵源於齊學

　　齊與魯皆古代文化之國，所謂：「齊一變至於魯，魯一變至於道。」（《論
語・雍也》）齊開國始祖姜尚，本隱釣於渭水之陽。文王以飛熊入夢，出獵遇
之。悅曰：「吾太公望子久矣。」後佐武王伐紂，建立周業，乃受封於齊。都
營丘，修國政，通商工之業，便漁鹽之利，人民多歸齊，齊遂成大國。

　　齊地物產富饒，民性舒緩足智，富於幻想，好誇大談論，因此形成獨特
之文風。《史記》太史公曰：「吾適齊，自泰山屬之琅邪，北被於海，膏壤二
千里。其民闊達多匿知，其天性也。以太公之聖，建國本。桓公之盛，修善
政。以爲諸侯會盟稱伯，不亦宜乎？洋洋乎，大國哉！」（〈齊太公世家〉）《漢
書・地理志》曰：「太公以齊地負海舄鹵，少五穀而人民寡，乃勸以女工之業，
通魚鹽之利，而人物輻湊。……其俗彌侈，織作冰紈綺繡純麗之物，號爲『冠
帶衣履天下』。……《齊詩》曰：『子之營兮，遭我虖嶩之間兮。』又曰：『竢
我於著乎而。』此亦其舒緩之體也。吳札聞齊之歌曰：『泱泱乎大風也哉！其
太公乎！國未可量也。』……初太公治齊修道術，尊賢智，賞有功。故至今

其士多好經術，矜功名，舒緩闊達而足智。言與行謬，虞詐不清，急之則離散，緩之則放縱。」

太公治齊以道術，其政治措施以「簡約」為主，頗近道家之精神。《史記・魯世家》曰：「魯公伯禽之初受封之魯，三年而後報政周公。周公曰：『何遲也？』伯禽曰：『變其俗，改其禮，喪三年，然後除之，故遲。』太公亦封於齊，五月而報政周公。周公曰：『何疾也？』曰：『吾簡其君臣禮，從其俗為也。』及後聞伯禽報政遲。乃歎曰：『嗚呼！魯後世其北面事齊矣！夫政不簡不易，民不有近，平易近民，民必歸之。』」

簡其禮，因其俗，皆老莊思想之要旨，應用於政治上便是黃老思想之表現。故太公之思想，實與老莊思想若干符合。今傳兵家《六韜》之書乃係姜尚所作。而其中思想，亦多與老莊相似（參第壹編第四章十兵家）。茲再舉數例比較如下：

如姜尚曰：「以家取國，國可拔。以國取天下，天下可畢。……嗚呼！曼曼綿綿，其聚必散。嘿嘿昧昧，其光必遠。微哉聖人之德誘乎，獨見樂哉！聖人之慮，各歸其坎而立斂焉。」（〈文師〉）此與老子「治大國，若居下流，天下之交，天下之牝。牝常以靜勝，以靜為下。故大國以下小國，則取小國；小國以下大國，則取大國。」（六一章）二人看法相同。皆說明以弱為強。以虛為懷，斂己而得人心之理。

姜尚曰：「帝堯王天下之時，金銀珠玉不飾，錦繡文綺不衣，奇怪珍異不視，玩好之器不寶，淫佚之樂不聽，宮垣屋室不堊，夢楹橡楹不斲，茅茨徧庭不剪。鹿裘禦寒，布衣掩形，糲梁之飯，黎藿之羹，不以役作之。故寒民耕織之時，削心約志，從事於無為。」（〈盈虛〉）此與老子之「虛其心，實其腹，弱其志，強其骨。」（三章）之無為思想相同。

姜尚曰：「何憂何嗇？萬物皆得。何嗇何憂，萬物皆遒。政之所施，莫知其化。時之所在，莫知其移。聖人守此而萬物化，何窮之有？終而復始。優而游之，展轉求之，求而得之，不可不藏。既已藏之，不可不行。既已行之，勿復明之。夫天地不自明，故能長生。聖人不自明，故能名彰。」（〈文啓〉）此與老子之「不自見故明，不自是故彰，不自伐故有功，不自矜故長。」（廿二章）「治人事天莫如嗇，夫惟嗇，是以早服。」（五九章）之旨相同。

姜尚曰：「聖人務靜之，賢人務正之。愚人不能止，故與人爭。上勞則刑煩，刑煩則民憂，民憂則流亡，上下不安其生，累世不休，命之曰大夫。天

下之人如流水，障之則止，啓之則行，靜之則清。嗚呼神哉！聖人見其始，則知其終。」（〈文啓〉）此與老子之「致虛靜，守靜篤。」（十六章）之旨相同。

由以上所述，可知姜尙之思想或主「無爲」，或主「虛靜」，或主「謙讓不爭」，皆與道家之旨相合，亦爲黃老精神之所在。

《史記・封禪書》云：「泰山、東萊，黃帝之所常遊。」泰山、東萊皆齊地。黃帝生於魯之壽丘，與齊比鄰。故齊自古以來即爲道術之所在。而太公生於東呂，故姓呂，呂亦齊地（今之莒縣），自必深受古之道術所影響。

齊與楚皆傳太古之道術。清儒魏源論老子曰：「老子道，太古道。書，太古書。」老子亦自謂：「執古之道，以御今之有。」（十四章）老子楚人也，楚之祖爲鬻子。鬻子與太公皆爲文王師。鬻子封於楚，太公封於齊。鬻子傳古道術於楚。老子之外，如戰國時環淵、屈原、南公皆楚國著名之習道術者也。莊子爲蒙人，蒙地爲微子啓所封，本名宋，楚宋同源。莊子受楚影響亦大。（參第壹編第三章第一節）蒙地在今之商邱，靠近齊國，當亦受齊學所影響。環淵、屈原亦皆曾至齊，齊、楚之學實有相近之處。

太公既治齊以道術，道術遂盛於齊，當時形成一股勢力，是所謂「稷下之學」。《史記・田完敬仲世家》曰：「齊宣王喜文學游說之士，自如鄒衍、淳于髡、田駢、接予、愼到、環淵之徒七十六人，皆賜列第爲上大夫，不治而議論，是以齊稷下學士復盛，且數百千人。」〈孟子・荀卿列傳〉亦曰：「自鄒衍與齊之稷下先生，如淳于髡、愼到、環淵、接子、田駢、鄒奭之徒，名著書，言治亂之事，以干世主。……愼到趙人，田駢、接子齊人，環淵楚人，皆學黃老道德之術，因發序其指意。故愼到著《十二論》，環淵著《上下篇》，而田駢、接子皆有所論。」又「齊有三鄒子。其前鄒熙以鼓琴干威王，因及國政，封爲成侯，而受相印，先孟子。其次鄒衍後孟子。……鄒奭者，齊諸鄒子，亦頗采鄒衍之術以紀文。於是齊王嘉之。……自如淳于髡以下，皆命曰列大夫。爲開第康莊之衢，高門大屋，尊寵之，覽天下諸侯賓客，言齊能致天下賢士也。」

齊宣王喜文學游說之士，又以高爵厚祿以饗賢士，遂使齊國成爲文化之邦。而所與交往者，鄒衍雖屬陰陽家，然與道家本有密切之關係（參第壹編第四章第二節三陰陽家）。其餘學士多屬於研究黃老道德之術者，且皆有所著述，四方之士前來研究者甚多。且《史記》謂「齊稷下學士復盛」，更足徵齊以前道術曾盛極一時。

漢初治黃老之學者齊人特多。老子之十一代孫假，仕於漢文帝。漢文帝崇

黃老，假之子解，為膠西王卬太傅，因家於齊。齊學遂與黃老關係更形密切。

先是趙人樂臣公、樂瑕公，因趙被秦滅，乃亡之齊，修黃老之學，成為一時之賢師。《史記‧樂毅列傳》曰：「樂毅之族有樂瑕公、樂臣公，趙且為秦所滅亡，之齊高密。樂臣公善修黃帝、老子之言，顯聞於齊，稱賢師。」又「樂臣公學黃帝、老子，其師號曰河上丈人，不知其出。」

其弟子蓋公更設教於膠西，為曹參之師。皇甫謐《高士傳》曰：「蓋公者，齊之膠西人也，明《老子》，師事樂臣公。漢之起，齊人爭往于世主，唯蓋公獨遁居不仕。及漢定天下，曹參為齊丞相，盡延問長老諸生以百數，何以治齊。人人各殊，參不知所從。聞蓋公善治黃老，乃使人厚幣聘之。公為言治道，貴清淨而民自定，遂推此類，為參具言之。參悅，師事之，齊果大治。及參入相漢，導蓋公之道，故天下歌之。蓋公為參師，然未嘗仕，以壽終。」（《史記‧曹相國世家》記載亦同）

又有田叔，亦齊之善治黃老術者。《史記‧田叔列傳》曰：「其先齊田氏也。叔好劍，學黃老術於樂鉅公……上（文帝）召見與語，漢廷臣無能出其右者。」

此外〈樂毅傳〉亦列出此一黃老授受系統：「河上丈人教安期生，安期生教毛翕公，毛翕公教樂瑕公，樂瑕公教樂臣公，樂臣公教蓋公，蓋公教於齊高密膠西，為曹相國師。」河上丈人即最先注《老子》之河上公，安期生嘗與蒯通為友，與申公培同時，皆為戰國末年之人。河上公、安期生、毛翕公、樂臣公、樂鉅公、蓋公，以及後來授太公兵法予張良之黃石公、田叔等皆為齊人，亦皆發揚黃老之學之人。可知齊學與黃老淵源之深厚。

不但黃老之學起於齊，甚至戰國時代與道家有密切關係之兵家如司馬穰苴、孫吳、孫臏，以及秦時蒙恬等皆齊人。託名黃帝之醫書《黃帝內外經》，而為扁鵲、倉公、陽慶等人所傳授，亦皆是齊人（見《史記‧倉公傳》）。漢代與老莊思想有密切關係之神仙家、道教皆與齊學有關係。即漢武帝以後之儒學亦莫不受齊學之影響。皮錫瑞《經學歷史》曰：「漢有一種天人之學，而齊學尤甚，伏傳五行，《齊詩》五際，《公羊春秋》多言災異，皆齊學也。《易》有象數占驗，《禮》有明堂陰陽，不盡齊學，而其旨略同。」故以道家思想為主之齊學非但成為黃老思想之闡揚者，亦足以影響至其他學術。成為漢代學術發展一股無形勢力。

第三節　黃老思想之特色

　　黃帝乃上古相傳之人物，其功備德化，古今以來，鮮與匹倫。後世唐虞之政教，即由黃帝之政教演變而來。然唐虞之後始較有詳明之典籍記載。故儒家之學，只溯及唐虞，罕論黃帝。然黃帝之政治、兵法、修身、養性之術，儒書所未及，却常爲後世諸家所僞託，以增其立論。《史記‧孟荀列傳》曰：「黃帝，學者所共術。」無論法家、兵家、醫家、天文家、陰陽家……等各家各派，溯本探源，皆喜歸宗於黃帝。道家既爲眾家之所本，亦必以黃帝爲依歸，因此以黃帝爲名而闡揚道家學說之著作特多。而黃帝時政治之清平安樂，與老莊無爲而治之理想社會相同。黃老合名正係此種無爲而治盛世思想之表現，亦爲漢人所憧憬所嚮往者。

　　《管子‧任法篇》曰：「黃帝之治天下也，其民不引而來，不推而往，不使而成，不禁而止，置法而不變，使民安其法。」此與老子「我無爲而民自化，我好靜而民自正，我無事而民自富，我無欲而民自樸。」（五七章）之理想相同。因此黃老思想之特色，即在於無爲而治，任物自化。《史記‧申韓列傳注》曰：「黃老之法，不尙繁華，清簡無爲，君臣自正。」《論衡‧自然篇》曰：「黃者，黃帝也。老者，老子也。黃帝之操，身中恬澹，其治無爲，正身共己，而陰陽自和。無心於爲，而物自化。無意於生，而物自成。」清俞長城《黃老對》曰：「或問於予曰：世俗皆稱黃老，同乎否？予對曰：同。《易》曰：『黃帝堯舜垂衣裳而天下治。蓋取諸乾坤。』以無爲爲治者，黃帝也。老子曰：『我無爲而民自化。』以無爲爲都者，老子也。是則同。」「黃老道同而時異。黃帝之時，其俗樸，其民醇，制度未立，而禮樂方興，於是恭修元默，而天下安焉。此黃帝所以治也。老子居三代之後，乃欲毀棄仁義，滅裂刑政，以游於清靜寂寞之鄉。」

　　故黃老思想實即老莊「無爲而治」之政治主張，亦即在順乎民性，依乎自然，滅少政治之干涉造作，而使民養生休息。《莊子‧在宥篇》曰：「無爲而尊者，天道也。有爲而累者，人道也。主者，天道也。臣者，人道也。」黃老皆在發揮天道，使免於形累，蓋從戰國以迄漢初，政治之紛擾，戰爭之流行，君主之驕恣貪侈，人民之流離困苦，無不是人道之有爲造作引起。所謂：「天下多忌諱，而民彌貧。民多利器，國家滋昏。人多伎巧，奇物滋起。法令滋章，盜賊多有。」（《老子》五七章）因此政治上之作爲，反成爲社會安定之最大阻力，「民之難治，以其上之有爲，是以難治。」（《老子》廿九章）

「揣而銳之，不可長保。金玉滿堂，莫之能守。」（《老子》九章）黃老無爲而治思想，實是飽經戰亂之餘，無論君主臣子以至平民之深著體驗。故此種思想不但得到民間普遍支持，而漢初之君臣亦無不樂於奉行。此即爲黃老思想於漢初所以鼎盛之原因也。

此外黃老思想亦注重個人德性之修養。老莊思想中之善柔、謙遜、不爭、自隱、慈愛、儉約等等美德，在黃帝思想中亦可發現。如《路史》載黃帝〈巾几銘〉曰：「毋弇弱，毋俾德，毋違同，毋敖禮，毋謀非德，毋犯非義。」《皇覽》記武王問師尚父五帝之誡，可得聞乎？尚父曰：「黃帝之戒曰：吾之居民上也搖搖，恐不至朝。」《大戴禮記》卷六載武王問黃帝顓頊之道。太公答以《道書》之言云：「敬勝怠者吉，怠勝敬者滅，義勝欲者從，欲勝義者凶。」凡此可見黃帝與老子皆以修德爲主，而以不爭不盈，守柔居後爲要（參本章第二節二淵源於黃帝）。此即放勳、重華之大業，亦爲西漢明君賢臣所法效之對象。西漢文景之盛世，實歸功於君臣善履踐黃老之道德哲學，而應用於其生活之實踐及政治之作爲上。

黃老思想除以老莊之「無爲而治」及老莊之道德修養爲特色外。融合法家之治道，亦爲其要點。林景伊先生曰：

> 黃老之術，蓋漢初道家之言。以清靜無爲爲主，以刑名法術爲用，故兼黃帝、老子而並言之。黃老二家合爲一名，實始於漢初。漢初道家者流，以戰國時所傳《黃帝四經》、《太公謀》等陰謀之術，有近於老子「柔弱勝剛強」、「後其身而身先」「將欲歙之，必固張之。將欲取之，必固與之」之道。又以刑名之學，決然無主：土塊之道，亦有近於無爲之治。故黃老並稱，而兼及法家，以爲道家入世之用。
> 〔註4〕

漢初黃老思想，實滲雜老莊與法家之思想（參本章第二節三淵源於法家）。然此一思想太過，則或爲淪爲陰謀家，或淪爲酷吏者。此皆因尚法而失老莊熏然慈仁之旨也。遂成爲漢末黃老之末流。

第四節　黃老思想在西漢之功用

我國數千年之歷史，西漢可與三代之盛世媲美。國運之昌隆，民生之安樂，

〔註4〕林景伊《中國學術思想大綱》，頁98。

武功之強大，社會之豐阜，所謂「周云成康，漢言文景」，千年萬世，傳爲美談。其主要之原因，在於實施所謂「黃老治術」。將「無爲而治」之理想與實際政治相結合，亦即將老莊之政治哲學，予以應用實踐。雖某些方面已失原始道家之風貌，然却能於日常生活中，滿足大眾之需要。故黃老思想不僅成爲施政處世之原則，仰且深深影響整個學術思潮。茲將其發展情勢敘述如下：

一、早期發展

漢高祖爲一平民出身之帝王，其所以得天下，在於能豁達大度，寬厚愛人，好謀能聽，知人善任。同時又老於世故，鬥智而不鬥力。此皆爲道家處世藝術之運用。

而項羽猝興，叱咤風雲。抱其不可一世之態度，睥睨天地之間。故爲人夸誕難忍，刻薄寡恩。卒暴起暴滅，爲千古所竊笑。蓋因其缺少道家寬容之氣度，而乏老莊慈儉不爭之德性也。

項羽少年時，學書不成，學劍又不成，乃欲學萬人敵，此貪利之機心隱然可見。項梁教其兵法，羽大喜，略知其意，又不肯竟學，此乏忍之心可知。及見始皇游會稽，與梁俱觀，乃羨而曰：「彼可取而代也！」歆羨之情，溢於言表。鉅鹿之戰，破釜沈舟，大破秦軍，諸侯入轅門，無不膝行而前，莫敢仰視，此威赫之情可窺。鴻門之宴，不聽項伯之言，卒失坐殺劉邦之機。後西屠咸陽，殺子嬰，燒秦宮室，擄其寶貨婦女，大火三月不滅，此苛刻之情可睹，而自詡爲西楚霸王，功高權大，乃欲東歸曰：「富貴不歸故鄉，如衣繡夜行，誰知之者？」有說者曰：「人言楚人沐猴而冠耳，果然。」項王聞之怒而烹說者，此驕吝之志可明。而夷齊城，阬齊卒，虜其老弱婦女至北海而殲之。殺漢卒十餘萬人，睢水爲之不流。卒以盡失人和，敗於垓下，自刎於烏江。凡此皆殘暴苛刻之個性有以致之也。故太史公論之曰：「放逐義帝而自立，怨王侯叛己難矣。自矜功伐，奮其私智而不歸古，謂霸王之業，欲以力征經營天下，五年卒亡其國，身死東城，尚不覺寤，而不自責，過矣！乃引天亡我，非用兵之罪也，豈不謬哉！」（〈項羽本紀〉）老子曰：「勇於敢則殺，勇於不敢則活。」（七三章）又曰：「天之道，不爭而善勝，不言而善應，不召而自來，繟然而善謀，天網恢恢，疏而不失。」（七五章）項羽自恃功大，刻意妄爲，卒以暴興暴滅。此正應驗老子「飄風不終朝，驟雨不終日。」（廿三章）之語。

劉邦初定關中，即與父老約法三章曰：「殺人者死，傷人及盜，抵罪。」悉除秦法之苛細，深得民心，即位之後，兵罷歸家，下寬大之詔，安撫聚保山澤之民，免因飢寒自賣爲奴隸者爲庶人（高祖五年），鼓勵生育（七年），抑制商人對農民之剝削（八年），力求人民之生養休息，凡此皆近黃老愛民保民之旨。

漢高祖劉邦除能「與天下同利」之外，其成功之最大因素，乃任用張良。張良字子房，先世五世相韓，秦滅韓，子房懷亡國之痛，散千金之產，以圖報仇。刺始皇於博浪沙，誤中副車，乃亡匿下邳。遇圯上老人，老人故挫其銳氣，三命以取履，遂贈以《太公兵法》曰：「讀此書爲王者師矣。後十年興，十三年，孺子見我濟北穀城山下，黃石即我也。」老人不言姓名，故稱曰黃石公，其書名曰《素書》。穀城爲齊地，太公之書乃深得道家之旨，故張良所受實乃齊學，亦即黃老之學也。

子房得其書，習誦不倦，後以此書說沛公。沛公喜之，因用子房。嗣後破秦滅項，轉危爲安，卒成漢業，張良之功甚偉。高祖謂其「運籌帷幄之中，決勝千里之外」，論功行賞，當推第一。此蓋張良能得道家之「忍術」也。蘇軾〈留侯論〉曰：「觀夫高祖之所以勝，項籍之所以敗者，在能忍與不能忍之間而已矣。項籍唯不能忍，是以百戰百勝，而輕用其鋒。高祖忍之，養其全鋒，而待其敝，此子房教之也。當淮陰破齊而欲自王，高祖發怒，見於詞色。由是觀之，猶有剛強不能忍之氣，非子房其誰全之？」〔註5〕

項羽既滅，漢王即帝王，大封功臣二十餘人。其餘未得封，日夜爭功不決。帝在洛陽，望見諸將往往相與坐沙中語，帝曰：「此何語？」子房曰：「陛下不知乎？此謀反耳！」帝曰：「天下已定，何故謀反？」子房曰：「陛下起布衣，以此屬取天下。今爲天子，而所封皆蕭曹故人所親愛，而所誅者，皆生平所仇怨。今軍吏計功，以天下足徧封，此屬偎陛下不能盡封，又恐見疑生平過失被誅，故相聚謀反耳！」帝曰：「爲之奈何？」子房曰：「陛下平生所憎，群臣所共知，誰最甚者？」帝曰：「雍齒與我故，數嘗窘辱我。欲殺之，爲其功多，故不忍。」子房曰：「今先封雍齒，以示群臣，則人人自安矣。」帝從其言，封齒爲侯。群臣皆喜曰：「雍齒尚爲侯，我屬無患矣！」於是群心

〔註5〕 《史記高祖本紀》謂韓信破齊，欲自立爲王。漢王怒，見於辭色。子房、陳平躡王足，附耳諫之曰：「漢方不利，既不能禁信之自王。不如因而立之，使自爲守，不然恐變生。」王從其言，遂立信爲齊王，以固其心，此張良以忍術教之也。

始安。（以上見《史記‧留侯世家》）

老子曰：「將欲歙之，必固張之。將欲弱之，必固強之。將欲廢之，必固舉之。將欲奪之，必固與之。」（卅六章）又曰：「柔弱勝剛強。」（七八章）此張良之所本也。張良能秉道家之所持，應用之於軍事則係「以奇用兵」，應用之於仇懟則係「報怨以德」，應用之於人世則係強忍之術，此種精神，亦即本之於黃石老人所授之《太公兵法》及《素書》所來。《太公兵法‧六韜明傳篇》曰：「柔而敬，恭而敬，強而弱，忍而剛。」《素書》云：「柔能制剛，弱能制強。」「舉國之要，察眾心，施百務，危者安之，懼者歡之，卑者貴之，貪者豐之。」

張良善於以此「忍而剛」、「弱勝強」之術輔翼高祖，高祖之得天下亦善於運用此一精神而來也。故彭城之戰，漢軍大敗，項王虜帝父太公，並置於鼎俎之上，告高祖曰：「若不降，吾烹太公。」帝曰：「吾與項王北面受命懷王，約為兄弟，吾翁即若翁。必欲烹若翁，則幸分我一杯羹！」此皆善忍之術也。榮陽之戰，漢軍大敗，帝僅以身免。其後兩軍久峙，項王請速戰以決雌雄。帝笑曰：「吾寧鬥智，不鬥力。」項王集全力，屢挑戰，卒不能勝。此蓋老子「知其雄，守其雌。」（廿八章）「善戰者不怒，善勝敵者不與。」（六八章）之理也，高祖深得之。史稱高祖「好謀能聽」皆子房、陳平教之也。

張良既佐高祖平天下，本可從此享富貴榮華矣，而乃曰：「家世相韓，及韓滅，不愛萬金之資，為韓報仇，強秦天下震動。今以三寸舌，為帝者師，封萬戶，為列侯，此布衣之極，於良足矣。願棄人間事，欲從赤松子遊耳。」遂從杜門學導引辟穀之術，終其一生。張良能急流湧退，思明哲保身，此蓋得老子「功成而不居」（二章）「功成而不有」（四章）之道。故能「知足不辱，知止不殆。」（四四章）因而「功成名遂身退」（二章）善其所終。比較漢初名將功臣，爭寵要功，卒以禍害戮身，實高明多矣。

陳平亦漢之開國元勳，少好黃老之學，高祖因功而拔以為相。其初事項王，後歸高祖，勸高祖能取項羽恭敬愛士之心：「項王為人恭敬愛人，士之廉節好禮者多歸之。至於行功爵邑，重之，士亦以此不附。今大王慢而少禮，士廉節者不來。然大王能饒人以爵色，士之頑鈍嗜利無恥者亦多歸漢。誠各去其兩短，襲其兩長，天下指麾則定矣。」，此勸漢王以謙卑自處，亦合道家之旨也。其後陳平以巨金縱使項王部將離心，六出奇計，屢解高祖之危。與張良共輔高祖，功蹟豐偉，為漢之開國名臣。陳平為相，亦實施黃老之術，

法令清簡，不務繁令。嘗發三族令、妖言令、挾書律，又減輕賦稅，創十五稅一制，務求寬緩民力。斯時呂后爲政，方欲與獄，陳平「非治事，日飲醇酒，戲婦女。」呂后聞之，私喜。立諸呂爲王，王僞聽之。及后崩，平乃與太尉周勃合謀誅諸呂，立文帝。諸呂之亂平後，平欲讓位於勃，乃謝病。文帝疑而問之。平曰：「高帝時，平功亦不如勃，願以相讓。」凡此皆道家謙遜無名精神之表現。後勃爲右丞相，平爲左丞相。文帝益明習國家之事，乃問周勃曰：「天下一歲，決獄幾何？」勃對曰：「不知。」問：「天下一歲，錢穀出入幾何？」勃又謝曰：「不知。」汗出沾背，愧不能對。於是上亦問左丞相平。平曰：「有主者。」上曰：「主者謂誰？」平曰：「陛下即問決獄，責廷尉。問錢穀，責治粟內史。」上曰：「苟各有主者，而君所主者，何事也？」平謝曰：「主臣，陛下不知其駑下，使待罪宰相。宰相者，上佐父子，理陰陽，順四時。下齊萬物之宜，外鎮撫四夷諸侯，內親附百姓，使卿大夫，各得任其職焉。」孝文帝乃稱善。(《史記‧陳丞相世家》)

陳平爲政，以老子謙讓不爭處世，又知明哲保身之道。其居相視事，亦皆以黃老精神爲政，觀其與文帝言相事，亦皆合無爲而治之原則，於人事上不作過份之干涉，此皆深明黃老之精神也。唯其早年用兵施計，善於任智逞能，故晚年頗有感慨：「我多陰謀，是道家之所禁，吾世即廢亦已矣，終不能復起，以吾多陰禍也。」自知其後代不能保其爵位。至其曾孫何，果以犯法而被黜。此老子「以智治國國之賊。」(六五章) 之謂也。太史公曰：「陳丞相平少時，本好黃帝、老子之術，方其割肉俎上之時，其意固已遠矣。傾側擾攘楚魏之間，卒歸高帝。常出奇計，救紛糾之難，振國家之患。及呂后時，事多故矣。然平竟自脫走宗廟，以榮名終稱賢相，豈不善始善終哉，非知謀，熟能當此者乎？」(〈陳丞相世家〉) 所言甚是允當。

此外佐高祖取天下者，蕭何居功甚偉。以關中補給遣軍，使高祖給食軍需不乏，而成萬世之業，此蕭何之功也。故高祖賞之，令蕭何賜帶劍履上殿，入朝不趨，優寵備至。然蕭何亦深得道家之旨也。觀其入咸陽，諸將皆爭走金帛財物之府分之，何獨先入收秦丞相御史律令圖書藏之。漢王後所以具知天下阨塞，戶口多少，彊弱之處，民所疾苦者，以何具得秦圖書也。此皆爲道家戒貪去欲之旨也。及優寵，採召平之言，讓封勿受，悉以家私財佐軍，又多買田地，與民起怨。此亦採老子以退爲進，知榮守辱之意也。蕭何爲政能「謹守管籥，因民之疾，奉法順流，與之更始。」(〈蕭相國世家〉) 而其置

田宅必居窮處，爲家不治垣屋，且曰：「後世賢，師吾儉。不賢，毋爲勢家所奪。」凡此皆見其以黃老之精神而應用於世事也。及何病，孝惠帝自臨視病。問曰：「君即百歲後，誰可代君者？」何宿與曹參有隙。孝惠舉曹參，何頓首曰：「帝得之矣，臣死不恨矣。」此誠道家「報怨以德」之表現也。

　　曹參嘗佐高祖平定三秦，戰功僅次於韓信。高祖即位之後，以長子肥爲齊王，賜曹參列侯，並爲齊之相國。曹參復助高祖平定陳豨、黔布之亂。惠帝元年，復以曹參爲齊相。《史記‧曹相國世家》曰：「天下初定，悼惠王富於春秋。參盡召長老諸生，問所以安集百姓，如齊故俗。諸儒以百數，言人人殊。參未知所定。聞膠西有蓋公，善治黃老言，使人厚幣請之。既見蓋公。蓋公爲言治道，貴清靜而民自定。推此類，具言之。參於是避正堂，舍蓋公焉，其治要用黃老術。故相齊九年，齊國安集，大稱賢相。」是曹參早已於齊國實施黃老之術也。

　　後蕭何卒，參聞之人，告舍人，趣治行曰：「吾將入相。」尋上果召參，離時猶囑齊後相曰：「獄市愼勿擾也！」後相曰：「治無大於此者乎？」參曰：「不然，夫獄市所以並容也。今君擾之，姦人安所容乎？吾以是先之。」按《左傳》襄公廿八年曰：「反陳于獄。」獄市即獄市，乃齊之閭閻繁華之區，爲莠民寄生之所。昔秦集游食之民於閭左，以便於監督。其後發戍漁陽，而陳勝，吳廣於其中，反而揭竿起義，挺而走險。蓋社會須善惡並容，老子曰：「善者吾善之，不善者吾亦善之，德善。信者吾信之，不信者吾亦信之，德信。」（四九章）曹參治齊能抱「有容乃大」之精神，使刑獄不生，姦人亦相安無事，此黃老治術之果效也。

　　曹參既代蕭何爲相，「舉事無所變更，一遵蕭何約束，擇郡國吏，木訥於文辭，重厚長者，即召除爲丞相史。吏之言文刻深欲務聲名者，輒斥去之，日夜飲醇酒。卿大夫已下吏及賓客，見參不事事，來者皆欲有言。至者參輒飲以醇酒。問之，欲有所言，復飲之醉，而後去。終莫得開說，以爲常。相舍後園，近吏舍。吏舍日飲歌呼，從吏惡之，無如之何，乃請參游園中。聞吏醉歌呼，從吏幸相國召按之，乃反取酒張坐飲，亦歌呼與相應和。參見人之有細過，專掩匿覆蓋之，府中無事。」惠帝見曹相國之不治事，亦表不滿。參子窋爲中大夫，帝謂之曰：「若歸，試私從容問而父曰：高帝新棄群臣，帝富於春秋，君爲相，日飲無所請事，何以憂天下乎？」窋歸，乃從帝意而諫。曹參怒而笞之曰：「趣入侍，天下事，非若所當言也。」至朝時，帝讓參曰：「何笞窋？乃我使之

諫君也。」參免冠謝曰:「陛下自察聖武,熟與高皇帝?」上曰:「朕乃安敢望先帝?」曰:「陛下觀參,熟與蕭何賢?」上曰:「君似不及也。」曹參曰:「陛下之言是也。且高皇帝與蕭何定天下,法令既明。今陛下垂拱,參等守職,遵而勿失,不亦可乎?」帝曰:「善。」曹參以無為而治,為相三年薨。百姓歌頌之曰:「蕭何為法,顜若畫一。曹參代之,守而勿失。載其清靜,民以寧一。」太史公稱贊曹參曰:「曹相國參,攻城野戰之功,所以能多若此者,以與淮陰侯俱也。信已滅而列侯成功,唯獨參擅其名。參為漢相國清靜極言合道,然百姓離秦之酷後,參與休息無為,故天下俱稱其美矣。」(〈曹相國世家〉)

黃老之道,皆在為政清簡,不事造作。秦以暴政統治天下,法令滋彰,變亂紛乘。若李斯、趙高者,皆刻意為法,罔陷百姓,此秦之君臣卒遭覆沒,同歸於盡也。而漢興諸臣若張良、陳平、蕭何、曹參皆能匡弼主上,以「清簡無為」為治。使百姓於戎火之後,得以生養繁息,遂因而奠定漢之盛世基礎。嗣後文帝、景帝更以黃老思想用之於處世治國,使漢朝之國力達於極點,天下太平,物阜民豐,皆是黃老政治發揮之極至。

二、鼎盛時期

漢初高祖劉邦統一全國之後,已實施黃老治術。至呂后、孝惠帝亦能秉清簡原則以治世。《史記‧呂后紀贊》曰:「孝惠、呂后之時,海內得離戰國之苦,君臣俱欲無為。故惠帝供己,高后女主制政,不出房闥,刑罰罕用,民務稼穡,衣食滋殖。」

至漢文帝時,尤能推展黃老治術。文帝為高祖中子,少以仁孝聞於天下,後受群臣擁載,欲立為帝。然文帝以謙讓為懷,屢辭帝位,且自謙曰:「奉高帝宗廟重事也,寡人不佞,不足以稱宗廟,願請楚王(楚王交,高帝弟也),寡人不敢當。」西向讓三,南向讓再,群臣固請,帝不得已,乃即位。於是以陳平為相,君臣協議,實行清靜化民之政。《史記‧禮書》曰:「孝文即位,有司議欲定儀禮。孝文好道家之學,以為繁禮飾貌,無益於治。」《風俗通‧正失篇》曰:「文帝本修黃老之言,不好儒術。」在位廿三年,天下安集,百姓樂利,為漢朝太平之盛世。茲將文帝實施黃老治術成果敘述如下:

1. 恤孤矜寡

文帝即帝位後,即以仁愛慈懷君臨天下。元年三月,詔令振窮養老,對鰥寡孤獨加以振貸,並賜老者以布帛酒肉之養。六月,有獻千里馬者,帝不

受，並詔令四方，無復來獻。二年春，帝親率民耕。三年春，帝親耕，皇后親桑，以勸農。十二年春，詔天下孝弟力田，又減農民租稅之半。十三年除田之租稅。賜天下孤寡布帛。凡此皆恤孤矜貧，愛民如子之表現。

2. 節儉去奢

文帝以儉率天下，宮室苑囿，狗馬服御，無所增益。民有不便，輒弛以利之。嘗欲作露臺，召匠計之，值百金。帝曰：「百金，中民十家之產，吾奉先帝宮室，常恐羞之，何以臺為？」常穿綈衣，後宮只十餘人。其所幸慎夫人，令衣不得曳地，幃帳不得文繡，以示敦樸為天下先。治霸陵皆以瓦器，不以金銀銅錫為飾。《漢書・貢禹傳》曰：「孝文皇帝，循古節儉，宮女不過十餘，廄馬百餘匹。孝文皇帝衣綈履革，器亡琱文金銀之飾。」而其本人對部下恤矜有加，英王詐病不朝，賜以几杖。張武等受賂，覺乃發御府金錢賜之，以愧其心。其自身則貴廉潔，賤貪污。吏之坐贓者，錮而不用。賞善罰惡，不私親戚。罪白者，伏其誅；疑者以與民（與民同疑，乃赦之）。無贖罪之法，故令行禁止，海內大化。

3. 寬刑守法

漢興猶承秦法之餘，蕭何嘗去秦法中一部份苛濫。呂惠之時，一再寬減，然仍屬苛刻。文帝元年，廢止同產收孥相坐律令。乃宣告曰：「法者，治之正也，所以禁暴而率善人也，令犯法已論而使無罪之父母妻子同產生之，及為收孥，實不合理。」令有司議之。然大臣皆不願更張，且曰：「民不能自治，故為法以禁之，相坐收孥，所以累其心。使重法，所從來遠矣，應如舊為便。」文帝不以為然曰：「朕聞法正則民愨，罪當則民從。且夫牧民而導之善者吏也。其既不能導，又以不正之法罪之，是反害於民為暴者也。何以禁？朕未見其便。」群臣無詞以對，皆稱文帝德惠。文帝二年，又下詔除去誹謗妖言罪。其詔書曰：「古之治天下，朝有進善之旌，誹謗之木，所以通治道而來諫者。今法有誹謗妖言之罪，是使眾臣不敢盡情，而上無由聞過失也。將何以來遠方賢良，其除之。」文帝十三年，齊太倉令淳于意有罪，當處刑。詔獄逮捕移徙長安。無男，有女五人，將行。罵其女曰：「生子不生男，有緩急，非有益也。」其少女緹縈乃上書，願沒入官為奴，以贖其父罪刑。文帝覽之，深受感動，乃下詔廢除肉刑。且曰：「蓋聞有虞氏之時，畫衣冠異章服以為僇（《注》曰：「即鯨者阜其巾，劓者丹其服，臏者墨其體，宮者雜其屨，大辟布其衣裙而無緣領，投之於市，與眾棄之。」）今有肉刑三而姦不止，非乃朕

德薄而教不明歟。……故天馴道不純而愚民陷焉。《詩》曰：『愷悌君子，民之父母。』今人有過，教未施而刑加焉。或欲改行爲善而道無由也，朕甚憐之。夫刑至斷支體，刻肌膚，終身不息，何其楚痛而不德也，豈稱爲民父母之意哉！其除肉刑，改以笞代之。（《漢書·刑法志》）老子有三寶，首曰慈。文帝以慈爲之，愛民如子，能推己及人。故法網甚寬，吞舟是漏。

文帝本人却甚守法。蓋上行下效，方足以使民從之。此商鞅所謂：「法之不行，自上犯之。」文帝六年冬，匈奴進犯，時周亞夫駐軍細柳，門禁甚嚴。文帝不得入。既得詔，吏士始開辟門。而軍中不許馳驅，文帝乃與其從屬按轡徐行。將軍周亞夫又以介胄之士不拜，文帝改以軍禮見。文帝皆不以爲忤，反以亞夫治軍嚴謹，方可大用。又如張釋之爲公車令，執法不阿。太子與梁王同軍入朝，至司馬門不下車。釋之追之不許入殿，且劾以不敬之罪。不因太子而稍假寬貸，文帝不以爲不當。後釋之升至廷尉，文帝出行過中渭橋，有一行人聞蹕匿橋下。久乃出，而使輿馬驚。於是騎捕之屬廷尉，然釋之僅判罰金而釋放之。且曰：「法者，天子所與天下公共也。今法如是，更重之，是法不信於民也。」文帝亦深表同意。其他如因馮唐之諫，赦太子魏尚。以袁盎之說，而止縱車之馳。對袁盎之抑宦者趙同，丞相申屠嘉之抑倖臣鄧通，文帝皆深明大體，倚正不偏。凡此皆可見文帝以道家之謙抑自處，以法家之大公自持，此皆黃老精神之表現也。

4. 以德服人

漢時邊患頻仍，匈奴寇境頻繁。漢文帝不欲以武力結怨，乃遣使與之和親，企圖以德服之。且下詔自責曰：「朕既不明，不能遠德，是以使方外之國，或不寧息。夫四方之外，不安其生。封畿之內，勤勞不處。二者之咎，皆自於朕之德薄而不能遠達也。間者累年匈奴並暴邊境，多殺吏民。邊臣兵吏，又不能諭吾內志，以重吾不重也。夫久結難連兵，中外之國，將何以自寧？今朕夙興夜寐，勤勞天下，憂苦萬民，爲之怛惕不安，未嘗一日忘於心。故遣使者冠蓋相望，結轍於道，以諭朕意於單于。」文帝謙冲自持，思欲以德服人之心可見。

此外南越王趙陀，於高祖時稱藩入貢。呂后時嘗禁鐵器輸往南越。趙陀遂與漢斷交，且自號南越武帝。呂后數以武力征之不克。趙陀遂威服閩越西甌，東西萬餘里，黃屋左纛與中國同。文帝繼位後，以德爲化，厚待趙陀兄弟，豐其賞賜，尊以官職，並於眞定置守邑，奉祀其父母墳冢。又派陸賈勸

之。趙陀乃去帝號，上書謝罪，自是臣服。

　　又如吳王濞太子與皇太子飲博相爭，皇太子執博局擊吳太子死。吳王濞遂稱病不朝，怨由此起。然文帝赦吳使者歸，又稱吳王年老免朝，賜几杖以待之，怨遂冰消、凡此皆見文帝善於以德化人。《老子》曰：「重積德，則無不克。」（五九章）此亦黃老精神之表現也。

5. 清靜無為

　　文帝即位後，不喜多事，故政事上不妄作為。李廣才高善射，然難能施展。文帝為之艱曰：「惜乎！子不遇時。如令子當高帝時，萬戶侯豈足道哉！」此充分表現當時社會安定，及文帝無為而治之心態。《漢書‧刑法志》曰：「及文帝即立，躬修玄默，勸趨農桑，減損租賦。而將相皆舊功臣，少文多質，懲惡亡秦之政。論議務在寬厚，恥言人之過失。化行天下，告訐之俗易。吏安其官，民樂其業，蓄積歲增，戶口寖息。風流篤厚，禁網疏闊。」凡此皆為黃老政治之果效，亦即老莊無為而治思想之實現。

6. 功成弗居

　　文帝以黃老治術行之天下，使漢朝能脫離暴秦之摧殘，而能迅速重建社會之秩序。數十年間，使得物阜民豐，社會和熙樂利。《史記‧文帝本紀》稱其：「從代來初即位，施德惠天下，鎮撫諸侯，四夷皆歡洽。」洵非誣也。然其德澤如此，却不自以為功！嘗令祠官毋須為皇帝一人祝釐。下令曰：「昔先王遠施不求其報，望祀不祈其福。右賢左戚，先民後己，至明之極也。今吾聞祠官祝釐，皆歸福朕躬，朕甚愧之。夫以朕不德而躬享獨美，其福百姓不與焉，其重吾不德。」老子曰：「上德若谷，廣德若不足。」（四一章）又曰：「江海所以能為百谷王者，以其善下之，故能為百谷王。」（六六章）文帝虛懷若谷，功成不有，故為天下人所稱道。景帝贊曰：「孝文皇帝臨天下，通關梁，不異遠方。除誹謗，去肉刑，賞賜長老，收恤孤獨，以育群生。減嗜欲，不受獻，不私其利也。罪人不帑，不誅無罪。除肉刑，出美人，重絕人之世。朕既不敏，不能識此，皆上古之所不及而孝文皇帝親行之。德厚侔天地，利澤施四海，靡不獲福焉。」太史公亦曰：「孔子言，必世然後仁。善人之治國百年，亦可以勝殘去殺，誠哉是言。漢興至孝文四十有餘載，德至盛也。」（以上見《史記‧文帝本紀》）此實因「聖人終不為大，故能成其大。」（六三章）文帝當此至譽，實不為過。

　　文帝在位二十三年，崩於未央宮。其崩時遺詔中，猶可見黃老精神之所

在：「朕聞之，蓋天下萬物之萌生，靡不有死。死者，天地之理，物之自然，奚可甚哀？當今之世，咸嘉生而惡死，厚葬以破業，重服以傷生，吾甚不取。朕既不德，無以佐百姓，今崩又使重服久臨，以罹寒暑之數。哀人父子，傷長老之志，損其飲食，絕鬼神之祭祀，以重吾不德，謂天下何？朕獲保宗廟，以眇眇之身，託于天下君王之上，二十有餘年矣。賴天之靈，社稷之福，方內安寧，靡有兵革。朕既不敏，常畏過行，以羞先帝之遺德。惟年之久，長懼于不終。今乃幸以天年得復養于高廟，朕之不明與嘉之，其奚哀念之有？其令天下遣民，令到出臨三日皆釋服，勿禁娶婦嫁女，祠祀飲酒食肉者自當給，喪事服臨者皆勿踐。大功十五日，小功十四日，纖七日釋服。他不在令中者，皆以此令比率從事，布告天下，使明知朕意，霸陵山川因其故，毋有所改歸，夫人以下至少使。」

　　遺詔中充分表現道家窺破生死，順應自然，達乎物化，不憂不懼之精神。而對一些繁文縟節，虛偽禮儀，奢侈浪費，足以擾民害民者，皆所排拒。所謂「夫人以下至少使」，應劭《注》曰：「夫人以下有美人、良人、八子、七子、長使、少使皆遣歸家，重絕人倫。」此亦何等人道之精神，既不虞其洩宮中隱密，亦不以區區貞德犧牲宮人之幸福。

　　老子云：「吾有三寶，持而寶之：一曰慈，二曰儉，三曰不敢為天下先。」（六七章）又曰：「我好靜而民自正，我無事而民自富，我無欲而民自樸。」（五七章）文帝修身施政，節儉寬柔，保民如子，無為無欲，皆是黃老精神表現，亦即老莊思想之實踐。

　　文帝崩後，景帝繼位，其治術亦承文帝之遺風，唯已漸趨嚴霜。減田租，寬刑罰，崇儉德，勸農桑，大抵皆能秉黃老之精神，施惠於民。《史記景帝贊》云：「漢興，掃除煩苛，與民休息。至於孝文，加之以恭儉。孝景遵業，五六十載之間，至於移風易俗，黎民醇厚。」

　　文景「循古節儉」（《漢書‧禹貢傳》），一掃自戰國以迄暴秦二百年來之虐政。由漢興至文景七十年之間，漢庭財富盈溢，國家富足。《史記‧平準書》曰：「七十餘年間，國家無事，非遇水旱，則民人給家足。都鄙廩庾皆滿，而府庫餘財，京師之錢，累百鉅萬，貫朽而不可校。大倉之粟，陳陳相因。充溢露積於外，腐敗不可食。眾庶街巷有馬，阡陌之間成群，乘牸牝者，擯而不得會聚。守閭閻者食粱肉，為吏者長子孫，居官者以為姓號。故人人自愛而重犯法，先行誼而後絀恥辱焉。於是網疏而民富，役財交溢，或至并兼。」

　　總之自文帝極力推行黃老治術，景帝效之，使漢朝政治達於鼎盛。有漢一代，對文帝之豐功偉績，贊不絕書。如《漢書‧晁錯傳》曰：「今陛下配天象地，覆露萬民，絕秦之跡，除其亂法，躬親本事，廢去淫末，除苛解嬈，寬大愛人，肉刑不用，罪人亡孥，誹謗不治，鑄錢者除，通關去塞，不擊諸侯，賓禮長老，愛卹少孤，皋人有期，後宮出嫁，尊賜孝悌，農民不租，明詔軍師，愛士大夫，求進方士，廢退奸邪，除去陰刑，害民者誅，憂勞百姓，列侯就都，親耕節用，視民不奢。……」〈東方朔傳〉曰：「身衣弋綈，足履革舄，以韋帶劍，莞蒲爲席，兵木無刃，衣緼無文，集上書囊，以爲殿惟。以道德爲麗，以仁義爲準。」《賈捐之傳》曰：「孝文皇帝閔中國未安，偃武行文，斷獄數百，民賦四十，丁男三年而一事。時有獻千里馬，詔曰：鸞旗在前，屬車在後，古行曰五十里，師行三十里，朕乘千里之馬，獨先安之。於是還馬與道里費，不受獻。……當此之時，逸游之樂絕，奇麗之賂塞，鄭衛之倡微。」《後漢書‧農桑，卒下以約己。曼麗之容不悅於目，鄭衛之聲不過於耳，佞邪之臣不列於朝，巧僞之物靡於市。故能理升平而刑幾措。」可謂對其推崇備至。《論語》曰：「居敬而行簡，以臨其民。」（〈雍也〉）居敬即謹身崇德，爲民之則，行簡即秉要執本，以無爲而治。文帝皆能踐之，故上行下效，黃老清簡之旨，蔚爲成風。

　　除文、景二帝實施黃老治術外，宮闈中，亦多有愛黃老思想者。文帝之后竇氏，係黃老思想之崇信者。竇氏在位四十五年，爲皇后二十三年，皇太后十六年，太皇太后六年，因其推廣黃老思想，故四十五年間，使宮廷內外，相衍成風。

　　《史記‧孝武帝紀》曰：「竇太后治黃老言，不好儒術。」〈封禪書〉亦同。〈儒林傳序〉曰：「竇太后好黃老之術。」〈申公傳〉曰：「竇太后好老子言，不說儒術。」〈轅固生傳〉曰：「竇太后好《老子》書。」《漢書‧郊祀志》曰：「竇太后不好儒學。」〈轅固生傳〉曰：「竇太后好《老子》書。」〈外戚傳〉曰：「竇太后好黃帝、老子言，景帝及諸竇不得不讀《老子》書，尊其術。」

　　由於文、景二帝之提倡，故臣子及學者不乏習黃老之術者。除以上所敘漢初黃老學者外，茲再將文帝以後崇尚黃老之學者，略述於後：

1. 司馬季主

　　司馬季主者，楚人也，乃長安之卜者。嘗與大夫宋宗，博士賈誼，論議先王聖人之道述。究徧人情，相視而嘆。其議論中，頗引老莊之言，以申卜者之意。《史記‧日者列傳》褚先生曰：「從古以來，賢者避世，有居止舞澤

者，有居民間閉口不言，有隱居卜筮間以全身者。夫司馬季主者，楚賢大夫，游學長安，通《易經》，術黃帝、老子，博聞遠見。觀其對二大夫貴人之談言，稱引古明王聖人名，固非淺聞小數之能及。」

2. 鄭當時

鄭當時者，字莊，陳人也，孝景帝時爲太子舍人。爲人清廉，不治產業，客至無分貴賤，皆能禮賢下士。《史記・汲鄭列傳》曰：「莊好黃老之言，其慕長者，如恐不見。」

3. 王　生

王生者，文景時人也。嘗欲開導張廷尉，令之結襪。蓋圯上老人之流也。《史記・張釋之傳》曰：「王生者，善爲黃老言，處士也。嘗召居廷中，三公九卿盡會立。王生老人曰：『吾襪解。』顧謂張廷尉：『爲我結襪！』釋之跪而結之。既已。人或謂王生曰：『獨奈何辱張廷尉，使跪結襪？』王生曰：『吾老且賤，自度終無益於張廷尉。張廷尉方今天下名臣，吾故聊辱廷尉，使跪結襪，故以重之。』諸公聞之，賢王生而重張廷尉。」

4. 鄧　章

鄧章者，成固人也。父鄧公多奇計，景帝時爲城陽中尉。《漢書鼂錯傳》曰：「其子章，以修黃老言，顯諸公間。」

5. 黃　生

黃生者，景帝時人也。嘗與清河王太傅轅固生爭論於景帝之前。《史記・太史公自序》曰：「太史公學天官於唐都，受易於楊何，習道論於黃子。」《集解》引徐廣曰：「〈儒林傳〉曰：黃生，好黃老之術。」（按：今本《史記・儒林傳》無此七字。）黃子，當即黃生也。〔註6〕

6. 汲　黯

汲黯者，武帝時濮陽人，字長孺。武帝時，召拜爲中大夫，以數切諫不得久留，內遷爲東海太守。時武帝欲招文學儒者，黯深詆之。《史記・汲鄭列傳》曰：「黯學黃老之言，治官理民，好清靜，擇丞史而任之，其治責大旨而已，不苛小。黯多病，臥閨閤內不出，歲餘，東海大治，稱之。上聞，召以

〔註6〕《法苑珠林》卷六十八引《吳書》曰：「漢景帝以《黃子》、《老子》義體尤深，改子爲經。」此《黃子》當指《黃帝四經》而言，非史遷所謂習《道論》之黃子也。

為主爵都尉，列於九卿。治務在無為而已。弘大體，不拘文法。」又「天子方招文學儒者，上曰吾欲云云。黯對曰：『陛下內多欲而外施仁義，奈何欲效唐虞之治乎？』上默然，怒變色而罷朝。公卿皆為黯懼。上退，謂左右曰：『甚矣！汲黯之戇也！』羣臣或數黯。黯曰：『天子置公卿輔弼之臣，寧令從諛承意，陷主於不義乎？且已在其位，縱愛身，奈辱朝廷何？』」汲黯以黃老之護法者自居。武帝雖怒，然對其仍敬禮有加，曰：「古有社稷之臣，至如黯近之矣。」武帝對大將軍衛青則踞廁而視之丞相弘燕見，上或時不冠。至如汲黯來見，上不冠不敢見也，其敬重如此。

7. 楊王孫

　　楊王孫者，孝武時人也。名貴，字王孫。《漢書‧楊王孫傳》曰：「學黃老之術，家業千金，厚自奉，養生無所不致。及病其終，先令其子曰：『吾欲贏葬，以反吾真，必無易吾意。』」所謂贏葬，係不為衣衾棺槨者也。其子欲不從，乃使王孫友人祁侯欲說之，以改其意。王孫曰：「吾是以贏葬將以矯世也。夫厚葬誠亡益於死者，而俗入競以相高，靡財單幣腐之地下。或迺今日入而明日發，此真與暴骸於中野何異？且夫死者終生之化而物之歸者也。歸者得至，化者得變，是物各反其真也。反真冥冥，亡形亡聲，迺合道情。夫飾外以華眾，厚葬以鬲真，使歸者不得至，化者不得變，是使物各失其所也。且吾聞之，精神者，天之有也；形骸者，地之有也。精神離形，各歸其真，故謂之鬼。鬼之為言歸也。其尸塊然獨處，豈有知哉？裹以幣帛，鬲以棺槨，支體絡束，口含玉石，欲化不得，鬱為枯腊。千載之後，棺槨朽腐，迺得歸土，就其真宅。繇是言之，焉用久客？昔帝堯之葬也，窾木為匵，葛藟為緘，其穿下不亂泉，上不泄殠。故聖王生易尚，死易葬也。不加功於亡用，不損財於亡謂。今費財厚葬，留歸鬲至，死知不知，生者不得，是謂重惑。於戲！吾不為也。」楊王孫對生死之看法，與道家之觀點相同。《莊子‧至樂篇》視死亡猶「偃然寢於巨室」。《列子‧天瑞篇》引《黃帝書》曰：「精神離形，各歸其精，故謂之鬼。鬼，歸也。歸其真宅。」其視死如歸之精神，皆相通也。

8. 劉德、劉向

　　劉德者，字路叔，劉向之父也。《漢書‧楚元王傳》曰：「少修黃老術，有智略。少時數言事，召見甘泉宮，武帝謂之千里駒。……德常持老子知足之計。妻死，大將軍欲以女妻之，德不敢取，畏盛滿也。」又《荀悅‧漢紀》十八云：「宗正陽成侯劉德者，辟彊之子也，好黃老術。」其子劉向，本名

更生，亦爲通老子之說者。《漢書・藝文志》道家類有劉向說《老子》四篇。又嘗將《老子》一書定爲上、下二篇，上經三十七章，下經四十四章，共八十一章。其《新序》、《說苑》之書，亦多引黃老之說者，蓋淵源於其父之學也。

9. 直不疑

直不疑者，南陽人也。爲郎，事文帝。景帝後元年，拜爲御史大夫。天子修吳楚時功，乃封爲塞侯。武帝建元年中以過免。《史記・萬石張叔傳》曰：「不疑學老子言，其所臨爲官如故，唯恐人知其爲吏跡也。不好立名稱，稱爲長者。」

10. 安丘望之

安丘望之者，字仲都，京兆長陵人也。《後漢書・耿弇傳》曰：「父況，字俠游。以明經爲郎，與王莽從弟伋，共學《老子》於安丘先生。」李賢《注》引〈稽康聖賢高士傳〉曰：「少持《老子》經，恬靜不求進宦。號曰『安丘丈人』。成帝聞，欲見之。望之辭，不肯見，爲巫醫於人間也。」皇甫謐《高士傳》曰：「望之著《老子章句》，故《老子》有安邱之學。扶風耿況、王伋等皆師事之，從受《老子》。」《隋書・經籍志》又有《老子指趣》三卷，毋丘望之撰。

11. 河上公

河上公者，莫知其姓名也。漢孝文皇帝時，結草爲庵于河之濱，常讀老子《道德經》。《隋書・經籍志》有《老子道德經》二卷，爲河上公《注》。今存宋本有葛仙翁《序》曰：「文帝好老子之言，詔令諸王公大臣州牧二千石朝直眾官，皆令誦之。有所不解數句，時天下莫能通者。聞侍郎裴楷說河上公誦《老子》，乃遣詔使賫所不了義問之。公曰：『道德尊貴，非可遙問也。』文帝即駕從詣之。……河上公即授《素書》、《老子道德章句》二卷。謂帝曰：『熟研此，則所疑自解。余註是經以來，千七百餘年，凡傳三人，連子四矣，勿示非其人。』文帝跪受經。言畢，失公所在。」其言未必可信，然河上公當係文帝時結茅菴於河曲之隱士，善治黃老言者，應屬可信。

12. 鄰氏、傅氏、徐氏

《漢書・藝文志・道家類》有鄰氏《老子傳》四篇，傅氏《老子經說》三十七篇，徐氏《老子經說》六篇，皆莫名其名字，爲解《老子》之學者。

13. 嚴 遵

嚴遵者，字君平。原姓莊，避明帝諱，更之爲嚴，蜀成都人也。修身自

保，卜筮於成都。《漢書‧王貢兩龔鮑傳》曰：「蜀有嚴君平……閉肆下簾，而授《老子》，博覽亡不通。依老子、嚴（莊）周之指，著書十餘萬言。《三國志‧秦宓傳》云：「嚴君平見黃老，作《指歸》。」嚴君平作《老子指歸》十一卷，今僅傳七卷，皆發揮黃老之旨，以玄虛爲宗，自然無爲爲本。

14. 疏　廣

疏廣者，字仲翁，東海蘭陵人也。少好學，明《春秋》，爲太子太傅。《漢書‧疏廣傳》曰：「皇太子年十二，通《論語》、《孝經》。廣謂受曰：『吾聞知足不殆，功遂身退，天之道也。今仕宦至二千石，宦成名立，如此不去，懼有後悔，豈如父子相隨出關，歸老故鄉，以壽命終，不亦善乎？』父子二人相繼出關，既歸鄉里，日與家人共具設酒食，請族人故舊賓客與相娛樂。人或勸其買田宅，以遺子孫。廣曰：『我豈老誖，不念子孫哉？顧自有舊田廬，令子孫勤力其中，足以共衣食與凡人齊。今復增益之，以爲贏餘，但教子孫怠惰耳。賢而多財則損其志，愚而多財則益其過。且夫富者，眾人之怨也。吾既亡以教化子孫，不欲益其過而生怨。又此金者，聖主所以惠養老臣也。故樂與鄉黨宗族共饗其賜，以盡吾餘日，不亦可乎？』於是族人說服，皆以壽終。」其功成身退，淡泊無欲，與眾人共利，皆黃老之旨也。

15. 班　嗣

班嗣者，班彪之從兄也，扶風安陵人。《漢書‧敍傳》曰：「嗣雖修儒學，然貴老、嚴（莊）之術。桓生欲借其書，嗣報曰：『夫嚴子者，絕聖棄智，修生保眞，清虛淡泊，歸之自然。獨師友造化，而不爲世俗所役者也。漁釣於一壑，則萬物不奸其志。栖遲於一丘，則天下不易其樂。不絓聖人之罔，不齅驕君之餌，蕩然肆志，談者不得而名焉，故可貴也。』」

16. 蔡　勳

蔡勳者，字君嚴，陳留圉人也，爲蔡邕之六世祖。《後漢書‧蔡邕傳》曰：「好黃老，平帝時爲郿令。王莽初，授以厭戎連率。勳對印綬仰天歎曰：『吾策名漢世，死歸其正。昔曾子不受季孫之賜，況可事二姓哉？』遂携將家屬，逃入深山。」

17. 向長、向栩

向長者，字子平，河內朝歌人也。《後漢書‧向長傳》曰：「隱居不仕，性向中和，好通《老易》。貧無資食，好事者更饋焉，受之取足而反其餘。王

莽大司空王邑辟之，連年乃至，欲薦之於莽，固辭乃止。潛隱於家，讀《易》至《損》、《益》卦，喟歎曰：『吾已知富不如貧，貴不如賤，但未知死何如生耳。』建武中，男女娶嫁既畢，勅斷家事勿相關，當如我死也。於是遂肆意，與同好北海禽慶，俱遊五嶽名山，竟不知所終。」其後人有向栩，字甫興。《後漢書·向栩傳》曰：「少爲書生，性卓詭不倫。恆讀《老子》，狀如學道。又似狂生，好被髮，著絳綃頭。常於竈北坐板牀上。如是積久，板乃有膝踝足指之處。不好言語而喜長嘯，賓客從就，輒伏而不視。有弟子，名爲『顏淵』、『子貢』、『季路』、『冉有』之輩。或騎驢入市，乞匄於人。或悉要諸乞兒俱歸止宿，爲設酒食。時人莫能測之。郡禮請辟，舉孝廉、賢良方正、有道。公府辟，皆不到。又與彭城姜肱，京兆韋著並徵，栩不應。後特徵，到，拜趙相，及之官，時人謂其必當脫素從儉，而栩更乘鮮車，御良馬，世疑其始僞。及到官，略不視文書，舍中生蒿萊。」向長、向栩學黃老之道，若論其事蹟，頗似魏晉名士之風格也。

18. 馮　衍

　　馮衍者，字敬通，京兆杜陵人也。家世貧賤，不得其志，退而作賦。又自論曰：「馮子以爲夫人之德，不碌碌如玉，落落如石。風興雲蒸，一龍一蛇，與道翱翔，與時變化，夫豈守一節哉？用之則行，舍之則藏，進退無主，屈申無常。故曰：『有法無法，因時爲業；有度無度，與物趣舍。』常務道德之實，而不求當世之名，闊略抄小之禮，蕩佚人間之事，正身直行，恬然肆志。」「然後閉門講習《道德》，觀覽乎孔老之論，庶幾乎松喬之福。上隴阪，陟高岡，游精宇宙，流自八紘。歷歸九州山川之體，追覽上古得失之風，愍道陵遲，傷德分崩。夫覩其終必原其始，故存其人而詠其道。疆理九野，經營五山，眇然有思陵雲之意。乃作賦自厲，命其篇曰〈顯志〉。〈顯志〉者，言光明風化之情，昭章玄妙之思也。」其〈顯志賦〉曰：「游精神於大宅兮，抗玄妙之常操。處清靜以養志兮，實吾心之所樂。山峨峨而造天兮，林冥冥而暢茂。鸞回翔索其羣兮，鹿哀鳴而求其友。誦古今以散思兮，覽聖賢以自鎮。嘉孔丘之知命兮，大老聃之貴玄，德與道其孰寶兮？名與身其孰親？陂山谷而閒處兮，守寂寞而存神。夫莊周之釣魚兮，辭卿相之顯位。於陵子之灌園兮，似至人之髣髴。蓋隱約而得道兮，羌窮悟而入術。離塵垢之窈冥兮，配喬、松之妙節。惟吾志之所庶兮，固與俗其不同。既俶儻而高引兮，願觀其從容。」馮衍以文顯於世，唯年老居貧，終生難逞其志，故所著多黃老道家之思想。

19. 高　恢

高恢者，字伯達，京兆人也。《後漢書梁鴻傳》曰：「鴻友人京兆高恢，少好《老子》，隱於華陰山中。……恢亦高抗，終身不仕。」皇甫謐〈高士傳〉曰：「（恢）少治《老子經》，恬虛不營世務。」

20. 任光、任隗

任光者，字伯卿，南陽宛人也。少忠厚，為鄉里所愛。袁宏《後漢紀》云：「光好黃老言，為人純厚。」其子任隗，字仲和。《後漢書‧任隗傳》曰：「少好黃老，清靜寡欲，所得奉秩，常以賑卹宗族，收養孤寡。……隗義行內修，不求名譽，而以沈正見重於世。」

21. 淳于恭

淳于恭者，字孟孫，北海淳于人也。肅宗時為議郎，進對陳政，皆本《道德》，帝與之言，未嘗不稱善。《後漢書‧淳于恭傳》曰：「善說《老子》，清靜不慕榮名。家有山田果樹，人或侵盜，輒助為收採。又見偷刈禾者，恭念其愧，因伏草中，盜去乃起，里落化之。」

22. 楚王英

楚王英者，以建武十五年封為楚公，十七年進爵為王。《後漢書‧楚王英傳》曰：「英少時好游俠，交通賓客，晚節更喜黃老，學為浮屠齊戒祭祀。」又「楚王誦黃老之微言，尚浮屠之仁祠。」

23. 鄭　均

鄭均者，字仲虞，東平任城人也。為議郎，恭儉節整，守善貞固。《後漢書‧鄭均傳》曰：「少好《黃老》書。兄為縣吏，頗受禮遇，均數諫止，不聽。則脫身為傭，歲餘，得錢帛，歸以與兄，曰：『物盡可復得，為吏坐臧，終身捐棄。』兄感其言，遂為廉潔。均好義篤實，養寡嫂孤兒，恩禮敦至。常稱病家庭，不應州郡辟召。」

24. 樊　融

樊融者，樊曄之子也。《後漢書‧樊曄傳》曰：「樊曄，字仲華，南陽新野人也。好申韓法……子融，有俊才，好黃老，不肯為吏。」

25. 樊　瑞

《後漢書‧樊準傳》曰：「準字幼俊，宏之族曾孫也。父瑞，好黃老之言，清靜少欲。」

26. 馮 顥

馮顥者,字叔宰,廣漢郪人也。《華陽國志》云:「修黃老,恬淡終日。」

27. 鄧 章

鄧章者,成固人也。《漢書·晁錯傳》曰:「建元中,上招賢良,公卿言鄧先。鄧先時免,起家為九卿。復謝病免歸。其子章,以修黃老言,顯諸公間。」

28. 朱 穆

朱穆者,字公叔,南陽宛人也。同郡趙康者,隱于武當山,清靜不仕,以經傳教授。穆時年五十,乃奉書稱弟子。及康歿,喪之如師。其尊德重道,為當時所服。嘗感時澆薄,慕尚敦篤,作〈崇厚論〉曰:「率性而行,謂之道;得其天性,謂之德。德性失,然後貴仁義。是以仁義起而道德遷,禮法興而淳樸散。故道德以仁義為薄,淳樸以禮法為賊也。夫中世之所敦,已為上世之所薄,況又薄於此乎?」

29. 矯慎、吳蒼

矯慎者,字仲彥,扶風茂陵人也。《後漢書·矯慎傳》曰:「少好黃老,隱遯山谷,因穴為室,仰慕松喬導引之術。」又「汝南吳蒼甚重之,因遺書以觀其志曰:『仲彥足下:勤處隱約,雖乘雲行泥,棲宿不同,每有西風,何嘗不歎?蓋聞黃老之言,乘虛入冥,藏身遠遯,亦有理國養人,施於為政。至如登山絕迹,神不者其證,人不覩其驗。吾欲先生從其可者,於意何如?』」矯慎、吳蒼皆好黃老言者。

30. 楊 厚

楊厚者,字仲桓,廣漢新都人也。《後漢書·楊厚傳》曰:「修黃老,教授門生,上名錄者三千餘人。太尉李固數薦言之。本初元年,梁太后詔備古禮以聘厚,遂辭疾不就。」

31. 周 勰

周勰者,字巨勝,汝南汝陽人也。《後漢書·周勰傳》曰:「少尚玄虛,以父任為郎,自免歸家。父故吏河南召奯為郡將,卑身降禮,致敬於勰。勰恥交報之,因杜門自絕。後太守舉孝廉,復以疾去。時梁冀貴盛,被其徵命者,莫敢不應。唯勰前後三辟,竟不能屈。後舉賢良方正,不應。又公車徵,玄纁備禮,固辭廢疾。常隱處竄身,慕老聃清靜,杜絕人事,巷生荊棘,十有餘歲。」

32. 漢桓帝

桓帝者，肅宗之曾孫也。嘗於延熹八年春正月，遣中常侍左悺之苦縣祠老子。九年七月庚午，祠黃、老於濯龍宮。章懷太子〈李賢論〉曰：「前史稱桓帝好音樂，善琴笙，飾芳林，而考濯龍之宮，設華蓋以祠浮圖、老子，斯將所謂聽於神乎？」《後漢書・王滇傳》曰：「延熹中，桓帝事黃老道。」又〈西域傳〉曰：「桓帝好神，數祀浮圖、老子。」

33. 折　像

折像者，字伯式，廣漢雒人也。《後漢書・折像傳》曰：「像幼有仁心，不殺昆蟲，不折萌牙。能通京氏《易》，好黃老言。及國（像父）卒，感多藏厚亡之義，乃散金帛資產，周施親疏。或諫像曰：『吾三男兩女，孫息盈前，當增益產業，何爲坐自殫竭乎？』像曰：『昔鬪子文有言：我乃逃禍，非避富也。吾門戶殖財日久，盈滿之咎，道家所忌。今世將衰，子又不才。不仁而富，謂之不幸。牆隙而高，其崩必疾也。』智者聞之咸服焉。」

由以上所舉之例，可知漢時研究黃老風氣之普遍。不但在位帝王極力提倡，黃老思想亦普及士大夫及民間。而兩漢人士除上述諸人之外，凡行文著作中引述老莊之語，或闡述道家思想者尚多。兩漢學術家亦普遍受道家思想所影響（於第三章將有專論。）。因此黃老思想不僅是漢代政治上一種治術，對兩漢以來之社會風氣，以及一般人之道德修養與人生觀，實有深遠之影響。

三、黃老沒落

漢初除黃老思想盛行外，儒家思想亦隱然發展於社會民間。唯漢初君王既喜黃老治術，對儒學則有所鄙夷。漢高祖時，陸賈以《詩書》干之，高祖則頗表不悅。《漢書・陸賈傳》曰：「賈時在上前說稱《詩書》。高帝罵之曰：『乃公居馬上得之，安事《詩書》？』賈曰：『馬上得之，寧可以馬上治之乎？且湯武逆取而以順守之，文武並用，長久之術也。昔者，吳王夫差、智伯極武而亡。秦任刑法不變，卒滅趙氏。鄉使秦已併天下，行仁義，法先聖，陛下安得而有之？』高帝不懌，有慚色。」

叔孫通雖爲高祖製禮儀，然高祖亦令其行簡易，勿過份擾民。《漢書・叔孫通傳》曰：「高祖悉去秦儀，法爲簡易。羣臣飲，爭功，醉，或妄呼，按劍擊柱。上患之，通知上益厭之，說上曰：『夫儒者難以進取，可與守成。臣願徵儒諸生與臣弟子共起朝儀。』高帝曰：『得無難乎？』通曰：『五帝異樂三

王不同禮。禮者，因時世人情爲之節文者也。故夏、殷，周禮所因，損益可知者，謂不相復也。臣願采古禮與秦儀，雜就之。』上曰：『可試爲之，令易知，度吾所能行爲之。』」

　　漢高祖雖不喜儒學，然儒家固係先秦時之顯學，早已深入廣傳於民間。自孔子以後，復經弟子門人之闡揚，且將傳統六經思想予以融和，更切合人世修養之需要。雖秦代始皇有焚書坑儒之舉，然畢竟未能全面芟除儒家思想。且始皇雖暴，猶不敢完全否定儒家思想之正面果效。顧亭林云：「秦始皇刻石凡六，皆舖張其滅六王，并天下事。其言黔首風俗，在秦山則云：『男女禮順，慎導職事，昭隔內外，靡不清淨。』在碣石門則云：『男樂其疇，女修其業。』如此而已。惟會稽一刻，其辭曰：『飾省宣義，有子而嫁，倍死不貞。防隔內外，禁止淫佚，男女絜誠。夫爲寄豭，殺之無罪，男秉義程。妻爲逃嫁，子不得母，咸化廉清。』何其繁而不殺也。⋯⋯然則秦之任刑雖過，而其坊民正俗之意，固未始異於三王也。」〔註7〕

　　故秦亡之後，儒家思想隱然保存於民間。此種思想，經漢初帝王獎勵獻書後，漸次復甦。《漢書・牛弘傳》曰：「漢興，致秦之弊，敦尙儒術。建藏書之筴，置校書之官，屋壁山岩，往往間出。外有太常、太史之藏，內有延閣、祕書之府。至孝成之世，亡逸尙多，遣謁者陳農，求遺書於天下。詔劉向父子，校讎典籍，漢之典文，於斯爲盛。」

　　尤其漢武帝之整理典籍，對學術之發揚，功不可沒。《漢書・藝文志》曰：「漢興，改秦之敗，大收篇籍，廣開獻書之路。迄孝武之世，書缺簡脫，禮壞樂崩。聖上喟然而稱曰：『朕甚閔焉！』於是建藏書之策，置寫書之官。下及諸子傳說，皆充祕府。至成帝時，使謁者陳農，求遺書於天下。詔光祿大夫劉向，校經傳諸子詩賦。步兵校尉任宏，校兵書。太史令尹咸，校數術。侍醫寶杜國，校方技。每一書已，向輒條其篇目，撮其意志，錄而奏之。」

〔註7〕 見顧炎武《日知錄》卷十三，頁2。始皇焚書坑儒，實以儒生好引古書，以詆訶政治，故有此舉。非刻意消滅儒家思想也。始皇首次東巡，於鄒嶧山亦嘗召見魯諸儒生以商議刻石，及記功封禪之事。秦又有博士之官職，係以「通古今，承問對」爲取焉。荀子弟子鮑白令（浮邱伯）亦爲秦博士之一。滅六國後，所置七十博士，乃仿孔子學生之數。博士中鄒、魯及燕、齊之人不少。如治《尙書》之伏生，魯人叔孫通、齊人淳子越等，皆在秦廷服職。其他如秦山、會稽、嶧山刻石，皆見其以德爲治之義，符合儒家之教。是此種隱伏之儒家思想，終演成日後漢儒勃興之因也。

　　漢武帝之廣開獻書之路，促使學術之勃興，「武帝廣開獻書之路，百年之間，書積如山。」（劉歆《七略》）儒學更因而興起。當時言《書》者有濟南伏生。言《詩》者有魯國申公培，於齊有轅固生，於燕有韓太傅。言《禮》者有魯高堂生。言《春秋》者有胡毋生，趙之董仲舒。一時儒家學者，蔚然而起。

　　儒學之擡頭，促使儒士採取積極行動，以與漢初以來盛行之黃老思想對抗。如陸賈時在高祖之前說稱《詩》、《書》，謂高祖「居馬上得之，寧可以馬上治之乎？」其《新語》一書，更提倡禮義道德和法後王之說。又有秦博士叔孫通降漢，其弟子儒生百餘人從之，以儒家禮樂勸高祖。高祖因曰：「吾乃今日知為皇帝之貴也。」拜叔孫通為太常。太子劉盈（惠帝）即位後，又命叔孫通定宗廟朝儀。惠帝卒，叔孫通更請諡曰「孝」，以示「孝治天下」之意。後世漢代諸君遂為定制。漢初高祖劉邦討伐英布，得勝回朝中，亦曾以太牢祠孔子。凡此皆可見儒家於漢初已逐漸形成一股勢力。

　　漢文帝時，賈誼為博士，主張改正朔，易服色，更制度，定官名，興禮樂。且批評當時無為而治之黃老思想，其上《疏》陳政事曰：「然而獻計者曰毋動為大耳。夫俗至大不敬也，至亡等也，至冒上也。進計者猶曰無為，可為長太息者也。」因此主張有為之建設：「夫立君臣，等上下，使父子有禮，六親有紀，此非天之所為，人之所設也。夫人之所設，不為不立，不植則僵，不修則壞。」然漢文帝好黃老，誼之所陳，僅能略有施行。致誼一生遷謫貶行，卒齎志早逝。

　　後鼂錯以《尚書》為博士，政治上頗欲作為，嘗上書言削諸侯事及更定法令者數十篇。文帝思清靜，不能盡聽。景帝時，錯為內史，法令多所更定，卒以侵削諸侯，疏人骨肉，口讓多怨，被斬於東市。此漢初反黃老思想之受挫者也，儒士尚未能取得優勢。

　　及竇太后好黃老，儒術更遭受打擊。《史記·儒林傳》曰：「太皇竇太后好老子言，不說儒術。」「及至孝景不任儒者，而竇太后又好黃老之術，故諸博士具官待問，未有進者。」《史記·外戚世家》曰：「竇太后好黃帝、老子言，帝及太子諸竇，不得不讀《黃帝》、《老子》，尊其術。」

　　由於竇太后之影響，諸竇子弟，如竇長君（太后之兄）、竇廣國（太后之弟，封章武侯）、竇彭祖（竇長君之子）皆研習黃老思想，對儒士儒學採取排斥抵制之態度，在政治上形成一股反儒勢力。景帝為太子時，即讀《黃帝》、《老子》，且謂《老子》二篇，過於五經。故儒學於文景之時，猶未能

佔優勢。

景帝時已有轅固生與黃老學者黃生，爭論於景帝之前。《史記·轅固生傳》曰：「清河王太傅轅固生者，齊人也。以治《詩》，孝景時爲博士，與黃生爭論景帝前。黃生曰：『湯武非受命，乃弑也。』轅固生曰：『不然，夫桀紂虐亂，天下之心，皆歸湯武。湯武與天下之心而誅桀紂。桀紂之民，亦不爲之使而歸湯武，湯武不得已而立，非受命爲何？』黃生曰：『冠雖敝，必加於首。履雖新，必關於足。何者？上下之分也。今桀紂雖失道，然君上也。湯武雖聖，臣下也。夫主有失行，臣下不能正言匡過以尊天子，反因過而誅之，代立踐南面，非弑而何也？』轅固生曰『必若所云，是高帝代秦即天子之位，非耶？』於是景帝曰：『食肉不食馬肝，不爲不知味。』言學者無言湯武受命，不爲愚。遂罷。是後學者，莫敢明受命放殺者。」

當時儒士與黃老學者屢有爭辯，於此可見一斑。黃生之言，固不足代表道家。道家亦反對暴政威勢，故《老子》云：「民不畏威，則大威至。」（七二章）太公佐武王伐紂，即爲其例。黃生如無諛君之意，即爲順從俗說。

景帝爲賢君，既喜黃老，對儒家亦不全然反對。然竇太后喜黃老，故深嫌儒者，對轅固生之流，深惡痛絕，嘗令其刺豕。《史記·轅固生傳》曰：「竇太后好《老子》書。召轅固生問《老子》書。固曰：『此是家人言耳！』太后怒曰：『安得司空城旦書乎？』乃使固入圈刺豕，正中其心，一刺豕，應用而倒。太后默然，無以復罪，罷之。」〔註8〕

武帝初年，竇太后勢力仍大，黃老仍有其地位。儒家大臣趙綰、王臧、竇嬰、田蚡等，皆不得勢。《漢書·申公傳》曰：「申公魯人也。蘭陵王王臧既從受《詩》，已通。事景帝爲太子少傅，免去。及代趙綰亦嘗受《詩》申公，爲御史大夫。綰、臧請立明堂以朝諸侯，不能就其事，乃言師申公。於是上使使束帛加璧，安車以蒲裹輪，駕駟迎申公，弟子二人，乘軺傳從。至，見上。上問治亂之事。申公時已八十餘，老，對曰：『爲治者不在多言，顧力行伺何耳。』是時，上方好文辭，見申公對，默然。然已招致，即以爲太中大夫舍魯邸，議明堂事。太皇竇太后喜老子言，不說儒術。得綰、臧之過以讓上曰：『此欲復爲

〔註8〕「司空」本兼理刑徒勞役之事，「城旦」爲徒刑之罪名。竇太后怒轅固生妄評《老子》爲家人書（意爲平常之言）故曰：「汝何處得司空之刑書，而妄加判斷乎？」又據《占書》云：「此日不宜擊豕。」太后乃罰轅生下圈與豕鬪，此蓋疾惡轅生之甚也。

新垣平也。』上因廢明堂事，下綰、臧，吏皆自殺，申公亦病免歸。」又《漢書·田蚡列傳》曰：「嬰、蚡俱好儒術，推轂趙綰爲御史大夫，王臧爲郎中令，迎魯申公，欲設明堂。令列侯就國，除關，以禮爲服制，以興太平。舉謫諸竇宗室無行者，除其屬籍。諸外家爲列侯，列侯多尙公主，皆不欲就國。以故毀日至竇太后。太后好黃老言，而嬰、蚡、趙綰等，務隆推儒術，貶道家言，是以竇太后滋不悅。二年，御史大夫趙綰請毋奏事東宮。竇太后大怒曰：『此復爲新垣平耶？』乃罷逐趙綰、王臧，而免丞相嬰、太尉蚡。」

趙綰、王臧下獄死，丞相竇嬰與太尉田蚡被黜，固有其政治之原因，然太后之好黃老，與諸儒之欲推行儒術，發生衝突，終演變成彼此之間水火不容之狀況。

而此種衝突，俟竇太后一死，遂發展成儒盛道衰之局面。《漢書·儒林傳》曰：「竇太后崩，武安君田蚡爲丞相，黜黃老刑名百家之言，延文學儒者以百數，而公孫弘以治《春秋》爲丞相封侯。天下學士靡然嚮風矣。」

武帝時，董仲舒更提出罷黜百家，獨尊儒術之議。《史記·董仲舒傳》曰：「自武帝初立，魏其武安侯爲相而隆儒矣。及仲舒《對策》，推明孔氏，抑黜百家，立學校之官，州郡舉茂材孝廉，皆仲舒發之。」其罷黜百家之言曰：「今師異道，人異論，百家殊方，指意不同。是以上無以持一統。法制數變，下不知所守。臣愚以爲諸不在六藝之科孔子之術者，皆絕其道，勿使竝進。邪辟之說滅息，然後統計可一，而法度可明，民知所從。」

武帝自爲太子時，受王臧等之影響，便傾向儒家。及即位後，於建元元年，即詔丞相、御史、列侯、二千石、諸侯等，相舉賢良方正直言極諫之士。當時丞相衛綰上奏，所舉賢良中，凡治申、商、蘇、張之術者，皆罷之。此爲罷百家，尊儒術之開端。武帝又欲立明堂，因王臧、趙綰而迎申公。申公已老，不復計事，僅言爲政不在多言。與武帝亟思一番作爲之抱負相違，武帝對申公頗表失望。竇太后卒後，復採田蚡、董仲舒之建議，罷遣百家。同時爲獎掖儒術，設太學，立博士弟子五十人。又令太常擇民年十八以上，儀狀端正，補博士弟子。郡國縣道邑中，凡有好文學，敬長上，肅政教，順鄉里，出入不悖所聞者，令相長函上所屬二千石，經甄試，通一藝以上，補文學掌故缺。此廣開儒生入仕之途。又使儒者公孫弘以布衣治《春秋》爲相，兒寬以治《尙書》爲御史大夫。一時儒術蔚然興起。甚至儒生爲貪圖富貴，自衒自鬻者亦多。《史記·東方朔傳》曰：「武帝初即位，徵天下舉方正賢良

文學材力之士，待以不次之位，四方士多上書言得失，自衒鬻者以千數。」
終於造成儒學空前之鼎盛。

儒學之盛行，亦無異阻扼黃老思想及其他學術之發展。梁啓超曰：「儒學統
一云者，他學銷沉之義也。」又曰：「儒學統一者，非中國學界之幸。」〔註9〕
是以武帝之後，儒學遂逐漸代黃老思想，躋身爲漢代學術之主流。

漢自文景實施黃老之治以來，天下太平，國家無事，民生日裕。武帝繼
承此一富庶強盛之基礎上，亟思一番作爲。外拓疆土，四夷咸服。內興政教，
建立制度。遂使漢朝帝國文治武功，達於空前發展。武帝雖欲有爲，然亦有
其偏矯激列之處。如大興土木，迷信神仙，持法嚴苛，窮兵黷武等等。此皆
與黃老清靜思想所相背道。故汲黯批評武帝謂其「外仁義而內多嗜欲。」因
此元帝時，爲紀念武帝功績，將爲之立廟樂，夏侯勝遂反對曰：「武帝雖有攘
四夷，廣土斥境之功。然多殺士眾，竭民才力，奢泰無度，天下虛耗，百姓
流離，物故者半。蝗蟲大起，赤地數千里，或人民相食，蓄積至今未復，亡
德澤於民，不宜爲立廟樂。」

此外《漢書》多處對武帝之急於求功，有所批評。如〈禹貢傳〉對武帝
人事作爲有所評論曰：「武帝始臨天下，重賢用士，闢地廣境數千里。自見功
夫威行，遂縱嗜欲，用度不足，乃行一切之變，使犯法者贖罪，入穀者補吏。
是以天下奢侈，官亂民貧，盜賊並起，亡命者眾。郡國恐伏其誅，則擇便巧
吏書，習於計簿，能欺上府者，以爲右職。姦軌不勝，則取勇猛能操切百姓
者，以苛暴威服下者，使居大位。故亡義而有財者顯於世，欺謾而善書者尊
於朝，誖逆而勇猛者貴於官。」

《漢書・刑法志》對武帝持法嚴苛，而有所不平：「及至孝武即位，外事
四夷之功，內盛耳目之好。徵發煩數，百姓貧耗。窮民犯法，酷吏擊斷，姦
軌不勝。於是招進張湯、趙禹之屬，條定法令。……律令凡三百五十九章，
大辟四百九條，千八百八十二事，死罪決事比萬三千四百七十二事。文書盈
於几閣，典者不能遍睹。是以郡國承用者駁，或罪同而論異。姦吏因緣爲市，
所欲活則傅生議，所欲陷則予死比，議者咸冤傷之。」〈平準書〉亦對此情形
有所敘述：「干戈日滋，行者齎，居者送。中外騷擾而相奉，百姓抏弊以巧法，
財賂衰耗而不贍。入物者補官，出貨者除罪。選舉陵遲，廉恥相冒，武力進
用，法嚴令具，興利之臣，自此始也。」

〔註9〕梁啓超《中國學術思想變遷之大勢》，頁39。

　　武帝積極有為，固然使其個人事功，達於極點。然苛擾天下，刻意求功，正如猛劑治病，雖克功效，耗損益多。此誠老子所謂：「天下多忌諱，而民彌貧。民多利器，國家滋昏。人多伎巧，奇物滋起。法令滋彰，盜賊多有。」（五七章）

　　武帝雖倡儒術，黃老思想不復昔日盛況，然黃老思想深入民間社會，一時亦不易剷除。武帝之世，王生、鄧章皆為治黃老學者，依然名重公卿之間。黃子為司馬談之師，曹羽及郎中嬰齊皆有道家作品傳世（《漢書‧藝文志》中，《道家類》有《曹羽》二篇，《朗中嬰齊》十二篇，皆武帝時人）。文景之時，黃老大臣如直不疑、鄭當時，武帝時仍在朝執政。汲黯以黃老術，時干武帝，痛詆儒術，武帝仍復敬重之。而楊王孫學黃老之術，倡臝葬之說。司馬談之〈論六家要旨〉，有盛贊道家之語。其子司馬遷更有「崇黃老而薄五經」之論（見《後漢書‧班彪傳》）。可見黃老思想雖逐漸式微，依然有其影響力。此種影響力縣延連續至東漢，無論士人百姓，研究黃老之學者仍然甚多。

　　儒家雖自武帝提倡以來，頗為興盛。然由於黃老思想之影響，儒生亦多有兼通道家老莊思想者。漢初儒士如陸賈、賈誼、董仲舒等於思想上皆受道家某種程度之影響。疏廣明《春秋》，教太子讀《論語》、《孝經》，叔侄為並太子師傅。然功業彪榮之後，猶思老子功遂身退之道，隱居不仕。而司馬談、司馬遷父子亦為儒道兼通之史學家。班嗣雖修儒業，然並貴老嚴（莊）之術。其侄班固之《漢書‧藝文志‧諸子略》，對道家有獨到之見解。杜林以儒士擅長文字，然以「清靜好古」著名於時。劉向少修黃老術，並好《淮南枕中鴻寶苑祕書》及鄒衍《重道延命方》，嘗上書言黃金可成，卒不驗。有《老子》注四篇。其《別錄》與子劉歆《七略》，皆為漢代學術之所本，對儒道多有發明。馬融以一代儒宗，名重關西，其達生任性，不拘儒者之節，實有老莊之遺風。《後漢書‧馬融傳》曰：「融既飢困，乃悔而歎息。謂其友人曰：『古人有言，左手據天下圖，右手刎其喉，愚夫不為。所以然者，生貴於天下也。今以曲俗咫尺之羞，滅無貲之軀，殆非老莊所謂也。』」其弟子如鄭玄、崔琰、任嘏皆有援道入儒之思想。〔註10〕鄭玄於袁紹府中之談對，與後之清談家無

　〔註10〕鄭玄亦以道家觀點注儒家經典。如《禮記‧禮運篇》曰：「故謀用是非，兵由此起。」鄭玄《注》曰：「以其違大道敦朴之則然。老子曰：『法令滋章，盜賊多有。』」又〈大學篇〉曰：「貨悖而入者，亦悖而出。」鄭玄《注》曰：「上貪於利，則下人侵畔。老子曰：『多藏以厚亡。』」此外鄭玄弟子如崔琰、任嘏等亦多有道家之語。《三國志‧崔琰傳》曰：「年二十九，乃結公孫方等，

異。《後漢書‧鄭玄傳》曰：「玄最后至，乃延升上座。身長八尺，飲酒一斛。秀眉明目，客儀溫偉。紹客多豪俊，並有才說，見玄儒者，未以通人許之，竟設異端，百家互起。玄依方辯對，咸出間表，皆得所未聞，莫不嗟服。」是後之玄談家，非魏晉人所得專美，儒者始開其風。與鄭玄同一時代之儒者朱穆，感於時俗澆薄，作〈崇厚論〉一文，援引道家之言曰：「老氏之經曰：『大丈夫處其厚不處其薄，居其實不居其華，故去彼取此。』……嗟乎！世士誠躬師孔聖之崇則，嘉楚嚴之美行，希李老之雅誨，思馬援之所尚。……然後知薄者之不足，厚者之有餘也。」（《後漢書‧朱穆傳》）文中孔老並舉，實兼採二家之說。且尊稱《老子》為「經」，亦可見其推崇道家之學。襄楷博古通今，以儒術見稱，然亦推崇道士于吉之《神書》，贊美老子、浮屠之絕俗寡欲。楊厚、范升教授門生，皆以《老子》與儒書並稱。邊韶以文學儒士知名，教授數百人，亦做〈老子銘〉，盛贊道家之術。〔註11〕李固主張儒術，然其與順帝對策，述老子之言以進諫。（以上俱見《後漢書‧本傳》）而漢末儒生如桓譚、揚雄、王充、王符、仲長統、張衡、荀悅、荀爽、崔寔等，皆為有名之學術家，其思想或為儒道兼綜，或受道家自然主義思想影響，已對傳統儒術開始懷疑，同時對社會流行之陰陽五行讖緯思想大加撻伐。則此又為儒學浸落，老莊思想復興之另一時代開始。

　　漢朝儒學之發展，已非先秦時代之純儒可言。實已於儒學中雜有其他諸家之思想，特別係黃老或老莊思想。道家注重原始道德之精神大於外在之形式，儒家則二者兼綜。其實儒道本有相通之處。故撇去形式而言，儒士亦能接受道家某方面言論。

　　儒士中又以從事《易經》研究者，最能與道家發生關係。此種情形，由漢

就鄭玄受學。……琰從弟林，少無名望，雖姻族猶多輕之。而琰常曰：『此所謂：大器晚成者也！終必遠至。』」《隋書‧經籍志‧道家類》有任子《道論》十卷，《初學記》引作〈道德論〉。其書已佚，傳為任嘏所作。《御覽》卷四百三引其文曰：「道德之懷民，猶春陽之柔物也。履深冰而不寒，結木條而不折。」馬總《意林》卷五亦引：「山必有阜，河必有曲。江漢東流，必有迴復。」故由馬融以下，儒學經師如鄭玄等，亦深受黃老思想之影響。

〔註11〕邊韶〈老子銘〉云：「老君為固守藏室史。當幽王時，三川實震，必夏殷之季，陰陽之事，監喻時主。孔子以周靈王二十一年生，問禮于老聃，計其年紀，聃時已一百餘歲。孔子卒後百二十九年，謂太史儋為老子，莫知其所終。其一篇之書稱：『天地所以能長且久者，以其不自生也。』厥初生民，遺體相續，其死生之義可知也。或有『谷神不死，是謂玄牝』之言，是世之好道者，觸類而長之，以老子離合於混沌之氣，與三光為終始。」（《後漢書‧邊韶傳》）

末至三國最爲普遍。如范升「習梁丘《易》、《老子》，教授後生。」（《後漢書‧范升傳》）翟輔「好《老子》，尤善圖讖、天文、曆算。」（《後漢書‧翟輔傳》）馮顥「作《易章句》，修黃老，恬淡終日。」（《華陽國志》）郎顗學京氏《易》，生平常引老子之言（《後漢書‧郎顗傳》）。三國時虞翻注《易》，又爲《老子》、《論語》、《國語》訓注（《三國志‧吳志‧虞翻傳》）。此外經學家王肅、鍾繇皆有注《易》及《老子》之著作。此種風氣，實開魏晉王弼等援道入《易》之先河。

儒術自漢以來，亦受其他學說之影響，已駁然不純，失去原始本來面目。儒術自董仲舒提倡以來，每與當時流行陰陽五行災異之說相雜。陰陽五行家，原與道家有密切之關係。此外漢代儒家著名之經典，如《易傳》、《禮記》等，皆含有濃厚之道家色彩。〔註12〕

黃老思想在漢代亦受法家思想之影響，故黃老常與刑名並列。部份黃老學者攀引法家學說，以求所謂清靜簡要。然其末流漸入於慘礉寡恩，終演爲酷吏之流，如郅都、寧成、趙禹、張湯、王溫舒、楊樸、杜周諸人皆是。此法家將黃老之術，使之流於刑名殘忍之途，畢竟有違道家之本意。

黃老之名，漢後漸爲「老莊」之名所取代。老莊合稱，首見於《淮南子‧要略訓》：「考驗乎老莊之要。」又《漢書‧王貢兩龔傳》曰：「蜀有嚴君平……

〔註12〕《易傳》含有濃厚陰陽思想，此與老子「一陰一陽之謂道」相合。老莊喜談天道，揚雄《法言‧寡見篇》曰：「說天莫辨乎《易》。」是《易經》與傳統儒學不喜談天道之精神不同，而與道家相近。《易繫辭傳》曰：「《易》之爲書也，不可遠，爲道也屢遷，變動不居，周流六虛。」此與《莊子‧秋水篇》所謂：「物之生，若馳若驟，無動而不變，無時而不移。」以及〈天道篇〉所謂：「萬物化作，萌區有狀，盛衰之殺，變化之流也。」論「變動」之觀念相近。《易》有「易簡」、「變易」、「不易」之原則，此與老子之講「簡」、「嗇」、「變」、「常」之觀念相同。老莊講順應自然，任天而行。而《易經》亦謂：「其德剛健而文明，應乎天而順行。」（〈大有象〉）「君子尚須息盈虛，天行也。」（〈剝象〉）「天命不祐，行矣哉！」（〈无妄象〉）是《易經》與道家許多觀念上頗爲相近。（其餘《易》與《老子》之關係參第壹編第二章第二節《易經》部份）此外《禮記》中《大學》、《中庸》亦有濃厚之《易傳》意味，而《易傳》又與老莊思想若合符契。《禮記‧樂記》中論「大樂必易，大禮必簡」「大樂與天地同和，大禮與天地同節」此皆有濃厚之道家意味。甚如《禮運‧大同篇》，宋人黃震曰：「篇首意匠，微似老子。」清人王恕曰：「以五帝之世爲大同，禹湯文武周公之世爲小康，有老氏之意。」姚際恒更直斷爲「老莊之徒所撰。」《禮記‧儒行篇》言：「難進而易退，粥粥若無能」「上不臣天子，下不事諸侯，慎靜而尚寬。」此皆老莊思想之所在。故漢儒著作中多雜有道家濃郁之色彩。

博覽亡不通。依老子嚴周之旨,著書十餘萬言。」嚴周即莊周。漢明帝名莊,故改爲嚴。《漢書敘傳》曰:「嗣雖修儒學,然貴老嚴之術。」老嚴即是老莊。至東漢後遂以老莊爲通稱。《後漢書·馬融傳》曰:「今以曲俗咫尺之羞,滅無貲之軀,殆非老莊所謂也。」唯漢代道家以黃老合稱最盛,研究老子之風甚爲普遍,研究莊學並不多見。今傳漢代解《莊》之書,僅淮南王劉安之《莊子略要》、《莊子后解》二書而已。莊學之流行,當始於魏晉以後。

無論黃老或老莊,漢人皆名之爲道家。道家之名,未見於先秦之前(《莊子·天下篇》僅有道術一詞)。道家之名見於《史記·陳丞相世家》:「我多陰謀,是道家之所禁。」又《史記·魏其武安侯列傳》曰:「竇太后好黃老之言。而魏其、武安、趙綰、王臧等,務隆推儒術,貶道家言。」司馬談〈論六家要旨〉曰:「道家使人精神專一,動合無形。」《漢書·藝文志》收《老子》、《莊子》、《黃帝》等道家著作三十七種,是漢人已將黃老、老莊皆視爲道家一類。

黃老思想雖於武帝之後,逐漸式微,然與黃老有關之另一勢力,亦逐漸於漢際興起。此一勢力不但爲帝王所喜愛,亦且廣泛流傳於民間,終至漢末大顯異彩,影響中國社會數千年之久,此即所謂道教思想。

第二章　道教思想之產生及其發展

第一節　上古宗教思想略述

　　宗教係人類行爲方式之一種，有人類即有宗教行爲之產生。蓋遠古人類，對冥然不知之宇宙穹蒼充滿好奇之心，對大自然之種種變化莫測之現象甚表不解，復對有限生命之短暫消逝頗感惆悵，遂寄託於神仙鬼神之世界，以滿足其解惑長生之翼想。是以上古之民，普遍有宗教崇拜之行爲。遠在三代，中國宗教之行爲已甚發達。秦漢間之方術，漢末之道教，莫不淵源於三代之宗教信仰。茲僅將此一信仰之情形，略述於後：

一、庶物之崇拜

　　上古之民，智慧未開，舉凡大自然一切現象，咸認爲神明之啓示，故對一切自然萬物，莫不虔誠敬祀，以求其庇佑。此種庶物之崇拜，約可分爲數類：

（一）崇拜日月

　　《禮記·祭義》曰：「郊之祭，大報天而主日，配以月。夏后氏祭其闇，殷人祭其陽，周人祭日以朝及闇。」又曰：「祭日以壇，祭月於坎；祭日於東，祭月於西。」祭日、祭月於春分、秋分時舉行。又於郊祭、時祭、蜡祭、霜雪不時之祭中，附祭日、月。虞舜時已有「煙於六宗」之思想。賈逵釋之曰：「天宗三：日月星。地宗三：河海岱。」可見崇拜日月星辰山川，爲三代宗教崇拜對象之一。

（二）崇拜星辰

《周禮・春官大宗伯》曰：「以實柴祀日月星辰。」中國文字「示」字，從二，從川（三垂），三垂表明日、月、星三光。崇拜三光，係由中國祀神之起源。上古祭星之壇曰「幽宗」，祭名曰「布」。又祭「司命、司中、司祿」等星，合稱為「三台」。《周禮》中更有專掌祭祀星辰之官，名曰「保章氏」，嘗命九州封域，各祭其所屬之星。如南方祭大火星「熒惑」，西方祭「參星」之類。掌王馬之政之「校人」，亦於小滿節命人祭房駟星。

（三）崇拜風雨

《周禮・大宗伯》有「槱燎祀司中、司命、飌師、雨師。」之語。飌（風）師一名「箕星」，雨師一名「畢星」。故《洪範》曰：「星有好風，星有好雨。」上古祭禮有大祀、次祀、小祀三種。大祀用玉帛牲牷以祀天，次祀用牲幣以祭日月星辰，小祀用牲以祭司中風雨。除崇祀風雨之外，又有雲神、雷神之祭祀，名曰「豐隆屏翳」，並各有專官所屬。

（四）崇拜社稷

「社」係土神，「稷」係穀神。古每廿五家，建立一社曰「書社」，書其社之人名於籍。百家為「里社」，二千五百家為「州社」，各植相宜之樹為神。《論語・八佾篇》曰：「夏后氏以松，殷人以柏，周人以栗。」《莊子》書中〈人間世〉亦載有龐大社樹，為社神所寄託。每年立春、立秋之五戊日祭社神。社稷之神，有德者可配食。《左傳》昭公廿九年曰：「共工氏之子曰勾龍，為后土。烈山氏之子曰柱，為稷。」〈祭法〉曰：「厲山氏之有天下也。其子曰農，能殖百穀。夏之衰也，周棄繼之，故祀以為稷。」后稷本為祭祀土、穀之庶物崇拜，後演變為祭祀已死之人靈。

（五）崇拜山川

《周禮・小宗伯》曰：「兆山川兵陵墳衍，各因其方。」「兆」係築壇以祭祀之名。《尚書》已記載虞舜巡狩四岳祭祀之事。〈舜典〉曰：「歲二月，東巡狩，至於岱宗，柴望秩於山川。五月，南巡守，至於南嶽，如岱禮。八月，西巡守，至於西嶽，如初。十一月，北巡守，至於北嶽，如西禮。」又曰：「望於山川，徧於羣神。」故祭祀名山大川係天子諸侯之事。《史記・封禪書》曰：「古者封泰山禪梁父者七十二家。」《爾雅》稱祭山之名曰「庪縣」，祭川之名曰「浮沈」。《周禮》總其名曰「貍沈」，所謂「以貍沈祭山林川澤」是也。

庶物崇拜爲人類宗教思想最原始之表現。《禮記‧祭法》曰：「埋少牢於泰昭，祭時也。相近於坎壇，祭寒暑也。王宮，祭日也。夜明，祭月也。幽宗，祭星也。雩宗，祭水旱也。四坎壇，祭四方也。山林川谷丘陵，能出雲爲風雨見怪物，皆曰神。有天下者，祭百神。諸侯在其地，則祭之；亡其地，則不祭。」可知上古宗教思想，對於大自然之萬物，皆視爲神靈而崇祀之。

二、鬼神之崇拜

天神天祇，鬼魃魂魄之崇拜，爲宗教發展中不可缺少之一環。對天神之崇拜，常基於對上天之敬畏，而設想出一超出人類萬物之上，而操賞善罰惡權柄之神明。鬼魃一類之崇拜，常出於對死亡之畏懼，或對疾病惡癘之恐怖，而聯想出一作祟害人之妖魔鬼怪，因而常敬而遠之。今說明如下：

（一）崇拜天神

中國古代，天除指自然之天外，大都賦予其神格性。此種思想，在上古典籍，如《詩經》、《尚書》、《左傳》、《國語》等等之中，甚爲普遍。如《尚書‧湯誓》曰：「有夏多罪，天命殛之。……予畏上帝，不敢不正。……致天之罰。」《詩經‧商頌‧玄鳥》曰：「天命玄鳥，降而生商。」天皆有賞善罰惡之意志。是上古之民，多有崇拜天，而視之爲神者。天神之中，以昊天上帝爲最尊，其次又有五帝：東方蒼帝主木，名曰靈威仰。南方赤帝主火，名曰赤熛怒。西方白帝主金，名曰白昭拒。北方黑帝主水，名曰叶光紀。中央黃帝主土，名曰含樞紐。《禮記》中有祀昊天上帝及五帝之規定。天神之屬下有司中、司命、風師、雨師、雷神、雲神，以及日月星辰之神，爲之輔佐。

天神之外，又有人神。《國語‧周語》曰：「有神，人面，白毛，虎爪，執鉞，是爲蓐收，天之刑神也。」蓐收爲秋神。《禮記‧月令》曰：「孟秋之月，其帝少昊，其神蓐收。」秋令主殺，故曰刑神。《墨子‧明鬼篇》曰：「有神，鳥身，素服三絕，面正方，曰予爲勾芒。」勾芒爲司木之神，屬春。《禮記‧月令》曰：「孟春之月，其神勾芒。」伏羲蛇身人首，女媧亦蛇身，神農則爲牛首，凡似人似獸之神，曰人神。

天神、人神之外，尚有地祇。凡社稷、五嶽、山林、川澤、四方、百物之神，皆地祇之類。《山海經》中，敘述此類神祇甚夥，多至數百。屈原《九歌‧湘君》之湘水之神或湘夫人，以及秦博士所謂堯之二女，娥皇、女英投

水而死，《抱朴子》中所謂馮夷度河溺死之傳說，皆屬此類地祇之崇拜。

（二）崇拜鬼魅

人對死亡有恐懼，故人死爲鬼。鬼遂爲人所崇祀之對象。《說文》曰：「人所歸爲鬼。」《釋言》曰：「鬼之爲言歸也。」〈禮運篇〉曰：「形氣歸於天，形魄歸於地。」故人雖死後，尚有靈魂留在世簡。《左傳中記鬼事甚多，如莊公八年：「齊侯田於貝邱，見大豕。從者曰：『公子彭生也。』」僖公十年：「狐突適下國曲沃。遇太子。太子曰：『帝許我罰有罪矣。』」文公二年夏父弗忌曰：「吾見新鬼大，故鬼小。」宣公十五年：「魏顆與秦將杜回戰，見老人結草以亢杜回。杜回躓而顛，故獲之。夜夢之曰：『余，爾所嫁婦人之父也。』」此外如潁考叔索命於子都，鄭人相驚以伯有，皆鬼事也。《左傳》信鬼好巫，述鬼事甚多。《墨子‧有明鬼篇》，其中更記許多果報之事。如周宣王殺杜伯不辜，杜伯挾朱矢射王而死。燕簡公殺莊子儀不辜，莊子儀荷朱杖而擊之，殪之車上。是三代信仰鬼靈果報之事，甚爲普遍。

由祀鬼而又有祭祖之思想。《國語‧魯語》曰：「有虞氏禘黃帝而祖顓頊，郊堯而宗舜。夏后氏禘黃帝而祖顓頊，郊鯀而宗禹。商人禘舜而祖契，郊冥而宗湯。周人禘嚳而郊稷，祖文王而宗武王。」祖與宗，原係祭祀之名稱，所謂「祖有功，宗有德。」鄭玄《注》曰：「有虞氏以上尚德，禘郊祖宗，配用有德者而已。自夏以下，稍用其姓氏之先後次第。」最初祀祖，以功德爲準。至夏后氏之後，方始祖宗血統。祀祖有其限制，《禮記‧祭法》中有天子祭七廟，諸侯五廟，大夫三廟，適士二廟，官師一廟，庶士、庶人無廟，祇能薦之於寢。此外祭祖並要立尸。〈祭統〉曰：「夫祭之道，孫爲王父尸。所使爲尸者，於父者，子行也。父北面事之，所以明子事父之道也。」周代以後，尸漸廢，而代之以木主。《史記‧周本紀》曰：「周武王爲文王木主，載以伐紂。」祭祖之義，雖然「事死如事生，事亡如事存。」以發揮孝思，然終究屬亡靈之崇拜。

古人又崇信魅一類之怪物，凡魑魅魍魎之類皆屬之。《周禮‧夏官》有方相氏，蒙熊皮，黃金四目，玄衣朱裳，執戈揚眉，以毆石木之怪，曰方良。《秋官》中有庭式專射妖鳥。《管子‧永地篇》曰：「涸澤之精，曰慶忌，若人。長四寸，衣黃衣，冠黃冠，戴黃蓋，乘小馬，好疾馳，可使千里外一日返報。涸川之精曰蟡，一頭而兩身，其形若蛇，長八尺，呼其名，可取魚鱉。」此皆物魅之類，故夏禹鑄其形於九鼎，使民知神奸。

南方楚國亦是具有強烈宗教信仰色彩之民族，特別對鬼神有濃厚之迷信。《九歌・題辭》曰：「昔楚南郢之邑，沅湘之間，其俗信鬼而好祀，其祠必作歌樂鼓舞以樂諸神。屈原放逐，竄伏其域，懷憂苦毒，愁思怫鬱，出見俗人祭祀之禮，歌舞之樂，其詞鄙陋，因爲作〈九歌〉之曲。上陳事神之敬，下以見己之冤結。」關於〈九歌〉中所崇祀之對象：第一曰東皇太一，是天之尊神。第二曰雲中君，是雲神。第三曰湘君。第四曰湘夫人，皆水神，或謂堯之二女。第五曰大司命。第六曰少司命，即風雨之神。第七曰東君，即日神。第八曰河伯，即河神。第九曰山鬼，即山中鬼魅。第十曰國殤，即爲國戰死之鬼魂。第十一曰禮魂，言致祀盡其敬禮，總結上述各神鬼之祭祀。因此可知無論中原，或南方楚地，對天神地祇鬼魅一類崇拜，相當流行。國家亦特設專官管理祭祀，如《周禮・春官・大宗伯》係專管天神地祇人鬼之禮祀，多習祭天神人鬼，夏至祭地祇物魅。

三、巫覡祝史

宗教司人神之間媒介者曰巫覡。《國語・楚語》觀射父曰：「古者，民神不離，民之精爽不携貳者，而又能齊肅衷正，其智能上下比義，其聖能光遠宣朗，其明能光照之，其聰能聽徹之。如是則明神降之，在男曰覡，在女曰巫。是使制神之處位次主，而爲之牲器時服，而後使先聖之後之有光烈，而能知山川之號，高祖之主，宗廟之事，昭穆之世，齊敬之勤，禮節之宜，威儀之則，容貌之崇，忠信之質，煙絜之服，而敬恭明神者以爲之祝。使名姓之後，能知四時之生，犧牲之物，玉帛之類，采服之儀，彝器之量，次主之度，屛攝之位，壇場之所，上下之神，氏姓之出，而出率舊典者爲之宗。……及少皞之衰也，九黎亂德，民神雜糅，不可方物，夫人作享，家爲巫史。」

巫覡係屬祝一類之職，史官亦有掌卜筮之職責。巫覡祝史在上古社會文化佔極重要角色，爲溝通鬼神與現實世界之人物。

殷人尚鬼，故重巫。如以巫咸、巫賢爲相。周人立尸，視巫頗輕。如魯君因天久不雨，欲曝巫。縣子乃言巫乃愚婦人，曝之何益？（見《禮記・檀弓》）晉景公以巫言不驗，殺巫（《左傳》成公十年）。戰國初，西門豹沈巫於河。（見《史記・滑稽列傳》）唯楚地巫風一向甚盛。按「靈」字，從雨從巫，象神靈下附於巫之狀。故《楚辭・東皇太一》云：「靈偃蹇兮姣服，芳菲菲兮滿堂，五音紛兮繁會，君欣欣兮樂唐。」又〈雲中君〉云：「靈連蜷兮既留，

爛昭昭兮未央，騫將憺兮壽宮，與日月兮齊光。龍駕兮帝服，聊翱遊兮周章，靈皇皇兮既降，猋遠舉兮雲中。」此皆形容巫附神之情狀。

卜筮是巫覡工具之一種。伏儀畫八卦，所以定天下吉凶。《洪範》說九疇，有明用稽疑之條。《周禮》中有太卜、龜人、卜師、占人、簭人、占夢等官，皆精於巫術占卜之職。《史記‧荀卿列傳》云：「營於巫祝，信機祥。」後世巫術範圍更大，凡史籍中所列有關於祭祀之明堂、合宮、封禪、祠祀及兵家之權謀、形勢、陰陽、技巧。數術之天文、曆譜、蓍龜、五行、雜占、形法。方技之醫經、醫方、房中、神仙等等，皆包括在內。

漢代巫風復盛，聚秦與六國之巫皆用之。《史記‧封禪書》云：「長安置祠祝官女巫：其梁巫祠天地、天社、天水、房中、堂上之屬。晉巫祠五帝、東君、雲中、司命、巫社、巫族人、先炊之屬。秦巫祠社主、巫保、族纍之屬。荊巫祠堂下、巫先、司命、施糜之屬。九天巫祠九天，皆以歲時祠宮中。其河巫祠河於臨晉。而南山巫祠南山秦中。」

周以來巫、覡已混合稱之。巫本係官職，春秋以降，淫祀漸興，詛祝多有。故官家祭天之巫，遂流落民間，與普通迷信相結合。如所謂桑田之巫，梗陽之巫，及楚之范巫等名目。

此外祝本係以言辭告於鬼神之人。《說文》曰：「祝，主贊事者。」《詩經‧楚茨》曰：「工祝致告。」是也。祝又為迎鬼神享祀，從旁侑勸之人（見《儀禮》）。《楚辭‧招魂》云：「工祝招君，背行先些。」此言祝迎神而導之入也。祝須有口才，以取悅於神明。孔子曰：「不有祝鮀之佞，而有宋朝之美，難乎免於今之世矣。」（《論語‧雍也》）

至於史，本與巫並立。史亦兼巫祝之事，故有卜史、祝史之類。後巫衰史盛，史遂取代巫之地位。至春秋時，史多兼巫職。如《左傳》昭公九年，楚棄疾滅陳，史趙以為歲在析木之津，猶將復由。昭公廿二年，吳用師於越，史墨以為越得歲而吳伐之，必受其凶。昭公八年，孟縶生孔成，筮於史朝。昭公卅一年，趙簡子占夢於史墨。僖公十五年，晉獻嫁伯姬占諸史蘇。此皆史兼巫術之例。故太史公曰：「文史星曆，近乎卜祝之間。」

以上所述，皆是上古宗教信仰之概況。漢代道教之產生，可謂肇端於此。鬼神庶物之崇拜，固係道教信仰之內容，而巫術方技，亦為道教信仰之特色。巫祝所扮演之神媒角色，至漢則為方士、道士所取代。故漢代道教之產生，實本之於上古宗教信仰。

第二節　道教與道家之關係

　　道教之「道」，與道家之「道」，本質上不同。道家之「道」，係指自然本體之道，哲學意味較濃。道教之「道」，實由神道思想而來，宗教性質較多。《易繫辭》曰：「聖人以神道設教。」《中庸》引孔子之言曰：「鬼神之為德，其盛矣乎！視之而弗見，聽之而弗聞，體物而不可遺。使天下之人，齋明盛服，以承祭祀。洋洋乎如在其上，如在其左右。」是神道思想亦有其社會意義。道教以神道為其主要內容。

　　道教與道家雖不同，然秦漢以來，神仙諸家，皆喜依附道家人物，以增其宗教之聲勢。此固由於二者同具有「道」之名，容易讓人聯想一起。而道家學說之玄妙高遠，超塵出世，亦附合修道之要旨。更何況老子、莊子、黃帝……等道家人物，其身世之迷離惝恍，極富有浪漫神秘之色彩，遂成為道教神仙信仰所依附之對象。因此道家諸人不但為成仙得道之楷模，亦且為道教傳說中之創教人物。漢代黃老思想盛行，宗教之發展，亦須假借黃老之名義而行。黃帝、老子遂成為道教中極有道行之人物。黃老思想本受齊學影響甚深。道教之發展，齊學亦有其推波助瀾之功。可見道教雖然與道家之內容不同，然與道家之關係，却甚密切。茲敘述如下：

一、與黃帝之關係

　　道教重視修鍊成仙之說。神仙之說，從不死之思想而來。人皆有好生惡死，企求長生之念。然不死之法，世間難尋。《左傳》莊公廿年，齊景公問晏子曰：「古而無死，其樂若何？」晏子却以古無不死之人答之。然企求長生之願望，則為人人所嚮往。《戰國策‧楚策》載有人獻不死之藥於荊王。《韓非子‧外儲說》記客有教燕王為不死之道者。能不死，即是神仙，《釋名‧長幼篇》曰：「老而不死曰仙。」

　　黃帝善於養生，為學仙之楷模。故醫家喜樊附黃帝之說，謂黃帝知延年益壽之方。《黃帝內經》首篇為〈上古天真論〉，特託黃帝之說，以明養生之術：「黃帝：余聞上古有真人者，提挈天地，把握陰陽，呼吸真氣，獨立守神，肌肉若一。故能壽敝天地，無有終時，此其道生。中古之時，有至人者，淳德全道，和於陰陽，調於四時，去世離俗，積精全神，游行天地之間，視聽八達之外，此蓋益其壽命而強者也，亦歸於真人。其次，有聖人者，處天地之和，從八風之理，適嗜欲於世俗之間，無恚嗔之心。行不欲離於世，舉不

欲觀於俗，外不勞形於事，內無思想之患。以恬愉爲務，以自得爲功，形體
不敝，精神不散，並可以百數。其次有賢人者，法則天地，象似日月，辨別
星辰，逆從陰陽，分別四時，將從上古，合同於道。亦可使益壽，而有極時。」
此中所謂眞人，至人、聖人、賢人皆出於《莊子》，而與道教所謂天仙、地仙、
人仙之說法相似。《史記・五帝本紀》載黃帝崩，《集解》引皇甫謐《注》曰：
「在位百年而崩，年百一十一也。」是知黃帝壽考。故爲醫家所推崇。

　　黃帝既知養生，亦復壽考。因而附會黃帝爲神仙之說遂多。《漢書・藝文
志》中，《神仙類》有《黃帝雜子步引》十三卷，託名爲黃帝，而專講修仙之
方。儒家經典亦有黃帝爲仙之神話。如《大戴禮記》論五帝之德，謂黃帝曰：
「生而神靈，治五氣，設五量，順天地之紀，幽明之故，死生之說，明播百
穀草木，淳化鳥獸昆蟲，乘龍扆雲。」《莊子》書中，黃帝爲得道之神人。如
〈大宗師〉曰：「黃帝得道以登雲天。」〈在宥篇〉曰：「黃帝取天地之精，以
養民人，官陰陽，以遂羣生。」並記廣成子答黃帝修身之道：「無勞汝形，無
搖汝精，乃可以長生。」黃帝本人亦是修道長生之仙人：「我守其一，以處其
和。故我修身千二百歲矣，吾形未嘗衰。」

　　漢時黃帝成仙之說法，甚爲普遍。《史記・武帝本紀》申功對武帝曰：「黃
帝且戰且學仙。……黃帝采首山銅，鑄鼎於荊山下。鼎既成，有龍垂胡鬚下
迎黃帝。黃帝上騎，羣臣後宮從上龍七千餘人，龍乃上去。」武帝對此傳說
深信不疑，即嘆曰：「嗟夫！吾誠得如黃帝，吾視去妻子如脫躧耳。」《史記・
封禪書》記少君對武帝之言：「祠竈則致物，而丹砂可化爲黃金。黃金成，以
爲飲食器，則益壽。益壽則海中蓬萊仙者可見。見之以封禪則不死，黃帝是
也。」武帝亦咸信之。

　　漢代方士、道士以黃帝成仙之說迷惑君主，皆順從俗說，可知當時視黃
帝爲神仙之論甚是流行。後世論黃帝神蹟異事更多。《列仙傳》曰：「軒轅自
擇亡日，與群臣辭，還葬橋山。山崩棺空，唯有劍舃在棺焉。」此外更有道
士謂黃帝曾拜師七十二，乃西上崆峒山，問道於廣成子，修道有成，於鼎湖
白日飛昇，做神仙之始祖。黃老思想中之黃帝，竟由道家人物，演變爲道教
中得道之神仙。

二、與老莊之關係

　　老莊與道教無涉，然後世道教皆喜託老莊之名，以爲其得道修仙之楷模。

《道德經》與《南華眞經》皆是道教重要典籍。

　　《史記・老子本傳》中，敘述老子之事跡惝恍飄忽，令人難解，使老子身世頗染神秘色彩。尤其老子善於修道養壽，年二百餘歲，其著五千餘言《道德經》後，出關，莫知其所終。更令人揣測猜想，因此附會老子得道成仙之傳說特多。如《老子內傳》曰：「太上老君，姓李，名耳，字伯陽，一名重耳。楚國苦縣，曲仁里人也。其母見日精下落如流星，飛入口中，因有娠。懷之七十二歲，于陳國渦水李樹下，剖左腋而生。指李樹曰：此爲我姓。生而白首，故號老子。耳有三漏，又號老聃。頂有日光，身滋白血，面疑金色，舌絡錦文。形長一丈二尺，齒有四十八。受元君神圖寶章變化之方，及還丹伏火水貢液金之術，爲七十二篇。在周爲守藏史，武王時爲柱下史，能爲天神所濟，眾仙所從。所出度世之法，有九丹、八石、金醴、金液。治心養性，絕穀變化，役使鬼神之法。」此將老子予以神格化。老子與呼風喚雨之道士無異。

　　《抱朴子》集神仙之說，其中受道家之學，影響最深，書中將老子視爲神通廣大之仙人。如謂老子從元君學得鍊丹之術（卷四）。又謂鍊丹之前，拜祭之時，老君或太一元君即鑒臨其上。又以黃帝、老子並服事太一元君，得元君傳授成仙之秘訣（卷十三）。老君通神明，符咒皆出其所（卷十九）。又謂老君身高九尺，膚黃，鼻高如鳥喙，眉長五寸，耳長七寸，額三理，足有八卦，身纏五彩雲，頭戴重疊冠，腰佩鏹鋋劍，居處有白銀爲階之金殿名樓，以神龜爲牀，旁有童侍百二十人。此外有十二青龍、三十六白虎、三十四朱雀、七十二玄武，護於左右前後。前則有十二窮奇之怪獸爲前驅，後有三十六辟邪之獸相隨，頭頂上則有雷電交馳（卷十五）。是老子成爲道教中神通極廣，並極有地位尊榮之神仙。在《西昇經》、《猶龍經》、劉向《列仙傳》中，類似此類老子神話故事極多。

　　甚至佛教流行中土之後，老子神話更染有佛教之意味。如《歷世眞仙體道通鑑後集》卷一記載：「老君於殷武丁九年二月十五日，自攀上李樹之母親左腋降生。其時天空瑞雲靉靆，萬鶴迴翔，九天天神降賀，玉女跪拜，九龍噴水以爲浴嬰澡場。太上老君生時能走九步，上步一蓮花開。左手指天，右手指地，云：天上地下，唯道獨尊。吾將闡無上道法，普度一切眾生。」老子與釋氏已混合爲一。

　　老子既爲修道成果之神仙。後世更謂老子無世不出，爲普渡世人而化身降世。《魏書・釋老志》云：「老君爲神王之宗，下爲飛仙之王。」葛洪《枕

中記》曰：「老子無世不出，數易姓名。出於黃帝時，號廣成子。周文王時，號變邑子，爲守藏史。武王時，號育成子，爲柱下史。康王時，號郭叔子。漢初，爲黃石公。漢文時，號河上公。」《混元圖》亦有類似記載：「老子化身爲古代聖王。如三皇時，稱萬法天師。伏羲氏時，名爵華子。神農氏時，稱大成子。黃帝時，名廣成子。少昊時，稱隨應子。顓頊時，稱赤精子。帝嚳時，稱錄圖子。帝堯時，名務成子。帝舜時，爲尹壽子。夏禹時，稱眞行子。商湯時，稱錫則子。寄胎於玄妙玉女八十一年，武丁庚辰二月，生於楚之苦縣李樹下，因姓李。生而白首，因名老子。」此外《八十一化經》亦見此類化生感應之神話記載。

黃帝、老子既爲得道之仙人。因此漢朝以來，崇祀黃老之風盛行，尤其東漢帝王更是虔祀。《後漢書孝・桓帝紀》曰：「八年春，正月，遣中常侍左悺之苦縣，祠老子。……九年庚午，祠黃老於濯龍宮。」〈郎顗襄楷列傳〉曰：「又聞宮中立黃老、浮屠之祠。……或言老子入夷狄爲浮屠，齋戒祭祀。」〈西域傳〉曰：「後桓帝好神，數祀浮圖、老子，百姓稍有奉者，後遂轉盛。」〈孝明八王列傳〉曰：「憍辭，與王共祭黃它君，求長生福而已，無他冀辛。」以帝王之尊，如此敬祀老子，可知老子神話流行之廣，及信者之眾矣。

漢代道教興起，極力推崇老子。《魏書・釋老志》開頭便曰：「道家之原，出於老子。」是漢代道家與道教已混合爲言（此處道家當指道教而言）。太平道、天師道皆奉老子爲天師，尊其書爲經。張道陵之道書、寶劍，皆稱教主太上老君所賜。唐宋以後，受佛教之影響，又仿如來有三身之說法，道教教主太上老君遂有一氣化三清，即玉清、太清、上清三身之說。又由於反擊釋子之攻許，遂有老子「西方化胡」之說法。葛洪《神仙傳》卷一曰：「周昭王廿三年，駕青牛，過函谷關。關令尹喜知之，求得其道，爲尹喜同渡西域流沙。至周穆王時，復返中夏。平王時，復出，開化蘇鄰諸國。」後世王浮之《老子化胡經》，便依此增演而來。道士遂以老子在釋氏之上。

自漢代道教極力將老子推崇並神化之後。唐代以往，老子在宗教上之地位益高。帝王多賜老子以尊號。如唐高宗時，尊老子爲「太上玄元皇帝」，稱其書爲「道德眞經」。又賜莊周爲「南華眞人」，列禦寇爲「沖虛眞人」，稱二子書爲「《南華眞經》」、「《沖虛至德眞經》」。同時爲推廣其說，兩京皆發揚玄學，各置博士助教，又置學士一百員。天下遍置道觀，講《道德經》及《莊列》之書。帝王皆喜服丹藥，求長生。（見《舊唐書・禮樂志》）

　　老子爲道教之教主，莊子發揚老子之學說，亦並享其榮，故爲道教中甚有道行之眞人。老莊除爲道教徒在神道上所攀援附會外，更因老莊思想本身，亦有若干神秘性。故道教徒更剽竊之以增演其說，以爲立論之根本。茲再將其二者關係，敘述如下：

1. 道教將老莊之「道」予以神格化

　　老莊思想中之「道」，本指宇宙萬物之總原理，亦即本體上自然之道。然老莊敘述此「道」時，皆以窈冥恍惚形容之，令人神秘莫測。老子曰：「道之爲物，惟恍惟惚。惚兮恍兮，其中有物。窈兮冥兮，其中有精，其精甚眞，其中有信。」（廿一章）莊子亦曰：「夫道，有情有信，無爲無形。可傳而不可受，可得而不可見。自本自根，未有天地，自古以固存，神鬼神帝，生天生地。在太極之先而不爲高，在六極之下而不爲深，先天地生而不爲久，長於上古而不爲老。」（〈大宗師〉）

　　由於老莊之「道」似屬玄虛，道教遂賦予宗教之解釋。道教之元始天尊、盤古眞人等，皆老莊「道」之神格化。葛洪《枕中書》曰：「昔二儀未分，溟涬鴻濛，未有成形，天地日月未具，狀如鷄子，混沌玄黃。已有盤古眞人，天地之精，自號元始天王，遊乎其中，溟涬經四劫。天形如巨蓋，上無所係，下無所依。天地之外，遼屬無端，玄玄太空，無響無聲。元氣浩浩，如水之形，下無山嶽，上無列星，積氣堅剛，大柔服維，天地浮中，展轉無力，若無此氣，天地不生。天者，如龍旋迴雲中。復經四劫，二儀始分，相去三萬六千里。元始天王在中心之上。」《隋書・經籍志》亦曰：「道經者，云有元始天尊，生於太元之先。稟自然之氣，沖虛凝遠，莫知其極，所以說天地淪壞，劫數終盡，略與佛經同。以爲天尊之體，常存不滅，每至天地初開，或在玉京之上，或在窮桑之野，授以秘道，謂之開劫度人。然其開劫非一度矣。故有延康、赤明、龍漢、開皇，是其年號。其間相去經四十一億萬載。所度皆天仙上品，有太上老君、太上丈人、天眞皇人、五方天帝，及諸仙官，轉共承受，世人莫之豫也。所說之經，亦稟元一之氣，自然而有，非所造爲，亦與天尊常在不滅。天地不壞，則蘊而莫傳，劫運若開，其文自見。」故老莊哲學上之「道」，乃變爲宗教上「元始天尊」等具體神祇。

　　老子之「道生一，一生二，二生三，三生萬物。萬物負陰而抱陽，沖氣以爲和。」（四十二章）道教則另賦予其宗教之解釋。如張君房之《雲笈七籤》卷二，說明宇宙生成過程，以「眞一」生於「元氣」，始成「混元」。「元

氣」運行，然後天地生成。又謂二儀未生之前，乃混沌之狀，混混冥冥，由是而有「精」、有「氣」，經九十九萬年，變化爲「三氣」，再演生爲「九氣」，於是日月、人物、天地遂相繼而生。卷三又謂「無」垂跡而感生「妙一」。「妙一」又分化爲「三元」，由「三元」而生「三氣」、「三才」。再由「三才」化育而生萬物。所謂「三元」係指「混洞太無元」、「赤混太無元」、「冥寂玄通元」。由「混洞太無元」化生爲「天寶君」，「赤混太無元」化生爲「靈寶君」，「冥寂玄通元」化生爲「神寶君」。三君所居處之所，即「三清境」或曰「三天」。「天寶君」所居玉清境，名爲「清微天」，其氣始青。「靈寶君」所居上清境，名爲「禹余天」，其氣元黃。「神寶君」所居太清境，名爲「大赤天」，其氣玄白。此三君名號雖異，而歸本同一。三君各說其經典，而爲三洞之尊神教主，即洞眞、洞玄、洞神，此即道教所謂「三洞宗元」說法。此完全由老子「一生二、二生三……」之思想而來。

　　而老子講「大道氾兮」（卅四章）以及莊子所說「道惡乎往而不存」（〈齊物論〉）以及「道無所不在」（〈知北遊〉），極易影響道教成爲泛神論之思想。如葛洪《枕中書》，陶弘景《眞靈位業圖》等所敘三清元宮之諸神仙，以及三十六天之諸神。甚至如《黃庭經》中所謂五官、臟腑等，皆有神明之存在。後世道教或一般民間信仰之多神思想，以及對大自然萬物之泛靈崇拜，未嘗不是此類思想之延續。

2. 道教將老莊攝生修養更加發揮

　　老莊思想中，有關攝生修養之言論甚多。老子曰：「蓋聞善攝生者，陸行不遇兕虎，入軍不被兵甲。兕無所投其角，虎無所措其爪，兵無所容其刃，夫何故？以其無死地。」（五十章）又曰：「含德之厚，比於赤子。毒蟲不螫，猛獸不據，攫鳥不搏。骨弱筋柔而握固，未知牝牡之合而朘作，精之至也。終日號而不嗄，和之至也。知和曰常，知常曰明。益生曰祥，心使氣曰強。物壯則老，是謂不道。不道早已。」此說明修養之極至，以及身心之狀況，當回歸如嬰兒之境界。老子亟稱嬰兒純樸之狀態，爲修養者所致力追求之目標。所謂：「常德不離，復歸於嬰兒。」（廿八章）後世道教則將之詮釋爲「返老還童」、「長生不死」之理論。而老子所謂善攝生者，能趨吉避凶，各種災物不能傷害，正係道教修鍊成仙之結果，爲道士等所嚮往者。《莊子》書中所敘述之眞人、至人、神人等，亦爲此種修養之代表。後世道士，每自詡爲「眞人」，此皆受莊子之影響。《莊子・大宗師》曰：「古之眞人，不知說生，不知

惡死，其出不訢，其入不距，翛然而往，翛然而來而已矣。不忘其所始，不求其所終，受而喜之，忘而復之，是之謂不以心捐道，不以人助天，是之謂眞人。」又曰眞人：「登高不慄，入水不濡，入火不熱。」〈達生篇〉曰：「至人潛行不窒，蹈火不熱，行乎萬物之上而不慄。」〈齊物論〉曰：「至人神矣，大澤焚而不能熱，河漢沍而不能寒，疾雷破山，風振海而不能驚。若然者，乘雲氣，騎日月，而遊乎四海之外，死生無變於已，而況利害之端乎？」此中所述之眞人、至人，何異於道教所企慕之神仙？

　　老莊既重攝生，故主恬淡寡欲，虛靜守一之修養。此與道士之善隱於山澤之中，而主修心靜坐之修鍊相同。老子曰：「致虛極，守靜篤，萬物並作，吾以觀復。」（十六章）莊子曰：「夫虛靜恬淡寂寞無爲者，天地之平，而道德之至，故帝王聖人休焉。休則虛，虛則實，實者倫矣。虛則靜，靜則動，動則得矣。靜則無爲。無爲也，則任事者責矣。」（〈天道篇〉）老莊既以虛靜爲修養，老子、莊子遂爲修道之楷模。《論衡·道虛篇》曰：「世或以老子之道，爲可以度世，恬淡無欲，養精愛氣。夫人以精神爲壽命，精神不傷，則壽命長而不死成事。老子行之踰百，度世爲眞人矣。」因此道教經典亦主張恬淡虛靜，爲修道之法門。《清靜經》曰：「夫道者，有清有濁，有動有靜。天清地濁，天動地靜。男清女濁，男動女靜。降本流末，而生萬物。清者，濁之源；動者，靜之基。人能常清淨，天地皆悉歸。夫人神好清，而心擾之；人心好靜，而慾牽之。若能常遣其慾，而心自靜。澄其心，而神自清。自然六慾不生，三毒消滅。……無無既無，湛然常寂。寂無所寂，慾豈能生？慾既不生，即是眞靜。眞常應物，眞常得住。常應常靜，常清靜矣。如此清靜，漸入眞道。」

　　莊子由虛靜功夫著手，而主張「心齋」與「坐忘」。〈人間世〉曰：「若一志，無聽之以耳，而聽之以心。無聽之以心，而聽之以氣。聽止於耳，心止於符。氣也者，虛而待物者也。唯道集虛，虛者，心齋也。」〈大宗師〉曰：「墮肢體，黜聰明，離形去知，同於大通，此謂坐忘。」後世道士更以之爲守竅打坐，以入虛冥之功夫。道士之調息打坐，肇乎於此。

　　《莊子》書中，亦提到後世呼吸道引之術，此爲道士修鍊之所本。〈刻意篇〉曰：「就藪澤，處閒曠，釣魚閒處，無爲而已矣。此江海之士，避世之人，閒暇者之所好也。吹呴呼吸，吐故納新，熊經鳥申，爲壽而已矣。此道引之士，養形之人，彭祖壽考者之所好也。」〈大宗師〉曰：「古之眞人，其寢不夢，其覺無憂，其食不甘，其息深深。眞人之息以踵，眾人之息以喉。屈服者，其嗌言

若哇。」其中所言吹呴呼吸，吐故納新，熊經鳥申，胥道士行氣行蹻之法。漢人遂以道家與道教修鍊之法相同，皆以長壽不死爲目標。王充《論衡‧道虛篇》曰：「道家相誇曰：『眞人食氣，以氣而爲食。』故傳曰食氣者，壽而不死。」又曰：「道家或以導氣養性度世而不死。」桓譚〈仙賦〉曰：「王喬赤松，呼則出故，翕則納新。」道家重呼吸攝生，道士遂引之爲長生不死之術。

老子有「谷神不死，是謂玄牝。玄牝之門，是謂天地根。緜緜若存，用之不勤。」（六章）道士更引之爲打坐行氣，使胎息故守於丹田之中，緜緜而出，用之不竭之理論。《抱朴子‧釋滯篇》曰：「胎息者，能不以鼻口噓吸，如在胞胎之中，則道成矣。初學行炁，鼻中引炁而閉之。陰以心數至一百二十，及以口吐之，及引之，皆不欲令自耳聞其炁出入之聲，常令入多出少，以鴻毛著鼻口之上吐炁，而鴻毛不動爲候也。」此即所謂緜緜若存，用之不竭之氣。邊韶《老子銘》曰：「厥初生民，遺體相續，其生死之義可知也。或有谷神不死，是謂玄牝之言，由是世之好道者，觸類而長之。以老子離合於混沌之氣，與三光爲終始，觀天作讖，降什星，隨日九變，與時消息，規矩三光，四靈在旁，存想丹田，太一紫房，道成身化，蟬蛻渡世，自羲農以來，爲聖者作師。」是以道士存想丹田，含養胎息，亦就老子之旨加以發揮。

莊子〈逍遙遊〉中，提及藐姑射山之神人：「不食五穀，吸風飲露。」此後世道士辟穀成仙方術之依據。故《道書》云：「神仙以辟穀爲下，然却粒則無滓濁，無滓濁則不漏，由此亦可入道。」

道教攝生修鍊之理論，多就道家修養功夫加以發揮。漢人遂常有道教、道家相混淆之情形。蓋道家之修養論，正切合道教之需要。《老莊》書中之神話人物或寓言人物，往往爲道教信徒所認爲修成正果之人物，皆因彼等最能實踐道家之精神，故爲道教信徒所崇拜。

3. 道教認為道家亦主張神仙之說

三代著作中，除南方《楚辭》外，其餘論神仙之事甚少。然《老莊》書中，多喜以神仙之事，以爲其喻道之工具。如老子之「善攝生者，陸行不遇兕虎」之類。而《莊子》書中，論神仙之事更多。如〈天地篇〉云：「夫聖人鶉居而鷇食，鳥形而無彰。天下有道，則與物皆昌。天下無道，則修德就閒。千歲厭世，去而上仙，乘彼白雲，至於帝鄉。」〈逍遙遊〉云：「藐姑射之山，有神人居焉，肌膚若冰雪，綽約若處子。不食五穀，吸風飲露。乘雲氣，御飛龍，而遊乎四海之外。其神凝，使物不疵癘而年穀熟。」又曰：「列子御風

而行，泠然善也，旬五日而後返。」〈大宗師〉曰：「古之眞人，其寢不夢，其覺無憂，登高不慄，入水不濡，入火不熱。」凡《莊》書中，所謂聖人、至人、神人、眞人，皆具備有神仙之特性。

　　《莊子》書中，又多敘述三代民間所信仰之神祇。如應帝王中所敘述之「南海之帝儵，北海之帝忽，中央之帝混沌。」〈秋水篇〉中所敘述之「北海若、河伯」之類。〈在宥篇〉中所敘述之「雲將、鴻蒙」。以及〈人間世〉中所敘述之「櫟杜樹神」。同時《莊子》書中，亦多以上古神話之帝王聖君，皆能秉道而行，成爲位極列仙之神明。如〈大宗師〉曰：「夫道，有情有信，無爲無形……狶韋氏得之，以契天地。伏戲得之，以襲氣母。維斗得之，終古不忒。日月得之，終古不息。堪坏得之，以襲崑崙。馮夷得之，以遊大川。肩吾得之，以處大山。黃帝得之，以登雲天。顓頊得之，以處玄宮。禺強得之，立乎北極。西王母得之，坐乎少廣，莫知其始，莫知其終。彭祖得之，上及有虞，下及五伯。傅說得之，以相武丁，奄有天下，乘東維，騎箕尾，而比於列星。」

　　列子在《莊》書〈逍遙遊〉中，爲一御風而行之神人。後世列爲道家之《列子》一書，亦充滿光怪陸離之神仙故事。如〈黃帝篇〉中所述之壼子、神巫、伏犧氏、女媧氏、神農氏、夏后氏，均爲神話人之人物。〈湯問篇〉中，女媧氏煉石補天，共工氏觸不周之山。〈周穆王篇〉中，西王母爲周王謠，皆爲有名之神話故事。此外〈黃帝篇〉所述：「列姑射山，在海河洲中，山上有神人焉。吸風飲露，下食五穀，心如淵泉，形如處女，不偎不愛，仙聖爲之臣。」乃從〈莊子・逍遙遊〉中藐姑射山之神人而來。〈周穆王篇〉曰：「周穆王執化人之袪，騰而上者，中天迺止，暨及化人之宮。化人之宮，構以金銀，絡以珠玉，出雲雨之上而不知下之，據望之若屯雲焉。耳目所觀聽，鼻口所納嘗，皆非人間之有。王實以爲清都、紫微、鈞天、廣樂，帝之所居。」極似漢時方士所謂神仙之居所。而〈湯問篇〉更有仙島、仙山之記載，與漢時流傳之說法無異：「渤海之東，不知幾億萬里，有大壑焉，實惟無底之谷。其下無底，名曰歸墟。八紘九野之水，天漢之流，莫不注之，而無增無減焉。其中有五山焉：一曰岱輿，二曰員嶠，三曰方壺，四曰瀛洲，五曰蓬萊。其山高下周旋三萬里，其頂平處九千里，山之中間相去七萬里，以爲鄰居焉。其上臺觀皆金玉，其上禽獸皆純縞，珠玕之樹皆叢生，華實皆有滋味，食之皆不老不死。所居之人，皆仙聖之種。一日一夕，飛相往來，不可數焉。」此外《莊子》書中之神話事物，如〈逍遙遊〉中：「楚之南有冥靈者，以五百

歲為春，五百歲為秋。」「窮髮之北有冥海者，天池也。」皆可於《列子》書中，發現類似之說法。故《莊列》關係甚為密切，後世道教不但推崇老莊，列子認為係道行甚高之真人。《列子‧湯問篇》有夸父追日之神話：「夸父不量力，欲追日影。未至，道渴而死，棄其杖，尸膏肉所侵，生鄧林。」道教有肉身成仙之說，或與之甚有關係。

　　老莊學說及修養既為道教所增染剽竊。《老莊》書中所謂神仙思想。本存有不少寓言成份。所謂「謬悠之說，荒唐之言，無端崖之辭」（《莊子‧天下篇》）讀之難免令人誠詭幻想，而相信其事。是以後世道教遂攀附道家老莊之說，而發展成一種宗教理論及組織。日人窪德忠曰：

> 雖然一般人不加批判地承認道教出於老子。但道家者流，畢竟與道士本質上完全不同。至於道教所推崇神明天地之說，在道家學說也全然未牽涉。並且道家也未嘗把老子奉為最高神，把《道德經》視為最高經典。道家原不是道教真正祖宗，而是被道教剽竊了去，將它利用成為自家的理論。究其極，不過是給道家披上神怪的外表，另起爐灶，建立類似佛教那一種宗教組織罷了。〔註1〕

道教既在道家之外衣掩飾，逐漸發展。兩漢魏晉以後，道教在理論及修鍊之事上，皆有創說，且發展寖備。道教逐漸脫離道家之精神，而往另一宗教路徑發展。馬端臨曰：「道家之術，雜而多端，先儒之論備矣。蓋清靜一說也，服食又一說也，符籙又一說也，經典科教又一說也。《黃帝》、《老子》、《列禦寇》、《莊周》之書，所言者清靜無為而已，而略及煉養之事。服食之說，所不道也。至赤松子、魏伯陽之徒，則言煉養而不言清靜。盧生、李少君、欒大之徒，則言服食而不煉養。張道陵、寇謙之之徒，則言符籙而俱不言煉養服食。至杜光庭而下，以及近世黃冠師之徒，則專言經典科教。所謂符籙者，特其教中一事。於是不惟清靜無為之說，略不能知其旨趣，雖所謂煉養服食之書，亦未嘗過而問焉矣。然俱欲冒以老氏為之宗主而行其教。蓋嘗即是數說者而詳其是非：如清靜無為之言，曹相國、李文靖師其意而不擾，則足以政治。何晏、王衍樂其誕而自肆，則足以致亂，蓋得失相半者也。煉養之說，歐陽文忠公嘗刪正《黃庭經》朱文公嘗稱《參同契》。二公大儒，攘斥異端，不遺餘力，獨不以其說為非，山林獨善之士，以此養生全年，固未嘗得罪於名教也。至於經典科教之說，盡鄙淺之言，庸黃冠以此逐食，常與釋子抗衡，

〔註 1〕 日人窪德忠之《道家與道教》一文，見〈中國思想研究〉，頁 222。

而其說較釋氏不能三之一，爲世患蠹，未爲甚鉅也。獨服食符籙二宗，其說本邪僻謬悠，而惑之者罹禍不淺。欒大、李少君、于吉、張津之徒，以此殺其身。柳泌、趙歸眞之徒，以此禍人而卒自嬰其戮。張角、孫恩、呂用之之徒，遂以此敗人天下國家。然則柱史五千言，曷嘗有是乎？蓋愈遠而愈失其眞也。」〔註2〕此固說明後世道教各派之長短。然道教之發展演變，愈遠而愈失老莊之風貌，最後走上迷信之純宗教之途也。

三、與齊學之關係

　　齊學與黃老思想之盛行，有密切之關係。後世方術及道教之發展，亦受齊學影響甚大。齊景公嘗問晏子不死之事，不死即神仙之說。相傳黃帝嘗遊齊之泰山及東萊等地，訪道而成仙。姜太公佐武王伐紂，以道術治齊。明道士陸西星遂因姜子牙故事，加以演義成爲極富道教意味之小說——《封神榜》。劉向《列仙傳》所載黃帝、太公而下之神仙，屬於齊人頗多。與漢武帝論神仙之事諸方士，尤多齊人。故齊地與後來道教之產生，關係尤爲密切。胡適先生曰：

> 齊地民族有迂緩闊達而好講論的風氣，有足智的長處，這個民族又有夸大虛詐的短處。足智而好講論，故其人勇於思想，勇於想像，能發新奇的講論，迂遠而夸大，故他們的想像力往往不受理智的制裁，遂容易造成許多怪而不近情實的講論。《莊子》裡說：「《齊諧》者，志怪者也。」孟子駁咸丘蒙道：「此非君子之言，齊東野人之語也。」可見齊人的夸誕，是當時人公認的。這便是齊學的民族的背景。〔註3〕

齊地民族性既夸誕，富於幻想，故表現於宗教色彩，亦特別濃厚。齊地自古以來，以拜神敬鬼之風聞世。特別是對八神將之崇拜。所謂八神將係指天主、地主、兵主、陰主、陽主、月主、四時主。亦即對大自然庶物之崇拜，此乃上古宗教之遺跡。因此齊地之名爲齊，殆與敬天之思想有關。《史記・封禪書》曰：「八神將，自古而有之。或曰：太公以來作之。齊所以爲齊，以天齊地。其祀絕，莫知起時。」

　　因此齊地好神仙怪說之徒，亦特別多。《史記・始皇本紀》曰：「自齊威

〔註2〕馬端臨《文獻通考經籍考》卷五十二。
〔註3〕胡適《中古思想史長編》第一章〈齊學的正統〉，頁23。

宣王之時，鄒子之徒，論著終始五德之運。及秦帝，而齊人奏之，故始皇采用之。而宋毋忌、正伯僑、充尚、羡門子高，最後皆燕人。爲方僊道，形解銷化，依於鬼神之事。鄒衍以陰陽主運，顯於諸侯。而燕齊海上之方士傳其術，不能通。然則怪迂阿諛苟合之徒自此興，不可勝數也。」燕與齊地理環境相近，其民風俗習尚相同。故愛好神仙怪迂之徒甚多。如齊人鄒衍陰陽五行之理論，後來成爲道教思想重要之一環。齊學對道教之發展，亦有密切之關係。

　　此外，由於齊地特殊之自然環境，亦是形成齊地神仙之說盛行之原因。如齊地有高山，特別是泰山自古以來即爲帝王封禪之勝地。所謂封，係於泰山之上，築土之壇以祭天，報天之功。所謂禪，乃於泰山之下，於小山之上以除地，報地之功。封禪之禮當係上古已有，唯後世不甚明之。春秋時，齊桓欲封禪泰山，管仲曰：「古者封泰山禪梁父者七十二家，而夷吾所記者，十有二焉。」司馬遷曰：「後百有餘年，而孔子論述六藝傳略，言易姓而王，封泰山，禪秋梁父者，七十餘王矣。其俎豆之禮不章，蓋難言之。」此封禪之禮，孔子亦不甚瞭解。周靈王時，用萇弘，射狸首以致諸侯，一變封禪之精神，轉入神鬼威靈之作用。故太史公曰：「周人之言方怪者，自萇弘。」自秦靈公時始於泰山建立神祠。始皇東巡郡縣，祠鄒嶧山，頌泰功業，「於是徵從齊魯之儒生博士七十人，至乎泰山下。」唯始皇因議論封禪之儀禮與儒生不合，「始皇聞此議，各乖異，難施用，由此絀儒生。」儒生既絀，不得與用於封禪之禮，又聞始皇遇風雨，休於樹下，封其樹爲「五大夫」，更加譏之，始皇遂益加迷信：「於是，始皇遂東遊海上，行禮，祠名山大川及八神，求仙人羡門之屬。」泰山爲五嶽之尊，自古爲帝王所祭祀天地、山川、群神之聖地。齊地由於境內有泰山，故宗教之氣氛甚濃。

　　齊地又近大海，群島羅列，雲靄蒼茫，波濤瀲灩，朝暉夕陰，變化萬千。加以東萊海嶠，之罘島嶼，星羅棋布，神府洞天。登臨其上，常有遺世獨立，置身仙境之感。因此齊地居民，身處海嵎。對此光怪陸離，海市蜃樓之景象，常會有所遐想。《史記·封禪書》曰：「自威宣、燕昭使人入海求蓬萊、方丈、瀛州。此三神山者，其傳在勃海中，去人不遠。患且至，則風引而去。蓋嘗有至者，諸僊人及不死之藥皆在焉。其物禽獸盡白，而黃金、銀爲宮闕。未至，望之如雲。及到，三神山反居水下。臨之，風輒引去，終莫能至云。世主莫不甘心焉。」此種海中神山之傳說，甚爲普遍，《莊子》之藐姑射山，以

及《列子》之「列姑射山，在海河州中，山上有神人焉。」《山海經》之「列姑射山在海河州中，蓬萊山在海中，大人之市在海中。」皆此類傳說。海河之地，即今渤海邊燕齊之地，常易有此海市蜃樓之景，若虛若幻，若隱若現。故秦漢方士所謂：「未能至，望見之焉。」齊燕之君，不斷遣人入海中求三神山，秦始皇亦曾兩度至海河之地，漢武帝嘗七度來此，皆祭泰山，登之罘，或刻石紀功，或聚城以誌。

齊地本富有道家神秘浪漫之色彩，齊人天性又好迁怪夸誕之說，再加上特殊之地理環境，使齊學不但成爲黃老學者最多之地，而後世之方士、道士，亦以齊人最多。故道教之產生，除與黃老二者有密切關係外，亦與齊學有相當之淵源。

第三節　漢代道教之創立及發展

漢代道教之產生，可淵源於上古傳統之宗教信仰，並受道家之黃帝、老子、莊子、列子影響甚深。而眞正爲道教催生者，則爲秦漢間之方士與道士，渠輩承三代以來巫祝之地位，扮演起神人之間媒介，加上秦漢帝王皆喜長生不老神仙之說，因此頗能投其所好。道教在君王之保護下逐漸發展，同時民間對鬼神信仰之風氣，相當普遍，終於促成土生土長宗教之產生。

一、方士與道士

方士本有二種意義：一指方外之士。《莊子・大宗師》曰：「彼遊方之外者也。」此指超然世外，逍遙無爲，與世無競，不涉俗務，所謂「修道之人也」。彼輩或棲身山林之中，徬徨塵垢之外，窮通得失，澹然自得。或執守老莊之道，沖虛澹漠，清靜自持，不與世媚合，但求自適自得，此即道家之徒也。二指方術之士。《史記・始皇本紀》曰：「悉召文學方術之士。」此處所謂方術，係指煉藥養生，陰陽占驗，求卜問卦之術，此即秦漢之方士也。此二種方士，本有淵源之關係。蓋前者於亂世之中，棄世從隱，棲遲於丘壑，每於清閒之際，多研究養生之道，而旁涉風角象數、服食導引、占卜問卦，若黃石公、河上公之流。又如秦時盧敖爲博士，知大難之將至，則託言求仙而遁入盧山，皆此類也。方士往往初爲習道家之學者，至秦漢之後，已漸習方術爲專務，甚且以之爲千祿求仕之工具。此《莊子・讓王篇》所謂「身在

江海之上，心居魏闕之下。」之謂也。

　　秦漢方士多爲陰陽家之徒，故傳言鄒衍爲善於方術者。劉向《別錄》云：「傳言鄒衍在燕，有谷地美而寒，不生五穀，鄒子居之，吹律而溫至，生黍到今，名黍谷焉。」〔註4〕又《淮南子》佚文載：「鄒衍事燕惠王盡忠，左右譖之，王繫之獄，仰天哭。夏五月，天爲下霜。」〔註5〕《漢書·劉向傳》曰：「宣帝循武帝故事，復興神仙方術之事。劉向得淮南王《枕中秘書》，言神仙使鬼物爲金之術，及鄒衍〈重道延命方〉。」〈延命方〉即延年長生之術。可知鄒子爲傳說中能吹寒噓冷，及善於延年養生之方士。司馬遷亦曰：「鄒衍睹有國者益淫侈，不能尚德，若大雅整之於身，施及黎庶矣。乃深觀陰陽消息，而作怪迂之變，〈終始大聖〉之篇，十餘萬言。因載其機祥度制，推而遠之，至天地未生，窈冥不可考原也。」（〈孟荀列傳〉）

　　當時鄒衍怪迂之說，甚受一般君王之歡迎。司馬遷曰：「王公大人初見其術，懼然顧化，其後不能行之。是以鄒子重於齊。適梁，梁惠王郊迎，執賓主之禮。適趙，平原君側行撇席。如燕，昭王擁彗先驅，請列弟子之座而受業，築碣石宮，自親往師之，作〈主運〉。其遊諸侯，見尊禮如此，豈與仲尼菜色陳蔡，孟軻困於齊梁，同乎哉？」（〈孟荀列傳〉）及鄒衍之後學，更以方術炫世，深得一般君王之喜好，於是方術之士由茲興起。司馬遷曰：「自齊威宣之時，鄒子之徒，論著終始五德之運。及秦帝，而齊人奏之，故始皇采用之。而宋毋忌、正伯僑、充尚、羨門子高，最後皆燕人，爲方僊道，形解銷化，依於鬼神之事。鄒衍以陰陽主運，顯於諸侯。而燕齊海上之方士，傳其術，不能通。然則怪迂阿諛苟合之徒，自此興，不可勝數可。」（〈始皇本紀〉）方士中以齊人最多。當時方士假借齊地所流傳之三神山之故事，作爲其招搖撞騙，夤緣取利之工具。其至權傾一世之秦始皇，亦不免爲方士所迷惑愚弄。

　　秦始皇統一天下，其功業之盛，無與倫比。其權威之大，甚可施諸人類以外之山林鬼神。嘗因風雨暴至，避於樹下，因封其樹爲五大夫。又嘗浮江至湘山祠，逢大風，不得渡，遂大怒，而使刑徒三千人盡伐湘山之樹，赭其

〔註4〕《漢書·律曆志》謂：五音生於陰陽，分爲十二律。陽六爲律，陰六爲呂，十二律於十二月各有所應。律以統氣類物，呂以助陽宣氣，「陰陽之施化，萬物之終始，既類助於律呂，又經歷於日辰，而變化之情可見矣。」音律既能發生如此功用及影響力，故鄒子亦能吹律使寒地氣溫而生穀。此蓋漢之方士迷信思想也。

〔註5〕見《太平御覽》第十四，《論衡·感虛篇》亦有此說。

山而歸。始皇威勢雖大，然對生命之極限，却無法打破，縱使刻石記功，亦難免一死。故發奇想，欲尋長生不老之樂，以冀不死。始皇廿八年，有齊之方士徐市（〈括地志〉曰徐福）等上書言神仙之事。謂海中有三神山，名曰：蓬萊、方丈、瀛州。上有仙人居之。於是秦皇遣徐市發童男女數千人，入海求仙人。始皇卅二年，更有燕之方士盧生、韓終、侯公、石生為之求不死之藥。始皇卅五年，侯生、盧生等因未尋獲仙方，遂僞稱仙人難遇，乃因有惡鬼作祟，令始皇微行，所居何宮，毋令人知之。始皇竟信之，乃於咸陽之旁，二百里之內，設宮觀二百七十處，甬道相連，帷帳鐘鼓，美人充之。各案署不移徙行，所幸有言其處者罪始。然無論如何托詞，仙藥不得，乃必然之事。於是方士借機批評秦皇暴政。謂始皇暴戾，不可為之求仙方，乃相遂亡去。

而徐市等人，入海求仙藥，數年不得，耗費甚多，恐受譴責，乃詐稱仙藥雖覓，但常為大鮫魚所苦，故不得至。願請善射者，携帶連弩同往。始皇屢受方士所欺，大怒之曰：「吾前收天下書，不中用者，盡去之。悉召文學方術士甚眾，欲以興太平，方術欲鍊以求其藥。今聞韓眾去不報，徐市等費以巨萬計，終不得藥，徒姦利相告日聞。盧生等吾賜之甚厚，今乃誹謗我，以重吾不德也。諸生在咸陽者，吾使人廉問，或為訞言以亂黔首。」於是因方士之故，使御使按問，而坑殺於咸陽而死之術士，共四百六十餘人。

始皇雖坑殺術士，然其諱言死之心猶在，終其一生，仍受方士愚弄，始終為求仙求藥之事所迷惑，「及至秦始皇并天下，至海上，則方士言之，不可勝數。始皇自以為至海上，而恐不及矣。使人乃齎童男女，入海求之，船交海中，皆以風為解。曰：未能至，望見之焉。其明年，始皇復遊海上，至琅邪，過恒山，從上黨歸。後二年，遊碣石，考入海方士，從上郡歸。後五年，始皇南至湘山，遂登會稽，並海上，冀遇海中三神山之奇藥，不得，還至沙丘，崩。」（以上見〈始皇本紀〉）始皇一生求仙之結果，卒難逃一死。其時方士，亦祇一味投其所好，「候星氣者，至三百人，皆良士，畏忌諱諛，不敢端言其過。」此一君臣相愚之鬧劇，卒為後世所竊笑。

方士至漢時，益加興起。漢高祖本迷信之人，嘗借斬白蛇以起義，祠蚩尤而釁鼓。定鼎之後，乃下詔制定天之五帝之祠，崇尚神道。文帝初亦好鬼神之事，趙人新垣平以望氣見稱，言長安東北有神氣，請帝作渭陽五帝廟以祠之。復言關下有寶氣，使人持玉杯詣關獻之，刻曰：「人主延壽」，復言：「周鼎在泗水中，今河決通於泗，而汾陰有金寶氣，意鼎出乎？」請立五廟於汾

陰以祀之。後有人上書告平所言皆詐，乃下詔治罪，夷三族，「於是文帝怠於改正服，鬼神之事。」（《史記‧孝文本紀》）

武帝為最迷信好鬼神之君。嘗於上林礡氏館祀長陵神君，又置祠甘泉，信壽宮神君。《史記‧封禪書》曰：「元狩五年，天子病鼎湖，甚。巫醫無所不致，不愈。游水發根言上郡有巫，病而鬼神下之。上君置祠之甘泉。及病，使人問神君。神君言曰：『天子無憂病，病少愈，彊與我會甘泉。』於是病愈，遂起幸甘泉。病良已，大赦，置酒壽宮神君。」壽宮神君最貴太一，亳人謬忌以太一之神置五帝之上，並建議武帝於長安東南立祠，武帝皆如其言。

武帝除迷信鬼神之外，又好神仙之事，是故「海上燕齊怪迂之方士，多來言神仙之事。」（《漢書‧郊祀志》）

當時有方士李少君，以〈祠竈辟穀卻老方〉見上。且曰：「祠竈則致物，致物而丹砂可化為黃金。黃金成，以為飲食器則益壽。益壽而海中蓬萊遷者乃可見。見之以封禪則不死，黃帝是也。」又自謂：「常游海上，見安期生。安期生食巨棗，大如瓜。安期生，僊者，通蓬萊中，合則見人，不合則隱。」於是武帝信其言，乃祠竈，遣方士入海求安期生。久之，李少君病死，武帝以為化去，不死。

又有方士少翁，以〈鬼神方〉見武帝。武帝所寵幸之李夫人卒，少翁以術夜致鬼，如夫人貌。武帝自帷中望之，乃拜少翁為文成將軍，又為之大建宮殿以祠神。「居歲餘，其方益衰，神不至。乃以帛書以飯牛，佯不知。言曰：『此牛腹中有奇！』殺，視得書。書言甚怪，天子識其手書，問其人，果是偽書，於是誅文成將軍。」

方士欒大為膠東王之家人，善美言，多方略，而敢為大言。嘗見武帝曰：「臣常往來海上，見安期生、羨門之屬。臣之師曰：『黃金可成，河決可塞，不死之藥可得，仙人可致也。』然臣師非有求人，人自求之。陛下必欲致之，則貴其使者，令為親屬。以客禮待之，則可使通言也。」武帝信其言，拜欒大為五利將軍。又賜之為樂通侯，僮僕千人，乘輿，並使車馬、帷幄、器物，以充其家。又以衛長公主妻之，齎金萬斤。因此欒大身份甚為尊貴，「佩六印，貴震天下。而海上燕齊之間，莫不搤捥而自言有禁方，能神僊矣。」後欒大治裝入海求其師，又之泰山。武帝使人隨驗，無所見。事終不密，卒坐誣罔，腰斬而死。

齊之方士公孫卿有《札書》，專講黃帝封禪、鑄鼎、登仙之事。並謂：「封

禪七十二王，唯黃帝得上泰山封。漢帝亦當上封，封則能僊登矣。」武帝信之。遂曰：「誠得如黃帝，吾視去妻子，如脫屣耳！」公孫卿又以僊人好樓居。於是武帝於長安作蜚廉桂觀，於甘泉作益壽觀，使公孫卿持節設具而候神人。又作通經莖臺，置祠具其下，以招來僊神之屬。益壽觀高二十丈，費用無數。公孫卿又言，見仙人於緱氏城上。武帝往觀之，無所見。問曰：「卿得毋效文成、五利乎？」公孫卿曰：「仙人非有求人主，人主自求之，其道非寬假，神不來。積以歲月，乃可致也。」公孫卿又言，有神人居於東萊山。武帝信其言，先後七次至東萊海上，候神仙，皆無所得而歸。(以上見《史記‧封禪書》，《漢書‧郊祀志》)

　　武帝之迷信神仙，為方士所愚，於此可見。而方士之中，以齊人最多。如李少君、謬忌、少翁、欒大、公孫卿、公玉帶、寬舒等，皆齊人也。可知齊地產生不少方士。而彼輩所做所言求仙求藥之事大抵相同，武帝居然一誤再誤，貽人笑柄。

　　漢代儒士亦染有不少方士色彩(秦始皇焚書坑儒，儒士當與方士有密切關係)。如文帝時儒士張蒼、公孫臣亦通方士之術。《史記‧文帝紀》曰：「十四年……公孫臣上書，陳終始，傳五德事。言方今土德時，土德應，黃龍見。當改正朔、服色、制度。」又曰：「時丞相張蒼，好律歷，以為漢迺水德之時，河決金隄，其符也。」武帝時，董仲舒雖為儒者，然其著作中充滿陰陽五行之思想，並帶有鬼神之迷信。其曰：「天者，百神之君也，王者之所最尊也。」(《春秋繁露郊義》)而主張郊天祀天。夏曾佑先生曰：

　　　　晉葛洪《抱朴子》之〈論僊篇〉，引董仲舒所撰《李少君家錄》云：「少君有不死之方，而家貧，無以市藥物。故出於漢以假塗，求其財，道成而去。」云云。其事甚怪，然以證《春秋繁露》所列求雨止雨之法，暴巫聚蛇埋蝦蟆燒雄雞老豬取死人骨烟等法。則仲舒之學，實合巫蠱厭勝神仙方士而一之。是治《公羊春秋》者，合方士之說也。〔註6〕

可知方士之影響，除帝王受其蠱惑外，儒士亦受其感染。

　　武帝末年，已厭方士怪迂之言。大鴻臚田千秋奏曰：「方士言神仙者眾，而無顯功，請皆罷遣之。」武帝然其言。且深悟之曰：「曏為方士所欺，天下豈有仙人？盡妖妄耳！節食服藥，差可少病而已。」

〔註6〕夏曾佑《中國古代史》下冊〈儒家與方士之糅合〉，頁335。

　　至宣帝時，又好神仙。方士復紛然沓至。京兆尹張敞諫之曰：「願明主時忘車馬之好，斥逐方士之虛語，游心帝王之術，太平庶幾可興。」後王褒奉詔上〈聖主得賢臣頌〉，文中亦力斥神仙之術，宣帝乃罷之。

　　成帝亦頗好鬼神之術。丞相匡衡、御史大夫張譚皆上奏。以爲郡國方士所祀之神，凡六百八十三所，應廢者四百七十五所。谷永上書曰：「鬼神之術，乃姦人挾左道，懷詐僞，以欺罔世主。」帝善其言。

　　哀帝在位寢疾，復召方士，復召方士，盡復前世諸神祠官，凡七百餘所，六年而崩。（以上見《漢書・郊祀志》）

　　王莽居心篡漢，頗精方術之技。嘗自造符命，獻椒酒於平帝，置毒其中。帝疾，莽遂做〈策命〉，就命於神曰：「願以身伐」，藏策金縢，暗示大臣。篡位之後，復興神仙之事，日與方士昭君等，於後宮考驗方術，縱慾淫樂。及後兵敗，乃按方術引經據典曰：「國有大災，則哭以厭之。」（見《周禮・春官》女巫之職）率群臣至大郊，仰天哀告，搏心大哭，氣盡，伏而叩頭。又作〈告天策〉，陳己功勞千餘言，諸生小民會旦夕哭。其悲哀能誦策文者，除以爲郎，至五千餘人。王莽又好神仙，以方士蘇樂之言，起八風臺於宮中，作樂於其上。又種五色禾於殿中，以仿神仙之術。其所崇祀之對象，上自天地，下至鬼神，凡千七百所，其中淫祀，皆方士所建議。及王莽臨危，漢兵入宮，莽持虞帝匕首，並抱符命威斗，令天文郎按星盤於前。莽隨斗而坐，口中念念有辭曰：「天生德於予，漢兵其如予何？」王莽一生迷信如此，猶難逃覆敗之命運。卒坐敗而遭裂屍之刑（以上見《漢書・郊祀志》及〈王莽傳〉）。

　　秦漢之方士所謂神仙之術，不死之藥，不過用來干祿求宦之工具。其術久而不驗，終屬無效。故方士或畏罪潛逃，或事敗被誅。文帝之誅新垣平，武帝之重刑甘忠可、李尋等，並殺欒大、少翁，皆其例。大儒董仲舒以災異之說下獄，劉向以獻《淮南枕中秘書》，試驗造金之術，費多而無驗，卒構以重罪。雖方術無效，而不驗者輒罪，然信之者既眾，而爲此術者仍多。故史遷〈封禪書〉總結曰：「今上封禪，其後十二歲而還，徧於五岳四瀆矣。而方士之候伺神人，入海求蓬萊，終無有驗。而公孫卿之候神者，猶以大人之跡爲解，無有效，天子益怠厭方士之怪迂語矣。然羈縻不絕，冀遇其眞。自此以後，方士言神祠者彌眾，然其效可睹矣。」

　　秦漢之間以「方士」最盛，至東漢漸爲「道士」之名所代替。道士本爲「有道之士」之簡稱。《呂氏春秋・謹聽篇》曰：「故當今之世，求有道之士，

則於四海之內，山谷之中，假遠悠閒之所。若此，則幸得之矣。得之，則何欲而不得？何爲而不成？太公釣於滋泉，遭紂之世也。故文王得之而王。」此道士即《莊子‧大宗師》所謂「方外之士」。如太公遊於方外，隱於釣徒，聞文王賢，出而輔弼，後以道術治齊，齊學遂成道學之所在。《春秋繁露‧循天之道篇》曰：「古之道士有言曰：將欲無陵，固守一德。」抱一守靜，爲道家修身之要義。此道士之初義，實合「有道之士」與「修道之士」而言。故姜太公爲最早之道士，後道教亦尊太公爲神明。

　　漢初之方士，亦多習道論及道術，如盧生、李少君、公孫卿等流。武帝聽公孫卿等之言，嘗立神明臺，高五十丈，上設九室，置道士百人（見《漢書‧郊祀志》下《注》）。此時方士而道士，略無區別。《漢書‧王莽傳》曰：「衛將軍王涉素養道士西門君惠，君惠好天文讖記。」《後漢書‧光武紀》曰：「道士西門君惠。」桓譚《新論》云：「陽曲侯王根迎方士西門君惠，從其學養生却老之術。」故知兩漢之際，方士與道士乃爲通稱。唯秦漢之間，多以方士、術士名之。東漢以降，稱方士爲道士之名，漸爲流行。《後漢書‧第五倫傳》曰：「所過輒爲糞除而去，陌上號爲道士。」道士遂隨道教之發展而興盛。

　　東漢時道士修鍊之術，承繼方士之術而來。《漢書‧郊祀志》記谷永諫漢成帝之言，已將方士之術略爲說明：「世有僊人服食不終之藥，遣興輕舉，登遐倒景，覽觀縣圃，浮游蓬萊，耕耘五德，朝種暮穫，與山石無極，黃冶變化，堅冰淖溺，化色五倉之術者。」唯東漢道士所從事修鍊之術，每多增染，較之方士，更加完備。茲將道士修鍊之術，略述如下：

1. 祈　禱

　　東漢之道士，實兼上古巫覡卜祝之職責，專以溝通人神之事爲務。故無論方士、道士、術士，每假借神明附體，以宣示神明之旨。而凡人每有所求，必藉道士以代爲溝通，此即靈媒之角色。

2. 符　籙

　　符籙係由圖讖所演變而來。符即符璽，乃古發軍令之印信。《史記‧信陵君傳》有竊兵符之事，漢封諸侯時有「銅虎符」、「竹史節」。兵符印信乃人間威信之物，道士遂發生聯想，欲以之驅策鬼神。籙者，爲依符之象徵而錄之爲文，亦爲鬼神官吏之名冊。《隋書‧經籍志》有《符籙》十七部百三卷。《注》曰：「籙者，素書記天曹官屬書冊之名。」符籙乃神明所賜之法寶。《三國志‧孫策傳注》

引〈江表傳〉曰：「道士于吉，先寓居東方，往來吳會，立精舍，燒香，讀道書，制作符水以治病。」于吉為東漢順帝時人，自謂於曲陽泉水上得神書，其符蓋由神書而來。張道陵亦言，老君授以印綬符籙，使佐國扶命。是符水不但用來治病，符籙亦可助理國家大事。故《抱朴子‧遐覽篇》中有消災符、避兵符、祈晴符、治水符、伏火符、延生符、拔度亡魂符等等，種類繁多。

除符籙外，道士亦流行咒語。咒語起源甚早。《尚書‧無逸篇》有「厥口詛祝（咒）」。《左傳》隱公十一年，穎考叔為子都暗箭射死，鄭伯使士卒詛咒射穎考叔者。襄公十一年，叔孫穆子使季武子「詛諸五父之衢」。《周禮‧春官》有「詛祝（咒）」與司巫並列。道士為劾鬼伏魔，禳災祈福，亦各有符文咒語（參《後漢書‧方術傳‧費長房傳》）。佛教傳入中土，道士咒語更多承佛教淨土宗、眞言宗等口訣。且末尾加上「太上老君，急急如律令勅」等語。老子儼然成為驅邪剋魔，發令施咒之神明。

3. 占 驗

占驗即稽卜決疑。《周禮》中已有太卜之官，〈洪範〉云：「三人占，則從二人之言。」凡人間稽疑未決之事，皆可由卜筮占驗以判斷之。《後漢書‧方術傳》記載此類有：風角、盾甲、七政、元氣、六日、逢吉、日者、挺專、須臾、孤盧、望雲、省氣等等之術。其中所列卅四人，多精通此術。而其人亦多不慕榮利，淡泊寡欲，有家居不仕者，有徵舉不就者，有徵召後又託病退官者，此誠所謂有道之士也。

4. 丹 藥

丹藥係道士修鍊最重要方術之一。《說文》段《注》：「丹者，石之精，故凡藥物之精者曰丹。」丹藥火燒煉金石而成，其目的有二：或服食以冀長生，或提鍊黃金以致富。歷代方士或道士相承勿替，謂之金丹玉液，或黃白之術（黃金白銀變化之術，可參《漢書‧淮南王安傳注》）。其中修煉金石以成藥者，謂之內丹。此術起源甚早。《周書》曰：「成王時，濮人獻丹砂。」屈原〈涉江〉云：「登崑崙兮食玉英，與天地兮比壽，與日月兮齊光。」故周時，已有食藥成仙之事。《本草》亦記載：「久服丹砂，通神明，不老輕身。」《尚書‧禹貢》更有荊州進貢之物中有丹砂。丹砂為道士煉丹之主要原料。後世《抱朴子‧金丹篇》，專講服食之術。其〈金丹篇〉曰：「黃帝《九鼎神丹經》曰：黃帝服之，遂以昇仙。」又曰：「下藥治病，中藥養性，上藥長生不死。」〈仙藥篇〉曰：「《神農四經》曰：上藥令人身安命延。」魏伯陽之《參同契》，

亦為丹鼎派之要籍。多言納甲之法，坎離水火龍虎鉛汞之要，並以陰陽五行昏旦時刻為鍊丹進退持行之侯。其後北宋張伯端之《悟真篇》，南宋夏元鼎之《金丹詩訣》，元陳致虛之《金丹大要》，皆發陽內丹之要籍。

　　內丹之外，道士亦持守外丹之功夫。道士修真養性，修鍊本身丹田之精氣，以達神化之妙境，名曰外丹。道士認為精、氣、神為人身之三寶。故鍊精化氣，鍊氣化神，鍊神返虛，自可與宇宙合一，達於金剛不壞之仙體，便可羽化登仙。道教《潛確類書》曰：「以精化氣，以氣化神，以神化虛，名三華聚頂。」精有二義：一指無形之精神，一指有形之精液。修養精神，不紊不擾，此為老莊之要旨。而保養精液，使其逆轉，以還精補腦，則為鍊養之方，此即道教房中之術。氣亦有二義：一指天地日月陰陽之氣，亦即運生宇宙間，生生不竭自然之氣。一指人體內之元氣，此謂所謂「胎息」也。涵養自然之氣，使存胎息之中，便能達到養生、怯病、延壽之效。故《莊子·刻意篇》曰：「吹呴呼吸，吐故納新。」屈原〈遠遊〉云：「餐六蒙而飲沆瀣兮，漱正陽而含朝霞，保神明之清澄兮，精氣入而麤穢除。」內丹、外丹相調，養性養形修鍊，便能益壽健身，而達到成仙之目的。

5. 導　引

　　導引乃運動筋骨，鍛鍊體魄之術。《素問·異法方宜論》曰：「導引可以治病。」《注》曰：「謂搖動筋骨，動支節也。」而運動筋骨，則可模仿禽獸之運動方式，以收體健之效。《三國志·華佗傳》曰：「古之仙者，為導引之事，熊頸鴟顧，引輓腰體，動諸關節，以求難老。吾有一術，名五禽之戲：一曰虎，二曰鹿，三曰熊，四曰猨，五曰鳥。亦以除疾，並利蹄足，以當導引。」《抱朴子·雜應篇》曰：「若能乘蹻者，可以周流天下，不拘山河。凡乘蹻道有三法：一曰龍蹻，二曰虎蹻，三曰鹿盧蹻。」蓋以禽獸較人壽且健，故模仿之，以達修鍊之效果。導引時，亦要注意飲食及行氣。《漢書·張良傳》曰：「良從入關，體多疾，即導引不食穀。」《注》云：「服避穀藥，而靜居行氣。」導引可治病健身，道士常用之。

6. 玄　理

　　道士除繼承老莊之學說，予以曲解附和外。並參酌民間流行之神話，以及上古宗教之理論，演變成道教獨特之宗教思想。是以鄒衍閎大不經之言，《齊諧》志怪之說，皆為道士所採納。而早期流傳中國之志怪小說，如《穆天子傳》、《西王母傳》、《海內十州記》、《列仙傳》等書籍，對道教皆有所啟發。

故道教玄理之基礎，乃建立於上古廣大之迷信色彩上。今觀《漢文志》中，屬《道家》書籍共三十七家九百九十三篇，屬《房中》共八家一百八十六卷，屬《神僊》共十家二百零五卷，皆爲道教理論之所本。而凡諸子中之名、法、墨、兵、農諸家言占星、陰陽、五行、占卜、醫方、數術、方技皆是道教理論之依據。甚至儒家經典之《周易》，亦爲道士所奉爲壞寶。至漢《太平經》以後，道教經典亦多。宋鄭樵《通志‧藝文略》更詳其分類：計有《老子》、《莊子》、《諸子》、《陰符經》、《黃庭經》、《參同契》、目錄、傳、記、論、書、經、科儀、符籙、吐納、胎息、內視、道引、辟穀、內丹、外丹、金石藥、服餌、房中、修養，共廿五種，一千三百二十三部三千七百六卷，可謂潝歟盛哉。至明代道藏，所以經典更多，內分三洞四輔十二類，共五千四百八十五卷之多。〔註7〕此皆道教玄理之內容。

　　漢之道士凡祈禱、符籙、占驗、玄理，皆能勖勉人心，安慰精神，或求心靈之寄託，或達止惡揚善之目的。雖不免有迷信色彩，然在社會上有其安定人心之作用。而導引行蹻，呼吸吐納，及養生健體之術，丹藥更屬醫學之範圍，此均有益於人體健康。道士煉丹中，所謂黃白之術，則爲古昔工業化學之胚胎，《論衡‧率性篇》云：「道人銷煉五石，作五色之玉，比之眞玉，光不殊別。兼魚蚌之珠，與禹貢璆琳，皆眞玉也。然而隨侯以藥作珠，精耀

〔註7〕道教經典叢編，今存者有北宋之《雲芨七籤》，爲宋眞宗時，張君房奉敕校正秘閣道書，撮其精要而成。書中以天寶君說洞眞爲上乘，靈寶君說洞元爲中乘，神寶君說洞神爲下乘。又太元、太平、太清三部爲輔經。正一法文遍陳三乘，別爲一部，統稱三洞眞文。總爲七部，凡一百三十二卷。自一卷至二十八卷，總論經部宗旨及仙眞位籍之事。二十九卷至八十六卷，則以道家服食煉氣內丹方藥符圖守庚尸解諸術，分類鏤載。八十七至一百二十二卷，則係前人文字及詩歌傳記之屬，凡有涉及於仙道者，悉編入內，古道書菁華，略備於茲。（今《四部叢刊》有影印本）明時始有《道藏》，係仿釋教《大藏經》之名，爲道書之總稱。內分三洞四輔十二類。三洞者：一爲洞眞部，爲元始天尊所流演，是爲大乘上法。二爲洞元部，乃太上老君所流演，是爲中乘中法。三洞神部，亦出太上老君，是爲小乘初法。四輔者，其一爲太元部，洞眞之輔也。其二爲太平部，洞元之輔也。其三爲太清部，洞神之輔也。其四爲正一部，三洞三輔之所歸也。所分七部與《雲芨七籤》相合。蓋歷代道家之舊目，其七部子目，則各分本文、神符、玉訣、靈圖、譜錄、戒律、威儀、方法、眾術、記傳、讚頌、表奏十三類。此三部藏之綱領，成《道藏》全部之內容。明正統中，宋披雪雕印《道藏》四百八十函，五千三百零五卷。萬曆三十五年，天師張國祥復編纂道經，續加三十二函，百八十卷。於是道教經典，粲然大備，凡五百十二部，五千四百八十五卷。道士白雲霽爲之作《道藏目錄詳註》四卷。

如眞。」魏晉時更因而有「人造水晶」之產生（見《抱朴子‧論仙篇》），與今玻璃相似。晉時道士李根，更能於煉丹中，以鉛錫化成白銀（《見抱朴子‧黃白篇》），此皆與冶鍊工業有關。齊少翁能以鬼術使武帝夜見李夫人，或與今心理催眠之法相同。道士又通醫方，爲人治病療疾，趁機勸人思過行善，此皆能寓教化於神道之中。而道士本身亦能守道不阿，進退有節。如被徵召而詣闕上書者若郎顗、襄楷等，以天道陰陽之說，以規人君爲政之失，言盡則退，視富貴如敝屣，與秦漢方士之志在干祿者迥異。故凡品德高尚，有善言義行者，世輒以道士譽之。如《後漢書‧第五倫傳》曰：「倫有義行，久宦未達，乃爲鹽商，所過之旅舍，臨去必灑掃清潔，時人號爲道士。」故東漢道士實乃兼「有道之士」之稱，廣受社會重視與歡迎。佛教傳入中土，甚至僧伽亦須借助道士之名。如《盂蘭盆經疏》云：「佛教傳此方，呼僧爲道士。」道教於漢際正式成立之後，道士漸爲道教徒之專稱。

二、道教之創立及發展

　　道教之發展，方士、道士之功甚偉。早期之方士，如徐福、李少君等，皆成爲道教所崇祀之神仙（見〈神仙傳〉）。道教於漢際，經茅濛、于吉、三張（張陵、張衡、張魯）之闡揚，遂打下道教之基礎。

　　茅濛一家數代，皆以方術見長。《史記‧始皇本紀》曰：「三十一年十二月，更名臘曰嘉平。」《集解》引〈太平眞人茅盈內紀〉曰：「始皇三十一年九月庚子，盈曾祖父濛，乃於華山之中，乘雲駕龍，白日升天。先是其邑謠歌曰：『神仙得者茅初成，駕龍上升入太清，時下玄州戲赤城，繼世而往在我盈，帝若學之臘嘉平。』始皇聞謠歌而問其故，父老俱對，此仙人之歌謠，勸帝求長生之術。於是始皇欣然，乃有尋仙之志，因改臘曰嘉平。」又《道藏茅山志》曰：「〈三茅君碑文〉云：茅偃事奉昭王爲將軍。偃子濛見周室已衰，乃師事北郭鬼谷先生，受長生之術，仙去。濛曾孫三人：盈字初成，固字季偉，衷字思和。皆漢景時人，先後入茅山（江蘇句容縣）修道，皆成仙而去，此即所謂三茅君。」今野史小說中所稱「茅山道士」之神術，即三茅君之所傳。而三茅君之地位，不亞於龍虎山之張天師，至今茅山道士仍崇奉之。

　　至於于吉之《太平經》，可謂道教典籍之始。《後漢書‧襄楷傳》曰：「初

順帝時，琅琊宮崇詣闕，上其師于吉於曲陽泉水所得神書百七十卷，皆縹白素朱介，青首朱目，號〈太平清領書〉。其言以陰陽五行爲宗，而多巫覡雜語。有司奏：「崇所上妖妄不經。」乃收藏之。後張角頗有其書焉。」章懷太子《注》曰：「神書即今道家《太平經》也。」《三國志‧孫策傳注》引〈江表傳〉曰：「時有道士琅邪于吉，先寓居東方，往來吳會，立精舍燒香，讀道書，制作符水以治病，吳會人多事之。」葛洪《神仙傳》云：「宮嵩（即宮崇）者，琅邪人也，有文才，著書百餘卷，師事仙人于吉。漢元帝時，崇隨吉於曲陽泉上，遇天仙，授吉青縑朱字《太平經》十部。吉行之得道，以付崇。後上此書，書多陰陽否泰災眚之事。有天道，有地道，有人道。云治國者用之，可以長生，此其旨也。崇服雲母，數百歲，有童子色，後入紵嶼山，仙去。」吉爲元帝時人，建安五年爲孫策所殺，壽達二百五十歲以上。又《道藏三洞珠囊》卷九謂：「老子、尹喜，至西國化胡，歸中國作《太平經》。于吉所傳之神書，即《太平經》，又名《太平清領書》。其書言順天之道，慈善忠孝，可致太平。天運循環，帝王乘此運氣，奉天意，行善政，故天下太平。又有勸善戒惡之文，乃養性辟穀，誦咒除災，尸解成仙之說。」

《太平經》不但是宗教上一部著作，其中亦有不少黃老思想。如書中言「上古無爲而治」「太平和氣且將至，人將日好善，帝王將垂拱而無可治。」「神人爲君，眞人爲臣，以治其民，民將不知上之有天子也，而以道自然無爲自治。」故此書實寓黃老思想之政治理念於神道之中。湯錫予先生曰：

> 《太平經》者，上按黃老圖讖道術，下啓張角，張陵之鬼教。其
> 所記與漢末黃巾，六朝之道士，均有差異，則謂其最早之道教典
> 籍。〔註8〕

除于吉之《太平經》外，漢成帝時，有齊人甘忠可又造《天官曆包元太平經》十二卷，述漢盛衰及災異之事。並謂：「天帝使眞人赤精子下，教我此道。」甘忠可《太平經》或就于吉之書發揮而來。

漢靈帝時，有鉅鹿人張角，奉事黃老道，假借當時所流行之道士方術，於天下多故，政治動盪之時，趁機作亂，時人號爲黃巾賊。《後漢書‧皇甫嵩傳》曰：「初，鉅鹿張角自稱大賢良師，奉事黃老道。畜養弟子，跪拜首過，符水咒語以療病。病者頗愈，百姓信向之。角因遣弟子八人使於四方，以善道敦化天下，轉相誑惑，十餘年間，眾徒數十萬。連結郡國，自青、除、幽、

〔註 8〕 參湯錫予《玄學、文化、佛教》一文〈讀太平經〉，頁 207。

冀、荊、揚、兗、豫八州之人，莫不畢應，遂置三十六方。方猶將軍號也。大方萬餘人，小方六、七千人，各立渠師。訛言蒼天已死，黃天當立，歲在甲子，天下大吉。以白土書京城寺門，及州郡官府，皆作甲子字。」「時諸方一時俱起，皆著黃巾爲標幟，時人謂之黃巾，亦名爲蛾賊，殺人以祠天。角稱天公將軍，弟寶稱地公將軍，寶弟梁稱人公將軍。所在焚燒官府，刦略聚邑。」後黃巾之亂爲皇甫嵩、朱儁等所平。然張角於宗教上之影響，仍普及民間。今稱道士爲黃冠，蓋襲黃巾之服色也。

除張角作亂外，又有張脩於漢中創立五斗米道。《典略》曰：「熹平中，妖賊大起，三輔有駱曜。光和中，東方有張角，漢中有張脩。駱曜教民緬匿法。角爲太平道，脩爲五斗米道。太平道者，師持九節杖爲符祝，教病人叩頭思過，因以符水飲之。得病，或日淺而愈者，則云：此人信道。其或不愈，則爲不信道。脩法略與角同。加施靜室，使疾者，處其中思過。又使人爲姦令祭酒。祭酒主以《老子》五千文使都習，號爲姦令，爲鬼吏，主爲病者請禱。請禱之法：書病人姓名，說服罪之意，作三通。其一上之人，著山上，其一埋之地，其一沈之水，謂之〈三官手書〉。使病者，家出五斗米以爲常，故號曰：五斗米師。實無益於治病，但爲淫妄。然小人昏愚，競共事之。後角被誅，脩亦亡。」

張角、張脩滅亡之後，張魯踵其業，增飾其說，以鬼道教民，雄據巴漢三十年，甚得民心。《三國志‧張魯傳》曰：「魯字公祺，沛國豐人也。祖父陵（道教稱爲張道陵）客蜀，學道鵠山中，造作道書，以惑百姓。從受道者，出五斗米，故世號稱米賊。陵死，子衡繼其道。衡死，魯復行之，益州牧劉焉以魯爲督義司馬。魯據漢中，以鬼道教民，自號師君。其來學者，初皆名鬼卒，受本道已信，號祭酒。各領部眾，多者爲治頭大祭酒，皆教以誠信不欺，有病教以懺過。諸祭酒皆作義舍，行路者量腹取足，若過多，鬼神輒病之。犯法，三原然後乃行刑。不置長吏，皆以祭酒爲治。民夷便樂之，雄據巴漢垂三十年。」張魯以鬼道治民，皆能以寬厚仁慈爲本，並依月令春夏禁酒禁殺，其本人又正直不受貨寶，信之者益眾。朝廷畏其權勢，祇能以籠絡手段行之，命爲鎮民中郎將，領漢寧太守。建安二十六年，曹操擊之難勝。魯因入蜀，操遂遣人慰喻，拜爲鎮南將軍，封閬中侯。張魯之鬼道，乃盛於漢中巴蜀。

張魯之祖父張道陵，係天師道之創始人。於道教史上，享有不可磨滅之

地位及尊榮。《道藏歷世眞仙體道通鑑》云：「張道陵爲子房八世孫。」陶弘景〈眞誥〉云：「陵字輔漢，本大儒，晚學長生之道，得《九鼎丹經》。聞蜀中多名山，乃入鵠鳴山，著《道書》二十餘篇。」《魏書・釋老志》曰：「張陵受道於鵠鳴，因傳〈天官章〉來，千有二百。弟子相授，其事大行，齋祀跪拜，各成道法。有三元九府，百二十官，一切諸神，咸所統攝。又稱劫數，頗類《佛經》。其延康、龍漢、赤明、開皇之屬，皆其名也。及去劫終，稱天地俱壞。其書多有禁秘，非其徒也，不得輒觀。至於化金銷玉，行符勑水，奇方妙術，萬等千條。上云羽化飛天，次稱消災滅禍，故好異者往往而尊師之。」至於後代如葛洪《神仙傳》等，則將張道陵視爲一得道成仙之眞人。《道藏》謝宋顯《混元聖紀張天師傳》曰：「張道陵，字輔漢。以光武建武十年，生於餘杭之天目山。七歲能誦《道德經》，後爲書生，博綜五經，通《河洛》象緯之文。章帝元和二年，以博士召，不赴，時年五十二。後隱居江西龍虎山。和帝永元四年，拜諫議大夫，以疾辭。復徵爲太傅，封冀縣侯。陵語使者曰：『爲我謝天子，九霄之上，無何有之鄉，金闕帝君，某已爲之臣矣！惟清靜寡慾，天下自治，何以陵爲？』遂入嵩山，齋戒念道，常誦《道德經》。精感老君，授以三皇《天文》，黃帝《九鼎大丹經》。陵聞蜀多名山，乃將弟子入蜀，居鶴鳴山。煉丹既成，服之本可冲天，謂當興利濟民，然後服之。老君又教以吐納清和之法，又教以攝精邪，戰魔鬼，種種神術。又授以天師印綬、雌雄二劍及符籙戒法，使助國扶命。桓帝永壽三年，陵一百二十三歲，老君授以正一眞人之號。九月九日，與弟子王長、趙昇同升天。」

張道陵雖以神道設教，得信徒廣泛支持與信仰。然最主要在其寓道德於宗教之中，故能收化俗導善之功。葛洪《神仙傳》曰：「陵又欲以廉恥治人，不喜施刑罰，乃立條制，使有疾病者，皆疏記生身已來所犯之事。乃手書投水中，與神明共盟約，不得復犯法，當以身死爲約。於是百姓計念，邂逅疾病，輒當首過。一則得愈，二使羞慚，不敢重犯，且畏天地而改。從此之後，所違犯者，皆改爲善矣。」其子張衡，其孫張魯，皆能善述父志，使宗教配合道德教化並行。道教遂不僅祇是低俗之宗教活動，亦有積極性之改造社會功能。故民間樂之，朝廷信之。唐釋法琳《辯正論》云：「陵爲天師，衡爲嗣師，魯爲係師，自號三師也。」道教在此三師（又名三張）之闡揚下，逐漸奠定基礎。至張魯之子張盛，世代居龍虎山，以一劍、一印、一功錄代代相傳，即爲後世道教之張天師。

　　三國時除張道陵創教外，南方更有許遜於江西創建淨明忠孝教。內用道家、儒家之修養，外用符籙法術，成為魏晉後南方道教之開創者，亦即唐宋以次，廬山道術派之源流。

　　漢末魏伯陽對道教理論多所發明，其《參同契》一書，及合《周易》、黃老、爐火三家，以契大道。西晉葛洪《抱朴子》，〈內篇〉專講成仙之道及金丹仙藥之方術，〈外篇〉則採儒道二家立身處世修養之旨（二家理論當於下編敘述）。南朝時陶弘景、北魏寇謙之皆崇信道教，對道教之發展貢獻很多。隋唐以後，道教在帝王之提倡之下，益復興盛。成為縣互千年，影響中國社會甚大之宗教。

　　道教始用老莊之名，以為其神道立說之根本。後世之道士亦皆習讀《老莊》書籍。且歷代帝王常因讀《老子》書，因而崇祀道教。故老莊與道教之旨雖有不同，然對道教影響，不可謂不深。勞思光先生曰：

> 漢代道家分為三支：一支與方士合流，而有神仙長生之說，日後終演成漢末之道教。一支通過韓非，成為黃老刑名之術。另一支則由玄理之欣賞，轉入玄談，遂成為日後魏晉之放誕生活。〔註9〕

是道家在政治上則形成黃老思想，在宗教上則促使道教之形成。而在學術方面，更影響四百餘年之思想界，而造成魏晉以後玄學名理之興盛。

〔註9〕勞思光《中國哲學史》第一章〈漢代哲學〉，頁122。

第三章　兩漢學術家之老莊色彩

第一節　雜家中之老莊思想

先秦諸子百家學說，於周秦之際，風起雲湧，蔚然可觀。各家派別，壁壘分別，立說授徒，各自「持之有故，言之成理」（〈荀子・非十二子〉）「得一察焉以自好」（《莊子・天下》）造成先秦學術上無比輝皇燦爛之時代。然而至秦漢之際，所謂諸子之主流，已漸趨微末，巨川洪濤，終成細涓，最後則爲駁然不純之雜家所取代。究其原因，或爲諸子相互之間彼此傾軋攻訐，〔註1〕或爲諸子後學本身之衰退。〔註2〕而秦始皇之焚書坑儒，罷黜百家之言，箝制天下人之思

〔註1〕諸子相互傾軋攻訐，使得各家元氣大傷，因而造成諸子學術之衰退。此《莊子・天下篇》所謂：「天下大亂，聖賢不明，道德不一，天下多得一察焉以自好。」於是產生所謂「一曲之士」，遂有「儒墨之是非」。各派「欲是其所是，而非其所非」於是互相詆訶排擠。故孟子距楊墨，必曰「無父無君」。荀子非十二子，必曰「除天下之害」。韓非子評莊周則曰「天下之惑術也」（〈忠孝〉）。而盛極一時之名家，則被道家之「無名主義」所否定。荀子更詈之曰：「直將治怪說，玩琦辭，以相撓滑也……此亂世姦人之說也。」（〈解蔽〉）韓非子復批評之曰：「是以儒服帶劍者眾，而耕戰之士寡。堅白無厚之辭章，而憲令之法息。」故梁啓超曰：「先秦諸子之論戰，實不及希哲之劇烈，而嫉妒褊狹之情，有大爲吾歷史污點者。以孔子之大聖，甫得政而戮少正卯，問其罪名，則行僻而堅，言僞而辯，學非而博，順非而澤也。夫僞與眞，至難定位矣……如墨子之非儒，則摭其陳蔡享豚等陰私小節。孟子之距楊墨，則毫無論據，而漫加以無父無君之惡名。荀子之非十二子，動斥人爲賤儒，指其無廉恥而嗜飲食。皆絕似村嫗嫚罵口吻，毫無士君子從容論道之風。」（《中國學術思想變遷之大勢，頁36》）

〔註2〕諸子後學本身之衰退，可參《漢書・藝文志》論諸家之短，及本文第壹編第

想，關係尤大。〔註3〕諸子遂一蹶不振。

　　諸子雖式微，然其影響力仍遍及民間。故秦漢之際，學術風貌所展現者，不再以一家名義爲代表之子學之書，而是代表各家思想混合之叢編，此即所謂秦漢之「雜家」。而雜家之「雜」，乃是「混合調和之思想體系」，亦即是「身通眾學的。」〔註4〕雜家可謂先秦學術之總結，亦是漢代學術之開端也。雜家最著名爲「《呂氏春秋》」與「《淮南子》」，二書皆欲在各家各派思想中，以求取混合統一。故《呂氏春秋》成書之理由乃係：「人以自是，反以相誹。天下之學者多辯，言利辭巧，不求其實，務以相毀，以勝爲故。」（〈察今〉），故欲「齊萬不同，愚智工拙，皆盡力竭能，如出一穴。」（〈不二〉）而《淮南子》成書之理由，亦是針對當時「百家殊景，皆爲治」之狀況，要「棄其畛挈（界），斟其淑靜，以統天下。理萬物，應變化，通殊類，非循一跡之路，守一隅之旨，拘擊牽連之物，而不與世推移也。故置之尋常而不基，有之天下而不窕。」（《要略》）以及「上明三光，下和水土，經古今之道，治倫理之序，總萬方之指而歸之一本。」（仝上）

　　雜家既統合諸家思想而言，故其受道家之影響自必甚深。胡適先生曰：

　　　雜家是道家的前身，道家是雜家的新名。漢以前的道家，可叫做雜
　　　家；秦以後的雜家，叫做道家。〔註5〕

茲舉《呂氏春秋》與《淮南子》二書，敘述如下：

　　　　四章第二節所論諸子後學衰退之因。
〔註3〕　焚書本起於博士淳于越主張恢復封建而起。當時爲李斯等所反對，遂上奏始
　　　　皇曰：「今諸生不師今而學古，以非當世，惑亂黔首。丞相臣斯昧死言：古者，
　　　　天下散亂莫之能一，是以諸侯並作語，皆道古以害今，飾虛言以亂實，人善
　　　　其所私學，以非上之所建立。今皇帝並有天下，別黑白而定一，尊私學而相
　　　　與，非法教人聞令，下則各以其學議之。入則心非，出則巷議。夸主以爲名，
　　　　異取以爲高，率群下以造謗。如此弗禁，則主勢降乎上，黨與成乎下。禁之
　　　　便，臣請史官，非《秦紀》皆燒之，非博士官所職，天下敢有藏《詩書》百
　　　　家語者，悉詣守尉雜燒之。有敢偶語《詩書》棄市，以古非今者族，吏見知
　　　　不舉者與同罪。令下三十日不燒，黔爲城旦。所不去者，醫藥、卜筮、種樹
　　　　之書。若欲有學法令，以吏爲師。」始皇制曰可，諸子遂傾滅矣。（見《史記‧
　　　　始皇本紀》）
〔註4〕　見胡適〈淮南王書序〉及載君仁之〈雜家與淮南子〉（《幼獅學誌》七卷三期）。
　　　　按「雜」之義爲「集」（見《方言》），爲「合」（見《國語注》），爲「聚」（見
　　　　《廣雅》），爲「會」（見《呂覽注》）雜家之學乃融合眾說，而能一貫條理是
　　　　也。
〔註5〕　胡適《中古思想史長編》，頁830。

一、呂氏春秋

　　《呂氏春秋》爲秦相呂不韋及門下賓客所作。《史記·呂不韋列傳》曰：「莊襄王元年，以呂不韋爲丞相，封爲文信侯。……莊襄王即位三年薨。太子政立爲王，尊不韋爲相國，號稱仲父。……當是時，魏有信陵君，楚有春申君，趙有平原君，齊有孟嘗君。皆下士，喜賓客，以相傾。呂不韋以秦之強，羞不如，亦招致士，厚遇之，至食客三千人。是時諸侯多辯士，如荀卿之徒，著書布天下。呂不韋乃使其客，人人著所聞，集論以爲《八覽》、《六論》、《十二紀》，二十餘萬言。以爲備天地萬物古今之事，號曰《呂氏春秋》。布咸陽市門，懸千金其上，延諸侯游士賓客有能增損一字者，予千金。」

　　《八覽》係指八方之觀覽，亦即《中始覽》中所謂「九野」（八方之外，尚有中央）。《六論》是指六合，亦即《莊子·齊物論》中所謂「六合之外，聖人存而不論。」《八覽》、《六論》，乃賅備「天地萬物古今之事」。而以《十二紀》，貫通全書骨幹。其〈序意篇〉曰：「凡《十二紀》者，所以紀治亂存亡，所以知壽夭吉凶也。上揆之天，下驗之地，中審之人。若此，則是非可不可，無所遁矣。」《呂氏春秋》以《八覽》、《六論》、《十二紀》爲綱，其內容遍涉先秦各家，爲雜家之祖。〔註6〕

　　《呂氏春秋》既與諸家關係密切，受道家老莊思想影響尤深，故高誘《序》曰：「此書所尚，以道德爲標的，以無爲爲綱紀，以忠義爲品式，以公方爲檢標，與孟軻、孫卿、淮南、揚雄相表裡也。」勞榦先生亦曰：

　　　　此書是將老子的小國寡民主張，莊子的遁世絕俗主張，衍變成了使
　　　　得一個大一統的具有文化的帝國，可以做到無爲而治。〔註7〕

〔註6〕　《呂氏春秋》爲雜家之祖。全書中引《詩》者十五，引逸《詩》者一。引《書》者十，其中稱《書》者一，稱《商書》者二，稱《仲虺》者一，稱《洪範》者二，稱《周書》者三，稱《書》而不明所出者一。引《商箴》、《周箴》者各一，引《易》者四。述《春秋》者一，與政治有關之禮，皆組入《十二紀》中。《仲夏紀》、《季夏紀》言音樂，多與《禮記》之《樂記》相通。引《論語》者一，引《孝經》者一。全書統合諸子而成。其中提到孔子者二十四，墨子者六，孔墨並稱者八，又多次提及孔墨許多弟子。提到老子者四，孔老並稱者一。提到莊子者二，列子者二，詹何者三，子華子者五，田駢者二。尹文、慎子、田子方、管子者各一。提到黃帝者十一；鄧析者一，惠施者六，公孫龍者四。提到白圭者三，提到農家之神農、后稷者各二。文中涉及他家思想，而未道出姓名者更多。如孟子、荀子即是其例。可知《呂氏春秋》乃混合諸家思想，誠如《史記》所謂：「備天地萬物古今之事。」爲集諸家之大成。

〔註7〕　勞榦《秦漢時的中國文化大陸雜誌》第四卷第3期。

茲將《呂氏春秋》與道家思想有關部份，敘述如下：

（一）宇宙論

《呂氏春秋》之宇宙論乃係融合道家、陰陽家、《易經》之思想而來。陰陽家、《易經》之思想，本與道家有密切之關係。老莊之宇宙論，係以「道」創生萬物，而以陰陽合和，萬物交感而出。故老子曰：「道生一，一生二，二生三，三生萬物。萬物負陰而抱陽，冲氣以爲和。」（四二章）莊子亦曰：「至陰肅肅，至陽赫赫。肅肅出乎天，赫赫發乎地，兩者交通成和，而物生焉。」（〈田子方〉）

《呂氏春秋》之說法，亦秉此道家學說而來。〈大樂篇〉曰：「太一出兩儀，兩儀出陰陽，陰陽變化，一上一下，合而成章。渾渾沌沌，離則復合，合則復離，是謂天常。天地車輪，終則復始，極則復反，莫不咸當。日月星辰，或疾或徐，宿同不同，以盡其行。四時代興，或寒或暑，或短或長，或柔或剛，萬物所出。」

「太一」即是「道」之別稱。〈大樂篇〉曰：「道也者，至精也，不可爲形，不可爲名，強爲之名，謂之太一。」《老子》書中常以「一」爲「道」之代稱，如「聖人抱一爲天下式。」（廿二章）「萬物得一以生。」（卅九章）秦漢人無論在哲學上或宗教上，皆喜歡以「太一」做爲宇宙之本體名稱，故韋政通先生曰：

> 先秦的道家，演化爲漢代的道教。道家在秦漢之際與陰陽家的大混合，是歷史上的一大助緣。道演化爲太一，是演化過程中一個重要部份。〔註8〕

無論係「太一」或「道」皆具備老莊「道」之性質。因此「道」之本體是「道也者，視之不見，聽之不聞，不可爲狀。」（〈大樂〉）「莫知其始，莫知其終，而萬物以爲宗。」（〈圜道〉）老莊之「道」，尚有反覆變動之性格，《呂氏春秋》亦有此說：「物動則萌，萌而生，生而長，長而大，大而成，成乃衰，衰乃殺，殺乃藏，圜道也。」（〈圜道〉）此與老子論「道」之周行不殆之旨相同。

陰陽係老莊本體論之重要概念。《呂氏春秋》亦以陰陽合和，化生萬物爲原理。此種概念，在漢以後，受陰陽家之影響，甚爲普遍。〈知分篇〉曰：「凡人物者，陰陽之化也。陰陽者，造乎天而成者也矣。」〈盡數篇〉曰：「天生

〔註8〕 韋政通《中國思想史》十一章〈混合與變化〉，頁 426。

陰陽，寒暑燥溼，四時之化，萬物之變，莫不爲利，莫不爲害。聖人察陰陽之宜，辨萬物之利，以便生。故精神安乎形，而年壽得長焉。」

　　老莊思想中，「天」係大自然之稱呼。老子曰：「天法道，道法自然。」（廿五章）莊子亦曰：「無爲爲之之謂天」（〈天地〉）「牛馬四足，是謂天。落馬首，穿牛鼻，是謂人。」（〈秋水〉）《呂氏春秋》亦承襲此思想而來，「天」係創生萬物之大自然。〈始生篇〉曰：「始生之者天也。」〈大樂篇〉曰：「始生人者天也。」〈貴因篇〉曰：「夫審天者，審列星而知四時也，因也。」〈知分篇〉曰：「陰陽者，造乎天而成者也。天固有衰嗛廢伏，有盛盈蚡息，人亦有困窮屈匱，有充實達遂，此皆天之容物理也，而不得不然之數也。」

　　此「天」既是大自然，故至公至信。〈貴信篇〉曰：「天行不信，不能成歲；地行不信，草木不大……信而又信，重襲其身，乃通於天。以此治人，則膏雨甘露降矣，寒暑四時當也。」

　　此外人之本性亦受之於天。〈誠廉篇〉曰：「性也者，所受於天也，非擇取而爲之也。」〈蕩兵篇〉曰：「性也者，所受於天地，非人之所能爲也。武者不能半，而工者不能移。」〈大樂篇〉曰：「始生人者，天也，人無事焉。天使人有欲，人弗得不求。天使人有惡，人弗得不辟。欲與惡，所受於天也，人不得興焉，不可變，不可易。」

　　以上所述之「天」，係老莊所述自然之「天」。然《呂氏春秋》亦有部份思想，則受五行家之影響，將此自然之「天」，賦予其神格化，漢以後之「天人感應」說，實肇端於此。如〈應同篇〉曰：「凡帝王之將興也，天必先見祥乎下民。黃帝之時，天先見大螾大螻。黃帝曰土氣勝，土氣勝故其色尚黃，其事則土。及禹之時，天先見草木秋冬不殺。禹曰木氣勝，木氣勝故其色尚青，其事則木。及湯之時，天先見金刃生於水。湯曰金氣勝，金氣勝故其色尚白，其事則金。及文王之時，天先見火赤鳥銜《丹書》集於周社。文王曰火氣勝，火氣勝故其色尚赤，其事則火。代火者必將水。天且先見水氣勝，水氣勝故其色尚黑，其事則水。」此類思想，固開漢人天人觀念之先河。然基本上，却違反道家所謂自然之「天」。

（二）修養論

　　老莊之修養論，皆主張「致虛靜，守靜焉」因任自然之養生說。《呂氏春秋》之修養論，亦同此旨。〈論人篇〉曰：「何謂反諸己也？適耳目，節嗜欲，釋智謀，去巧故，而游意乎無窮之次，事心乎自然之塗，若此則無以害其天

矣。無以害其天，則知精；知精，則知神；知神，之謂得一。」莊子以此順應自然之人，爲至人、神人、眞人。《呂氏春秋》亦同此說，謂之「全德之人」。〈本生篇〉曰：「萬物章章，以害一生，生無不傷。以便一生，生無不長。故聖人之制萬物也，以全其天也。天全，則神和矣，目明矣，耳聰矣，鼻臭矣，口敏矣，三百六十節皆通矣。若此人者，不言而信，不謀而當，不慮而得。精通乎天地，神覆乎宇宙。其於物，無不受也，無不裹也，若天地然。上爲天子而不驕，下爲匹夫而不惛，此之謂全德之人。」茲再將其修養論與老子之旨，相合之處，敘述如次：

1. 節欲養性

節制情欲，係老莊修養之要道，教老子曰：「五色令人目盲。」（十二章）《呂氏春秋》亦同此說。〈情欲篇〉曰：「天生人而使有貪有欲。欲有情，情有節。聖人修節以止欲，故不過行其情也。」唯有節制耳目感官之情欲，方是全其天性之要法。〈本生篇〉曰：「今有聲於此，耳聽之必慊己，聽之則使人聾，必弗聽。有色於此，目視之必慊己，視之則使人盲，必弗視。……故聖人之於聲色滋味也，利於性。則取之。害於性，則舍之。此全性之道也。世之貴富者，其於聲色滋味也，多惑者，日夜求，幸而得之，則遁焉。遁焉，性惡得不傷？……萬物章章，以害一生，生無不傷。以便一生，生無不長。故聖人之制萬物也，以全其天也。」〈貴生篇〉曰：「聖人深慮天下，莫貴於生。夫耳目鼻口，生之役也。耳雖欲聲，目雖欲色，鼻雖欲芬香，口雖欲滋味，害於生則止，在四官者不欲，利於生者，則弗爲。由此觀之，耳目鼻口，不得擅行，必有所制。」〈重己篇〉曰：「世之人主貴生，無賢不肖，莫不欲長生久視，而日逆其生，欲之何益？凡生之長也，順之也。使生不順者，欲也，故聖人必先適欲。室大則多陰，臺高則多陽。多陰則蹷，多陽則痿，此陰陽不適之患也。是故先王不處大室，不爲高臺。味不眾珍衣不燀熱，燀熱則理塞，理塞則氣不達。味眾則胃充，胃充則中大鞔，中大鞔而氣不達，以此長生可得乎？」

物與性，原有輕重之別，要審定其輕重緩急，不要以物欲而戕害其身心。〈本生篇〉曰：「人之性壽，物者抇之，故不得壽。物也者，所以養性也，非所以性養也。今世之人，惑者多以性養物，則不知輕重也。」〈貴生篇〉曰：「凡聖人之動作也，必察其所以之，與其所以爲。今有人於此，以隋侯之珠，彈千仞之雀，世必笑之。是何也？所用重，所要輕也。夫生豈特隋侯珠之重也哉？」〈審

爲篇〉曰：「身者所爲也，天下者所以爲也。審所以爲，而輕重得矣。今有人於此，斷首以易冠，殺身以易衣，世必惑之。是何也？冠所以飾首也，衣所以飾身也。殺所飾，要所以飾，則不知所爲矣。世之走利，有似於此。」

因此人要怯除一切物欲，以及爲害於性者，順性之固然，便足以安生養性。〈盡數篇〉曰：「天生陰陽寒暑燥溼，四時之化，萬物之變，莫不爲利，莫不爲害。聖人察陰陽之宜，辨萬物之利，以便生生。故精神安乎形，而年壽得長焉。長也者，非短而備之也，畢其數也。畢數之務，在乎去害。」〈貴當篇〉曰：「性者，萬物之本也。不可長，不可短，因其固然而然之，此天地之數也。」〈本生篇〉曰：「故聖人之於聲色滋味也，利於性則取之，害於性則舍之，此全性之道也。」去欲順性，此皆老莊修養中，所倡導者也。

2. 持氣養精

養生之法，除克制情欲外，在持其精氣，此固爲後世道士所追求，實肇始於道家思想。精本係道之具體而微，老子曰：「窈兮冥兮，其中有精，其精甚眞。」（廿一章）萬物依精而形成。〈莊子‧知北遊〉曰：「形本生於精，而萬物以形相生。」因此要固守其精。〈在宥篇〉曰：「無勞汝形，無搖汝精，乃可以長生。」氣又係生命凝聚之力量。《莊子‧至樂篇》曰：「雜乎芒芴之間，變而有氣；氣變而有形。」〈知北遊〉曰：「人之生，氣之聚也。聚則爲生，散則爲死。」

《呂氏春秋》亦承襲此老莊之思想，以爲此精氣乃是凝聚萬物之內在力量。〈盡數篇〉曰：「精氣之集也，必有人焉。集於羽鳥，與爲飛揚。集於走獸，與爲流行。集於珠玉，與爲精朗。集於樹木，與爲茂長。集於聖人，與爲夐明。精氣之來也，因輕而揚之，因走而行之，因美而良之，因長而養之。」〈先己篇〉曰：「凡事之本，必先治身。嗇其大寶，用其新，棄其陳，腠理遂通，精氣日新，邪氣盡去，及其天年。」

如何涵養精氣？首在於調節自身情緒，亦即使喜怒哀樂不入於中。〈盡數篇〉曰：「大喜大怒大憂大恐大哀五者接神，則生害矣。大寒大熱大燥大濕大風大霖大霧七者動精，則生害矣。」一方面在節制情欲。〈論人篇〉曰：「適耳目，節嗜欲，釋智謀，去巧故，而游意乎無窮之次，事心乎自然之途。若此，則無以害其天矣。無以害其天，則知精。知精則知神，知神之謂得一。」此外還要涵養其誠心。〈具備篇〉曰：「故誠有誠，乃合於情。精有精，乃通於天。乃通於天水，木石之性，皆可動也，又況於有血氣者乎。」其他還要

從飲食節制方面著手。〈盡數篇〉曰：「凡食無強厚，無以烈味重酒，是以謂之疾首。食能以時，身必無災。凡食之道，無饑無飽，是謂之五藏之葆。口必甘味，和精端容，將之以神氣。」〈審時篇〉更強調農業須配合四時季節，方足以獲得佳食，有益維生。〈審時篇〉曰：「是故得時之稼，其臭香，其味甘，其氣章。百日食之，耳目聰明，心意叡智，四衛變彊，殀氣不入，身無苛殃。黃帝曰：四時之不正也，正五穀而已矣。」

然禁慾太過，有違自然之需求，反而使精氣鬱塞，邪氣乘虛而入，好比水若不動，則形成腐水。〈盡數篇〉曰：「流水不腐，戶樞不蠹。形氣亦然，形不動則精不流，精不流則氣鬱。鬱處頭，則為腫為風；處耳，則為挶為聾；處目，則為䁹為盲；處鼻，則為鼽為窒；處腹，則為張為疛；處足，則為痿為蹶。」養生之道，在使精氣正當運行，便可使全身血脈流通，筋骨靈活，自無邪病生在其中。〈達鬱篇〉曰：「凡三百六十節、九竅、五藏、六府、肌膚欲其比也，血脈欲其通也，筋骨欲其固也，心志欲其利也，精氣欲其行也。若此則病無所居，而惡無由生矣。病之留，惡之生也，精氣鬱也。」

《呂氏春秋》之修養論，大都從老莊之養生思想發演。後世道士之修鍊及養生哲學，魏晉人士之普遍重視養生理論，莫不承繼此類思想而來。《列子》之〈楊朱篇〉，由養生而貴生，亦與《呂氏春秋》有契合之處，蓋二者皆受道家思想影響甚深。〈貴生篇〉曰：「聖人深慮天下，莫貴於生……害於生則止……不欲利於生者則弗為。」〈重己篇〉曰：「倕至巧也，人不愛倕之指而受己之指，有之利故也。人不愛崑山之玉，江漢之珠，而愛己之一蒼璧小璣，有之利故也。今吾生之為我有，而利我亦大矣。」此即楊朱之「貴生重己」思想。

其他如知識論上，亦受老莊影響甚深。老莊皆有反知之思想。老子有「大知不知」「大知若愚」「大辯不言」之說法。〈似順篇〉曰：「知不知，上矣。」〈任數篇〉曰：「至智棄智。」〈離謂篇〉曰：「其有辯，不若無辯。」〔皆與老莊思想相同。莊子有「安時處順」之說法，《呂氏春秋》亦強調順應自然之道，在於知時，方能洞悉事物變化之軌跡。〈觀表篇〉曰：「聖人之所以過人，以先知。先知必審徵表，無徵表而欲先知，堯舜與眾人同等。」〈首時篇〉曰：「聖人之於事，似緩而急，似遲而速，以待時。」又曰：「事之難易，不在大小，務在知時。」是對事物之認知上，多發揮老莊之旨。

（三）政治論

《呂氏春秋》雖係強秦之產物，然由於融合各家之思想，故對苛政有所

評擊。〈聽言篇〉曰：「今天下彌衰，聖王之道廢絕，世主多盛其歡樂，大其鐘鼓，侈其台榭囿苑，以奪人財。輕用民死，以行其念……攻無辜之國以索地，誅不辜之民以求利，而欲宗廟之安也，社稷之不危也，不亦難乎？」〈先己篇〉曰：「當今之世，巧謀並行，詐術遞用，攻戰不休，亡國辱主愈重，所事者末也。」此皆老莊反暴政反爭戰之旨也。老子有「聖人常無心，以百姓心爲心。」（四九章）〈順民篇〉曰：「先王順民心，故功名成。夫以德得民心，以立大功名者，上世多有之矣。失民心而立功名者，未之曾有也。……取民之所說，而民取矣。」此與老子之旨相同。

　　《呂氏春秋》認爲政治之施與在尙公。〈貴公篇〉曰：「昔聖王之治天下也，必至公。公則天下平矣，平得於公。嘗試觀於上志，有得天下者，眾矣。其得之以公，其失之必以偏。……天下者非一人之天下也，天下之天也。……故智而用私，不若愚而用公。」此皆老子：「非以其無私耶？故能成其私。」（七章）之旨。〈貴公篇〉盛贊老子之至公曰：「荊人有遺弓者，而不肯索。曰：荊人失之，荊人得之，又何索焉？孔子聞之曰：去其荊而可矣。老聃聞之曰：去其人而可矣。故老聃至公矣。天地大矣，生而弗子，成而弗有，萬物皆被其澤得其利，而莫知其所由始，此三皇五帝之德也。」老子認爲天道最公平，所謂「生而不有，爲而不恃，長而不宰，是謂玄德。」（五一章）《呂氏春秋》亦要人效法天道之無私。〈去私篇〉曰：「天無私覆也，地無私載也，日月無私行也，行其德而萬物得遂長焉。……王伯之君亦然。誅暴而不私，以封天下之賢者，故可以爲王伯。」

　　此外政治上，君王必須以謙遜爲德，禮賢下士。老子有「後其身而身先」「不敢爲天下先」「欲先民，必以身後之。」（六六章）《呂氏春秋》亦同此說。〈下賢篇〉曰：「有道之士，固驕人生。人主之不肖者，亦驕有道之士。日以相驕，奚時相得？……賢主則不然，士雖驕之，而己愈禮之，士安得不歸之？士所歸，天下從之帝。帝也者，天下之適也。王也者，天下之往也。」〈驕恣篇〉曰：「亡國之主，必自驕，必自智，必輕物。自驕則簡士，自智則專獨，輕物則無備。」

　　有哲之主，雖處強大，猶須戒愼恐懼，此持盈保泰之法也。故老子有「恬淡爲上」「勝而不美」「戰勝以喪禮處之」（卅一章）「不失其所者久」（卅三章）之說法。《呂氏春秋·愼大覽》曰：「賢主愈大愈懼，愈彊愈恐。凡大者小鄰國也，彊者勝其敵也。勝其敵則多怨，小鄰國則多患。多患多怨，國雖彊大，

惡得不懼？惡得不恐？故賢主於安思危，於達思窮，於得思喪。」

因此《呂氏春秋》強調爲人君者，當無智、無能、無爲，一切信任臣屬，方足以無智御有智，以無能御有能，以無爲御有爲，君臣相得，國家大治。此皆道家之旨。〈分職篇〉曰：「夫君也者，處處素服而無智，故能使眾智也。智反無能，故能使眾能也。能執無爲，故能使眾爲也。人主之所惑者則不然，以其智彊智，以其能彊能，以其爲彊爲，此處人臣之職也。處人臣之職，而欲無壅塞，雖舜不能爲也。」

人君能順察民情，以靜制動，以無爲爲有爲，此君人之術也。老子曰：「牝常以靜勝牡，以靜爲下。」（六一章）《呂氏春秋·重言篇》曰：「有鳥止於南方之阜，其三年不動，將以定志意也。其不飛，將以長羽翼也。其不鳴，將以覽民則也。是鳥雖無飛，飛將冲天；雖無鳴，鳴將駭人。」〈審應篇〉曰：「人主出聲應容，不可不審。凡主有識，言不欲先。人唱我和，人先我隨。以其出爲之入，以其言爲之名，取其實以責其名，則說者不敢妄言，而人主之所執要矣。」此與老子「將欲取之，必故與之」之旨相似。

政治上之目標，則在於無爲而治之理想。〈先己篇〉曰：「《詩》曰：淑人君子，其儀不忒，正是四國。言正諸身也。故反其道而身善矣，行義則人善矣，樂備君道而百官已治矣，萬民已利矣。三者之成也，在於無爲。無爲之道曰勝天，義曰利身，君曰無身。」

《呂氏春秋》雖係秦時作品，然開啓漢初學術思想之門徑。嗣後《淮南子》更根據《呂氏春秋》之性質而發展，其中影響《淮南子》最深者，即是道家思想。《呂氏春秋》中〈貴生〉、〈情欲〉、〈盡數〉、〈審分〉、〈君守〉等五篇，乃是發揮道家清靜養生之術，亦是發揮老莊學說最有力者。《老莊》書中句子，被《呂氏春秋》引用者，不勝枚舉。足見道家影響《呂氏春秋》之深。胡適先生曰：

> 《呂氏春秋》之十二月令是陰陽家的分月憲法，其貴生重己是楊朱一派的貴己主義，其孝治之說是儒家，其無爲無知的君道是慎到等人的思想，其尚賢主義採儒墨之說，其反對無欲之說，頗近荀卿，其主張不法先王，因時而化，是根據莊子一派的自然演變和韓非的歷史演進論的，這便是《漢書》時代所謂的雜家，這便是《史記》時代所謂道家。〔註9〕

〔註9〕 胡適《中國思想史長編》，頁170。

其實無論貴生重己、無爲無知、因時而化皆老莊思想之重點。漢初《淮南子》在道家方面之傾向，更爲顯明。

二、淮南子

《淮南子》爲淮南王劉安及其賓客之作品。劉安爲淮南厲王劉長之長子。劉長係漢高祖之幼子，其母乃趙王張敖所獻之美人。高祖十一年，滅黥布，劉長爲淮南王。文帝六年，劉長被誣反，廢徙蜀，遂絕食死於道中。後劉安封爲淮南王。武帝即位，劉安入朝獻所作《淮南·內篇》。《漢書·淮南王傳》曰：「淮南王安爲人好書鼓琴，不喜戈獵狗馬馳騁。亦欲以自行陰德，拊循百姓，流名譽，招致賓客方術之士術千人，作爲《內書》廿一篇。《外書》甚眾，又有《中篇》八卷，言神仙黃白之術，亦二十餘萬言。時武帝方好文藝，以安屬爲諸父，博辯善爲文辭，甚尊重之。……初安入朝，獻所作《內篇》，新出，上愛重之。」《內書》廿一篇，係高誘《淮南注解敍》所謂：「遂與蘇飛、李尙、左吳、田由、雷被、平被、伍被、晉昌等八人，及諸儒大山、小山之徒」所作。至於《中篇》八卷，《漢書·劉向傳》曰：「上（宣帝）復與神仙方術之事，而淮南有《枕中鴻寶苑秘書》，書言神仙使鬼物爲金之術，乃鄒衍《重道延命方》，世人莫見。而更生（劉向）父德，武帝時治淮南獄，得其書。更生幼而讀誦，以爲奇，獻之。」此或即〈劉安傳〉所謂《中篇》之書。而《史記·龜策列傳》中之《萬畢石朱方》，《隨書經籍志》中之《淮南萬畢術》，《淮南變化術》各一卷，應即〈劉安傳〉所謂「《外書》甚重」之所遺。元狩元年，公孫宏爲相，告劉安以「有詐僞心，以亂天下，營惑百姓。……當伏法。」於是劉安自殺，時年五十九，所牽連受誅者甚廣。

《淮南子》屬雜家之書，全書中滲雜諸家思想，而以道家思想爲主流。在廿一篇中〈原道〉、〈俶眞〉、〈精神〉、〈主術〉等篇與老莊思想最爲密切。《要略訓》曰：「考驗乎老莊之術。」是最早將老莊並稱者。《淮南子》一書中，本體論受老子影響最深，而修養論則多從莊子而來。尤其莊子思想被《淮南子》承襲者更多。〔註10〕茲敘述如下：

〔註10〕楊樹達〈淮南子證聞〉、王叔岷〈淮南子與莊子〉一文、周駿富〈淮南子與莊子之關係〉一文，謂現行《莊子》三十三篇，爲《淮南子》反復移引者共三十篇（如〈逍遙遊〉、〈齊物論〉、〈人間世〉、〈德充符〉、〈大宗師〉、〈應帝王〉、〈駢拇〉、〈馬蹄〉、〈胠篋〉、〈在宥〉、〈天地〉、〈天道〉、〈天運〉、〈刻意〉、〈繕性〉、〈秋水〉、〈至樂〉、〈達生〉、〈山水〉、〈田子方〉、〈知北遊〉、〈庚桑楚〉、

（一）宇宙論

《淮南子》在本體論上，係以老莊之「道」爲出發點。此「道」爲一切萬物之因，係一切基本原理。〈原道訓〉曰：「夫道者，覆天載地，廓八方，柝八極，高不可際，深不可測，包裹天地，稟受無形，原流泉浡，沖而徐盈，混混滑滑，濁而徐清。故植之而塞於天地，橫之而彌四海，抱之無窮而無所朝夕，舒之幎於六合，卷之不盈於一握。約而能張，幽而能明，弱而能強，柔而能剛，橫四維而含陰陽，紘宇宙而章三光。甚淖而溼，甚纖而微，山以之高，淵以之深，獸以之走，鳥以之飛，日月以之明，星曆以之行。」此乃就《老子》書中第十四、廿一、廿五章，以及《莊子・大宗師》等本體之道而來。唯《淮南子》善於舖陳敍述，對老莊之「道」有更具體之說明敍述。

至於道之創生過程。老子有「天下萬物生於有，有生於無。」（四十章）又曰：「道生之，德畜之，物形之，勢成之。」（五一章）《莊子・齊物論》更由下往上推論：「有始也者，有無也者，有未始有無也者，有未始有夫未始有無也者。」老莊敍述創生過程甚爲簡略。《淮南子》乃將二子思想融合，對此一過程有更詳盡之說明。〈俶眞訓〉曰：「所謂有始者，繁憤未發，萌兆牙蘗，未有形埒垠㙟，無無蠕蠕，將欲生興，而未成物類。有未始有有始者，天氣始下，地氣始上，陰陽錯合，相與優游競暢于宇宙之間，被德含和，繽紛蘢蓯，欲與物接而未能兆朕。有未始有夫未始有有始者，天含和而未降，地懷氣而未揚。虛無寂寞，蕭條霄霏，無有仿佛，氣遂而大通冥冥者也。有有者，言萬物摻落，根莖枝葉，青蔥苓蘢，萑蔰炫煌，蠉飛蠕動，蚑行噲息，可切循把握而有數量。有無者，視之不見其形，聽之不聞其聲，捫之不可得也，望之不可極也。儲與扈治，浩浩瀚瀚，不可隱儀揆度，而通光耀者，有未始有有無者，包裹天地，陶冶萬物，大通混冥，深閎廣大，不可爲外；析毫剖芒，不可爲內，無環堵之宇，而生有無之根。有未始有夫未始有有無者，天地未剖，陰陽未判，四時未分，萬物未生，汪然平靜，寂然清澄，莫見其形。」此外〈天文訓〉中，更將此「無中生有」之宇宙論，予以更實際之敍述：「天墜未形，馮馮翼翼，洞洞灟灟，故曰太昭。道始於虛霩，虛霩生宇宙，宇宙生氣，氣生涯垠。清陽者，薄靡而爲天；

〈徐无鬼〉、〈則陽〉、〈外物〉、〈讓王〉、〈盜跖〉、〈列禦寇〉、〈寓言〉、〈天下〉）。其所未及者，僅〈內篇〉之〈養生主〉、〈雜篇〉之〈說劍〉，〈漁父〉等三篇。然《精神訓》之「以不同形相嬗」殆爲〈養生主〉之「薪盡火傳」之思想。《淮南子》所未及者〈說劍〉、〈漁父〉二篇而已。

重濁者，凝滯而爲地。清妙之合專易，重濁之凝竭難，故天先成而地後定。天地之襲精爲陰陽，陰陽之專精爲四時，四時之散精爲萬物。積陽之熱氣生火，火氣之精者爲日。積陰之寒氣爲水，水精之精者爲月。日月之淫爲精者爲星辰。天受日月星辰，地受水潦塵埃。」因此宇宙演化之次序便是由道→虛霩→宇宙→氣→天地→陰陽→四時→萬物。

　　而在〈精神訓〉中，《淮南子》更「加上人之產生，使人在天地萬物之中，獨出獨特之地位。〈精神訓〉曰：「古未有天地之時，惟像無形。窈窈冥冥，芒芠漠閔，鴻濛鴻洞，莫知其門。有二神混生，經天營地。……於是乃別爲陰陽，離爲八極。剛柔相成，萬物乃形。煩氣爲蟲，精氣爲人。是故精神天之有也，而骨骸地之有也。精神入其門，而骨骸反其根，我尙何存？」人由天地之精氣而生，此乃由莊子思想而來。《莊子‧知北遊》曰：「昭昭生於冥冥，有倫生於無形，精神生於道，形本生於精，而萬物以形相生。」《淮南子》認爲人之無形爲精神，有形爲身體，二者皆秉天地自然而產生。〈精神訓〉曰：「夫精神者，所受於天地；而形體者，所稟於地也。故曰：一生二，二生三，三生萬物。萬物背陰而抱陽，沖氣以爲和。故曰：一月而膏，二月而胅，三月而胎，四月而肌，五月而筋，六月而骨，七月而成，八月而動，九月而躁，十月而生。形體以成，五藏乃形。是故肺主目，腎主鼻，膽主口，肝主耳。外爲表而內爲裡，開閉張歙，各有經紀。故頭之員也象天，足之方也象地。天有四時、五行、九解、三百六十日，人亦有四支、五臟、九竅、三百六十節。天有風雨寒暑，人亦有取與喜怒。故膽爲雲，肺爲氣，脾爲風，腎爲雨，肝爲雷，以與天地相參也，而心爲之主。是故耳目者，日月也；血氣者，風雨也。日中有踆鳥，而月中有蟾蜍，日月失其行，薄蝕無光；風雨非其時，毀折生災；五星失其行，州國受殃。夫天地之道，至紘以大，尙又節其章光，愛其神明。人之耳目，曷能久勤勞而不息乎？精神何能久馳騁而不既乎？」在《莊子》書中，已將天人並舉。〈養生主〉中有「天與？其人與？」人應順天之自然而行，故秦失責其弟子「遁天倍情」。〈人間世〉更有「與天爲徒」之說。〈德充符〉曰：「眇乎小哉，所以屬人也；謷乎大哉，獨成其天。」將天人對舉。而〈大宗師〉更曰：「知天之所爲，知人之所爲者，至矣。」是人應順天所爲，方合大道。《淮南子》能將此天人之關係，更具體發揮，天地爲一大宇宙，人爲一小宇宙，人須配合天地而合其德。

　　〈詮言訓〉曰：「洞同天地，渾沌爲樸，未造而成物，謂之太一。同出於

一，所為各異。有鳥有魚有獸，謂之分物。方以類別，物以群分，性命不同，皆形於有。隔而不通，分而為萬物，莫能及宗。故動而謂之生，死而謂之窮，皆為物矣，非不物而物物者也。物物者，亡乎萬物之中。稽古太初，人生於無，無形於有，有形而制於物，能反其所生，若未有形，謂之眞人。眞人者，未始分於太一者也。」此「反其所生」「未始分於太一」即能與天地萬物為一體，此即莊子所謂「天地與我一體，萬物與我合一」之旨。故《淮南子》與老莊思想相同，以人係自然產物，必須以人順天。〈原道訓〉曰：「故達於道者，不以人易天。」又曰：「是故達於道者，反於清靜，究於物者，終於無為。以括養性，以漠處神，故入於天門。所謂天者，純粹樸素，質直皓白，未始有與雜糅者也。所謂人者，偶睢智故，曲巧偽詐，所以俛仰於世人，而與俗交者也。故牛歧蹏而戴角，馬被髦而全足者天也。絡馬之口，穿牛之鼻者人也。循天者，與道遊者也；隨人者，與俗交者也。」

《淮南子》之宇宙論，既以道為宇宙創生之總原理，因此道是絕對不變之眞理。〈繆道訓〉曰：「道至高無上，至深無下，平乎準，直乎繩，圓乎規，方乎矩，包裹宇宙，而無表裡。」老莊皆喜以「一」稱此道之實體，所謂「載營魄抱一」（《老子》十章）「聖人貴一」（《莊子・知北遊》）《淮南子》亦同此說。〈道德訓〉曰：「道者，一立而萬物生矣。是故一之理，施四海；一之解，際天地。百事之根，皆出一門。」又曰：「所謂無形者，一之謂也。所謂一者，無匹合於天下者也。」〈精神訓〉曰：「夫天地運而相通，萬物總而為一。」「心志專於內，通達耦於一。」《呂氏春秋》以後，漢人皆喜以「太一」稱道，《淮南子》亦同。〈詮言訓〉曰：「眞人者，未始分於太一者也。」又曰：「洞同天地，渾沌為樸，未造而成物，謂之太一。」道名「太一」實以道有其獨一之絕對性而言。

老子對道有「無名」之說。《淮南子》則以「無有」稱之。〈說山訓〉曰：「魄問於魂曰：『道何以為體？』曰：『以無有為體。』魄曰：『無有有形乎？』魂曰：『無有何得而聞也？』魄曰：『吾直有所遇之耳，視之無形，聽之無聲，謂之幽冥。幽冥者，所以喻道而非道也。』魂曰：『吾聞得之矣，乃內視而自反也。』」大道無形無聲，唯虛心自省者，乃能體會。〈說林訓〉曰：「聽有音之音者聾，聽無音之音者聰。不聾不聰，與神明通。」此種從「無」出發之思想，使其修養論及政治論上，傾向無為之主張。

《淮南子》之宇宙論，是從老莊思想發演。故強調人要順應天道而行。唯《淮南子》既屬雜家，其思想則亦滲雜陰陽家之思想，強調天人感應之說。

《淮南子》之感應說，則本諸「氣類相感」，此與純宗教之感應不同。胡適先生曰：

> 道家本由黃老學嬗變而來，包含有陰陽家的思想。所以《淮南子》一面講自然，却一面又講感應的宗教。不過感應之說，在智者不易信，於是變爲科學的感應說，非上帝相感應，乃氣類相感也。即用「陰陽氣類相感」來解釋古宗教的天人感應。〔註11〕

此類從陰陽氣類相感之說而演繹成爲天人感應之思想，在漢代思想界甚爲流行。其發源固屬於陰陽家，而遠受老莊道家思想之影響亦大。〈天文訓〉曰：「月者，陰之宗也。是以月虛而魚腦流，月死而蠃蛖膲。火上蕁，水下流，故鳥飛而高，魚動而下。物類相動，本標相應。故陽燧見日，則燃而爲火。方諸見月，則津而爲水，虎嘯而谷風至，龍擧而景雲屬，麒麟鬬而日月食，鯨魚死而彗星出，蠶珥絲而商弦絕，賁星墜而勃海決。人主之情，上通于天，故誅暴則多飄風，枉法令則多蟲螟，殺不辜則國赤地，令不收則多淫雨。」《泰族訓》曰：「天之且風，莫木未動，而鳥已翔矣。其且雨也，陰曀未集，而魚已噞矣。以陰陽之氣相動也。故寒暑燥溼，以類相從。聲響疾徐，以音相應也。……聖人者，懷天心，聲然能動化天下者也。故精誠感於內，形氣動於天，則景星見，黃龍下。……天之與人，有以相通也。故國危亡而天文變，世惑亂而虹蜺見，萬物有以相連，精祲有以相蕩也。」〈覽冥訓〉曰：「昔者師曠奏白雲之音，而神物爲之下降，風雨暴至。辛公癃病，晉國赤地。……然而專精厲意，委務積神，上通九天，激厲至精。……魯陽公與韓構難，戰酣日暮，援戈而撝之，日爲之反三舍。……夫物類之相應，玄妙深微，知不能論，辯不能解。……君臣乖心，則背譎見於天，神氣相應徵矣。……然以掌握之中，引類於太極之上，而水火可立致者，陰陽同氣相動也。」此皆以陰陽氣類相感應，來闡述「天人感應」「人主之情上通於天」「天之與人有以相通」之思想。若究其本源，未嘗不是從萬物稟自然而生，萬物已兼上天之性質，故能氣類相感之宇宙論而來。

（二）修養論

《淮南子》之修養論，係從老莊之修養哲學而來。〈要略篇〉曰：「欲一言而寤，則尊天而保眞。欲再言而通，則賤物而貴身。欲參言而究，則外物

〔註11〕胡適《中國中古思想史》，頁61。

而反情。」凡此三言，可總括《淮南子》之修養論，即破除人慾，返樸歸眞。

人生修養，首在破除情慾及外在之誘惑。〈說山訓〉曰：「所重者在外，則內爲之掘，逐獸者，目不見太山。嗜慾在外，則明所蔽矣。」〈齊俗訓〉曰：「夫縱欲而失性，動未嘗正也。以治身則危，以治國則亂，以入軍則破。是故不聞道者，無以反性。〈原道訓〉曰：「夫喜怒者，道之邪也。憂悲者，德之失也。好憎者，心之過也。嗜欲者，性之累也。人大怒破陰，大喜墜陽，薄氣發瘖，驚怖爲狂。憂悲多恚，病乃成積。好憎繁多，禍乃相隨。故心不憂樂，德之至也。通而不變，靜之至也。嗜欲不載，虛之至也。無所好憎，平之至也。不與物散，粹之至也。能此五者，則通於神明。」〈精神訓〉曰：「嗜慾者使人之氣越，而好憎者使人之心勞，弗疾去則志氣日耗。夫人之所以不能終其壽命而中道夭於刑戮者，何也？以其生生之厚。夫惟能無以生爲者，則所以脩得生也。」

因此《淮南子》強調人要反回虛靜無爲之本性，摒除一切外在誘因，返回純然之大道。〈原道訓〉曰：「人生而靜，天之性也。感而後動，性之害也。物至而神應，知之動也。知與物接而好憎生焉，好憎成形而知誘於外，不能反己而天理滅矣。故達於道者，不以人易天。」〈詮言訓〉曰：「原天命，治心術，理好憎，適情性，則治道通矣。原天命，則不惑禍福；治心術，則不妄喜怒；理好憎，則不貪無用；適情性，則欲不過節。」「安民之本，在於足用。足用之本，在於勿奪時。勿奪時之本，在於省事。省事之本，在於節欲。節欲之本，在於反性。反性之本，在於去載。去載則虛，虛則平。平者，道之素也；虛者，道之舍也。」〈俶眞訓〉曰：「夫世之所以喪性命，有衰漸以然，所由來者久矣。是故聖人之學也，欲以反性於初，而游心於虛也。」「靜漠恬澹，所以養性也。和愉虛無，所以養德也。外不滑內，則性得其宜。性不動和，則德安其位。養生以經世，抱德以終年，可謂能體道也。」

能返回大道，便能通乎生死榮辱，逍遙乎無爲之境，與造化者共俱。〈俶眞訓〉曰：「是故舉世而譽之不加勸，舉世而非之不加沮。定於死生之境，而通於榮辱之理。雖有炎火洪水彌靡於天下，神無虧缺於胸臆之中矣。若然者，視天下之間，猶飛羽浮芥也。孰肯分分然以物爲事也？」〈原道訓〉曰：「是故大丈夫恬然無思，澹然無應。以天爲蓋，以地爲輿，四時爲馬，陰陽爲御，乘雲陵霄，與造化者俱。縱志舒節，以馳大區，可以步則步，可以驟則驟。令雨師灑道，使風伯掃塵，電以爲鞭策，雷以爲車輪。上游於霄霓之野，下

出於無垠之門，劉覽偏照，復守以全，經於四隅，還反於樞。」

　　能與物逍遙，出入無門，便是《莊子・逍遙遊》中至人、聖人、神人，以及〈大宗師〉中眞人之境界。而《淮南子》書中，屢以至人、聖人、神人，眞人爲其理想之人格。〈原道訓〉曰：「古之眞人，立於天地之本，中至優遊。」「若然者，下揆三泉，上尋九天，橫廓六合，揲貫萬物，此聖人之游也。」〈俶眞訓〉曰：「心有所至，而神喟然在之。反之於虛，則消鑠滅息，此聖人之游也。」〈精神訓〉曰：「若夫至人，量腹而食，度形而衣，容身而游。……處大廓之手，游無極之野。」「所謂眞人者，性合于道也。故有而若無，實而若虛。處其一，不知其二；治其內，不識其外。明白太素，無爲復樸，體本抱神，以遊于天地之樊，芒然仿佯于塵垢之外，而逍遙于無事之業。浩浩蕩蕩乎，機械之巧，弗載於心。是故死生亦大矣，而不爲變。雖天地覆育亦不與之抮抱矣。……若然者，正肝膽，遺耳目，心志專於內，通達耦於一。居不知所爲，行不知所之，渾然而往，逯然而來。形若槁木，心若死灰，忘其五藏，損其形骸。不學而知，不視而見，不爲而成，不治而辯。感而應，迫而動，不得已而往。……存而若亡，生而若死。出入無間，役使鬼神。」凡此皆是道家所欲修養之最高境界。

　　《淮南子》除鍛鍊順天保眞，外物反情之內心功夫外。在待人處世方面，亦以老莊之處世修養爲原則。老子主謙退之道。老子曰：「後其身而身先。」（七章）《莊子・天下篇》謂老子：「人皆取先，己獨取後。」《淮南子》亦闡明此旨。〈原道訓〉曰：「先唱者，路之窮也；後動者，達之原也。何者？先者難爲知，而後者易於攻也。所謂後者，非謂底滯而不發，凝結而不流，貴其周於數，而合於時也。夫執道理以耦變，先亦制後，後亦制先，是何則？不失其所以制人，人亦不能制也。時之反側，間不容息，先之則太過，後之則不逮。夫日回而月周，時不與人游。故聖人不貴尺之璧，而重寸之陰，時難得而易失也。禹之趨時也，履遺而弗取，冠掛而弗顧，非爭其先也，而爭得其時也。」文中雖先後並言，實以守後爲本，蓋因其能「周於數而合於時」，故能愼謀能斷，居後反爲天下先也。

　　老子有「柔弱勝剛強」（三六章）之語。〈原道訓〉亦闡明其義曰：「故得道者，志弱而事強，心虛而應當。所謂志弱而事強事者，柔毳安靜，藏於不敢，行於不能，恬然無慮，動不失時，與萬物回周旋轉，不爲先唱，感而應之。所謂其事強者，遭變應猝，排患扞難，力無不勝，敵無不凌，應化揆時，

莫能害之。是故欲剛者，必以柔守之；欲強者，必以弱保之。積於柔則剛，積於弱者強，觀其所積，以知禍福之鄉。」

老子有「禍兮福所倚，福兮禍所伏。」（五八章）《淮南子》亦有此說。〈人間訓〉曰：「禍之來也，人自生之；福之來也，人自成之。禍與福同門，利與害為鄰，非聖人莫之能分也。」福禍既難定，故老子以「物或損之而益，或益之而損。」（四十章）因此強調「知足不辱，知止不殆」（四四章）莊子更有「知其不可奈何，而安之若命。」（〈人間世〉）之說。《淮南子》乃強調守內以應外之說。故能與物推移，不受外物影響。〈人間訓〉曰：「得道之士，外化而內不外。外化，所以入人也，內不化，所以全身也。故內有一定之操，而外能詘伸，贏縮卷舒，與物推移，故萬舉而不陷，所以貴聖人者，以其能變也。」聖人能知所變化，因能超脫是非成敗得失，此則為修養之極至。《要略訓》曰：「俶真者，窮逐終始之化，贏垺有無之精，離別萬物之變……觀至德之統，知變化之紀。」

凡以上所舉，皆是《淮南子》修養論中，深受老莊思想影響者。《呂氏春秋》有貴生之說，特重形體之修鍊。《淮南子》則較注重內在之修養。〈精神訓〉曰：「若吹呴呼吸，吐故納新，熊經鳥伸，鳧浴蝯躩，鴟視虎顧，是養形之人心，不以滑心。」是養心重於養形，此說較近於老莊修養之原貌。

（三）政治論

《淮南子》基於秦政之專制暴虐，以及人民於苛政下生活之痛苦，再加上對漢初政治之殺戮專恣深表不滿。故表現於政治思想上，則是極力反對政府對老百姓之干涉，和迫害老百姓之刑罰主義。〈原道訓〉曰：「夫峭法刻削者，非霸王之業也。箠策煩用者，非致遠之術也。」〈覽冥訓〉對歷代政治之窳敗，有所抨擊：「至夏桀之時，主闇晦而不明，道瀾漫而不脩，棄捐五帝之恩刑，推蹶三王之法籍。……仁君處位而不安，大夫隱道而不言，群臣準上意而懷當，疏骨肉而自容。邪人參耦比周而陰謀，居君臣父子之間，而競載驕主而像其意，亂人以成其事，是故君臣乖而不親，骨肉疏而不附。」晚世之時，七國異族，諸侯制法，各殊習俗，縱橫間之，舉兵而相角。……所謂兼國有地者，伏尸數十萬，破車以千百數。……故世至於枕人頭，食人肉，菹人肝，飲人血，甘之于芻豢。故自三代以後者天下未嘗安其情也。」「今若夫申韓商鞅之為治也，挬拔其根，蕪棄其本。……鑿五刑，為刻削。乃棄道德之本，而爭於錐刀之末，斬艾百姓，殫盡太平，而忻忻然常自以為

治。」

　　其他對時政之不滿，及矜憫百姓之情懷，亦屢見書中。〈主術訓〉曰：「哀世則不然，一日而有天下之富，處人主之勢，則竭百姓之力，以奉耳目之欲，志專在於宮室……珍怪。是故貧民糟糠不接於口……百姓黎民，顚頓於天下，是故使天下不安其性。」「夫民之爲生也，一人蹠耒而耕，不過十畝。中田之穫，卒歲之收，不過畝田石。妻子老弱，仰而食之。時有涔旱災害之患，有以給上之徵賦車馬兵革之費。由此觀之，則人生憫矣。」〈齊俗訓〉曰：「今亂國則不然，言與行相悖，情與貌相反。禮飾以煩，樂優以淫，崇死以害生，久喪以招行。是以風俗濁於世，而誹譽萌於朝。」「亂世則不然，爲行者相揭以高，爲禮者相矜以僞。車輿極於雕琢，器用逐於刻鏤。〈兵略訓〉曰：「夫（人主）至於攘天下，害百姓，肆一人之邪，而長海內之禍，此大倫之所不取也。所爲立君者，以暴亂也。今乘萬國之力，而反爲殘賊，是爲虎傅翼，曷爲弗除。」

　　蓋漢初雖重黃老之治，然法家之刑名仍爲帝王所憑恃。且漢初常爲政治之理由，誅除異己，大開殺戮，遂形成一股政治危風。至景帝之時，朝廷已趨於奢靡虛僞，平民於田賦之外，尙要繳「口算」（人頭稅）。再加上地方官吏之層層剝削，使得奢靡窮困并行。而朝廷對諸侯王之猜嫌構陷，及對學術上之限制，使得劉安及賓客有切膚之痛。〔註12〕〔註13〕因此《淮南子》之政治思想，傾向老子「無爲而治」之政治主張。《淮南子》中廿一篇，除總論外，二十篇有十九篇講無爲，只〈脩務訓〉一篇講有爲，蓋受儒家一派之影響。〔註14〕〈主術訓〉曰：「人主之術，處無爲之事，而行不言之教，清靜而不

〔註12〕　《淮南子》以莊子理想中之至人、聖人、神人、眞人爲最高修養境界。故〈原道訓〉稱聖人者六，稱至人者一。〈俶眞訓〉則九稱聖人，五稱眞人，一稱至人，且將眞人之地位至於聖人之上。如「聖人之所以駭天下者，眞人未嘗過焉。賢人之所矯世俗者，聖人未嘗觀焉。」〈精神訓〉兩稱至人，內容多衍《莊子‧大宗師》而來。〈本經訓〉則言聖人、眞人、至人者各一。可知莊子理想之境界，亦多爲《淮南子》所沿習。

〔註13〕　漢初諸侯王常喜賓客，形成一種學術之風。然渠輩動輒受帝王之迫害，使學術風氣，飽受抑制。故名將如衛青、霍去病等，皆拼賓客，以順主意，保性命（參《史記‧衛青列傳贊》）。而梁孝王善於待士，因之觸犯景帝（《史記‧梁孝王世家》）。淮南王善禮賓客，卒被以「廢法行邪，懷詐僞心，以亂天下，熒惑百姓，背畔宗廟，妄作妖言」之罪名誣陷。河間獻王劉德修學好古，諸儒多從遊之，然武帝難之，卒憂憤以終。凡此皆學術與政治迫害也。

〔註14〕　《淮南子》於思想意識有矛盾之處，此蓋因《淮南子》爲雜家之作。劉安賓

動，一度而不搖，因循而任下，責成而不勞。」〈原道訓〉曰：「萬物固以自然，聖人又何事焉？」又曰：「是故聖人內修其本而不外飾其末，保其精神，偃其智故，漠然無爲而無不爲也，澹然無治而無不治也。所謂無爲者，不先物爲也。所謂無不爲者，因物之所爲也。所謂無治者，不易自然也。所謂無不治者，因物之相然也。」

因此無爲即順人性之自然，不加人工添飾。而「不先物爲也」，即是老子謙遜退讓之旨。老子曰：「欲先民，必以身後之。」（六六章）「不敢爲天下先，故能成器長。」（六七章）《淮南子》政治作爲亦強調此旨。〈主術訓〉曰：「先唱者，窮之路也；後動者，達之原也。」「先者，難爲智；而後者，易爲攻也。」「先者隤陷，則後者以謀；先者敗績，則後者違之。由此觀之，先者則後者之弓矢質的也。」「所謂後者，非謂其底滯而不發，凝結而不流，貴其周於數而合於時也。」以後爲進，實亦符合自然之旨。

《淮南子》政治論既以率性爲本。故一切仁義禮知後天之作爲，皆在反對之內。老子有「失道而後德，失德而後仁，失仁而後義，失義而後禮，夫禮者忠信之薄，而亂之首。」（卅八章）〈俶眞訓〉曰：「是故道散而爲德，德溢而爲仁義，仁義立而道德廢矣。」〈齊俗訓〉曰：「率性而行，謂之道。得其天性，謂之德。性失然後貴仁，道失然後貴義。這故仁義立而道德遷矣，禮樂飾則純樸散矣，是非形則百姓眩矣，珠玉尊則天下爭矣。凡此四者，衰世之造也，末世之用也。夫禮者，所以別尊卑，異貴賤；義者，所以合君臣、父子、兄弟、夫婦、朋友之際也。今世之爲禮者，恭敬而忮；爲義者，布施而德，君臣以相

客中有二大類，一爲道家之輩，如高誘《序》中所謂「蘇飛、李尚、左吳、田由、雷被、毛被、伍被、晉昌等八人。」此外高《序》中如「諸儒大山、小山之徒」則屬儒家。故二家意識形態不同，遂使《淮南子》思想有出入。道家派認仁義不足爲訓。〈俶眞訓〉曰：「仁義立而道廢。」然儒家派則主仁義。〈主術訓〉曰：「國之所以存者，仁義是也。」〈氾論訓〉曰：「故仁以爲經，義以爲紀，此萬世不更者也。」道家派主「絕學棄智」。〈俶眞訓〉曰：「是故聖人之學也，欲以返性於初，而游心於虛也。」而儒家派則重求學。〈說山訓〉曰：「通於學者，若車軸，轉轂之中，不運於己，與之致千里，終而復始，轉無窮之源。不通於學者，若迷惑，告之以東西南北，所居聆聆，背而不得，不知凡要。」道家派主無爲之政治觀。〈原道訓〉曰：「漠然無爲而無不爲也。」儒家派則主有爲。〈脩務訓〉曰：「或曰，無爲者，寂然無聲，漠然不動，引之不來，推之不往，如此者乃得道之像，吾以爲不然。嘗試問之矣，若夫神農堯舜禹湯，可謂聖人乎？有論者必不能廢，以五聖觀之，則莫得無明矣。」是以《淮南子》中或有思想牴牾之處，其因在此。

非，骨肉以生怨，則失禮樂之本也。」〈本經訓〉曰：「仁義禮樂者，所以救敗，而非通治之至也。」「是故德衰，然後仁生；行沮，然後義立；知道德，然後知仁義之不足行也。」凡此皆合乎老莊重道德，輕仁義之旨也。

　　蓋衰世之學，不知原心反本，雕琢性情，矯揉做作，不過徒勞無功，無益於政治民生。〈精神訓〉曰：「故目雖欲之，禁之以度；心雖樂之，節之以禮。……外束其形，內總其德，鉗陰陽之和，而迫性命之情，故終身爲悲人。」「今夫儒者，不本其所以欲，而禁其所欲。不原其所以樂，而閉其所樂，是猶決江河之源而障之以手也。」〈原道訓〉曰：「夫釋大道而任小數，無以異於使蟹捕鼠，蟾蜍捕蚤，不足以禁姦塞邪，亂乃逾滋。……故體道者，逸而不窮；任數者，勞而無功。」

　　《淮南子》之所以反對禮義及一切政治作爲，此皆本於老子所謂「法令滋章，盜賊多有」之思想。漢初，由於秦皇之破壞政治制度及禮儀規範，漢初奠基以來，即積極重建禮儀及各種政治規範。故叔孫通制定朝儀，賈誼上〈治安策〉。《漢書‧賈誼傳》曰：「天下初定，制度疏濶，諸侯王僭儗，地過古制。誼數上疏陳政事，多所欲匡建。」然賈誼所倡，雖緣體制以離間君臣骨肉，實即離間朝廷與諸侯王之關係。淮南子皆能感受其害，故〈齊俗訓〉曰：「世之明事者，多離道德之本，曰禮義足以治天下，此未可與言術也。」因此實施禮義，不過使「君臣以相非，骨肉以生怨」徒然造成紛擾混亂而已。

　　於是《淮南子》及從《莊子‧齊物論》之平等觀念爲出發，消滅人爲之禮制，而順乎人情之自然。〈齊俗訓〉曰：「故行齊於俗，可隨也。事周於能，易爲也。」「乃至天地之所覆載，日月之所照誋，使各便其性，安其居，處其宜，爲其能。各用之於所適，施之於所宜，即萬物一齊而無由相過。……物無貴賤，因其所貴而貴之，物莫不貴也。因其賤而賤之，物萬不賤也。」「故胡人彈骨，越人契臂，所由各異，其於信一也。三苗髽首，羌人括領，中國冠笄，越人劗鬋，其於服一也。帝顓頊之法，婦人不辟男子於路者，拂於四達之衢。今之國都，男女切踦，肩摩於道，其於俗一也。故四夷之禮不同，皆尊其主而愛其親，敬其兄。獫狁之俗相反，皆慈其子而嚴其上。……豈必鄒魯之禮之謂禮乎？」因此政治之主張，便是棄絕人爲禮制而復歸無爲。

　　政治之作爲一方面在實施清靜之治。〈覽冥訓〉曰：「輔佐有能，黜讒佞之端，息巧辯之說，除刻削之法，去煩苛之事，屏流言之迹，塞朋黨之門。消知能，修太常，隳肢體，絀聰明。大通混冥，解意釋神。漠然若無魂魄，

使萬物各復歸其根。」一方面要袪除百姓巧偽機詐。〈泰族訓〉曰：「故民知書而德衰，知數而厚衰，知券契而信衰，知機械而實衰也。巧詐藏於胸中，則純白不備。」尤其要摒除百姓盜心。〈精神訓〉曰：「夫使天下畏刑而不敢盜，豈若能使無有盜心哉？越人得髯蛇，以爲上肴，中國得而棄之無用。故知其無所用，貪者能辭之；不知其無用，廉者不能讓也。」而使民能達於無知無欲，泯滅是非之境界。〈原道訓〉曰：「是故聖人內修其本，而不外飾其末。保其精神，優其智故，漠然無爲而無不爲也。」〈齊俗訓〉曰：「不知世之所謂是非者，不知孰是孰非。」「物無貴賤，因其所貴而貴之，物無不貴也。因其所賤而賤之，物無不賤也。」

　　總之，順應自然，澹然無爲，爲《淮南子》政治之主張。此完全繼承老子「爲無爲，則無不治。」之政治思想。〈原道訓〉曰：「是故春風至則甘雨降，生育萬物，羽者嫗伏，毛者孕育，草木繁華，鳥獸卵胎，莫見其爲者，而功既成矣。……由此觀之，萬物因以自然，聖人又何事焉。」「是故天下之事，不可爲也，因其自然而推之；萬物之變，不可究也，秉其要，歸之趣。」〈說林訓〉曰：「怒出於不怒，爲出於不爲，視於無形則得其所見矣，聽於無聲則得其所聞矣。至味不慊，至言不文，至樂不笑，至音不叫，大匠不斲，大豆不具，大勇不鬪，得道而德從之矣。」

　　唯《淮南子》雖主無爲思想，然亦有融合儒、法二家思想於其中，此爲雜家性質之書中所常見者。蓋無爲而治，亦爲儒家政治理想之一。故〈泰族訓〉從儒家觀點，闡述無爲之治：「故大人者，與天地合德，日月合明，鬼神合靈，與四時合信。故聖人懷天信，抱天心，執中含和，不下廟堂而衍四海，變習易俗，民化而遷善，若性諸己，能以神化。」「故聖人養心莫善於誠，至誠而動化矣。……聖主在上，廓然無形，寂然無聲。官府若無事，朝廷若無入。無隱士，無軼民，無勞役，無冤刑。四海之內，莫不仰上之德，象主之旨。夷狄之國，重譯而至，非戶辯而家悅之也。推其誠心，施之天下而已矣。」所謂「至誠」，皆儒家主要觀念，亦爲《中庸》之精神。

　　除儒家外，《淮南子》亦擷取法家思想入其無爲之政治理論中。法之精神爲公正無私，與道家之「道」性質相同。〈主術訓〉對法之解釋曰：「天下之度量，而人主之準繩也。縣法者，法不法也。設賞者，賞當賞也。法定之後，中程者賞，缺繩者誅。尊貴者，不輕其罰；而卑賤者，不重其刑。」「衡之於左右，無私輕重，故可以爲平。繩之於內外，無私曲直，故可以爲正。人主

之用於法，勿私好憎，故可以爲命。」因此法既有其公允性。實施法治，便可達於無爲而治之地步。〈主術訓〉曰：「古之置有司也，所以禁民，使不得自恣也。其立君也，所以制有司，使無專行也。法籍禮義者，所以禁君，使無擅斷也。人莫得自恣，則道勝，道勝而理達矣，故反於無爲。無爲者，非謂其凝滯而不動也，以其言莫從己出也。」「是故明主之治，國有誅者而主無怒焉。朝有賞者而君無與焉。誅者不怨君，罪之所當也。賞者不德上，功之所致也。民知誅賞之來，皆在身也，故務功脩業，不受賚於君。是故朝廷蕪而無跡，田野闢而無草。故太上，不知有之。」「若吾所謂無爲者，私志不得入公道，嗜欲不得枉正術，循理而舉事，因資而立權。自然之勢，而曲故不得容者，事成而身弗伐，功立而名弗有。非謂其感而不應，攻而不動者。」法家原本於道德之意（《史記・老莊申韓列傳》），《淮南子》能調合法道二家思想，此對黃老政治所以與刑名法術相結合，實有其影響力。

　　諸子之學，原與老莊有密切之關係（詳見第壹編）。雜家能融通諸家，而以道家學說爲基本。此種特色，特別表現於《淮南子》書中。蓋《淮南子》成書之目的，乃「所以紀綱道德，經緯人事」，其方法乃是「上考之天，下揆之地，中論諸理」。〈要略篇〉更指出，作書之主旨在「觀天地之象，通古今之事。……斟酌其淑靜以統天下，理事物，應變化，通殊類，非尋一迹之路，守一隅之旨，拘繫牽連之物，而不與世推移也。」《淮南子》能繼承傳統老莊之精神，而更闡揚發揮，並與之調和諸家思想，使成爲漢際所謂之「新道家」（胡適先生以爲漢時雜家就是道家），此點於繼往開來之思想史上，有其極重要之貢獻。《淮南子》不但於思想上受老莊影響甚深，甚至文辭亦受其影響。全書引用二子之言，固不勝枚舉，而《莊子》爲文之浪漫瓌瑋，亦可從《淮南子》行文之瑰麗舖敍，得其相似之處。此因淮南賓客中多有能賦者。《漢書補注》引王應麟曰：「淮南王安招致賓客，客有八公之徒，分造詞賦，以類相從，或稱大山，或稱小山，如《詩》之有《大雅》、《小雅》。」《漢志・詩賦略》有《淮南賦》八十篇，《淮南王群臣賦》四十四篇。故以「賦之爲言舖也」之手法入於《淮南》書中，更能將莊子之思想及文辭之想像力，表達於奇詭之辭彙中。

　　《淮南子》不但於思想上繼承老莊，而與道教之發展，亦有關係。《漢書河間獻王德傳》曰：「是時淮南安亦好書，所招致率多浮辯。」所謂「浮辯」，係指《本傳》中所謂「賓客方術之士數千人」，其著述中有《神仙黃白之術》八卷，凡二十餘萬言，名曰《鴻寶苑秘書》。其方術如《重道延命方》等，皆

失傳。《本草》云：「豆腐之法，始於淮南王劉安。」蓋由方士燒煉化驗所得。後淮南王被誣指叛亂而自殺，甚至有「雞犬皆仙」之傳說。王充《論衡・道虛篇》曰：「淮南王懷反逆之心，招會術人，欲爲大事。伍被之屬充滿殿堂，作道術之書，發怪奇之文，合景亂首，八公之傳，欲示神奇，若得道之狀。道終不成，效驗不立，及與五被爲反事。」又曰：「儒書言淮南王書，招會天下有道之人，傾一國之尊，下道術之士。……是以道術之士，並會淮南，奇方異術莫不爭出。王遂得道，舉家升天，畜產皆仙，犬吠於天上，雞鳴於雲中。」葛洪《神仙傳》亦曰：「淮南王安臨去時，餘藥器置在中庭，雞犬舐啄之，盡得升天。」是淮南王不但係深得道家之旨者，亦爲道教傳說中之神仙。此固由於淮南王有所謂《中篇》、《外書》等宗教修鍊之著作。而道家學者，被認爲與道教有密不可分之關係。此係漢朝以來，社會普遍之思想。

第二節　儒道學術之交融

儒家係中國傳統之顯學，自孔子以來，即成爲中國學術之主流。秦皇雖暴，亦未能完全消滅此固有之思想。自漢武帝採董仲舒之議，罷黜百家，獨尊儒術，儒家遂成爲兩漢一枝獨秀之勁旅。然漢初以來，實行黃老政治，老莊思想深入朝野，道家之人生觀，已成爲時人生活及思想中不可消滅之意識形態。儘管儒學於兩漢時已漸擡頭，然其學術內容並非純然不駁。此與傳統之儒家實有所區別。故漢際《易傳》、《禮記》等儒家經典與老莊思想亦多有吻合之處（參〔註12〕），而從事儒學之研究者，亦往往精通老莊之學（參本編第一章第四節三黃老之沒落），甚至大儒如馬融、鄭玄等皆有引《老子》之文注儒家經典。可知老莊思想對儒學確有其深遠之影響。而屬於道家派之陰陽五行家，自漢初以來即發揮其影響力，漢儒之重災異，信讖諱，迷五行，相信天人感應，皆五行家之思想，此亦可謂老莊思想對儒學間接之影響。漢初學術家屬於儒家派有陸賈、賈誼、董仲舒等人，茲將其與道家學術有關之部份，敘述如下：

一、陸　賈

陸賈爲楚人，有口辯。從高祖定天下，居其左右，常使諸侯，爲太中大夫。陸賈爲一儒生。《史記・陸賈傳》曰：「陸生時時前說稱《詩書》。高帝罵

之曰：『迺公居馬上而得之，安事《詩書》？』陸生曰：『居馬上得之，寧可以馬上治之乎？且湯武逆取而順守之，文武並用，長久之術也。昔者吳王夫差智伯，極武而亡。秦任刑法不變，卒滅趙氏。鄉使秦已並天下，行仁義，法先聖，陛下安得而有之？』高帝不懌而有慚色。迺謂陸生曰：『試爲我著秦所以失天下，吾所以得之者何？及古成敗之國。』陸生乃粗述存亡之徵，凡著十二篇。每奏一篇，高帝未嘗不稱善，左右呼萬歲，號其書《新語》。」

《新語》一書，係陳述秦朝滅國之因，及漢朝立國圖存之道。陸賈提倡仁義之說，有近儒家，然胡適先生認爲有近雜家之言（胡適以爲漢際雜家就是道家）。胡適先生曰：

> 此書仍是一種雜家之言，雖時時稱引儒書，而仍不免帶左傾的色彩。
> 故最應該放在《呂氏春秋》和《淮南王書》之間。〔註15〕

陸賈《新語》之內容，實雜有儒道二家之思想。儒道並用，乃漢初學術之特色。徐復觀先生曰：

> 陸賈所把握的，是活的五經六藝，而其目的，是在解決現實上的問題。所以把儒家的仁義與道家無爲之教，結合在一起，開兩漢儒道並行互用的學風。〔註16〕

陸賈之宇宙論，有近於老莊「道」之生演論，並雜有陰陽五行之色彩。萬物係由天地自然相演，由協調合和而產生。〈道基篇〉曰：「天生萬物，以地養之，聖人成之，功德參合，而道術生焉。故曰：張日月，列星辰，序四時，調陰陽，布氣治性，以置五行。春生夏長，秋收冬藏，陽生雷電，陰成雪霜，養育群生，一茂一亡。潤之風雨，曝之以日光，溫之以節氣，降之以隕霜，位之以眾星，制之以斗衡，苞之以六合，羅之以紀綱，改之以災變，告之以禎祥，動之以生殺，悟之以文章。」地配天性，順乎天文，從中生化萬物：「故地封五嶽，盡四瀆，規洿澤，通水泉，樹物養類，苞殖萬根，暴形養精，以立群生。不違天性，不奪物性，不藏其情，不匿其詐。」（仝上）。天地化功既屬自然之現象，人由自然而生，宜順自然之性，方足以安其心。〈道基篇〉曰：「故知天者，仰觀天文；知地者，俯察地理。跂行喘息蜎飛蠕動之類，水生陸行根著葉長之屬，爲寧其心而安其性。蓋天地相承，氣感相應而生成者也。」此與老莊之自然化生說相似。老子有「道生之，德畜之，長之，育之。」

〔註15〕 胡適《中古思想史長編》，216。
〔註16〕 徐復觀《兩漢思想史》第二冊〈漢初啓蒙思想家〉，頁10。

（五一章）莊子有：「萬物有形相生。」（〈知北遊〉）「以不同形相禪。」（〈寓言〉）從宇宙創生之過程而言，陸賈與老莊有其類似之觀點。

唯《新語》另以儒家傳統之仁義思想，發揮道德教化之說，而全部理論，建立在以天爲主之宇宙論，融合儒道二家之說法。〈道基篇〉曰：「先聖乃仰觀天文，俯察地理，圖畫乾坤，以定人道，民始開悟。」又曰：「後聖定五經，明六藝，承天統地，窮事察微，原情立本，以緒人倫，垂諸來世，以匡治亂，天人合策，原道悉備。」〈輔政篇〉曰：「機堯舜以仁義爲巢，故高而益安，德配天地。秦以刑罰爲巢，故有覆巢破卵之患。」因此人道由天道而來，人須效法天，天亦以人之作爲而施與報應，此即繼《呂氏春秋》以來之天人感應說。〈明誡篇〉曰：「惡政生於惡氣，惡氣生於災異，蝮蟲之類隨氣而生，虹蜺之屬因政而見。治道失於下，則天文度於上；惡政流於民，則災蟲生於地。賢君智則知隨變而改，緣類而試思之。」天道有定序，人事不可亂。〈思務篇〉曰：「聖人因天變而正其失，理其端而正其本。」

至於陸賈之政治哲學，則帶有濃厚之老莊無爲思想。老莊對政治之干涉，極力抨擊。老子曰：「揣而銳之，不可長保；金玉滿堂，莫之能守。」（九章）「天下多忌諱，而民彌貧；民多利器，國家滋昏；人多伎巧，奇物滋起；法令滋章，盜賊多有。」（五十章）陸賈亦從此觀點痛述暴秦之苛刑猛政。〈道基篇〉曰：「秦二世尙刑而亡。」〈輔政篇〉曰：「秦以刑罰爲巢，故有覆巢破卵之患。以趙高李斯爲杖，故有傾朴跌傷之過。〈無爲篇〉」曰：「秦始皇設刑法，爲車裂之誅。築長城以備胡越，蒙恬討亂於外，李斯治法於內。事逾煩，下逾亂；法逾眾，姦逾縱。秦非不欲治也，然失之者，舉措太眾，而用刑太極故也。」又曰：「秦始皇驕奢靡麗，好作高臺榭，廣宮室，則天下豪富，莫不仿之。……以亂制度。」「秦二世之時，趙高駕鹿而從行。王曰：丞相何以駕鹿？高曰：馬也。於是乃問群臣，臣半言鹿，半言馬。當此時，秦王不敢相信其眞目，而從邪臣之言。」秦時暴政害民，徭役繁興，是以覆亡。殷鑒不遠，足以爲戒。

因此陸賈認爲無爲而治，乃其理想之政治目標。〈無爲篇〉曰：「夫道莫大於無爲，行莫大於謹敬。何以言之？昔虞舜治天下，彈五絃之琴，歌〈南風〉之詩，寂若無治國之意，漠若無憂民之心，然天下治。周公制禮作樂，郊天地，治山川，師旅不沒，刑格法懸。而四海之內，奉供來臻；越掌之君，重譯來朝，故無爲也。」〈至德篇〉曰：「夫欲建國彊威，辟地服遠者，必得

之於民。欲建功興譽，垂名烈，流榮華者，必取之於身。……天地之性，萬物之類，懷德者，眾歸之；懷刑者，民畏之。歸之，則附其側；畏之，則去其域。故設刑者，不厭輕；爲德者，不厭重。行罰不患薄，布賞不患厚。所以親近而致遠也。夫刑重者，則心煩；事眾者，則身勞。心煩者，則刑罰縱橫而無所立；身勞者，則百端迴邪而無所就。是以君子之爲治也，混然無事，寂然無聲。官府若無吏，亭落若無民。閭里不訟於巷，老幼不愁於庭。近者，無所議；遠者，無所聽。郵驛無夜行之卒，鄉閭無夜召之征。犬不夜吠，鷄不夜鳴。老者，不甘味於堂下；壯者，耕耘於田；在朝者，背於君；在家者，孝於親。於是賞善罰惡而潤澤之，興辟雍庠序而教誨之。然後賢愚異議，廉鄙異科，長幼異節，上下有差，強弱相扶，小大相懷，尊卑相承，雁行相隨，不言而誠，不怒而行。豈恃堅甲利兵，深牢刻法，朝夕切切而後行哉？」

　　陸賈之無爲，係指消除一切政治之作爲，揃棄一切嚴刑峻法，自能聖化流布，使百姓心悅誠服。因此無爲之果效，非一事不做，乃是各當其職，各從其事，順應自然之本性而已。故莊子曰：「萬物職職，皆從無爲殖。故曰：天地無爲也，而無不爲也。」（〈至樂〉）陸賈亦曰：「無爲者，乃有爲也。」（〈無爲篇〉）皆是其旨，此亦黃老思想，應用於政治之理論基礎。西人李約瑟曰：

> 無爲在最初原始科學的道家思想中，是指避免反自然的行爲，即避免拂逆事物的天性。但是無爲二字的誤解，終於鑄成了人們對無爲的濫用，更使道家蒙上莫名的恥辱。〔註17〕

因此陸賈之政治取向，非刻意規避現世，乃是不妄作，不干涉，以實現道家治世之思想。唯陸賈《新語》雖以無爲而治爲理想，然書中却一再強調儒家仁義道德之修養，蓋其以儒生干政，欲融合二家思想於一爐。徐復觀先生曰：

> 西漢政治思想的大勢，由陸賈、賈誼、淮南子中的劉安及其賓客、董仲舒的《春秋繁露》、《鹽鐵論》中的賢良文學，以及揚雄，都是儒道兩家思想的結合。當然其中有分量輕重的不同。尤其是以道家的態度立身處世，以儒家的用心言政治，言社會，更是由陸賈開其端的兩漢知識分子的特色。〔註18〕

胡適先生亦以爲陸賈係採「無爲的治道論，開西漢人所謂道家的先路。」〔註19〕

〔註17〕李約瑟《中國之科學與文明》第二冊，頁4。
〔註18〕仝〔註37〕，頁101。
〔註19〕胡適《中古思想史長編》第三章，頁36。

無論如何，陸賈受老莊無爲思想影響甚深。唯其既以儒家修養爲立身處世，因此對刻意規避世事之求仙之徒，亦不稍假辭色。〈愼微篇〉曰：「孔子謂顏淵曰：『用之則行，舍之則藏』，言顏淵道施于世，而莫之用也。世人不能懷仁行義，分別纖微，忖度天地。乃苦身勞形，入深山求神仙。棄二親，捐骨肉，絕五穀，廢《詩書》，背天地之寶，求不死之道。非所以通世防非者也。夫播布革，亂毛髮，登高山，食木食，視之無優游之容，聽之無仁義之辭，忽忽若狂痴，當世不蒙其功，後代不見其才，君傾而不扶，國危而不持，寂寞而無鄰，寥廓而獨寢，可謂避世，非謂懷道者也。」是陸賈對當時世俗之人，假借老莊之名，而追求虛無之實，亦不表贊同。無爲僅是政治之理想，其過程乃須以儒家仁義來實現。

陸賈雖信天人感應之說，然並非純然迷信，盲目聽從。〈懷慮篇〉對當時術士有所指摘。〈懷慮篇〉曰：「夫世人不學《詩書》行仁義，求聖人之道，極經藝之深。乃論不驗之語，學不然之事，圖天地之形，說災變之異，棄先王之法，異聖人之意，惑學者之心，移衆人之志。動人以邪變，驚人以奇怪，聽之者若神，視之者如異。然猶不可以濟於厄而度其身，或觸罪犯不免於戮。故事不生於法度，道不本於天地，可言而不可行也，可聽而不可傳也。」由此看來，陸賈亦非純然如時儒之專務迷信者，此點有近傳統儒家之人文主義，及道家之自然主義色彩。至於其強調守道之專一，則能不惑於世俗，則就儒道二家之思想合和而言之。〈思務篇〉曰：「夫長於變者，不可窮以詐；通於道者，不可驚以怪；審於辭者，不可惑以言；喻於義者，不可動以利。是以君子廣思而博聽，進退循法，動作合度，聞欲衆，而採擇欲謹。目不淫炫燿之色，耳不聽鄭衛之音。示之以晉楚之富，而志不回；談之以喬松之壽，而行不易，然後能一其道而定其操。凡人則不然，目放於富貴之榮，耳亂於不死之道，故多棄其所長，而求其所短，得其所亡，而失其所有，一見一利而喪萬機，求一福而致萬禍。」

陸賈爲一熱心用世之儒者，然能調合儒道之思想，以道德仁義爲手段，其目的爲實現道家無爲而治之政治理想。其〈至德篇〉謂：「好戰者必敗，與民爭利者必亂。」〈本行篇〉謂：「上崇儉德而民從之，不貴難得之貨，以快淫邪之心。」皆付合老莊治道之精神。陸賈可說是漢初儒道思想融合之代表人物。後世中國人所謂：「得志偏於儒，不得志偏於道」以及「儒道兼修」之想法，或即是此種精神之延續。

二、賈　誼

　　賈誼爲洛陽人，年十八，以能講《詩書》屬文，稱於郡中。文帝惜其才，召以爲博士，時年二十餘。後歲中超遷至太中大夫。誼以漢興二十餘年，天下和洽，宜改正朔，易服色，法制度，定官名，興禮樂。迺草具其議法，色上黃，數用五，爲官名，悉更秦之法。時帝謙讓未遑，然諸法令所更定，及判侯就國，其說皆誼發之，於是天子議以誼任公卿之位。後絳灌東陽侯馮敬之屬盡毀之。天子遂疏之，不用其議，以爲長沙王太傅。誼既以謫去，意不自得。及度湘水，爲賦以弔屈原。後轉拜爲梁懷王太傅，懷王墜馬而死，誼自傷爲傅無狀，歲餘亦死，年三十三。著書五十八篇，名曰《新書》。今缺〈問孝〉、〈禮容語上〉二篇、實存五十六篇。另有〈治安策〉等文。

　　賈誼爲一青年才俊，早年得意，終復爲人所讒累，其思想雖偏於儒家，然對人世之乖違無常，生命之飄忽不定，時有深沈之感慨。故其〈弔屈原賦〉與〈鵩鳥賦〉有極濃厚之道家意味。如其〈弔屈原賦〉云：「所貴聖人之神德兮，遠濁世而自藏。使騏驥可得係羈兮，豈云異夫犬羊。」頗有老莊退隱飄逸之思想（〈惜誓賦〉傳爲賈誼所作，亦多與道家隱逸思想有關）至於《鵩鳥賦》更是將老莊之語句以及道家之宇宙觀、人生觀融入其辭意中。其賦曰：「萬物變化，固亡休息。斡流而遷，或推而還。形氣轉續，變化而嬗。沕穆亡間，胡可勝言？禍兮福所倚，福兮禍所伏；憂喜聚門，吉凶同域。……夫禍之與福，何異糾纏！命不可說，孰知其極？水激則旱，矢激則遠。萬物固薄，振盪相轉。雲蒸雨降，糾錯相紛。大鈞播物，坱扎無垠。天不可與慮，道不可與謀。遲速有命，烏識其時？且天地爲鑪，造化爲工；陰陽爲炭，萬物爲銅。合散消息，安有常則？千變萬化，未始有極，忽然爲人，何足控摶？化爲異物，又何足患？小智自私，賤彼貴我；達人大觀，物亡不可。貪夫徇財，烈士徇名，夸者死權，品庶每生。怵迫之徒，或趨西東；大人不曲，意變齊同。愚士繫俗，窘若囚拘。至人遺物，獨與道俱。眾人惑惑，好惡積意；眞人恬漠，獨與道息。釋智遺形，超然自喪；寥廓忽荒，與道翱翔。乘流則逝，得坎則止；縱軀委命，不私與己。其生兮若浮，其死兮若休。澹乎若深淵之靚，氾乎若不繫之舟。不以生故自保，養空而浮。德人無累，知命不憂。細故蔕芥，何足以疑。」賈誼雖係儒生，然對老莊思想實有深入之瞭解，故於埋鬱坎坷之遷謫中，此種道家之看法，便表露無遺。

　　賈誼以一青年才俊，富有治國安邦之理想。其思想以儒家積極入世爲本，

故賈生五十八篇，《漢志》明列儒家。其〈治安策〉更表明振頹救弊之志。蓋文帝之時，漢興已二十餘年，黃老無為治術之推行，使得民生樂利，天下富足。然社會富庶之結果，形成浮靡奢侈之風氣盛行。且秦世輕蔑禮義之餘風猶在，故人民倫理道德逐漸淪喪，苟且澆薄之習漸成。賈誼有斥無為制度之為害，而欲提倡儒家禮義制度以矯正之。〈治安策〉曰：「曩之為秦者，今轉而為漢矣。然其遺風餘俗，猶尚未改。今世以侈靡相競，而上亡制度，棄禮誼，捐廉恥，日甚，可謂月異，而歲不同矣。逐利不耳，慮非顧行也。今其甚者，殺父兄矣。盜者剟寢戶之簾，搴兩廟之器。大都之中，剽吏而奪之金。矯偽者，出幾十萬石粟，賦六百餘萬錢，乘傳而行郡國。此其亡行義之尤至者也。而大臣特以簿書不報，期會之閒，以為大故。至於俗流失，世壞敗，因恬而不知怪，慮不動於耳目，以為是適然耳。夫移風易俗，使天下回心而鄉道，類非俗吏之所能為也，俗吏之所務，在於刀筆筐篋，而不知大禮。陛下又不自憂，竊為陛下惜之。夫立君臣，等上下，使父子有禮，六親有紀，此非天之所為，人之所設也。夫人之所設，不為不立，不植則僵，不修則壞。管子曰：『禮義廉恥，是謂四維；四維不張，國乃滅亡。』使管子愚人也則可，管子而少知治體，則是豈可不為寒心哉！秦滅四維而不張。故君臣乖亂，六親殃戮，姦人並起，萬民離叛，凡十三歲，社稷為虛。今四維猶未備也，故姦人幾幸，而眾心疑惑。豈如今定經制，令君君臣臣，上下有差。父子六親，各得其宜。姦人亡所幾幸，而群臣眾信，上不疑惑。此業一定，世世常安，而後有所持循矣。」賈誼從儒家禮義敦化為出發點。主張立君臣，等上下，使父子有禮，六親和睦，且特別標重管子「禮義廉恥」之精神，為治國之圭臬。此種思想亦表現於《新書》中。如〈禮篇〉曰：「故道德仁義，非禮不成。教訓正俗，非禮不備。分爭辯訟，非禮不決。君臣上下，父子兄弟，非禮不定。官學事師，非禮不親。班朝治軍，涖官行法，非禮不誠不莊。是以君子恭敬撙節退讓以明禮。禮者，所以固國家，定社稷，使君無其民者也。」禮樂為治，上下有秩，賈誼純粹從儒家觀點，來說明治國行事之基本道理。由此看來，賈誼誠為一積極之儒士。故劉向稱其「通達國體，雖古之伊管未能遠過。」

然賈誼雖以儒家之「仁義禮樂」勸世，而其整個道德理論之結構，則建築於其形上之基礎上。此點與老莊學說關係最為密切。

關於賈誼形上之思想，首在於「道」之探究。儒家對「道」本偏於形而下之探討。故孔子之「朝聞道」、「人能弘道」、「道一以貫之」都偏於仁道而

言。《孟子·盡心篇》曰：「仁者，人也，合而言之道也。」《荀子·天論篇》曰：「道，非天之道，非地之道，人之所以爲道也。」可知儒家對形而上之道，皆尠涉及之。漢儒自陸賈〈道基篇〉涉及形上道之探討之後，繼而有賈誼踵其業，對此形上之道有所發揮，此點受道家影響甚深。

〈道術篇〉曰：「曰：『數聞道之名矣，未知其事也。請問道者何謂也？』對曰：『道者，所從接物也。其本者，謂之虛；其末者，謂之術。虛者，言其精微也，平素而無設儲也。術也者，所從制物也，動靜之數也，凡此皆道也。』」「道術」之名，出於《莊子·天下篇》。「道術」二字本爲複詞，其義相若。《說文》曰：「術，邑中道也。」又「道，所行道也。」是〈天下篇〉合「道術」二字言之也。賈誼將「道術」分言之，以爲「道」以虛爲體，「術」乃道之用。前者，乃接受老莊道體冲虛之說法，後者則有儒家積極用世之思想。

至於虛之情況若何？〈道術篇〉曰：「曰：『請問虛之接物何如？』對曰：『鏡儀而居，無執不藏，美惡畢至，各得其當。衡虛無私，平靜而處，輕重畢懸，各得其所。明主者，南面而正，清虛而靜，令名自宣，命物自定；如鑑之應，如衡之稱。有薦（勉）和之，有端隨之，物鞫其極，而以當施之，此虛之接物。』」「虛」原是老莊道體之基本概念。老子曰：「道冲而用之或不盈。」（四章）又曰：「致虛極。」（十六章）賈誼以鏡比喻虛靜之作用，此種觀念乃從莊子而來。《莊子應帝王》曰：「至人之用心若鏡，不將不迎，應物而不藏，故能勝物而不傷。」以虛處事，不自妄作，便能順物自然，各得其所。此應用於政治上，便是無爲而治之君人南面之術。《韓非子·主道篇》亦曰：「故虛靜以待，令名自命也，令事自定也。虛則知實之情，靜則知動者正。有言者自爲名，有事者自爲形。形名參同，君乃無事焉，歸之其情。」

唯老莊本體之道，既爲虛無。故道家著重在無爲無欲，絕聖棄智。而賈誼則從儒家觀點，強調「術」之用。〈道術篇〉曰：「曰：『請問術之接物何如？』對曰：『人主仁而境內和矣，故其士民莫弗親也。人主義，而境內理矣，故其士民莫弗順也。人主有禮，而境內肅矣，故其士民莫弗敬也。人主有信，而境內貞矣，故其士民莫弗信也。人主公，而境內服矣，故其士民莫弗戴也。人主法，而境內軌矣，故其士民莫不弗輔也。舉賢則民化善，使能則官職治。英俊在位，則主尊；羽翼勝仁，則名顯；操德而固，則威立；教順而必，則令行。周德則不蔽，稽驗則不惶，明好惡則民必化，密事端則人主神。術者，接物之隊，凡權重者必謹於事，令行者必謹於言，則過敗鮮矣。此術之接物

之道也。』由此可見賈誼及融合道儒二家體用之說，使形上之道與形下之術，彼此喞接運用。

除「道術」體用之論外，賈誼亦有「道德」互用之言。老子有「道生之，德畜之」（六一章）之說。王弼《注》曰：「德者，得也。」故德乃得之於道者。賈誼於此，特發揮「道德」之義。〈道德說〉曰：「道者，德之本也。德生物又養物，則物安利矣。安利物者，行仁也，行仁出於德。故曰：仁者，德之出也。……道者無形，平和而神，道物有載物者，畢以順理和適行。故物有清而澤。……夫變者，道之頌也。道冰而為德，神載於德。德者，道之澤也。道雖神，必載於德。而頌乃有所因以發動變化而為變。變及諸生之理，皆道之化也。各有條理以載於德。德受道之化而發之各不同狀。德潤，故曰：如膏謂之德。德生理，通之以德之畢離狀。」又曰：「道始謂之道，所得以生謂之德。德之有也，以道為本。故曰：道者，德之本也。德生物又養物，則物安，德之理也。諸生者，皆生於德之所生。」老莊本體之「道」雖具有虛無之本質，然並非空無一物。老子對道體之描述謂：「其中有象、有物、有精；其精甚真，其中有信。」（廿一章）又曰：「道生一，一生二，二生三，三生萬物。」（四一章）因此老子雖言「無」亦說「有」。從「有」之觀點而論，萬物秉道而生，得道之一體，此即所謂「德」。是以老子曰：「萬物莫不尊重而貴德。」（五一章）賈誼將儒家所謂「仁義禮智」之德性，上推之於「道生之」，使儒家形下之修養論與道家形上之本體論相結合。

因此於〈道術篇〉中，賈誼繼承儒家「性善」之說，將一切善之品，亦即後天之善德：如慈、孝、忠、惠、友、悌、恭、敬、貞、信、端、平、清、廉、公、正、度、恕、慈、潔、德、行、退、讓、仁、義、和、調、寬、裕、熅、良、軌、道、儉、節、慎、戒、知、慧、禮、儀、順、比、嫻、辯、察、威、嚴、任、節、勇、敢、誠、必等五十五種善德，歸結於：「凡此品也，善之體也，所謂道也。」

而〈道德說〉中，賈誼更說明德由道生，而德中又有「六理」。特舉玉為例，將德之性質，再進一步陳述。〈道德說〉曰：「德者，離無而之有，故潤則倨然濁而始形矣。故六理發焉。六理所以為變而生也，所生有理。然則物得潤以生，故謂潤德。」又曰：「德有六理。何謂六理？曰：道、德、性、神、明、命。此六者，德之理也。諸生者，皆生於德之所生。而能象人者，獨玉也。寫德體六理，盡見於玉也。各有狀，是故以玉效德之六理。澤者，鑑也，

謂之道。腒如竊膏之理，謂之德。湛而潤，厚而膠，謂之性。康若樂流，謂之神。光輝謂之明。礜乎堅哉，謂之命。此之謂六理。」

關於「理」字，《莊子‧天運篇》有「順之於天理」。《韓非子‧解老篇》曰：「道者，萬物之所然也，萬物之所稽也。理者，成物之文也。道者，萬物之所以成也。」「凡理者，方圓、短長、麤靡、堅脆之分也。故理定而後可得道也。故定理有存亡，有生死，有盛衰。」「短長大小方圓堅脆輕重白黑之謂理，理定而物易割也。」韓非之理，仍指物之有形者之文理性質而言。賈誼之理，乃指德之內涵而言。於內容上雖有些出入，然賈誼之理，源於道家形上之觀念，或受韓非之影響。老子有「有物混成」之語，賈誼因此認為「六理」乃腒然濁而始形，是由德之所化生，故名「六得」。〈道德說〉曰：「六得者，德之有六理。理，離狀也。性生氣而通之以曉，曉神生變，而通之以化，生識而通之以知命，生形而通之以定。」

茲再將「六理」之內容敍述如下：

1. 道：〈道德說〉曰：「澤者，鑑也。謂之道。」「鑑生空竅而通之以道。」「道者無形，平和而神。道物有載物者，畢以順理和適行，故物有清而澤。澤者，鑑也，鑑以道之神。模貫物形，通達空竅，奉一出入為先，故謂之鑑。鑑者，所以能見也。見者，目也。道德施於物精微而為目。是故物之始形也，先分而為目。目成也，形乃從。是以人及有因之，在氣，莫精於目。目清而潤澤若濡，無毳穢雜焉，故能見也。由此觀之，目足以明道德之潤澤矣。故曰：澤者，鑑也，生空竅，通之以道。」賈誼認為道是空虛無形，此乃出於老莊之觀念。《莊子‧天地篇》曰：「夫道，淵乎其居也，膠乎其清也。」又〈天下篇〉曰：「在己無居，形物自著，其動若水，其靜若鏡，其應若響，芴乎若亡，寂乎若清。」莊子以鏡作喻，以「清」形容道，此與賈生之以「澤」「鑑」形容道，其看法相同。賈誼以「目」喻道之性質，一方面說明目之氣清沒有雜穢，一方面更說明「唯道集虛」，如同物之空竅，足以容目一樣。故賈誼之道，實淵源於老莊之道。

2. 德：〈道德說〉曰：「腒如竊膏之理，謂之德。」「德生理，通之以德之畢離狀。」「德者離無而之有，故潤，則腒然濁而始形矣，故六理發焉。」「德」是道之形而下者。《莊子‧天地篇》曰：「物得以生謂之德」「形非道不生，生非德不明。」賈誼認為「德」係離無而之有，是萬物之始形。萬物凝聚於「德」，六理因而產生。唯「德」既本於「道」，亦備道之特性，賈誼因以「腒如竊膏之

理」形容之。《廣雅‧釋言》曰：「竊，淺也。」《周禮‧大司徒》曰：「其植物宜膏物。」司農《注》曰：「謂楊柳之屬，理致，且白如膏。」竊膏者，即指淺白色之膏而言，故德具備道之特性。此《莊子‧人間世》所謂「虛室生白」之意也賈誼遂以「潤」形容之，此較道之「清」，稍益失色，實為道之具體而微也。

3. 性：〈道德說〉曰：「性，神氣之所會也。」「性者，道德造物。物有形，而道德之神，專而為一氣，明其潤益厚矣。濁而膠相連，在物中為物，莫生氣，皆集焉，故謂之性。性，神氣之所會也。性立，則神氣曉曉然發，而通行於外矣。與外物之感相應。故曰：潤厚而膠謂之性。性生氣，通之以曉。」賈誼以為「性」原於「德」，且較「德」更為凝聚，故「專而為一氣」。賈誼之「氣」，實為「性」之另稱。道家中所謂之「精」，實與此「氣」相當，賈誼以「潤厚而膠之」形容之。「性」生於「德」，此亦道家之說。《莊子‧天地篇》曰：「物得以生謂之德，未形者有分，且然無間謂之命；留動而生物，物成生理謂之形；形體保神，各有儀則謂之性。性修反德，德至同於初。」〈庚桑楚〉曰：「道者德之欽也，生者德之光也，性者生於質也，性之動謂之為。」故物之未形，所得以生者謂之「德」。及其既形，德之表見以為形體之儀則者，謂之「性」。賈誼之「性」與莊子之「性」，可謂無甚出入。

4. 神：〈道德說〉曰：「康若樂流謂之神。」「神生變而通之以化。」「神者，道德神氣發於性也。康若樂流，不可物效也，變化無所不為。物理及諸變之起，皆神之所化也。故曰：若樂流，謂之神。神生變，通之以化。」「神」之觀念，肇始於老子之「谷神不死，是謂玄牝。」「谷」即指虛空之本體，「神」乃指變之作用。在人而言，神即指人之精神作用。「康若樂流」指精神上之活動，既安且靜，如音樂之自然流動，無所不化。精神作用，由性而生，一切物理變化，無非精神所造成。《莊子知北遊》有：「精神生於道。」〈在宥篇〉有「抱神以靜。」〈知北遊〉有「澡雪而精神。」《列子‧仲尼篇》有「我體合於心，心合於氣，氣合於神，神合於無。」此皆說明「神」之作用源於「道」，唯有虛靜之功夫，方可變化萬物。《莊子‧知北遊》曰：「神明至精，與彼百化。」即是此意。

5. 明：〈道德說〉曰：「光輝謂之明。」「明生識而通之以知。」「明者，神氣在內則無光而為知，明則有輝於外矣。外內通一，則為得失事理是非，皆職於知。故曰：光輝謂之明。明生識，通之以知。」明係一種辨明是非之作用。《莊子‧德充符》曰：「鑑明則塵垢不止。」〈天道篇〉曰：「水靜猶明，而況精神。」〈齊物論〉曰：「莫若以明。」是將「明」當作一種是非善惡之

認知作用。《莊子・天地篇》有「立之本原，而知通於神。」因明之作用，而產生正確之識見。賈誼之看法，與莊子相同。

6. 命：〈道德說〉曰：「礜乎堅哉謂之命。」「命生形而通之以定。」「命者，物皆得道德之施以生，則澤潤性氣以明，及形體之位分數度，各有極量指奏矣。此皆所受其道德，非以嗜欲取捨然也。其受此具也，礜然有定矣，不可得辭也，故曰命。命者不得毋生。生則有形，形而道德性形神明命，因載於物形。故礜堅謂之命。命生形，通之以定。」賈誼由道之創生，一步步往下推論。道之澤，德之膏，性之膠，神之樂流，明之光輝，其形狀皆未定，唯有在「命」中，一切生物才確定其性格，所謂「命生形，而通之以定。」如此道德創生物體之功用，始克完成。因此在人而言，人既本道德而生，遂因氣而有性有形，各有智愚之不同，及壽數之短長，凡此皆有定量。此種定量可稱之為「命」，如堅固石頭，不可轉移。莊子對此命定之事物，提出「安命」之說。〈德充符〉曰：「死生存亡，窮達貧富，賢與不肖毀譽，飢渴寒暑，是事之變，命之行也。」〈天地篇〉曰：「未形者有分，且然無間謂之命。」〈人間世〉曰：「知其不可奈何，而安之若命。」〈天運篇〉曰：「安於性命之情。」賈誼雖未明顯提出安命之說，然以命出於道德，一切皆有定數，不可推辭。與莊子之任命、順命、安命之看法相同。

以上六理，為賈誼由形上之「道」推至形下之「命」，皆源於老莊之說法。賈誼為與儒家結合，又由德推出「六美」之說，將儒家之德行，與道家形上之道，並而言之。〈道德說〉曰：「物所道始謂之道，所得以生謂之德。德之有也，以道為本。故曰：道者，德之本也。德生物，又養物。……行仁也，仁行出於德。故曰仁者，德之出也。德生理，理立而有宜適之謂也。義者，理也。故曰：義者，德之理也。……德之遇物也忠厚。故曰：忠孝，德之厚也。德之忠厚也，信固而不易，此德之常也。故曰：信者，德之固也。德生於道而有理，守理則合於道，與道理密而弗離也。故能畜物養物，物莫不仰恃德，此德之高。故曰：密者，德之高也。道而勿失，則有道矣；得而守之，則有德矣；行有無休，則行成矣。」「何謂六美？有德，有道，有仁，有義，有忠，有密。此六者，德之美也。道者，德之本也。仁者，德之出也。美者，德之理也。忠者，德之厚也。信者，德之固也。密者，德之高也。六德六美，德之所以生陰陽天地人與萬物也，固為所生法也。故曰道，此之謂道德，此之謂德行，此之謂行，所謂行此者，德也。」六美，係指六種美好之德行，

是人與生所稟賦,人成形之後,具備德之六理六美,便成為有理性,有智慧,有道德感之人。賈誼《新書‧六術篇》中,賈誼更以「六理」不但係「六藝」所本,如究其極致,「六」之為數,實可範疇天下一切事物之理,推明所有法律制度。

因此由「六理」而推展出「六行」。〈六術篇〉曰:「陰陽天地人,盡以六理為內度。是以陰陽各有六月六節。天地有六合之事,有仁義禮信之行。行和則樂興,樂興則六,此之謂六行。」「人雖有六行,微細難識,唯先王能審之。凡人弗能自至,是故必待先王之教,然後知所從事。」「六行」與「六美」相同,皆是人稟自然道德而生。唯世俗之人未能覺察此內在德行,故必須靠後天教育來啟發。此孟子所謂「先知覺後知,先覺覺後覺。」(〈萬章〉)荀子所謂:「必待聖王之治,禮義之化,然後皆出於治,合於善。」(〈性惡〉)凡此賈誼皆從道家之天道出發,推展至儒家之禮樂教化之修養也。

此外賈誼更以儒家之「六藝」經典,亦認為係從「六禮」而出。〈道德說〉曰:「《書》者,著德之理於竹帛,而陳之令人觀焉,以著所從事。故曰:《書》者,此之著者也。《詩》者,志德之理,而明其指,令人緣之以自成也。故曰:《詩》者,此之志者也。《易》者,察人之精。德之理與否,循而占其吉凶。故曰:《易》者,此之占者也。《春秋》者,守往事之合德之理之與否,合而紀其成敗,以為來事師法。故曰:《春秋》者,此之紀者也。《禮》者,體德理而為之節文,成人事。故曰:《禮》者,此之體者也。《樂》者,《詩‧書‧易‧春秋‧禮》五者之道脩,則合於德矣。合則歡然大樂矣。故曰:《樂》者,此之樂者也。」

總之,賈誼整個學說之架構,是建築於儒道二家之基礎上。由「道術」之體用,推至人類行為善惡;再從「道德」之互用,說明「德」有六理。而「六理」概括天時人事,「六美」、「六行」、「六藝」等知識及道德修養皆為「六理」所出,於是儒家之理論依據,皆從道家形上基礎所建立。徐復觀先生曰:

> (賈誼)把道家的道與德的形上格架,加以詳密化,一步一步的向下
> 落實。在落實的過程中,將道家的虛,靜、明,將儒家的仁、義、禮、
> 智,都融到裡面去,以完成天地人與萬物的創造,以建立六藝與形上
> 的密切關連,由此而所呈現出的宇宙、人生、學問的莊嚴形相,實不
> 愧為一位大思想家,大哲學家,在哲學上的偉大成就。〔註20〕

〔註20〕徐復觀《兩漢思想史》第二冊〈賈誼思想的再發現〉,頁170。

賈誼在政治論方面，則多偏向儒家、法家之言。然政治以民爲本，廢除刑罰苛政，此離道家之旨亦不遠。〈大政〉上曰：「聞之於政也，民無不爲本也。國以爲本，君以爲本，吏以爲本。故國以民爲安危，君以民爲威侮，吏以民爲貴賤，此之謂民無不爲本也。」「故吏率民而守，而民不欲存，則莫能以存矣。故率民而攻，民不欲得，則莫能以得矣。故率民而戰，民不欲勝，則莫能以勝矣。」此老子之「聖人常無心，以百姓心爲心。」（四九章）之旨。〈大政〉下曰：「刑罰不可以慈民，簡泄不可以得士，故欲以刑罰慈民，辟其猶以鞭狎狗也，雖久弗親。」此老子之「愛民治國」（十章）之旨。賈誼反對國君過份干涉，崇儉去奢，使民無知無欲，此正是老子「棄智爲用」之政治主張。〈瑰瑋篇〉曰：「天下瑰政於此，予民而民愈貧，衣民而民愈寒，使民樂而民愈苦，使民知而民愈不知避縣網，甚可瑰也。今有瑋於此，奪民而民益富，不依民而民益煖，苦民而民益樂，使民愈愚而民愈知不罹縣網。」又曰：「以末予民，民大貧；以本予民，民大富。」「以文繡衣民而民愈寒，以布帛裋民，民必煖而有餘布帛之饒矣。」「今去淫侈之俗，行簡儉之術……故淫侈不得生，知巧詐謀無爲起，奸邪盜賊自爲止，則民離罪遠矣。知巧計不起，所謂愚。故曰：使愚而民愈知，不罹縣網。」老子曰：「古之善爲道者，非以明民，將以愚之。民之難治，以其智多。」（六五章）又曰：「我無爲而民自化，我好靜而民自正，我無事而民自富，我無欲而民自樸。」（五七章）賈誼之政治觀點，未嘗不是老莊無爲政治之翻版。

　　賈誼思想爲綜合儒道等諸家思想而來，其推展儒家德治之理論，秉老莊形上之道而發揮。後世理學家之常作形上形下之探討，賈誼可謂首開此風氣。賈誼之政治觀，雖有強烈之儒家色彩，然其清靜愛民之思想，實導源老莊之政治理論。

三、董仲舒

　　董仲舒爲廣川人，係一學養瞻博之儒者。《漢書・儒林傳》曰：「董仲舒通五經。」五行志曰：「景武之世，董仲舒治《公羊春秋》，爲儒者宗。」《漢書・董仲舒傳》曰：「董仲舒，廣川人也。少治《春秋》，孝景時爲博士。下帷講誦，弟子傳以久次相授業，或莫見其面，蓋三年不窺園，其精如此。進退容止，非禮不行，學士皆師尊之。武帝即位，舉賢良文學之士，前後百數，而仲舒以〈賢良對策〉焉。」班固贊曰：「仲舒遭漢承秦滅學之後，六經離析，下帷發憤，潛

心大業。令後學有所統一，為群儒首。」漢武帝尊崇儒術，罷黜百家，立學校之官，州郡舉茂材孝廉，皆董仲舒之計策，是董氏為熱心用世之儒。今傳世作品有《春秋繁露》十七卷，及《漢書・本傳》中之〈賢良對策〉，和〈食貨志〉所記言論兩端，〈匈奴傳〉一端，〈春秋決獄〉輯佚共十三條。

漢初政治，盛行黃老術、竇太后又特喜《老子》之書。董仲舒雖排道尊儒，然受時代風氣之感染，必通習老莊之學。董氏之天人感應，五行相生相勝，皆受五行家影響。而五行家本與道家有密切之關係。（參第壹篇第四章第二節二陰陽家）今觀《春秋繁露》之〈保位權〉、〈立元神〉諸篇，皆帶有濃厚道家之色彩，〈循天之道篇〉更明引道家養生之語。董仲舒受道家之影響，於斯可見。

董仲舒之宇宙論及本體論，係以「天」為出發點，並雜以「陰陽五行」、「天人相副」為基礎，而重災異、符命之說。漢儒喜將一切儒家教化，歸本於形上之天；亦即將儒家修養之基礎，歸本於老莊創生之天。此在《大學》、《中庸》、《易傳》中皆可尋其迹。而陸賈、賈誼，以至於董仲舒皆循此原則而發展。唯老莊重「道」，董氏重「天」，其本質却相同。《莊子書》中，「天」與「道」之概念常不分。〈天地篇〉曰：「無為為之之謂天。」又曰：「君原於德而成於天。故曰：玄古之君天下，無為也，天德而已矣。」〈大宗師〉曰：「知天之所為，知人之所為者，至矣。知天之所為者，天而生也。」老子雖非以「天」為最終本體，然曰：「人法地，地法天，天法道。」（廿五章）又曰：「天乃道。」（十六章）是天為道之顯現，指大自然而言。董仲舒將「天」視為宇宙產生之本體，此與老莊自然之天道觀無甚區別。〈順命篇〉曰：「天者，萬物之祖。萬物非天不生，獨陰不生，獨陽不生，陰陽與天地參然後生。」〈陰陽義〉曰：「天道之常，一陰一陽。」〈天容篇〉曰：「天之道有序而時，有度而節，變而有常。」〈陰陽終始〉曰：「天之道，終而復始，故北方者，天之所終始也。」〈離合格〉曰：「天高其位而下其施，藏其形而見其光。」〈玄元神〉曰：「天積眾精以自剛，聖人積眾賢以自彊；天序日月星辰以自光，聖人序爵祿以自明。」〈煖燠常多〉曰：「天之道，出陽為煖以生之，出陰為清以成之。」凡此所述「天」之概念，與老莊所謂「道」生陰陽，其中有精，有信，有常，反復變化，為天下母……等性質相同。

老莊有「道生萬物」之說。老子曰：「道生之，德畜之，物形之，勢成之，是以萬物莫不尊道而貴德。」「故道生之，德畜之，長之，育之，亭之，毒之，

養之，覆之。」（五一章）莊子更主張道賦予萬物之說。〈知北遊〉曰：「道無所不在。」〈齊物論〉曰：「道惡乎往而不存。」〈天道篇〉曰：「夫道於大不終，於小不遺。故萬物備。」將形上之道與形下之器相接合。故「道」在天為自然之道，在萬物而言，則為化生之原動力，萬物中亦具備道之形式。此則為漢儒化生說之依據。《春秋繁露》中多見此類思想。董仲舒雖以「天」為創生之主宰，然天之上更有一物。董氏名之曰「元」。〈玉英篇〉曰：「謂一元者，大始也。」〈二端篇〉曰：「是故春秋之道，以元之深，正天之端。以天之端，正王之政。」〈重政篇〉曰：「唯聖人能屬萬物於一，而繫之元也。終不及本所從來而承之，不能遂其功。是以《春秋》變一謂之元，元猶原也；其義以隨天地終始也。故人唯有終始也，而生不必應四時之變。故元者，為萬物之本，而人之元在焉。安在乎？乃在乎天地之前。故人雖生氣及奉天氣者，不得與天元本天元命而共違其所為也。故春王正月者，承天地之所為也，繼天之所為而終之也；其道相與共功持業，安容言乃天地之元。天地之元，奚為於此惡施於人，大其貫承意之理矣。」董仲舒對「元年」之解釋，與傳統對《春秋》之解釋不同。董仲舒認為「元」為「一」，為天地萬物根源之開始。因此元為「原」，「其義隨天地之終始。」此與《易乾元九家注》曰：「元者，氣之始也。」《鶡冠子》之「天始於元」之說法相同，此與老莊將一切物質歸與形上之「道」有類似之處。故《春秋》之道，以元正天，以天正王，以王正諸侯，以諸侯正境內。〈王道篇〉曰：「元者，始也，言本正也，道王道也。王者，人之始也。王正，則元氣和順。風雨時，景星見，黃龍下。王不正，則上變天，賊氣并見。」此將形而上之「元」與道德教化聯合而言。「元」成為董仲舒天人感應學說之基礎。

由「元」而又產生「氣」之觀念。「氣」由「元」而出，《公羊傳》隱公元年何休《解詁》曰：「元者，氣也。無形以起，有形以分，造起天地，天地之始也。」《淮南子‧天文訓》曰：「太始生虛霩，虛霩生宇宙，宇宙生元氣。元氣有涯垠，清陽者薄靡而為天，重濁者凝滯而為地。」董仲舒思想亦同，以元氣周流天地，陰陽四時，因茲而出，化生萬物。〈五行相生〉曰：「天地之氣，合而為一，分為陰陽，判為四時，列為五行。」〈天地之行〉曰：「四時不同氣，氣各有所宜，宜之所在，其物代美。」甚至風雨亦天地之氣所形成。〈五行對〉曰：「地出氣為雨，起氣為風。風雨者，地之所為。地不敢有其功名，必上之於天，命若從天氣者，故曰天風天雨也，莫曰地風地雨也。

勤勞在地，名一歸於天。」

　　「氣」之顯現，在於「陰、陽」二氣。董仲舒說明二種不同之性質。〈王道通〉曰：「陽氣煖而陰氣寒，陽氣予而陰氣奪，陽氣寬而陰氣急，陽氣愛而陰氣惡，陽氣生而陰氣殺。是故陽常居實位而行於盛，陰常居虛而行於末。」陰、陽二氣，按照一定法則，周遊宇內，造成四時之運行。〈陰陽出入〉曰：「天道大數，相反之物也，不得俱出，陰陽是也。春出陽而入陰，秋出陰而入陽，夏右陽而左陰，冬右陰而左陽。陰出則陽入，陽入則陰出；陽右則陰左，陰左則陽右。是故春俱南，秋俱北而不同道。夏交於前，冬交於後而不同理。並行而不亂，澆滑而各持分，此之謂天之意。」陰、陽二氣，既有不同性質，所形成四時，亦有不同之個性，此乃自然之道。《陽尊陰卑》曰：「陰，刑氣也；陽，德也。陰始於秋，陽始於春。春之爲言，猶偆偆也；秋之爲言，猶湫湫也。偆偆者，喜樂之貌也；湫湫者，憂悲之狀也。是故春喜夏樂秋憂冬悲。悲死而樂生，以夏養春，以冬喪秋，大人之志也。是故先愛而後嚴，樂生而哀終，天之當也。」

　　陰、陽二氣係天道中，相反之二種動力。一切變化，在於此二種動力之相反以相成。〈陰陽義〉曰：「天道之常，一陰一陽。陽者，天之德也；陰者，天之刑也。」〈煖燠孰多〉曰：「天之道，出陽爲煖以生之，出陰爲清以成之。」〈循天之道〉曰：「天有兩和以成二中，歲立其中，用之無窮。」以陰、陽二氣爲宇宙創生之動能，亦可見於道家。首先在「氣」方面，莊子有「氣變形生」之說。〈至樂篇〉曰：「雜乎芒芴之間，變而有氣，氣變而有形，形變而有生。」氣既爲大地有形之生，故尤須調和，萬物方足以成長。〈在宥篇〉曰：「天氣不和，地氣鬱結，六氣不調，四時不節。今我願合六氣之精，以育群生。」而陰、陽二氣，係調合天地之氣之動力。〈天運篇〉曰：「一清一濁，陰陽調和。」〈天道篇〉曰：「靜而與陰同德，動而與陽同波。」〈在宥篇〉曰：「吾爲女遂於大明之上矣，至彼至陽之原也。爲女入於窈冥之門矣，至彼至陰之原也。天地有官，陰陽有藏。」〈田子方〉曰：「至陰肅肅，至陽赫赫。肅肅出乎天，赫赫發乎地，兩者交通成和而物生焉。」關於「陰陽氣化」說亦可見於老子。老子曰：「道生一，一生二，二生三，三生萬物。萬物負陰而抱陽，沖氣以爲和。」（四二章）又曰：「天地相合，以降甘露，民莫之令而自均。」（三二章）是董氏之「陰陽氣化」之論，與老莊之說，無甚差異。唯董氏又採五行之義，推行五行相生相勝之理，則爲老莊所無（《莊子·外物》、

〈說劍〉二篇提到五行，然怕語焉不詳）。

　　「五行」係陰、陽之氣五種結合，亦是五種動力。〈五行對〉曰：「天有五行，木火土金水是也。木生火，火生土，土生金，金生水。水爲冬，金爲秋，土爲季夏，火爲夏，木爲春。春主生，夏主長，季夏主養，秋主收，冬主藏。」除此相生之關係外，《春秋繁露・五行相勝篇》更舉出「金勝木，水勝火，木勝土，火勝金，土勝水。」五種相勝關係。陰陽五行與四時可以相配。〈天辨在人〉曰：「金、木、水、火，各奉其所主，以從陰陽！相與一力而併功，其實非獨陰陽也。然而陰陽因之以起，助其所主。故少陽因木而起，助春之生也。太陽因火而起，助夏之養也。少陰因金而起，助秋之成也。太陰因水而起，助冬之藏也。」

　　由上述可知，董仲舒之宇宙論，從元生氣，分爲陰陽，判爲四時，列爲五行，爲其全部「天」論之基礎。因此天爲萬物之祖，其衣養萬物，爲而不恃。董氏言其性質爲「仁」。〈俞序篇〉曰：「仁，天心。」〈離合根〉曰：「天高其位而下其施，藏其形而見其光。高其位，所以爲尊也。下其施，所以爲仁也。藏其形，所以爲神。見其光，所以爲明。故位尊而施仁，藏神而見光者，天之行也。」〈王道通〉曰：「仁之美者在於天。天，仁也。天覆育萬物，既化而生之，又養而成之。事功無已，終而復始，凡舉歸之以奉人。察於天之意，無窮極之仁也。人受命於天也，取仁於天而仁也。」老子所謂「長之，育之，亭之，毒之，養之，覆之，生而不有，爲而不恃，長而不宰。」（五一章）此蓋董氏所謂天之德歟。

　　董仲舒以「人」爲萬物之上，爲天數之一端。〈天地陰陽〉曰：「天地陰陽木火土金水九，與人而十者，天之數畢也。故數者至十而止，書者以十爲終，皆取之此。聖人何其貴者，起於天，至於人而畢。畢之外謂之物。物者投所貴之端，而不在其中，以此見人之超然萬物之上，而最爲天下貴也。」老子有「道大，天大，地大，人亦大。域中有四大，而人居其一焉。人法地，地法天，天法道，道法自然。」（廿五章）之說，董氏之看法與之相同。董氏因而有天人相副之論。〈人副天數〉曰：「唯人獨能偶天地，人有百三十六節，偶天之數也。形體骨肉，偶地之厚也。上有耳目聰明，日月之象也。體有空竅理脈，川谷之象也。心有哀樂喜怒，神氣之類也。觀人之體，亦何高物之甚而類於天地。物旁析，取天之陰陽以生活耳，而人乃爛然有其文理。」不但人之形體象天，人之性情德性亦稟天而來。〈陰陽義〉曰：「天亦有喜怒之

氣，哀樂之心，與人相副。以類合之，天人一也。」〈立元神〉曰：「天地人，萬物之本也。天生之，地養之，人成之。天生之以孝悌，地養之以衣食，人成之以禮樂。三者相爲手足，合以成體，不可一無也。」

人既爲天所生，「人心」自應效法「天心」。此爲董仲舒將形而上之天道，推展爲形而下之教化基礎。〈四時之副〉曰：「天之道，春煖以生，夏暑以養，秋清以殺，冬寒以藏。暖暑清寒，異氣而同功，皆天之所以成歲也。聖人副天之所行以爲政。故以慶副暖而當春，以賞副暑而當夏，以罰副清而當秋，以刑副寒而當冬。慶賞罰刑，異事而同功，皆王者之所以成德也。慶賞罰刑，與春夏秋冬，以類相應也，如合符。故曰：王者配夫，謂其道。天有四時，王有四政，若四時通類也。天人所同有也。」因此人必須法天，順天道，依天志行事，此便是所謂「天人合一」之思想。〈爲人者天〉曰：「天地之數，不能獨以寒暑成歲，必有春夏秋冬；聖人之道，不能獨以威勢成政，必有教化。」〈楚莊王篇〉曰：「今天大顯己物，襲所代而率與同，則不顯不明，非天志。故必徙居處，改正朔，易服色也，無他焉，不敢不順天志而明自顯也。」

道家之法天，法道，乃係法自然而爲，不妄自造作。董氏雖尊天而法天，乃將天由形上之道，轉化成具體之神格；亦即由自然之天，轉變爲神格之天。此董氏離老莊，而羼入五行家之迷信也。與道教脫離老莊而入於神道之情形相同。唯道教所重在成仙，而董氏所重在教化。一重天事，一重人事，此蓋緣於董氏本係儒家之徒也。由「天人相副」之說，演伸爲「天人交感」之論，天遂爲有人格意志，喜怒哀樂之性情。凡人違反天志，天必顯示災異符命以警世。〈仁且智〉曰：「天地之物，有不常之變者，謂之異；小者，謂之災。災常先生而異乃隨之。災者，天之譴也；異者，天之威也。譴之而不知，乃畏之以威。《詩》云：『畏天之威』殆此謂也。凡災異之本，盡生於國家之失。國家之失，乃始萌芽，而天出災害以譴告之。譴告之而不知變，乃見怪異以驚駭之。驚駭之尚不知畏恐，其殃咎乃至。以此見天意之仁，而不欲陷人也。」災異之產生，乃因天人本是一體。人爲大自然之一分子，物類相通。故人若有背逆不道，便可影響上天之感應。〈天地陰陽〉曰：「世亂而民乖，志僻而氣逆，則天地之化傷，氣生災害起。」〈同類相動〉曰：「天有陰陽，人亦有陰陽。天地之陰氣起，而人之陰氣應之而起；人陰氣起，而天地之陰氣亦宜應之而起，其道一也。明於此者，欲致雨則動陰以起陰；欲止雨則動陽以起陽。故致雨非神也。而疑於神者，其理微妙也。非獨陰陽之氣可以類進退也，

雖不祥禍福所從生亦由是也，無非已先起之，而物以類應之而動者也。」《漢書董仲舒傳》武帝制文云：「『災異之變，何緣而起？』董仲舒對曰：『……及至後世，淫佚衰微，不能統理群生。諸侯背叛，殘賊良民，以爭壤土。廢德教而任刑罰，刑罰不中，則生邪氣。邪氣積於下，怨惡畜於上，上下不和，則陰陽繆戾，而妖孽生矣。此災異所緣而起。』」又：「『三代受命，其符安在？』董仲舒對曰：『臣聞天之所大奉使之王者，必有非人力所能致而自至者，此受命之符也。天下之人同心歸之若歸父母，故天瑞應誠而至。書曰：白魚入於王舟，有火復於王屋，流為烏，此蓋受命之符也。』」

　　災異符命，原係董氏提出而用以約束人君之工具。帝王一切作為，要順天行事，不可違天亂法。此董仲舒將老莊自然之天，再配以陰陽五行之說，而終歸入儒家教化意義之中。此種天人感應思想，亦在政治上，發揮實質之效用。故漢武帝之後，昭、宣、元、成、哀、平諸帝，屢於天災人禍之後，下詔罪己，皆是受此種思想之影響。董仲舒天人思想，實融合儒道二家天人觀念而來。

　　在修養論方面，董仲舒受道家影響最深者乃為「養生」之說。道家養生之說，自《呂氏春秋》主張調養精氣，節制情慾以來，頗受世俗所重視。秦漢之際，方技之徒，鼓吹神仙之論，更是以養生修鍊為能事。董仲舒當受時代風氣及戰國末期道家之影響，亦重養生之學。

　　養生之要在於執虛靜以養精。〈通國身〉曰：「氣之清者為精……治身者以積精為寶……身心以心為本……精積於其本，則血氣相承受……血氣相承受，則形體無所苦……故治身者務執虛靜以致精……能致精，則合明而壽。」養精即是養生，此種觀念特別表現於《莊子》思想中。《莊子・知北遊》有「形本生於精，而萬物以形相生。」〈在宥篇〉曰：「無勞汝形，無搖汝精，乃可以長生。」莊子欲人棄世遺生，亦即歸於虛靜，如此方是養生之道。〈達生篇〉曰：「夫欲免為形者，莫如棄世，棄世則無累，無累則正平，正平則與彼更生，更生則幾矣。事奚足棄？而生奚足遺？棄世則形不勞，遺生則精不虧。夫形全精復，與天為一。」故董氏虛靜以養精之說與莊子之思想，實無二致。

　　〈循天之道〉通篇皆養生之言，其旨為循天中和之道以養身。〈循天之道〉曰：「循天之道，以養其身，謂之道也。」所謂天之道，則是在於中和：「中者，天地之所終始也，而和者，天地之所生也。夫德莫大於和，而道莫正於中。中正，天地之美達理也，腳之所所保守也。《詩》云：『不剛不柔，布政優優。』此非中和之謂與？是故能以中和理天下者，其德大盛，能以中和養

其身者，其壽極命。」董氏之中和觀念，雖源於儒家，然究其內容，則與道家虛靜之說無殊。因此於情緒上，必須不受外物之干擾，保持內心之虛靈不昧。〈循天之道〉曰：「泰實則氣不通，泰虛則氣不足。熱勝則氣寒，寒勝則氣熱，泰勞則氣不入，泰佚則氣宛，怒則氣高，喜則氣散，愛則氣狂，懼則氣懼。凡此十者，氣之害也。而皆生於不中和。故君子怒則反中而自悅以和，喜則反中而收之以正，憂則反中而舒之以意，懼則反中而實之以精，夫中和之不可不反如此。」老子有「致虛極，守靜篤」（十六章）《莊子・大宗師》有「不以好惡內傷其身，常因自然而不益生也。」皆與其意相同。《淮南子・原道訓》曰：「喜怒者，道之邪也。憂悲者，德之失也。好憎者，必之過也。嗜欲者，性之累也。人大怒破陰，大喜墜陽。薄氣發瘖，驚怖為狂。憂悲多恚，病乃積成。好憎繁多，禍乃相隨。故心不憂樂，德之至也。不與物散，粹之至也。」故董仲舒之「中和」論與道家之「虛靜」說，其精神相同。

《莊子・康桑楚》有所謂：「欲靜則平氣，欲神則順心。」修養之功夫在袪除欲望，清靜無為。董仲舒之看法與莊子相同。〈循天之道〉……「故養生之大者，乃在愛氣。氣從神而成，神從意而出。心之所之謂意，意勞者神擾，神擾者氣少。氣少者難久矣。故君子閉欲止惡以平意，平意以靜神，靜神以養氣。氣多而治，則養身之大者得矣。古之道士有言曰：『將欲無陵，固守一德。』此言神無離形，則氣多內充而忍饑寒也。」以虛靜守神而養氣，此出於道家之旨。故《莊子・應帝王》有「合氣于漠」，《列禦寇》有「純氣之守」，〈繕性篇〉有「純素之道，唯神是守。」等語，皆可與董仲舒思想相參照。〈循天之道〉曰：「故仁人之所以多壽者，外無貪而內清靜，心和平而不失中正。取天地之美，以養其身，是其且多。且治鶴之所以壽者，無宛氣於中，是故食冰。猿之所以壽者，好引其末，是故氣四越，天氣常下施於地。」「欲惡度理，動靜順性，喜怒止於中，憂懼反之正，此中和常在乎其身，謂之得天地泰。得天地泰者，其壽引而長。不得壽傷而短。」動靜順性，無欲清淨，乃是循天之道，養壽之極。〈立元神〉曰：「安養精神，寂寞無為。」「能冥能昏，謂之神人。」《莊子・在宥篇》引廣成子曰：「至道之精，窈窈冥冥；至道之極，昏昏默默。無視無聽，抱神以靜，形將自正。必靜必清，無勞汝形，無搖汝精，乃可以長生。」是董仲舒養生之法，實淵源於道家修心養性之學。

除內在之修養以長生外，董仲舒亦提及呼吸練氣。〈循天之道〉曰：「天氣常下施於地，是故道者亦引氣於足。天之氣常動而不滯，是故道者，亦不

宛氣。苟不治，雖滿不虛，是故君子養而和之，節而法之。」《莊子‧大宗師》有「眞人之息以踵。」〈刻意篇〉有「吹呴呼吸，吐故納新」之術，董氏由天地之氣，引伸至道家吐納之術，更由而推展至男女房中之術。〈循天之道〉曰：「天地之氣，不敢盛滿，不交陰陽。是故君子甚愛氣而游於房，以體天也。氣不傷於以盛通，而傷於不時天棄。不與陰陽俱往來，謂之不時。恣其欲而不顧天數，謂之天棄。君子治身，不敢違天。是故新壯十日而一遊於房，中年者倍；新壯始衰者倍，中年中衰者倍。始衰大衰者，以月當新牡之日，而上與天地同節矣，此其大略矣。」「男女之法，法陰與陽。陽氣起於北方，至南方而盛，盛極而合乎陰。陰氣起乎中夏，至中冬而盛，盛極而合呼陽。不盛不合，是故十月而壹俱盛，終歲而再合。」「使男子不堅壯不家室，陰不極盛不相接。是故精明難衰，而堅固壽考無忒，此天地之道也。」房中之術乃道士養生修鍊之法。《抱朴子‧至理篇》曰：「然行氣宜知房中之術。所以爾者，不知陰陽之術，屢爲勞損，則行氣難得力也。」董仲舒既重寶精固氣，故特述房中之術。《漢志》中有《房中》八家一百八十六卷，皆道家修身之術。董氏養生之學，殆受其影響。而漢朝帝王皆喜荒淫（參《廿二史劄記》卷三《漢諸王荒亂條》），董氏或以之爲勸免之道。

此外董氏以四時五行厭勝之理，就飲食以養生。〈循天之道〉曰：「飲食臭味，每至一時，亦有所勝，有所不勝之理，不可不察也。四時不同氣，氣各有所宜。宜之所在，其物代美。視代美而代養之，同時美者，雜食之，是皆其所宜也。故薺以多美而荼以夏成，冬夏之所宜服矣。冬，水氣也；薺，甘味也，乘於水氣而美者，甘勝寒也。薺之爲言濟，與濟大水也。……春秋雜物其和，而多夏代服其宜，則當得天地之美，四時和矣。凡擇味之大體，各因其時之所美，而違天不遠矣。」「是故春襲葛，夏居密陰，秋避殺風，冬避重漯，就其和也。衣欲常漂，食欲常飢，體欲常勞，而無長佚居多也。」由董氏養生之論而言，其受道家學說影響甚深。至於練氣房中飲食之說，則多與道士方技之術相同，無怪乎後人遂以董仲舒爲方士，其來有自 [註21]

〔註21〕《御覽》七百二十四引《神仙傳》曰：「李少君與議郎董仲舒相親，見仲舒宿有固疾，體枯氣少。少君乃與其成藥二劑，並有用戊己之草，后土脂黃精根歜沈肪先秀之根，百卉華釀。亥月上旬，合煎銅鼎中。童男沐浴潔靜，調其湯火，合藥成。服如雞子，三劑齒落更生。服盡五劑，命不復傾。」似以董氏爲方士。後王應麟《困學紀聞》十謂董仲舒爲董仲君之誤。蓋董仲舒爲議郎，史傳不見，而董仲君爲方士，見《廣弘明集》。故將董仲舒譌爲方士。

　　至於政治論方面，董仲舒提出「無爲而治」之君道論，深受漢初黃老政治思想之影響。董仲舒以天子承命於天，亦即所謂「君權神授」之說。〈奉本篇〉曰：「人之得天得眾者，莫如受命之天子。」〈深察名號〉曰：「受命之君，天意之所予也。故號爲天子者，宜視天如父，事天以孝道也。」〈順命篇〉曰：「故德侔天地者，皇天右而子之，號稱天子。」因此主張尊君之說。〈奉本篇〉曰：「海內之心，縣於天子。」〈爲人者天〉曰：「君者，民之心也；民者，君之體也。」「天地人主一也。」〈王道通〉曰：「人主立於生殺之位，與天共持變化之勢。」「爲人主者，居至德之位，操殺生之勢，以變化民。民之從主也，如草木之應四時也。」君權授命於天，此亦本其天人哲學，由道家形上之道，推往人事上之作爲。老百姓固應尊君，而國君尤應尊天，效法天之德性及作爲。此老子所謂：「人法地，地法天，天法道，道法自然。」（廿五章）

　　天之德性如何？乃在其至公無私，無所爲而爲。〈離合根〉曰：「天高其位，而下其施；藏其形，而見其光。高其位，所以爲尊也；下其施，所以爲仁也；藏其形，所以爲神；見其光，所以爲明。故位尊而施仁，藏神而見光者，天之行也。故爲人主者，法天之行。是故內藏所以爲神，外博觀所以爲明也，任群賢所以爲受成，乃不自勞於事，所以爲尊也。汎愛群生，不以喜怒賞罰，所以爲仁也。故爲人主者，以無爲爲道，以不私爲寶，立無爲之位，而乘備具之官，足不自動而相者導進，口不自言而擯者贊辭，心不自慮而群臣效當。故莫見其爲之，而功成矣。」老莊政治輪皆以仿天之德爲務。老子曰：「道常無爲而無不爲，侯王若能守之，萬物將自化。」（卅七章）《莊子·在宥篇》曰：「無爲而尊者，天道也。有爲而累者，人道也。」〈知北遊〉曰：「天地有大美而不言，四時有明法而不議，萬物有成理而不說。聖人者原天地之美，而達萬物之理。是故至人無爲，大聖不作，觀于天地之謂也。」此種理論應用於政治上，則係漢代黃老政治之實施。董仲舒雖係儒家，在思想上亦受其影響。故採道家「君人南面之術」做爲其君權政治之最高理想。

　　〈體國之道〉曰：「爲人君者，要貴神。神者，不可得而視也，不可得而聽也。是故視而不見其形，聽而不聞其聲。聲之不聞，故莫得其響。不見其形，故莫得其影，則無以曲直也。莫得其響，則無以清濁也。無以曲直則其功不可得而敗，無以清濁則其名不可得而度也。不見不聞，是謂冥昏。能冥則明，能昏則彰。能冥能昏，是謂神人。君賢居冥而明其位，處陰而向陽，

惡人見其情而欲知人之心。是故為人君者，執無源之慮，行無端之事。」此處所謂神，即是指精神上之虛靜無為，不妄造作。〈立元神〉所謂：「安養精神，寂寞無為。」是也。文中「冥昏」一辭出於《莊子·在宥篇》：「至道之精，窈窈冥冥；至道之極，昏昏默默。無視無聽，抱神以靜。」國君若能任賢使能，因民情性，澹然無為，便可使國家太平。〈天地之行〉曰：「一國之君，其猶一體之心也。隱居深宮，若心之藏於胸。至貴無與敵，若心之神無與雙也。其官人上士，高清明而下重濁，若身之貴目而賤足也。任群臣無所親，若四肢之各有職也。內有四輔，若心之有肝肺脾腎也。外有百官，若心之有形體孔竅也。親聖近賢，若神明皆聚於心也。上下相承順察，若肢體相為使也。布恩施惠，若元氣之流皮平腠理也。百姓皆得其所，若血氣和平，形體無所苦也。無為致太平，若神氣自通於淵也。」〈保位權〉曰：「為人君者，居無為之位，行不言之教。寂然無聲，靜而無形，執一無端，為國源泉。因國以為身，因臣以為心。以臣言為聲，以臣事為形。有聲必有響，有形必有影。聲出於內，響報於外，形立於上，影響於下。響有清濁，影有曲直。響所報非一聲也，影所應非一形也。故為君虛心靜處，聰聽其響，明視其影，以行賞罰之象。」〈立元神〉曰：「故為人君者，謹本詳始，敬小慎微。志如死灰，形如委木，安精養神，寂寞無為，休形無見影，掩聲無出響。虛心下士，觀來察往，謀於群賢，考求眾人。」董氏無為而治之君道論，融合道家、法家之思想而言，此誠為黃老政治思想之特色。《慎子·民雜篇》曰：「君臣之道，臣事事而君無事。君逸樂而臣任勞，臣盡智力以善其事，而君無與焉，仰成而已。故事無不治，治之正道然也。」儒家思想本與老莊思想有相契合之處（參第壹編第四章第二節一儒家），無為而治之政治理想亦為其中之一。董仲舒以「安精養神」、「寂然無聲」、「虛心靜處」、「寂寞無為」等強調君道，使其政治思想更具有道家之色彩。清蘇輿曰：

> 司馬談〈論六家要旨〉云：「儒者，則不然，以為人主，天下之儀表也。主倡而臣和，主先而臣隨，如此則主勞而臣逸。」

此篇（〈立元神〉）頗參道家之旨，然歸之用賢。故是正論《說苑·君道篇》師曠曰：

> 「人君之道，清淨無為，務在博愛，趨在博愛，趨在任賢。」即此旨。漢初老學盛行，此二篇（〈體國之道〉、〈立元神〉）疑是蓋公諸人之緒論，而時師有述之者。或董子初亦兼習道家。如賈生本儒術，

而所著書時稱引黃老家言。太史公受道學，其父談終乃歸本於儒者，
亦風會使然邪。

又曰：

漢初儒者，皆習道家。如賈誼、司馬談父子皆然。以竇太后好尚，
為臣子者，固當講求。董子請統一儒術，而其初固亦兼習道家。書
中〈保權位〉、〈立元神〉諸篇，有道家學，〈循天之道〉篇明引道家
語，是其證矣。〔註22〕

漢代儒者雜入道家之形上觀念，而邳思應用於人世教化方面，使老莊哲學與
儒家思想融合，天人之間有一更合理之解釋及關係。此為陸賈、賈誼、董仲
舒等所致力闡揚之重點。儒道本有相同之觀點，而無為而治亦為二家共同之
理想。董氏等人不惜以道家觀點，極力敘述如何達到此一目的之手段，益可
見老莊思想對漢儒影響之深切。此外董仲舒雖極力尊儒排道，然深受道家養
生說之影響。使得其以一代大儒，猶不得不重視積精養氣，調理男女房中之
術，以達到所謂保身攝生之目的。此蓋因道家之修養，在漢時已發展，成為
極普遍之一般常識，董氏不得不採納之耳。至於陰陽五行之說，原係道家之
旁支。漢代道教亦採納其說，演譯為其神道之理論。董氏雖未刻意發展成宗
教，然天人感應，災異符命，畢竟牽涉迷信。周紹賢先生曰：

然如仲舒所言，致雨止雨之說，有似後來道教祈雨祈晴之術。君臣
無禮，則木不曲直，有似宗教家對荒野之民，勸導為善之語。此類
之說，諒仲舒自心亦不相信，而能使他人相信乎？是以其後卒以言
災異而獲罪，遂不敢復言災異。〔註23〕

由於董仲舒之提倡災異感應之說，漢儒因此重讖緯，講瑞應，使經書普
遍染上迷信色彩。所謂《易緯》、《書緯》、《詩緯》《樂緯》、《春秋緯》、《孝經
緯》，皆此類。遂使東漢以後儒家走入旁門左道死胡同中，因而促使道家自然
主義思想之覺醒。

第三節　史家與道家之關係

史家與道家有密切之關係。班固漢志所謂：「道家者流，蓋出於史官。」

〔註22〕清蘇輿《春秋繁露義證》，頁9及6，頁120。
〔註23〕周紹賢《兩漢哲學》第六章〈西漢之儒〉，頁144。

故老子爲周之守藏史。而古代史官常兼治幽邈不可知之神道，其職「近乎卜祝之間」（史遷〈報任少安書〉）。又因從事星曆天文之研究，故重天事。《周禮》有「太史抱天時與大師同車」之語。司農《注》曰：「太史主天道。」是史家重視所謂「天人之際」之關係，此與道家講求順乎天道之思想相同。漢之史家以司馬談父子、班彪父子最爲有名，彼輩學博精賅，對道家思想多有闡述。茲就與道家思想關係，敘述如下：

一、司馬談

司馬談爲西漢初年，馮翊夏陽人，爲司馬遷之父。〈太史公自序〉曰：「太史公學天官於唐都，受《易》於楊何，習《道論》於黃子。」其先世典周史，武帝建元、元封間，任爲太史丞，轉爲太史公。元封元年，武帝東封太山；談留滯洛陽，未得成行，以未能參與國家封禪大典，憤鬱而卒。

天官之學，近乎陰陽家與道家。《易》學亦是言天人之際之學，與老莊思想有相通之處。而黃子之《道論》，亦當與老莊思想有密切之關係（〈儒林傳〉有「黃生，好黃老之術。」黃生當係黃子也。）。故司馬談精於道家之學，殆無可疑。朱希祖先生以爲「司馬談於建元、元封間爲太史公。太史公係官名，正名應係太史令。稱公者，乃楚制之別名。」〔註24〕亦可知其受楚文化之影響，楚文化與道家思想有某種程度之關係（參第壹編第二章第二節三）。

司馬談慇學者不達其意而悖其師，乃對陰陽、儒、墨、法、名、道六家有所評述。先秦諸子學說，對諸子有簡要之評述，首見於《莊子・天下篇》，其次則爲司馬談〈論六家要旨〉。文中評諸家各有長短，惟未言道家之短。對儒道二家有較詳之評析，既作其相互之比較，復分述二家之宗旨。

司馬談〈論六家要旨〉曰：「《易大傳》：『天下一致而百慮，同歸而殊塗。』夫陰陽、儒、墨、名、法、道德，此務爲治者也。直所從言之異路，有省不省耳。嘗竊觀陰陽之術大祥，而眾忌諱，使人拘而多所畏。然其序四時之大順，不可失也。儒者博而寡要，勞而少功。是以其事難盡從，然其序君臣父子之禮，列夫婦長幼之別，不可易也。墨者儉而難遵。是以其事不可徧循，然其彊本節用，不可廢也。法家嚴而少恩，然其正君臣上下之分、不可改矣。名家使人儉而善失眞，然其正名實，不可不察也。道家使人精神專一，動合無形，贍足萬

〔註24〕朱希祖《中國文學通論太史公解》，頁93。

物。其為術也，因陰陽之大順，采儒墨之善，撮名法之要，與時遷移，應物變化，立俗施事，無所不宜，指約而易操，事少而功多。儒者則不然，以為人主，天下之儀表也。主倡而臣和，主先而臣隨，如此則主勞而臣逸。至於大道之要，去健羨，釋此而任術。夫神大用則竭，形大勞則敝，形神騷動，欲與天地長久，非所聞也。夫陰陽、四時、八位、十二度、二十四節，各有教令，順之者昌，逆之者不死則亡，未必然也。故曰：使人拘而多畏。夫春生夏長，秋收冬藏，此天道之大經也，弗順則無以為天下綱紀。教曰：四時之大順，不可失也。夫儒者，以六藝為法，六藝經傳以千萬數，累世不能通其學，當年不能究其禮。教曰：博而寡要，勞而少功。若夫列君臣、父子之禮，序夫婦、長幼之別，雖百家弗能易也。墨者亦尚堯舜道，言其德行曰：堂高三尺，土階三等，茅茨不翦，采椽不刮，食土簋，啜土刑，糲梁之食，藜藿之羹，夏日葛衣，冬日鹿裘，其送死，桐棺三寸，舉音不盡其哀，教喪禮必以此為萬民之率。使天下法若此，則尊卑無別也。夫世異時移，事業不必同。故曰：儉而難遵，要曰彊本節用，則人給家足之道也。此墨子之所長，雖百家弗能廢也。法家不別親疏，不殊貴賤，一斷於法，則親親尊尊之恩絕矣。可以行一時之計，而不可長用也。故曰：嚴而少恩。若尊主卑臣，明分職不得相踰越，雖百家弗能改也。名家苛察繳繞，使人不得反其意，專決於名而失人情。故曰：使人儉而善失真。若夫控名責實，參伍不失，不可不察也。道家無為又曰無不為，其實易行，其辭難知，其術以虛無為本，以因循為用，無成勢，無常形。故能究萬物之情，不為物先，不為物後。故能為萬物主，有法無法，因時為業；有度無度，因物與合。故曰：聖人不朽，時變是守。虛者，道之常也。因者，君之綱也。羣臣並至，使各自明也。其實中其聲者，謂之端；實不中其聲者，謂之窾。窾言不聽，姦乃不生；賢不肖自分，白黑乃形，在所欲用耳，何事不成，乃合大道，混混冥冥，光耀天下，復反無名。凡人所生者，神也。所託者，形也。神大用則竭，形大勞則敝，形神離則死。死者不可復生，離者不可復反。故聖人重之，由是觀之，神者，生之本也；形者，生之具也。不先定其神而曰我有以治天下，何由哉？」

　　司馬談仕於建元、元封之間，正係漢武帝「罷黜百家，獨尊儒術」之時，司馬談以太史令能提出「崇道評儒」之主張，此固由於史官有直筆能諫之勇氣。而最主要，乃因其對道家思想有深入之觀察及瞭解。故文中將五家短長一一指出，謂諸家皆空執一隅，弗知變化運用。唯道家能兼括諸家之長，所謂「因陰陽之大順，采儒墨之善，撮名法之要。」且能「與時推移，應物變

化，立俗施事，無所不宜。」又謂道家指約易操，事少功多，雖然其辭難知，然而其實易行，與物相合，爲萬物主。實爲一切學說之最上乘，亦爲吾人行事最貼切之修養功夫。文中注重「形神」之修鍊，乃從莊子之思想而來。〈天地篇〉曰：「形全者神全，神全者聖人之道也。」「形體保神，各有儀則，謂之性。」司馬談亦能深得其旨。可知司馬談所謂道家，實兼老莊二家而言。至於道家思想應用於實際政治上，則係黃老思想。所謂「虛無爲本，因循爲用」，此即「君人南面之術」之運用。能知清虛之本，因循之要，使羣臣自明，賢不肖自分，黑白自形，便可無爲而治，無物不成。此與《管子・形勢解》所云：「明主不用其智，而任聖人之智；不任其力，而任眾人之力。故以聖人之智思慮者，無不知也；以眾人之力起事者，無不成也。亂主獨任其智而不任聖人之智，獨用其力而不任眾人之力，故其身勞而禍多。故曰：獨任之國，勞而多禍。」以及《淮南子・主術訓》所云：「主道圓者，運轉而無端，化育如神，虛無因循，常後而不先也。臣道方者，運轉而無方，論是而處當，爲事先佔，守職分明，以立成功也。是故君臣異道則治，同道則亂，各得宜，處其當，則上下有以相使也。」之論，其意相同。司馬談不但精通老莊，亦善長黃老，對道家有所偏好，此種精神，對其子司馬遷有長遠之影響。

二、司馬遷

　　司馬遷，字子長，太史公司馬談之子也。繼談爲太史令，紬《史記》石室金匱之書，成風雨名山不朽之基業。其《太史公書》，述唐虞以來，至于武帝獲麟而止，凡〈十二本紀〉、〈十表〉、〈八書〉、〈三十世家〉、〈七十列傳〉，百三十篇，五十二萬六千五百字。此書涉獵廣博，貫穿經傳，馳騁古今上下數千載，史遷所謂欲「通天人之際，明古今之變，成一家之言」者，誠爲古今堂皇輝宏之臣作，亦爲瞭解西漢早期以前學術大勢之重要典籍。

　　司馬遷繼其父志，撰寫《史記》，然其思想亦多受其父道家思想之影響者。《漢書後敘》謂其「論大道，則先黃老而後六經。」《後漢書班彪傳》亦謂其「論學術則崇黃老而薄五經。揚雄《法言・寡見篇》曰：「司馬子長有言曰：五經不如《老子》之約也。」可見其對道家思想有特殊之偏愛。

　　我國最早有關於老莊生平有具體之論述者，乃司馬遷之《史記》，《史記・老莊申韓列傳》，不但對老莊有中肯之評析，對法家與黃老之關係亦有說明。故其稱老子謂其「無爲自化，清靜自正。」稱莊子謂「其言洸洋自恣以適己，

故自王公大人不能器之。」而申子爲「本於黃老而主刑名。」韓非爲「喜刑名法術之學,而歸本於黃老。」最末歸結爲:「老子所貴道虛無,因應變化於無爲。故著書辭稱微妙難識。莊子散道德放論,要亦歸之自然。申子卑卑,施之於名實。韓子引繩墨,切事情,明是非。其極慘礉少恩,皆原於道德之意,而老子深遠矣。」對老莊及黃老皆能言簡意賅,切中其要。至於文中敘述孔子問禮於老子,而老子斥其無益於身之語。史遷實具有道家洞察事理之精神,認爲老子似比孔子更加深邃鍊達。

由於史遷對道家有深刻之認識及欣賞,故《史記》中常引老子之言或思想,以印證其史論之觀點。例如:

〈曹相國世家〉曰:「參爲漢相國,清靜,極言合道。然百姓離秦之酷後,參與休息無爲,故天下俱稱其美矣。」

〈伯夷列傳〉曰:「或曰:『天道無親,常與善人。』若伯夷、叔齊,可謂善人者非耶?」

〈扁鵲倉公列傳〉曰:「女無美惡,居宮見妒;士無賢不肖,入朝見疑。故扁鵲以其伎見殃,倉公乃匿跡自隱而當刑,緹縈通尺牘,父得以復寧。故老子曰:『美好者,不祥之器。』豈謂扁鵲等邪?若倉公者,可謂近之矣。」

〈酷吏列傳〉曰:「老氏稱:『上德不德,是以有德;下德不失德,是以無德。法令滋章,盜賊多有。』太史公曰:信哉是言也!法令治之具,而非制治清濁之源也。」

〈劉敬叔孫通列傳〉曰:「叔孫通希世度務,制禮進退,與時變化,卒爲漢家儒宗。『大直若詘,道固委蛇。』蓋謂是乎?」

〈貨殖列傳〉曰:「老子曰:『至治之極,鄰國相望,雞狗之聲相聞,民各甘其食,美其服,安其俗,樂其業,至老死不相往來。』必用此爲務。輓近世,塗民耳目,則幾無行矣。太史公曰:『夫神農以前,吾不知矣。至若《詩書》所述,虞夏以來,耳目欲極聲色之好,口欲極芻豢之味,身安逸樂,而心誇矜勢能之榮,使俗之漸民久矣。雖戶說以眇論,終不能化。故善者因之,其次利道之,其次整齊之,最下者與之爭。』」

此外《史記》論人評事,亦多有從老莊之觀點發揮者。故對黃老政治家亦多溢美之辭。如《陳丞相世家》曰:「陳丞相平少時,本好黃帝、老子之術,方其割肉俎上之時,其意固已遠矣。」〈曹相國世家〉曰:「參爲漢相國,清靜,極言合道。……天下俱稱其美矣。」此外〈太史公自序〉亦對曹參贊揚

曰：「續何相國，不變不革，黎庶攸寧。」〈張丞相列傳〉對蕭、曹、陳三人
亦有頌美之言：「申屠嘉可謂剛毅守節矣。然無術學，殆與蕭、曹、陳平異矣。」
對文景之清淨無爲，與民休息，倍加稱頌，〈景帝本紀贊〉曰：「漢興，掃除
煩苛，與民休息。至於孝文，加之以恭儉。孝景遵業，五六十載之間，至於
移風易俗，黎民醇厚。」

　　對於苛刑猛政，司馬遷則極力抨擊。〈高祖本紀〉曰：「周秦之間，可謂
文敝矣。秦政不改，反酷刑法，豈不繆乎？故漢興承敝易變，使人不倦，得
天統矣。」對於慘刻寡恩，所謂酷吏者流，亦加以撻伐。〈酷吏列傳〉曰：「自
張湯死後，網密，多詆嚴。官事寖以耗廢。」因此曰：「法令者，治之具，而
非制治清濁之源也。昔天下之網嘗密矣，然姦僞萌起，其極也，上下相遁，
至於不振。」此皆老子所謂：「天下多忌諱，而民彌貧。法令滋章，盜賊多有。」
之旨也。其批評政治人物之失敗，亦多從道家觀點論述。故其論項羽之敗，
乃在於「興之暴」而「自矜功伐」，〈項羽本紀贊〉曰：「五年卒亡其國，身死
東城，尚不覺悟而不自責，過矣！乃引天亡我，非兵之罪也，豈不謬哉！」
其論黥布之敗，則在於「拔興之暴」「常爲首虐，功冠諸侯。」〈黥布列傳贊〉
曰：「用此得王，亦不免於身，爲世大僇。禍之興，自愛姬殖，妒媢生患，竟
以滅國。」其論魏豹、彭越之「懷叛逆之意，及敗不死，而虜囚身被刑戮」，
乃因其「智略絕人，獨患無身耳。」（《史記‧本傳》）其責備周亞夫係「足己
而不學，守節不遜」，所以「終身窮困」（《史記‧本傳》）其責備韓信曰：「假
令韓信學道謙讓，不伐己功，不矜其能，則庶幾哉。於漢家勳，可以比周、
召、太公之徒。」（《史記‧本傳》）蓋此類人物之失敗，正應驗老子所謂「飄
風不終朝，驟雨不終日」（廿三章）之旨，亦即缺乏老子所謂「不自伐故有功，
不自矜故長」（廿二章）「勇於敢則殺，勇於不敢則活。」（七三章）之修養。
反之其對於張良之溢美，乃在於其「無知名，無勇功，圖難於易，爲大於細。」
（〈史遷自序〉）因而嘉許其「功成身退」。此因張良深明老子「持盈保泰」（九
章）之旨。故《史記‧吳太伯世家》有「嘉伯之讓」，遂以之居《世家》之首。
《伯夷列傳》以伯夷有「讓國餓死，天下稱之。」乃以之居《列傳》之首，
殆以老子「不敢爲天下先」（六七章）爲安排也。

　　史遷以一史學家，本注重天道問題。然其能由道家自然主義爲出發點，
認爲天道自然，否認神格之存在。此點實與史家實事求是之性格有關。因此
老莊之順應自然之人生觀，亦在史遷身上可發現。其曰：「春夏囚死，秋多旺

相，非能爲之也。日朝出而暮入，非求之也，天道自然。」〔註25〕又曰：「無造福先，無觸禍始，委之自然，終歸一矣。」〔註26〕一切物質變化，人間禍福，既是自然而成，人唯有安時處順，方符自然之道。〈貨殖列傳〉曰：「故物賤之徵貴，貴之徵賤，各勸其業，樂其事。若水之趨下，日夜無休時。不召而自來，不求而民自出。豈非道之所符，而自然之驗邪？」此種「不召自來，不求自出」之現象，司馬遷委之於「命」。其〈外戚世家〉曰：「人能弘道，無如命何。甚矣！妃匹之愛，君不能得之於臣，父不能得之於子，況卑下乎。既驩合矣，或不能成子姓；能成子姓矣，或不能處其終。豈非命也哉？」

老莊之天道觀係自然無爲，無所偏私。故「善者吾善之，不善者吾亦善之。」（四九章）此因天道至公，無所好憎，所謂「天道無親」是也。史遷於〈伯夷叔齊列傳〉中，對二子有所嘆息，連帶對天產生疑問：「或曰：天道無親，常與善人。若伯夷、叔齊，可謂善人者，非耶？積仁絜行如此而餓死。且七十子之徒，仲尼獨薦顏淵爲好學。然回也屢空，糟糠不厭，而卒早夭。天之報施善人，其何如哉。盜蹠日殺不辜，肝人之肉，暴戾恣睢，聚黨數千人，橫行天下，竟以壽終，是尊何德哉？此其尤大彰明較著者也。若至近世，操行不軌，專犯忌諱，而終身逸樂富厚，累世不絕。或擇地而蹈之，時然後出言，行不由徑，非公正不發憤，而遇禍災者，不可勝數也。余甚惑焉，儻所謂天道，是耶？非耶？」史遷因李陵案，以腐刑受辱。故發言難免激憤，對天道是否眞能賞善罰惡，產生懷疑。由此可見其天道觀，乃係自然主義之天道觀，上天毫無意志與自由。其評項羽自矜伐功，身死東城，猶不覺悟而自責。乃引天亡我，非兵之罪，豈不謬哉？更是說明天無意志，人事之果報，乃在於世人所種之種種前因。此種天道觀，實從老莊之思想而來。後世之揚雄、王充、張衡等自然主義學術家，深受其影響。基於此種自然主義之觀點，其思想上多抗拒當時流行之種種迷信之說。故其〈封禪書〉對神仙方術之士，謂其術「終無有驗」「其效可睹」。其〈天官書〉則有不信機祥之語：「星氣之書，多雜機祥，不經；推其文，考其應，不殊。」〈天官書贊〉曰：「其文圖籍機祥，不法。是以孔子論六經，紀異而說不書，至天道命不傳。傳其人，不待告；告非其人，雖言不著。」其〈刺客列傳〉不採「天雨粟，馬生角」

〔註25〕見《玉函山房輯佚書》卷八九，以及王充《論衡・命祿篇》引司馬遷〈素王妙論〉。
〔註26〕《藝文類聚》引司馬遷〈悲士不遇賦〉。

之傳說，以爲大過。其〈蒙恬列傳〉更有不信地脈之說：「吾適北邊，自直道歸。行觀蒙恬所爲秦築長城亭障，塹山堙谷，通直道，固輕百姓力矣。夫秦之初滅諸侯，天下之心未定，痍傷者未瘳。而恬爲名將，不以此時彊諫，振百姓之急，養老存孤，務修眾庶之和。而，阿意興功，此其兄弟遇誅，不亦宜乎？何乃罪地脈哉？」其〈龜策列傳〉對龜策表示懷疑：「余至江南，觀其行事，問其長老云：龜千歲乃遊蓮葉之上，著百莖共一根。又其所生，獸無虎狼，草無毒螫。江傍家人，常畜龜，飲食之。以爲能導引致氣，有益於助衰養老，豈不信哉？」《大宛列傳》對傳說中之仙人瑤池有所質疑：「〈禹本紀〉言河出崑崙。崑崙其高二千五百餘里，日月所相隱避爲光明也。其上有醴泉瑤池。今自張騫使大夏之後也，窮河源。惡睹〈本紀〉所謂崑崙者乎？」凡此皆可見司馬遷自然主義之思想。自然主義思想原係原始道家精神之所在。老子曰：「道法自然。」（廿五章）王充《論衡・自然篇》曰：「天動不欲以生物，而物自生，此則自然。」其〈譴告篇〉曰：「夫天道，自然也，無爲。如譴告人，是爲有爲，非自然也。」司馬遷能將一切人事變動，不委之於神秘之天道，而訴諸於理性。此點實較漢儒之拘牽於讖緯災異感應更高明。亦不能不歸功於其道家思想之家學淵源。李之先生對司馬遷思想中有中肯之評述：

「司馬遷書中的道家成分，就歷史的意義說，應該稱爲『老學』，就時代的意義說，應稱爲『黃老』，但就學術的體係意義說，應該稱爲『道家』。」又曰：「就初期的道家講，重在原則，那就是老學。就後期的道家講，乃是在這原則的應用，這便是黃老。初期因爲重在原則，可以說重在形上學，重在對自然的認識。後期因重在應用，可以說，重在人生論，重在人事上的應用。前期乃是較重在純粹的自然主義的，後期却是重在順其自然的一個原則的發揮。司馬遷則是把兩期的道家思想都能吸收，都能消化，又都能運用了。」〔註27〕

除思想上司馬遷多從道家觀點出發外，尚可一提是：史遷行文多洸洋瑋麗，疏蕩輕靈，此中頗有道家之風格，而尤受莊子之影響。其〈老莊申韓列傳〉評莊子之文曰：「其學無所不闚，然其要本歸於老子之言。故其著書十餘萬言，大抵率寓言也。作〈漁父〉、〈盜跖〉、〈胠篋〉，以詆訿孔子之徒，以明老子之術。畏累虛、亢桑子之屬，皆空語無事實。然善屬書離辭，指事類情，用剽剝儒墨，雖當世宿學不能自免也。其言洸洋自恣以適己，故自王公大人不能器之。」是知其對莊子之文章有深入之瞭解。文中其記莊周拒楚威王之

〔註27〕李之《司馬遷之人格與風格》六〈司馬遷之根本思想－道家〉，頁219、221。

事，實揉合《莊子・秋水篇》：「莊子釣於濮水」以及《列禦寇》之「或聘於莊子。莊子應其使曰：『子見夫犧牛乎？衣以文繡，食以芻菽，及其牽而入於太廟，雖欲爲孤犢，其可得乎？』」可知其對莊子之文章甚爲精熟，對莊子學術亦甚有透徹之瞭解。後人每疑莊子不後於老子，或不出於老子者，蓋皆未能通達老莊之旨也。其將老莊同列一傳，且謂「莊子其要，本歸於老子」「以明老子之術」，洵得其實矣。至於《史記》行文，蘇轍謂：「太史公行天下，周覽四海名山大川，與燕趙間豪傑交遊。故其文疏蕩，頗有奇氣。」姚祖恩謂：「其文洸洋瑋麗，無奇不備。」凡此皆見史遷行文之跌宕瀟灑，有似莊子之性格者。柳宗元自敍爲文須「參之莊老以肆其端」「參之太史公以著其潔。」是太史公之文章，得自老莊之神髓矣。曾國藩曰：「太史公稱《莊子》之書皆寓言，吾觀子長所爲《史記》，寓言亦居十六六七。」（〈聖哲畫象記〉）老莊對史遷之影響又豈特思想上云？

三、班　固

　　班固字孟堅，扶風安陵人也。其父名彪，字叔平。父子俱《漢書》之作者也。《後漢書・班彪列傳》曰：「武帝時，司馬遷著《史記》。自太初以後，闕而不錄。後好事者頗或綴集時事，然多鄙俗，不足以踵繼其書。彪乃繼採前史遺事，傍貫見聞，作後傳數十篇，因斟酌前史而譏正得失。」班彪於建武三十年卒其子班固紹其箕裘，續完史書：「父彪卒，歸鄉里。固以彪所續前史未詳。乃潛精研思，欲就其業。……固又撰功臣、平林、新市、公孫述事。作列傳，載記二十八篇，奏之。帝乃復使終成前所著書。」「固自永平中始受詔，潛精積思二十餘年，至建初中乃成。當世甚重其書，學者莫不諷誦焉。」和帝永元四年，大將軍竇憲征匈奴，功還京師，以潛圖弒逆而敗。班固以中護軍，株連坐死獄中。唯固書散亂莫理，和帝乃詔其妹班昭踵續之，又詔馬融之兄馬續襄成之。

　　班彪、班固皆東漢初年人。光武中興，即位之初，即雅好儒術，獎掖經典，採求闕文，學者雲會京師，帝乃修太學，建三雍（明堂、靈臺、辟雍），大倡儒學。故班彪、班固亦以儒學見長，此乃當時風尚使然也。章帝更於建初之時，大會諸儒於白虎觀，講議五經同異，帝親稱制臨決，命史臣班固作〈白虎議奏〉。班彪雖好儒術，然觀其行誼，亦頗有老莊之風，蓋受其從兄班嗣之影響也。〈漢書敍〉曰：「彪字叔皮，幼與從兄嗣共遊學。家有賜書，內

足於財，好古之士，自遠方至，父黨楊子雲以下，莫不造門。嗣雖修儒學，然貴老嚴（莊）」之術。桓生欲借其書。嗣報曰：『若夫嚴子者，絕聖棄智，修生保眞，清虛澹泊，歸之自然，獨師友造化，而不爲世俗所役者也。漁釣於一壑，則萬物不奸其志；栖遲於一邱，則天下不易其樂。不絓聖人之網，不嗅驕君之餌。蕩然肆志，談者不得而名焉，故可貴也。今吾子已貫仁誼之羈絆，繫名聲之韁鎖，伏周孔之軌躅，馳顏閔之極摯。既繫攣於世教矣，何用大道爲自眩燿？昔有學步於邯鄲者，曾未得其髣髴，又復失其故步，遂匍匐而歸耳（按邯鄲學步出於《莊子‧秋水篇》）。恐似此類，故不進。』嗣之行己持論如此。叔皮唯聖人之道，然後盡心焉。」是老莊之學乃其家學淵源矣。〈漢書敍〉謂班彪：「仕不爲祿，所如不合，學不爲人，博而不俗，言不爲華，述而不作。」《後漢書‧班彪傳》曰：「班彪以通儒上才，傾側危亂之間。行不踰方，言不失正，仕不急進，貞不違人。敷文華以緯國典，守賤薄而無悶容。彼將以世運未弘，非所謂賤焉恥乎？何其守道恬淡之篤也！」綜上所述，可睹班彪爲人行事，亦離所謂「有道之士」不遠。「守道恬淡」實爲老莊清靜寡欲之修養也。

　　其子班固，亦有乃父之風。《後漢書‧班固傳》謂其「年九歲，能屬文誦詩賦。及長，遂博貫載籍，九流百家之言，無不窮究。所學無常師，不爲章句，舉大義而已。性寬和容眾，不以才能高人，諸儒以此慕之。」班固學淵識博，老莊之學必爲其所精。所謂「寬和容眾，不以才高人」正係道家「有容乃大，欲高必卑」之修養。范曄謂其行文：「若固之序事，不激詭，不抑抗。」正係道家「含和保泰，無偏無私」之精神。故其論道取友，亦符合此個性，其〈上東平王蒼奏記〉曰：「竊見故司空掾桓梁，宿儒盛名，冠德州里，七十從心，行不踰矩，蓋清廟之光暉，當世之俊彥也。京兆祭酒晉馮，結髮修身，白首無違，好古樂道，玄默自守，古人之美行，時俗所莫及。扶風掾李育，經明行著，教授百人，客居杜陵，茅室土階。京兆、扶風二郡更請，徒以家貧，數辭病去。溫故知新，論議通明，廉清修絜，行能純備。」凡所舉薦之人，皆明道自守，純樸無爲，清心寡欲，行絜廉明之士，此乃合乎道做人處世之風範。

　　班固雖以儒者自居，然其〈幽通賦〉用以致命遂志，其中卻不乏道家之言論。如對孔門之懷疑：「欸中龢爲庶幾兮，顏與冉又不得。溺招路以從己兮，謂孔氏猶未可安。悩悩而不葩兮，卒陥身虜世禍。游聖門而靡救兮，顧覆醢其何補？固行行其必凶兮，免盜亂爲賴道。」對老莊亦有響往之心。對老莊

亦有嚮往之心。如言莊周：「周賈（莊周、賈誼）盪而貢憤兮，齊死生與禍福。抗爽言以矯情兮，信畏犧而忌服。所貴聖人之至論兮，順天性而斷誼。欲有欲而不居兮，亦有惡而不避。守孔約而不貳兮，邇輶德而無累。」言老子：「登孔顥而上下兮，緯群龍之所經。朝貞觀而夕化兮，猶誼己而遺形，若胤彭（彭祖）而偕老（老子）兮，訴來哲以通情。」而其中對道之描述，尤近道家之天道觀：「道悠長而世短兮，夐冥默而不周。」「道混成而自然兮，術同原而分流。」「觀天罔之紘覆兮，實棐諶而相順。」凡此皆見班固將儒道二家學說，融會其思想中。

　　於〈漢書贊〉中，班固亦每用道家語以評述。如〈李廣傳贊〉：「然三代之將，道家所忌。自廣至陵，遂亡其宗，哀哉。」〈外戚世家傳贊〉曰：「《易》著吉凶而言謙盈之效，天地鬼神至于人道，靡不同之。夫女寵之興，繇至微而體至尊，窮富貴而不以功，此固道家所畏，禍福之宗也。」〈龔勝傳〉中，借老父之言，責其「薰以香自燒，膏以明自銷。」以龔勝不知韜光養晦，致夭天年（《莊子・人間世》有「山木自寇，膏火自煎」之語，班固乃取其意）。〈酷史傳〉承《史記》之言，引老氏之語：「老氏稱『上德不德，是以有德；下德不失德，是以無德，法令滋章，盜賊多有。』信哉是言也。法令者，治之具，而非制治清濁之原也。昔天下之罔嘗密矣，然不軌愈起，其極也，上下相遁，至於不振，當是之時，吏治若救火揚沸，非武健嚴酷，惡能勝其任而愉快乎？言道德者溺於職矣。故曰：聽訟吾猶人也，必也使無訟乎？下士聞道大笑之，非虛言也。」對法網之峻密，深斥其非也。唯於〈張湯傳贊〉則曰：「漢興以來，侯者百數，保國持寵，未有若富平者也。湯雖酷烈，及身蒙咎，其推賢揚善，固宜有後。安世履道，滿而不溢，賀之陰德，亦有助云。」張湯為酷吏，故不得善終。然其子安世，忠信謹厚，勤勞國家，封富平侯，後世子孫嗣之不絕。此皆從老子「揣而銳之，不可長保。」（九章）「不爭而善勝」（七三章）之理闡述也。其於〈霍光金日磾傳贊〉評曰：「然光不學亡術，闇於大理。陰妻邪謀，立女為后，湛溺盈溢之欲，以增顛覆之禍。死財三年，宗族誅夷，哀哉！」此正係老子所謂「持而盈之，不如其已富貴而驕，自遺其咎。」（九章）《莊子・天下篇》所謂「堅者毀矣，銳者挫矣。」之理也。其對黃老政治之禮贊，亦如史遷之歌頌文景之治，認為係漢代文治武功之極至。班固對文帝之贊曰：「孝文皇帝即位二十三年，宮室苑囿，車騎服御，無所增益，有不便，輒弛以利民。……所幸慎夫人，衣不曳地，惟帳無文繡，

以宗敦朴，爲天下先。」對景帝贊曰：「漢興掃除煩苛，與民休息。至于孝文，加之以恭儉；孝景遵業，五六十載之間，至於移風易俗，黎民醇厚。周云成康，漢言文景，美矣。」對高后贊曰：「孝惠、高后之時，海內得離戰國之苦，君臣俱欲無爲。故惠帝拱己，高后女主制政不出房闥，而天下晏然。刑罰罕用，民務稼穡，衣食滋殖。」凡此皆見班固盛言黃老之治。其餘於書中敘述黃老學者甚夥，不能一一備載。

　　班固學問廣博，詳賅萬端，《後漢書・班固傳》謂其「敍帝皇，列官司，建侯王。準天地，統陰陽，闡元極，步三光。分州域，物土疆，窮人理，該萬方。緯六經，綴道綱，總百氏，贊篇章。亟雅故，通古今，正文字，惟學林。」以其對固有學術之認識，故能窮極幽微，覈究始末，淵深恢宏，博通天人。其《漢書・藝文志》對於九流十家之源流學說短長，亦有扼要之說明。其中敘述道家曰：「道家者流，蓋出於史官，歷記成敗存亡禍福，古今之道。然後知秉要執本，清虛以自守，卑弱以自持，此君人南面之術也。合於堯之克攘，《易》之嗛嗛，一謙而四益，此其所長也。及放者爲之，則欲絕去禮學，兼棄仁義。曰獨任清虛，可以爲治。」文中並舉出道家三十七種著作，凡九百九十三篇。是研究漢初道家經典最具體之資料。江瑔以爲：「《班志》所以獨舉道家出於史官者，班氏之意以道家之興最爲早，而遠在諸家之前。故特舉道家以賅其餘耶。諸家之學，原由道家遞變而出。」〔註28〕是班氏對道家亦情有所鍾。蓋老子爲史官，班氏亦爲史官，「秉要執本，清虛自守」，原是史官綜合歷史，研覈人事，所歸納「成敗存亡禍福，古今之道」。此點尤見班固對道家認識之深切。而其本身性情之「寬和容眾，不以才高人」亦正是卑弱自持，克攘謙謙之道家修養。《漢書・自敘》中班固言其先楚人也。楚文化與道家本有密切關係，則班氏一家受道家之影響，實其來有自。

第四節　自然主義之覺醒

　　老莊思想之本質，帶有濃厚之自然主義傾向。所謂自然主義乃指「主張以自然律，或自然科學研究法，闡明宇宙本體，否定唯心論者所謂心靈的超自然的原理。」〔註29〕故自然主義原指神道迷信之相對性質而言。蓋原始人

〔註28〕江瑔《讀子厄言》卷一，頁38。
〔註29〕《中文大辭典》「自」部——〈自然主義條〉第七冊，頁1186。

類對大自然之奧妙與神秘，常充滿疑問、驚怖與好奇。於是將大自然之「蒼蒼者天」，染上迷信及宗教色彩。「天」成爲具體有賞善罰惡和支使人類吉凶禍福之冥冥中主宰。此種觀念，普遍存於上古社會中。如《尚書·湯誓》曰：「有夏多罪，天命殛之。」《詩經·商頌》曰：「天命玄鳥，降而生商。」以及《論語·八佾篇》孔子曰：「獲罪於天，無所禱也。」等皆是。因此漢朝盛行之災異感應讖緯思想皆由此出。然道家老莊則純屬自然主義論者。老莊所謂之「天」，乃《莊子·天地篇》所謂「無爲爲之之謂天。」一切萬物之生長運行，皆自然而成。故老子曰：「天法道，道法自然。」（廿五章）又曰：「功成事遂，百姓皆謂我自然。」（十七章）「道之尊，德之貴，莫之命而常自然。」（五一章）「輔萬物之自然而不敢爲。」（六四章）上天既是無爲自然，因無賞善罰惡之意志。老子曰：「天地不仁，以萬物爲芻狗。」（五章）「天地所以能長久者，以其不自生。」（七章）此皆說明萬物自然生成，無所謂目的，無所謂意志。莊子繼承老子學說，亦發揮自然主義。《史記·莊子傳贊》曰：「莊子散道德，放論，要亦歸之自然。」故《莊子·田子方》曰：「老聃曰：夫水之於汋也，無爲而才自然矣。至人之於德也。不修而物不能離焉。若天之自高，地之自厚，日月之自明，夫何脩焉！」因此認爲大自然之運行，乃是出於「機緘」「不得不然」。〈天運篇〉曰：「天其運乎？地其處乎？日月其爭於其所乎？孰主張是？孰維綱是？孰居無事，推而行是？意者其機緘而不得已耶？意者，其運轉而不能自止耶？」天地日月動靜，皆由於內在機緘，其本身不能自己，不能主張，不能綱維，非由神意，亦毫無目的。因此老莊之天道觀完全屬於自然主義論者。唯如何使自然之「天」能生化萬物？老子歸之於「神」，所謂：「谷神不死，是謂玄牝。玄牝之門，是謂天地根。緜緜若存，用而不勤。」（六章）「神」能發揮微妙之功用，能化生萬物。此點對自然主義論者如荀子，有其影響力。《荀子·天論》曰：「天行有常，不爲堯存，不爲桀亡。應之以治則吉，應之以亂則凶。……列星隨旋，日月遞炤，四時代御，陰陽大化，風雨博施。萬物各得其和以生，各得其養以成。不見其事，而見其功，夫是之謂神。」馮氏曰：

> 孔子所言之天，爲主宰之天！孟子所言之天，有時爲主宰之天，有時爲運命之天，有時爲義理之天！荀子所言之天，則爲自然之天。此蓋亦由於老莊之影響也。《莊子·天運篇》謂天地日月之運行，「其有機緘而不得已」「其運轉而不能自止」即持自然主義的宇宙觀者之

言也。荀子之宇宙觀，亦爲自然主義的。〔註30〕

自秦漢方士興起，曲解老莊之意，以爲其宗教立論之基礎（參本編第二章第二節道家與道教之關係）。道教遂成爲廣傳於漢代社會之宗教信仰。老莊之原始思想，已漸爲神道思想所取代。此外自鄒衍陰陽五行迂大閎辯之術於漢際大顯後，所謂五行相勝相生、天人感應、災異讖緯之說大行，加上儒者爲之推波助瀾，更形成朝廷民間普遍講求之風。自西漢末年哀帝、平帝、王莽，以迄東漢光武以後，愈演愈熾。有識之士，對此現象，不得不登高疾呼，痛詆其妄。此固爲理性主義之漸次擡頭，而道家老莊之自然主義思想，實具有無比啓發之作用。史家如司馬遷等抨擊時下流行神怪荒誕之說，而崇尚道家自然天道觀，皆其例證。其後風氣一開，人才輩出，不但在漢代學術上造成相當震憾，且替魏晉以後之玄學，開創先河。茲將自然主義學者敘述如下：

一、揚　雄

揚雄字子雲，蜀郡成都人。少好學，不爲章句，訓詁通而已，博覽無所不見。《漢書・揚雄傳》曰：「爲人簡易佚蕩，口吃不能劇談。默而好深沉之思，清靜無爲，少嗜欲，不汲汲於富貴，不戚戚於貧賤一脩廉隅以徼名當世。家產不過十金，乏無儋石之儲，晏如也。自有大度，非聖哲之書不好也；非其意，雖富貴不事也，顧嘗好辭賦。」揚雄之性格，實受老莊思想之影響甚大。其爲人簡易口吃，正係老子所言「大巧若拙，大辯若訥」（四五章）之精神。成帝時，雄遊京師，給事黃門，與王莽、劉歆共立。哀帝之初，又與董賢同官。當成、哀年間，莽、賢皆爲三公，權傾人生。而雄不與之同流，不受拔擢，故三世不徙官。及莽篡位，談說之士，用符命稱功德，獲封爵者甚眾，雄仍如故。以耆老久次，轉爲大夫。凡此不汲汲於富貴，安貧守約之人生態度，與莊子自快無羈之拒絕楚威王之聘（《史記・莊子本傳》），其性情完全相同。雄既用心於內，不求於外，好古樂道，欲求文章成名於後世，遂依〈離騷〉作〈反離騷〉、〈廣騷〉、〈畔牢愁〉，並獻〈甘泉賦〉、〈河東賦〉、〈校獵賦〉……等，然又小之曰：「壯夫不爲也。」又以爲經莫大於《易》，故作〈太玄〉；傳莫大於《論語》，故作《法言》。天鳳五年卒，時七十一歲。

揚雄少時以蜀嚴君平爲師。嚴君平乃研究老莊著名學者，揚雄當受其啓

〔註30〕馮氏《中國哲學史》第十二章〈儒家之荀學〉，頁 355。

蒙。《漢書‧王貢兩龔鮑傳》曰：「其後谷口有鄭子眞，蜀有嚴君平，皆修身自保。非其服弗服，非其食弗食。……則閉肆下簾而授《老子》。博覽無不通，依老子、嚴周之指，著書十餘萬言。揚雄少服時從遊學。及雄著書稱此二人。其論曰：『……蜀嚴湛冥，不作苟得。久幽而不改其操，雖隨、和何以加諸？舉茲以旃，不亦寶乎？』」其對嚴君平，景仰之心可見。〔註31〕揚雄愛好辭賦，其〈反離騷〉、〈逐貧賦〉、〈解嘲〉等作品極富有老莊安時處順，澹然無爲之人生觀。其〈反離騷〉爲弔屈原而作。其論屈原曰：「以爲君子得時則大行，不得時則龍蛇。遇不遇命也，何必湛身哉？」此皆莊子達觀之論。《莊子‧山木篇》曰：若夫乘道德而浮游則不然。無譽無訾，一龍一蛇，與時俱化，而無肯專爲；一上一下，以和爲量，浮游乎萬物之祖，物物而不物於物，則胡可得而累邪？」其〈解嘲篇〉完全反映出老莊冲虛淡漠之思想：「當今縣令不請士，郡守不迎師，群鄉不揖客，將相不俛首。言奇者見疑，行殊者得辟。行非孝廉，舉非方正，獨可抗疏時道？……吾聞之，炎炎者滅，隆隆者絕。觀雷觀火，爲盈爲實。天收其聲，地藏其熱。高明之家，鬼瞰其室。攫拏者亡，默默者存，自守者身全。是故知玄守默，守道之極；爰清爰靜，游神之廷；惟寂惟寞，守德之宅。世異事變，人道不殊，彼我易時，未知何如。」因此揚雄能秉持道家清淨無爲之修養，以爲其進退應對之處世原則。故一生之中，不諛權勢，不淫於富貴，此即其所謂「故爲可爲於可爲之時則從，爲不可爲於不可爲之時則凶。」亦即老子「明哲保身」「和光同塵」之旨。《文心雕龍‧體性篇》謂：「子雲沉寂，故志隱而味深。」誠不誣也。

其《太玄經》之作與老莊思想甚爲密切。《漢書‧本傳》曰：「哀帝時，丁、傅、董賢用事。諸附離之者，或起家至二千石。時雄方草《太玄》，有以

〔註31〕揚雄受嚴君平之影響甚深。嚴君平爲老莊學者，著「《老子指歸》」一書。《全漢文卷》四二有嚴遵〈座右銘〉：「夫疾行不能遁影，大音不能掩響。默然託蔭，則影響無因。常體卑弱，則禍患無萌。口舌者禍福之門，滅身之斧。言語者天命之屬，形骸之部。出失則患入，言失則亡身。」可知其以道家慎言守身爲心志。常璩《華陽國志》卷十云：「嚴遵，字君平，成都人也。雅性澹泊，學業加妙，專精《大易》，耽於《老莊》。常卜筮於市，假著龜以教。與人子卜教以孝，與人弟卜教以悌，與人臣卜教以忠。於是風移俗易，上下慈和。日閱得百錢，則閉肆下簾，授《老莊》，著《指歸》，爲道書之宗。揚雄少師之，稱其德。杜陵李強爲交遵。遵見之，強服其清高而不敢屈也。歎曰：『揚子雲眞知人也！』年九十卒。雄稱之曰：『不慕夷則由矣，不作苟見，不治苟得，久幽而不改其操，雖隨和何以加諸？』」

自守，泊如也。」蓋子雲所處之時代，外戚當權，君主懦弱，奸佞盈朝，迫害忠良。實不容其運籌帷幄，立功漢廷。故乃淡泊世事，閉門草〈玄〉。其〈解嘲〉云：「夫藺先生收功於章臺，四皓采榮於南山，公孫創業於金馬，票騎發迹於祈連，司馬長卿竊訾於卓氏，東方朔割名於細君。僕誠不能與此數公者並，故默然獨守《太玄》。」

《漢書‧本傳》又謂：「《玄》文多，故不著。觀之者難知，學之者難成。客有難《玄》太深，眾人之不好也。」是眾人以《太玄經》文深晦澀，難以瞭解。於是揚雄以《解難》以答之：「蓋胥靡爲宰，寂寞爲尸，大味必淡，大音必希，大語叫叫，大道低回，是以聲之眇者，不可同於眾人之耳；形之美者，不可混於世俗之目；辭之衍者，不可齊於庸人之聽。」又曰：「老聃有遺言，貴知我者希，此非其操與。」此完全從老子「明道若昧，進道若退，夷道若纇」（四一章）之旨出發，闡釋其曲高和寡，大音希聲之心志。因此斯篇之作，乃欲「馳騁於有無之際，而陶冶大鑪，旁薄群生」「發而閎言崇議，幽微之途，蓋難與覽者同也。」可知揚雄有道家超然絕世，不阿世俗之人生觀，因之發抒心曲，見諸著作，成《太玄》一書。

此種肆然閎放之道家思想，亦見之於章樵《古文苑》卷四所錄之〈太玄賦〉中：「觀大《易》之損益兮，覽老氏之倚伏。省憂喜之共門兮，察吉凶之同域。皦皦著芉日月兮，何俗聖之暗爛。豈愒寵以冒災兮，將噬臍之不及。若飄風不終朝兮，驟雨不終日。雷隆隆而輒息兮，火猶熾而速滅。自夫物有盛衰兮，況人事之所極。奚貪婪于富貴兮，迄喪躬而危族。豐盈禍所樓兮，名譽怨所集。……聖作曲以濟時兮，驅蒸民而入甲。張仁義以爲綱兮，懷忠貞以矯俗。指尊選以誘世兮，疾身沒而名滅。豈若師由、聃兮，執玄靜於中谷……。亂曰：甘餌含毒，難數嘗兮。麟而可羈，近犬羊兮。鸞鳳高翔，戾青雲兮。不掛網羅，固足珍兮。斯、錯位極，離大戮兮。屈子慕清，葬魚腹兮。伯姬曜名，焚厥身兮。孤竹二子，餓首山兮。斷跡屬屢，何足稱兮。辟斯數子，智若淵兮。我異於此，執《太玄》兮。蕩然肆志，不拘攣兮。」揚雄能體會老子之「禍兮福之所倚，福兮禍之所伏。」（五八章）之精神，因能不慕名利，不棲富貴，知玄守默，蕩然肆志，致力於《太玄經》之創作。

揚雄之《太玄經》，其內容係以老子之「道」爲基礎。構造仿自《易經》，再配上陰陽家之曆數，復與儒家之倫理概念相附會。

「玄」字爲老莊思想上最高範疇。老子有「玄之又玄，眾妙之門。」（一章）

《莊子·天地篇》有「玄德」,〈天道篇〉有「玄聖」,《韓非子·解老篇》有「玄虛」,《呂氏春秋·有始篇》有「玄明」。「玄」乃指道體之幽微深遠而言,實亦「道」之代稱。此種思想,揚雄將之發演闡述。其〈玄衝〉、〈玄錯〉、〈玄攡〉、〈玄瑩〉、〈玄數〉、〈玄棿〉、〈玄告〉、〈玄文〉、〈玄圖〉等皆以「玄」爲名。「玄」乃揚雄《太玄經》中最重要之概念,亦爲其貫通天人之基本原理。〈玄攡篇〉對「玄」有具體之描述:「玄者,幽攡萬類而不見形者也。資陶虛無而生乎規,攡神明而定摹,通同古今以開類,攡措陰陽而發氣,一判一合,天地備矣。天日回行,剛柔接矣。還復其所,始終定矣。一生一死,性命瑩矣。仰以觀乎象,俯以視乎情。察性知命,原始見終。三儀同科,厚薄相劘。圓則杌棿,方則嗇吝;噓則流體,唫則疑形。是故闔天謂之宇,闢宇謂之宙。日月往來,一寒一暑。律則成物,歷則編時,律歷交通,聖人以謀。晝以好之,夜以醜之。一晝一夜,陰陽分索。夜道極陰,晝道極陽。牝牡群貞,以攡吉凶,則君臣父子夫婦之道辨矣。是故日動而東,天動而西。天日錯行,陰陽更巡。死生相樛,萬物乃纏。故玄聘取天下之合而連之者也。綴之以其類,占之以其觚,曉天下之瞶瞶,瑩天下之晦晦者,其爲玄乎!夫玄,晦其位而冥其眹,深其阜而眇其根,攘其功而幽其所以然也。故玄,卓然示人遠矣,曠然廓人大矣,淵然引人深矣,渺然絕人眇矣。嘿而該之者玄也,攛而散之者人也。稽其門,闢其戶,叩其鍵,然後乃應,況其否者乎?人之所好而不足者,善也。人之所醜而有餘者,惡也。君子日彊其所不足,而拂其所有餘,則玄之道幾矣。仰而視之在乎上,俯而窺之在乎下;企而望之在乎前,棄而忘之在乎後。欲違則不能,默而得其所者玄也。」「故玄者,用之至也。見而知之者智也,視而愛之者仁也,斷而決之者勇也,兼制而博用者公也,能以偶萬物者通也,無所繫軼者聖也,時與不時者命也,虛形萬物所道之謂道也。」

揚雄之「玄」,爲宇宙自然界中至高無上之原動力。舉凡宇宙之發生成長,變化運動,及其運行之秩序,皆本乎「玄」。故揚雄之「玄」,實脫胎於老莊之「道」。老莊之「道」爲虛無飄渺,不可捉摸,至公無私,自然無爲。揚雄之「玄」亦具備此類性質。其〈太玄賦〉曰:「豈若師由聘兮,執玄靜於中谷。」故「玄」即是效法老莊自然本體之「道」。唯老莊自然本體之「道」並非寂然不動之死物,而揚雄「玄」之發動,亦有其功能。因此智、仁、勇、公、通、聖命……等德性皆在「玄」之範疇之下。此揚雄仍本漢儒之說法,將形下之器與形上之道混合。

　　老莊思想中，「道」之本質係指「自然」，揚雄《太玄經》著作之精神，亦本「自然」之思想而發揮。此點尤見揚雄是繼承老莊而來。其〈太玄瑩〉曰：「夫作者貴其有循而體自然也。其所循之大，則其體也壯；其所循也小，則其體也瘠；其所循也直，則其體也渾；其所循也曲，則其體也散。故不擢所有，不彊所無，譬諸身增則贅，而割則虧。故質幹在乎自然，華藻在乎人事也，其可損益歟？」此固說明作者立論在遵體自然，而其中已隱然有道家自然無為，無所損益之人生觀。

　　由於「玄」既以自然為其性質。一切人倫制度，儀軌法則，皆應效法自然之天道而有所擬定。桓譚《新論》曰：「揚雄作《玄書》，以為玄者天也，道也。言聖賢著法作事，皆引天道以為本統，而因附屬萬類王政人事法度。」〈玄攡篇〉更以「玄」為人情事物之根本，「玄」之作用與老莊之「道」無殊：「縣之者權也，平之者衡也。濁者使清，險者使平。離乎情者，必著乎偽；離乎偽者，必著乎情。情偽相盪，而君子小人之道，較然見矣。玄者，以衡量者也。高者之下，卑者舉之，饒者取之，罄者與之，明者定之，疑者提之。規之者思也，立之者事也，說之者辯也，成之者信也。夫天，宙然示人神矣。夫地，佗然示人明矣。天地尊位，神明通氣，有一有二有三，位各殊輩，回行九區，終始連屬，上下無隅。察龍虎之文，觀鳥獸之理，運諸泰政，繫之泰始，極焉以通璇璣之統，正玉衡之平。圓方之相研，剛柔之相干，盛則入衰，窮則更生。有實無虛，流止無常。夫天地設，故貴賤序；四時行，故父子繼；律歷陳，故君臣理；常變錯，故百事析；質文形，故有無明；吉凶見，故善否著；虛實盪，故萬物纏。陽不極則陰不萌，陰不極則陽不牙。極寒生熱，極熱生寒。信道致詘，詘道致信，其動也，日造其所無，而好其所新。其靜也，日減其所為，而損其所陳。故推之以刻，參之以晷，反覆其序，軫轉其道也。以見不見之形，抽不抽之緒，與萬類相連也。其上也縣天，下也淪淵，纖也入蔵，廣也包軫。其道遊冥而挭盈，存存而亡亡，微微而章章，始始而終終。近玄者玄亦近之，遠玄者玄亦遠之。譬若天蒼蒼然在於東面南面西面北面，仰而無不在焉，及其俛則不見也。天豈去人哉？人自去也。冬至及夜半以後者，近玄之象也。進而未極，往而未至，虛而未滿，故謂之近玄。夏至及日中以後者，遠玄之象也。進極而退，往窮而還，已滿而損，故謂之遠玄。日一南而萬物死，日一北而萬物生，斗一北而而萬物虛，斗一南而萬物盈。日之南也，右行而左還。斗之南也，左行而右還。或左或右，或

死或生，神靈合謀，天地乃并，天神而地靈。」故天地自然之道，可驗之於身，人要配合天道，自可使濁清險平。此老子所謂「人地法，地法天，天法道，道法自然。」（廿五章）之謂也。

至於本體之玄如何發動，創生萬物？揚雄亦本老子「陰、陽」二氣說。〈玄攡篇〉曰：「玄者，……攡措陰陽而發氣。」陽乃「瑩天功，明萬物」，陰乃「幽無形，深不測。」「夜道極陰，晝道極陽」（〈玄攡〉）「陽初吐，陰靜翕。陽道常饒，陰道常乏，陰陽之道也。」（〈玄告〉）陰、陽乃是判然不同之二種氣體。此「一判一合」之二氣交感，萬物始備。〈玄圖〉曰：「一陰一陽然後生萬物。」

人亦本陰、陽二氣而產生，乃天地之中最貴者。〈玄圖〉曰：「天旬其道，地袘其緒。陰陽雜廁男有女。天道成規，地道地榘。規動周營，榘靜安物。周營故能神明，安物故能類聚。類聚故能富，神明故至富。夫玄也者，天道也，地道也，人道也。兼三道而天名之，君臣、父子、夫婦之道。」以天地人並舉，實出於老子。老子曰：「故道大，天大、地大、人亦大。域中有四大，而人居其一焉。人法地，地法天，天法道，道法自然。」（廿五章）「玄」既為一切化生之根本，人乃其至精所成，人亦含有「玄」體之本身。〈玄告

4 曰：「天以不見為玄，地以不形為玄，地以不形為玄，人以心腹為玄。天奧西北，鬱化精也。地奧黃泉，隱魄榮也。人奧思慮，含至精也。天穹隆而周乎下，地旁薄而向乎上，人蕃蕃而處乎中。而天渾而撢，故其運不已；地隤而靜，故其生不遲；人馴乎天地，故其施行不窮。」莊子有道在萬物之說，「玄」既生養萬物，人唯順其自然，自能施行不窮。故祇有推人事，便可知天道。《玄告》曰：「故善言天地以人事，善言人事者以天地。」因此能順三才之理，即是順天地自然之理。〈玄攡〉曰：「仰以觀乎象，俯以視之情，察性知命，原始見終，三儀同科，厚薄相劘。」揚雄之《太玄》，實貫通天、地、人之道理。司馬光注《太玄》曰：「觀《玄》之書，昭則極於人，幽則盡於神，大則包宇宙，細入毛髮，合天地人之道以為一，刮其根本，示人所出，胎有萬物而兼為之母。……考之於混元之初而玄已生，察之於今而玄非不行，窮之於天地之末而玄不可亡，即之以萬物之情而不漏，測之以鬼神之狀而不違，概之以六經之言而不悖。借使聖人復生，觀玄必懌然而笑，以為得己之心矣。」

揚雄既重天、地、人三才之道，「三」遂成為揚雄重要之概念，〈玄圖〉云：「夫玄也者，天道也，地道也，人道也。兼三道而天名之，君臣、父子、夫婦

之道。玄有一道，一以三起，一以三生，以三起者，方州部家也。以三生者，參分陽氣以爲三重，極爲九營，是爲同本離生，天地之經也。」老子有「道生一，一生二，二生三，三生萬物。萬物負陰而抱陽，冲氣以爲和。」（四二章）之說。「三」與「陰陽」皆是老子重要之概念，此揚雄皆本老子而來。

揚雄又模仿《易經》，將此種概念應用之於「玄」。《易》之基本符號爲 ⚏，而《玄》則以 ☰ 爲符號。《易》重三畫爲六畫而成一卦，《玄》則四重而成一首。《易》有太極，是生兩儀，兩儀生四象，四象生八卦，八八相重爲六十四卦。卦有六爻，共三百六十四爻，《乾》之策二百一十有六，坤之策百四十有四，凡三百有六十，當期之日數也（見《繫辭上傳》）。《玄》由一道，一以三起，一以三生。以三起者，方州部家也。以三生者，參三陽氣以爲三重。以三生九，故贊有九位。以九生二十七，故天玄、地玄、人玄各有二十七首。以二十七生八十一，共爲八十一首。一首九贊，共有七百二十九贊。其外〈踦〉、〈贏〉二贊，以備一儀之月數。每二贊一日，凡七百二十九贊，而周爲三百六十五日，亦當期之日數也。（見王涯《說玄・明宗篇》）是《易》與《玄》當期之數相同。然《易》數尙偶，由一而二，二而四，四而八，以逮於六十四，皆偶數。《太玄》尙奇，由一而三，三而九，以逮於八十一，皆奇數。故老子之由一而三而生萬物，實對揚雄有無比之影響。而老子之「天大、地大、人亦大」之概念，亦實其「天、地、大」三數之基礎。

《太玄》既屬占卜象數之說，故亦有禍福吉凶觀念。《玄》中含天、地、人、三才，九贊分別表徵爲天之始、中、終；地之下、中、上；人之思、福、禍，合而爲九。在以人爲中心而加以實用時，九贊之九，便可成思內、思中、思外，福小、福中、福大，禍生、禍中、禍極，又合而爲九。〈首〉辭說明陰、陽二氣之消長。〈首〉從「〈中〉」至「〈應〉」，共四十一首屬陽。從「〈迎〉」至「〈養〉」共四十首屬陰。《首》贊之奇數爲晝爲陽，贊之偶數爲夜爲陰。〈玄測〉曰：「盛哉日乎，炳明離章，五色滄光。夜則測陰，晝則測陽。晝夜之測，或否或藏。陽推五福以類升，陰幽六極以類降。升降相關，大貞乃通。」司馬光《太玄總例九贊》曰：「凡《玄》之贊辭，晝夜相間。晝辭多吉，夜辭多凶。又以所逢之〈首〉及思福禍述其休咎，此《玄》之大旨也。」禍福吉凶相參固爲《易》之理論，然老子亦有「禍兮福所倚，福兮禍所伏。」（五八章）之思想，而《太玄》禍福升降，當取於老子「物極必反」之說也。〈玄圖〉曰：「數多者，見貴而實索；數少者，見賤而實饒。息與消糺，貴與賤交。」此

直取老子「正負爲奇，善復爲妖。」（五八章）之「相反相成」之關念也。

　　總之《太玄經》仿自《易》、老二家。〈太玄〉賦所謂：「觀大《易》之損益兮，覽老氏之倚伏。」表面上以《易經》形式爲仿，實質上仍以老莊形上之道及禍福倚伏之理爲基礎。至於其內容文辭之艱深晦澀，班固謂：「觀之者難知，學之者難成。」劉歆亦批評之曰：「空自苦，今學者有利祿，然不能明《易》，又如《玄》何？吾恐後人用覆醬瓿也。」是《太玄》之理不甚爲人所瞭解。然亦有稱之者，如桓譚推崇其書，謂必傳後世（《漢書‧本傳》），王充《論衡‧超奇篇》曰：「揚子雲作《太玄經》，造於助恩，極窅冥之深，非庶幾之才，不能成也。」《後漢書‧張衡傳》張衡曰：「吾觀《太玄》，方知子雲妙極道數，乃與五經相擬，非徒傳記之載。」桓譚、王充、張衡皆富有道家自然主義批判之精神，其學理學說當受揚雄之啓發也。三國時吳陸績有〈述玄〉一書，以揚雄之《太玄》，周孔不能過，「考之古今，宜曰聖人。」魏晉後玄學大起，以道爲玄，揚雄首開其風。後宋之司馬光更因而作〈潛虛〉，並爲其《太玄》作《注》，邵康節亦稱美揚雄，自擬《易》而成「先天圖」之《易》學。則雄之《太玄》，又豈覆醬瓿而已耶？唯其經誠屬讀之不易，故漢以來不甚流行。其傳流廣遠者，則爲揚雄《法言》之作，所謂「《法言》大行，而《玄》終不顯。」

　　《法言》之書，代表揚雄偏於儒家之一面。然亦非全然否定道家之說，其中受道家自然主義影響亦大。

　　《法言》多推崇孔孟之語，揚雄書中以儒者自居。〈吾子卷〉曰：「棄常珍而嗜乎異饌者，惡睹其識味也？委大聖而好乎諸子者，惡睹其識道也？山徑之蹊，不可勝由矣。向牆之戶，不可勝入矣。曰：惡由入？曰：孔氏。孔氏者，戶也。」〈修身卷〉曰：「或問治己。曰：治己以仲尼。」是揚雄以孔子爲求學之入門，修身之表率。其亦自比於孟子。〈吾子卷〉曰：「古者楊墨塞路，孟子辭而闢之，廓如也。後之塞路者有矣。竊自比於孟子。」故《法言》書中，揚雄尊孔揚孟，以儒自居，提倡仁義，重視五經，同時對諸子頗有異辭。

　　揚雄對諸子皆輕貶，所謂「申韓之術，不仁之至也。」（〈問道卷〉）對老莊則褒貶各半。其對老子之批評。〈問道卷〉曰：「老子言道德，吾有取焉耳。及搥提仁義，絕滅禮樂，吾無取焉耳。」蓋揚雄《太玄》之旨，既取於老子之道，故曰「吾有取焉」。仁義禮樂則爲老子反對，故揚雄不取。揚雄《法言》亦論及「道」，其內容則多兼儒道二家而言。〈問道卷〉曰：「道德仁義禮譬諸身乎？夫道以導之，德以得之，仁以人之，義以宜之，禮以體之，天也。合

則渾，離則散，一人而兼統四體者，其身全乎？」將老子之「道德」與儒家之「仁義禮」並言。又曰：「或問道。曰：道也者，通也，無不通也。或曰：可以適它與？曰：適堯舜文王者爲正道，非堯舜文王者爲它道。君子正而不它。」此以堯舜文王之道爲正道，是儒家之道。又曰：「或問道。曰：道若塗若川，車航混混，不捨晝夜。或曰：焉得直道而由諸？曰：塗雖曲，而通諸夏，則由諸。川雖曲，而通諸海，則由諸。或曰：事雖曲，而通諸聖，則由諸乎！」以道若塗若川，周行不殆，則似老子形上之道。故《法言》中揚雄對道之觀念，實亦受老子之影響。

至於對莊子之批評。〈問神卷〉曰：「或問鄒、莊有取乎？曰：德則取，愆則否。何謂德愆？曰：天、地、人。經，德也。否，愆也。愆語君子，不出諸口。」〈問道卷〉曰：「或曰：莊周有取乎？曰：少欲。鄒衍有取乎？曰：自持。至周罔君臣之義，衍無知於天地之間，雖鄰不覿也。」〈修身卷〉曰：「或問：有人倚孔子之牆，弦鄭、衛之聲，誦《韓》、《莊》之書，則引諸門乎？曰：在夷貊則引之，倚門牆則麾之。」此中對莊子有取有不取，襃抑各半，是知非純然排拒莊子也。〈問道卷〉曰：「莊周、申、韓不乖寡聖人而漸諸篇，則顏氏之子，閔氏之孫其如台。」〈五百卷〉曰：「莊、楊蕩而不法，墨、晏儉而廢禮，申、韓險而不化，鄒衍迂而不信。」〈君子卷〉曰：「或曰：人有齊生死，同貧富，等貴賤，何如？曰：作此者，其有懼乎？信死生齊，貧富同，貴賤等，則吾以聖人爲囂囂。」此純站在儒家之立場，對莊子有所批判。言中獨不及老子，蓋揚雄既以老子形上之道爲基礎，故僅對莊子之人生觀有所批評，亦可見其對《道德經》之偏愛。

關於老莊無爲之思想，揚雄認爲此適合上古聖王之時。至於後世，禮樂虧，法度廢，則無爲之治不可行。〈問道卷〉曰：「或問無爲。曰：奚爲哉！在昔虞夏襲堯之爵，行堯之道，法度彰，禮樂者，垂拱而視天下民之阜也，無爲矣。紹桀之後，篡紂之餘，法度廢，禮樂虧，安坐而視民之死，無爲乎？」「或問：太古塗民耳目，惟其見也，聞也。見則難蔽，聞則難塞。曰：天之肇降生民，使其目見耳聞，是以視之禮，聽之樂。如視不禮，聽不聽，雖有民，焉得而塗諸？」此以上古之世爲「無爲之治」，後世文明出，則不得不爲也。老子曰：「大道廢，有仁義；智慧出，有大僞。」（十八章）又曰：「失道而後德，失德而後仁，失仁而後義，失義而後禮。……」（三十八章）老子重視上古無爲之治，揚雄則蔑而惡之。〈問道卷〉曰：「或曰：太上無法而治，

法非所以爲治也。曰：鴻荒之世，聖人惡之。是以法始於伏犧而成乎堯，禮義哨哨，聖人不敢也。」此乃揚雄反對老子所謂「太上不知有之」之思想。《問道卷》曰：「或問天。曰：吾於天歟，見無爲爲之爲矣。或問雕刻衆形者，匪天歟？曰：以其不雕刻也！如物刻而雕之，焉得力而給諸？老子之言道德，吾有取焉耳。及搥提仁義，絕滅禮學，吾無取焉耳」此揚雄一方面取老子無爲之天道觀，一方面批評老子之將無爲思想用之於人世。〈孝至卷〉曰：「天道勞功。曰：日一日勞，考載曰功。或曰，君逸臣勞，何天之勞？曰：於事則逸，於道則勞。」則揚雄殆非全然否定無爲之思想也。

揚雄之思想實綜合老子之「無爲」及儒家之「有爲」而言。蓋儒道本有相通之處，孔子曰：「無爲而治者，其舜也與！夫何爲哉？恭已正南面而已矣。」（〈衛靈公〉）又曰：「天何言哉？四時行焉，百物生焉，天何言哉？」（〈陽貨〉）荀子曰：「不爲而成，不求而得，夫是之爲天職。」（〈天論〉）是儒家亦主無爲而治及天道自然。揚雄則採取儒道相同之處，以爲天道無爲，同時對堯舜之前之「無爲而治」「垂拱而視天下民之阜」表示贊許。然對後世法度廢，禮樂虧，桀紂暴政亂世，若不謀匡救，猶拘棲於無爲，則何異於坐視人民死亡？此揚雄採取儒家積極入世思想？若其心則實嚮往唐虞泰和無爲之盛世。〈孝至卷〉曰：「或問泰和。曰：其在唐虞成周乎！觀《書》及《詩》，溫溫乎其和可知也。」

《法言》之天道觀，則係綜合儒道二家之說法。其認爲天地乃造化萬物之根本，此點有近老莊自然之天。〈孝至卷〉曰：「無天，何也？無地，何形？天地裕於萬物乎！萬物裕於天地乎！」〈修身卷〉曰：「天地交，萬物生；人道交，功勳成。奚其守？」〈問神卷〉曰：「天俄而可度，則其覆物也淺矣。地俄而可測，則其載物也薄矣。大哉天地之爲萬物，郭五經之爲衆說邪。」以天地不測，創造萬物，實亦道家之旨。必以五經教化爲天道，則亦融和儒家之說。《法言》所重乃儒家教化，因此強調一切教化乃上天而生。〈法言序〉曰：「天降生民，倥侗顓蒙，恣乎情形，聰明不關，訓諸理，譔學行。」〈問道卷〉曰：「天之肇降生民，使其目見耳聞，是以視之禮，聽之樂。」因此天成爲創造萬物之主體，亦爲道德效仿之對象。揚雄心目中之聖人，皆能遵天德而爲之者。〈修身卷〉曰：「或問衆人？曰：富貴生。賢者？曰：義。聖人？曰：神。觀乎賢人，則見衆人；觀乎聖人，則見賢人；觀乎天地，則見聖人。天下有三好：衆人愛人愛己從，賢人好己正，聖人好已師。天下有三檢：衆人用家檢，賢人用國檢，聖人用天下檢。天下有三門：由於情欲，入自禽門；

由於禮義，入自人門；由於獨智，入自聖門。」聖人神明，乃因智生，其德如天，無微不察，周知萬物。〈問明卷〉曰：「或問明？曰：微。或曰：微何如其明也？曰：微而見之，明其誖乎聰明其至矣乎！不聰實無耳也；不明，實無目也。敢問大聰明？曰：眩眩乎惟天爲聰，惟天爲明，夫能高其目而下其耳者，匪天也夫。」聖人神明，與天相近，自然行道，有常有變。〈君子卷〉曰：「或問聖人之言，炳若丹青，有諸？曰：吁！是何言與！丹青初則炳，久則渝，渝乎哉！或曰：聖人之道若天，天則有常矣，奚聖人之多變也。曰：聖人固多變。」《莊子》書中強調人要仿天德而行之，〈天地篇〉曰：「原於德，成於天。」〈天道篇〉曰：「明於天，通於聖。」〈大宗師〉曰：「知天之所爲，知人之所爲者，至矣。」則揚雄強調聖人之道若天，與莊子強調聖人修其天德，其用意相同。唯揚雄之天道在於實施仁義；莊子之天道在於自然無爲，此其本質上不同也。

　　揚雄既爲一深思熟慮之思想家，其《太玄》中有豐富之老莊思想，《法言》中亦並未完全拒絕老莊之修養。尤有要者，揚雄對時下流行之迷信之風及災異感應之說予以抨擊，此揚雄與漢儒相信讖緯不同。使揚雄更接近道家自然主義色彩。茲舉例如下：

　　反對神仙之說。〈君子卷〉曰：「或問：人言仙者，有諸乎？吁！吾聞宓羲、神農沒，黃帝、堯、舜、殂落而死，文王畢，孔子魯城之北，獨子愛其死乎？非人之所及也，仙亦無益子之彙矣。或曰：聖人不師仙，厥術異也。聖人之於天下，恥一物之不知；仙人之於天下，恥一日之不生。曰：生乎生乎，名生而實死也。或曰：世無仙，則焉得斯語？曰：語乎者，非囂囂也與。惟囂囂，爲能使無爲有。或問仙之實。曰：無以爲也，有與無，非問也。問也者，忠孝之問也。忠臣孝子，偟乎不偟。」〈重黎卷〉曰：「或問；趙世多神，何也？曰：神怪茫茫，若存若亡，聖人曼云。」此對當世流行神仙之說，予以否定也。

　　反對陰陽家五德終始之說。〈五百卷〉曰：「或問：聖人占天乎？曰：占天地。若此，則史也何異？曰：史以天占人，聖人以人占天。」〈重黎卷〉曰：「或問，黃帝終始。曰：託也。昔者，姒氏治水土，而巫步多禹；扁鵲盧人也；而醫多盧。夫欲讎僞必假眞。禹乎？盧乎？終始乎？」〈君子卷〉曰：「或曰：甚矣，傳書之不果也，曰：不果則不果矣，又以巫鼓。」此強調人文之精神，認爲假託黃帝之言不確，以陰陽家之言爲巫鼓也。

反對天瑞。〈五百卷〉曰：「或問：星有甘石。曰：在德不在星。德隆則晷星。星隆則晷星。」〈先知卷〉曰：「象龍之致雨也難矣哉。曰：龍乎？龍乎？」此對當世流行之祥瑞星占及董仲舒以土龍致雨之說予以駁斥。

反對儒家不實之傳說。〈問明卷〉曰：「或問：堯將讓天下於許由，由恥，有諸？曰：好大者爲之也。顧由無求於世而已矣。」〈五百卷〉曰：「或問：五百歲而聖人出，有諸？曰：堯舜禹，君臣也，而竝。文武周公，父子也，而處。湯孔子數百歲而生。因往以推來，雖千一，不可知也。」〈先知卷〉曰：「先知其幾於神乎？敢問先知？曰：不知。」此反對孟子等儒者誇大不實之論，及所謂「先知覺後知近於神之觀念。」

強調生死自然。〈君子卷〉曰：「或問：壽可益乎？曰：德。曰：回牛之行，德矣，曷壽之不益也？曰：德故爾。如回之殘，牛之賊也，焉得爾。曰：殘賊或壽。曰：彼妄也。君子不妄。」又「有生者，必有死；有始者，必有終，自然之道也。」此以益壽之道，歸之德，有人文主義色彩。而強調生死自然，乃道家自然主義之精神。

主張命定之說。〈問明卷〉曰：「或問命。曰：命者，天之命也，非人爲也，人爲不爲命。請問人爲。曰：可以存亡，可以死生，非命也。命不可避也。或曰：顏子之子，冉氏之子孫。曰：以其無避也。若立巖牆之下，動徵病，行而招死，命乎？命乎？」此以命受之於天，非人力所爲。此固由於孟子有順命之說（〈盡心篇〉曰：「莫非命也，順受其正。」），實亦有道家之「知其不可奈何而安之若命」（《莊子・人間世》）之思想。

揚雄能脫離漢儒迷信之色彩，而訴諸理性，此誠具有道家自然主義之色彩。後之王充、王符、桓譚、張衡、仲長統等人更勇於違抗時俗，獨排眾議，揚雄甚具有影響力。又因揚雄具有道家自然主義之色彩，故其富有科學實證之精神，對天文曆數甚有研究。《太玄》之作本合乎律曆。〈玄攡〉曰：「律則成物，曆則編時，律曆交通，聖人以謀。」而揚雄對天文造詣亦深。楊泉《物理論》曰：「揚雄非渾天而作蓋天，圓其蓋，左轉，日月星辰，隨而東西。桓譚難之，雄不解。此蓋天者，復難知也。元氣皓大，則稱皓天。皓然而已，無他物焉。」（《太平御覽》卷一引）〔註 32〕揚雄揚信蓋天說，因桓譚難之，

〔註32〕《北堂書鈔》卷一百三十，《太平御覽》卷二，並引桓譚《新論》曰：「揚子雲好天文，問之黃門作渾天老工洛下閎以渾天之說。閎曰：『我少能作其事，但隨尺寸法度，殊不曉達其意。……』」又《太平御覽》卷二，《初學記》卷

遂改爲渾天之論。《隨書‧天文志》曰：「漢末揚子雲，難蓋天八事，以通渾天。」是揚雄具有論證求知之精神。《法言‧重黎卷》亦載其答渾天、蓋天之說：「或問：渾天。曰：落下閎營之，鮮于望人度之，耿中丞象之。請問蓋天。曰：蓋哉，蓋哉！未幾也。」蓋天、渾天乃漢代自然主義學派常論辯之問題，後之桓譚、王充、張衡皆有討論。由老莊自然無爲之天，訴諸自然科學之探討，而對傳統之迷信讖緯提出質疑，皆是此一時期自然主義派思想家之特徵。揚雄可說是兩漢之際代表人物。

二、王　充

　　王充字仲任，會稽上虞人。少孤，鄉里稱孝，嘗受業於太學，師事扶風班彪。《後漢書‧王充傳》曰：「好博覽而不守章句。家貧無書，常遊洛陽市肆。閱所賣書，一見輒能誦憶，遂博通眾流百家之言。後歸鄉里，群居教授。在郡爲功曹，以數諫爭不合去。充好論說，始若詭異，終有理實。以爲俗儒守文，多失其真。乃閉門潛思，絕慶弔之禮。戶牖牆壁，各著刀筆。著《論衡》八十五篇，二十餘萬言。」又《論衡‧自紀篇》曰：「六歲教書，恭愿仁順，禮敬具備，矜莊寂寥，有巨人志。……所讀文書，亦日博多，才高而不尚苟作，口辯而不好談對，非其人終日不言。其論說始若詭於眾，極聽其終，眾乃是之。以筆著文，亦如此焉。……得官不欣，失位不恨。處逸樂而欲不放，居貧苦而志不倦。淫讀古文，甘聞異言。世書俗說，多所不安。幽處獨居，考論實虛。」是知王充自幼聰穎敏慧，見識過人，性情率真而又佼然不群，爲人清重却又不流於俗，所謂「充性格澹，不貪富貴」，「裁節嗜欲，頤神自守」，凡此皆說明其個性中有股道家率真自然，澹漠無欲，超凡出俗之性格。故先後數仕，皆以不合流俗，自免還家。章帝時特詔公車徵召，卒因病不行，逝於家中。王充一生可用「命薄祿惡，奇俊落魄」形容。其思想上難免帶有道家消極之命定思想。又因仕宦迍邅，俗儒當道，故於悲歡憤懣之餘，轉而趨於老莊自然主義，攻擊一般人所深信之陰陽五行，災異讖緯。其〈問孔〉〈刺孟〉之作，更是甘冒不韙，發前人所未發。王充之學術思想，實於中

　　一，並引桓譚《新論》曰：「通人揚子雲因眾儒之說天，以天爲常左旋，日月星辰隨而東西。乃圖畫形體行度，參以四時曆數，昏明晝夜，欲爲世人立紀律，以垂法後嗣。余難之曰……。子雲立壞其所作，則儒家以天爲左轉非也。」是揚雄雅好天文，且初主蓋天之說，因桓譚之論而改從渾天之說。

古時代中大放異彩，亦不啻替道家還其原始本來面目。爲魏晉玄學，鑿開先河。胡適先生曰：

> 王充的哲學，是中古思想的一大轉機。他不但在破壞的方面，打倒迷信的儒教，掃除西漢的烏煙瘴氣，替東漢以後的思想打開一條大路；並且在建設的方面，提倡自然主義，恢復西漢初期的道家哲學，替後來魏晉的自然哲學，打下一個偉大的基礎。

黃暉先生曰：

> 《論衡》是中國哲學史上一部劃時代的著作。用道家的自然主義，攻擊這儒家的天人感應說，使中國哲學史上，揭開一大波瀾。〔註33〕

王充著作除《論衡》外，又有《譏俗節義》十二篇。〈自紀篇〉曰：「俗性貪進忽退，收成棄敗。充升擢在位之時，眾人蟻附。廢退窮居，舊故叛去。世俗人之寡恩，故閒居作《譏俗節義》十二篇。冀俗人觀書而自覺，故直露其文，集以俗言。」又有《政務》之書。〈自紀篇〉曰：「充既疾俗情，作《譏俗》之書，又閔人君之政，徒欲治之，不得其宜，不曉其務，愁精苦思，不睹所趨，故作《政務》之書。」二書內容當亦如《論衡》，極富批判性。此外另有《備乏》、《禁酒》、《養性》等書，惜皆亡佚。《養性》之作爲其晚年著作，則偏向道家養生之學。〈自紀篇〉曰：「年漸七十，時可懸輿。仕路隔絕，志窮無如。事有否然，身有利害。髮白齒落，日月踰邁。儔倫彌索，鮮所恃賴。貧無供養，志不悇快。曆數冉冉，庚辛域際。雖懼終徂，愚猶沛沛。乃作《養性》之書，凡十六篇。養氣自守，適食則酒。閉明塞聰，愛精自保。適輔服藥引導，庶冀性命可延，斯須不老。」此則可見王充受道家養生派另一面之影響。

至於《論衡》一書著作之立意。其〈佚文篇〉曰：「《詩》三百，一言以蔽之。曰：思無邪。《論衡》以十數，亦一言也，曰：疾虛妄。」〈對作篇〉曰：「是故《論衡》之造也，起眾書並失實，虛妄之言勝眞美也。故虛妄之語不黜，則華文不見息；華文放流，則實事不見用。故《論衡》者，所以銓輕重之言，立眞僞之平。……其本皆起人間有非，故盡思極心，以譏世俗。世俗之性，好奇怪之語，悅虛妄之文。何則？事實不爲快意，而華虛驚耳動心也。是故才能之士，好談論者，溢益實事，爲美盛之語；用筆墨者，造生空文，爲虛妄之傳。……至或南面稱師，賦姦僞之說；典城佩紫，讀虛妄之書。……孟子曰：『予豈好辯哉？予不得已也。』今吾不得已也。虛妄顯於眞，

〔註33〕見黃暉《論衡校釋自序》及附編四胡適〈王充的論衡〉，頁1277。

實誠亂於偽。世人不悟，是非不定，紫朱雜廁，瓦玉雜糅。以情言之，豈吾心豈能忍哉？……人君遭弊，改教於上；人臣愚惑，作論於下。實得，則上教從矣。冀悟迷惑之心，使知虛實之分；實虛之分定，而後華偽之文減；華偽之文減，則純誠之化日以孳矣。」

王充生於光武與和帝之間（建武三年至永元年間），正係讖緯、災異、符瑞、陰陽五行、天人感應說、神仙術、圖宅術、鬼神迷信、禁忌、禳解、卜筮、星相，以及龍、雷、天、日之神話，最盛行之際。且儒學衰微，偽書充斥。士操守失節，德行敗壞。因而社會虛靡，人心渙散，是非莫辨，真偽雜揉，風氣之頹敗，不言可喻。王充之《論衡》即本實事求是，科學實證之精神，「傷偽書俗文，多不誠實，故為《論衡》之書。」抱千萬人吾往矣之氣概，力挽狂瀾之決心，不憚其煩，對妄言偽說，一一攻擊。吾人見其「心潰涌，筆手擾」「吾不得已也」「豈吾心所能忍哉」之語，便可知其率真自然之個性。此種個性與道家老莊「去偽存真」之性格，實有相通之處。而道家思想所強調「公」之精神，亦充分表現其著作之立意上。因此《論衡》乃係「論之平也。」「所以銓輕重之言，立真偽之平。」（〈自紀〉）王充自認以公平誠實之態度，闡述事物本然之面目。此點正係自然主義對事對物之基本執著。

既論真實，則必講證據與效驗。王充受揚雄思想之啓發甚大。揚雄《法言・問神卷》曰：「君子之言：幽必有驗乎明，遠必有驗乎近，大必有驗乎小，微必有驗乎著，無驗而言之謂妄。」此外《太玄經》對王充之影響亦巨。〈對作篇〉曰：「陽成子張作《樂》，揚小雲造《玄》，二經發於臺下。讀於闕掖，卓絕驚耳。不述而作，材疑聖人。」揚雄受老莊自然主義感染甚深。王充心儀揚雄，故其思想當受其影響。是其每立一說，必須問以「何以驗之？」「何以效之？」其立論敘事，必有理有據，「以定實驗」（〈遭虎〉）。所謂「事莫明於有效，論莫定於有證。」倘若「信聞見於外，不詮訂於內，是用耳目論，不以心意識也。夫以耳目論，則以虛象為言。」「苟信聞見，則雖效驗章明，猶為失實。失實之議，難以教。雖得愚民之欲，不合智者之心。」（〈薄葬〉）由於此種求真求實之態度，王充對時下各種成見謬說，迷信陋俗，乃於《論衡》中一一提出懷疑與辨駁。例如：

1. 〈書虛〉、〈道虛〉、〈語增〉、〈儒增〉、〈藝增〉、〈對作〉等篇，乃係批評當時之假書。

2. 〈問孔〉、〈非韓〉、〈刺孟〉等篇，乃係批評古事古書。

3. 〈寒溫〉、〈譴告〉、〈變動〉、〈招致〉、〈感類〉等篇，乃係批評陰陽災異、天人感應之說。

4. 〈明雩〉、〈順鼓〉、〈亂龍〉、〈遭虎〉、〈商蟲〉等篇，乃係批評災異之傳說。

5. 〈論死〉、〈死偽〉、〈紀妖〉、〈訂鬼〉、〈言毒〉、〈薄葬〉、〈祀義〉、〈祭意〉等篇，乃係批評人鬼之關係者。

6. 〈四諱〉、〈調時〉、〈譏日〉、〈卜筮〉、〈辨祟〉、〈難歲〉、〈詰術〉、〈解除〉等篇，乃係批評當時之禁忌。

7. 〈治期〉、〈齊世〉、〈講瑞〉、〈指瑞〉、〈是應〉、〈宣漢〉、〈恢國〉、〈驗符〉、〈須頌〉、〈佚文〉等篇，乃係批評符瑞之說。

王充之懷疑論及違抗時俗之行動，首在攻擊當時之儒生。蓋自武帝獎掖儒術，董仲舒提出罷黜百家以來，儒學大盛。彼輩挾雜大量之災異讖緯學說，用以干政致祿。東漢以次，愈演愈熾。《後漢書・方術列傳》曰：「漢自武帝頗好方術。天下懷協道藝之士，莫不負策抵掌，順風而屆焉。後王莽矯用符命，及光武尤信讖言，士之赴趨時宜者，皆馳聘穿鑿，爭談之也。故王梁、孫咸名應圖籙，越登槐鼎之任，鄭興、賈逵以附同稱顯，桓譚、尹敏以乖忤淪敗。自是習爲內學，尚奇文，貴異數，不乏於時矣。」不單如此，自西漢末年以來，又有今古文之爭，各立門戶，相攻若仇，今學以古學爲變亂師法，古學以今學爲「黨同妒眞」。且鄙儒多曲學阿世，缺乏操守，墨守章句，不知變通，班固《漢志》所謂：「然惑者既失精微，而辟者又隨時抑揚。違離道本，苟以譁眾取寵。後進遁之，是以五經乖析，儒學寖衰，此辟儒之患。」王充既仕途多蹇，又見俗儒當道，於是對儒生加以攻訐。〈謝短篇〉曰：「夫儒生之業，五經也。南面爲師，且夕講授章句，滑習義理，究備於五經可也。五經之後，秦漢之事，無不能知者，短也。夫知古不知今，謂之陸沈。然則儒生所謂陸沉者也。五經之前，至於天地始開，帝王初立者，主者爲誰？儒生又不知也。夫知今不知古，謂之盲瞽。五經比於上古，猶爲今也。徒能說經，不曉上古，然則儒生所謂盲瞽者也。」〈正說篇〉曰：「儒者說五經，多失其實。前儒不見本末，空生妄說。後儒信前師之言，隨舊述故，滑習辭語。苟名一師之學，趨爲師教授，及時早仕，汲汲競進。不暇留精用心，考實根核。故虛說傳而不絕，實事沒而不見，五經並失其實。」

王充不但評儒，更有「距師」「伐聖」之精神，對儒家之聖人孔、孟，亦

加以撻伐，欲瓦解此一偶像權威。〈問孔篇〉曰：「世儒學者，好信師而是故，以為賢聖所言，皆無非。專精講習，不知難問。去賢聖下筆造文，用意詳審，尚未可謂盡得實。況倉卒吐言，安能皆是？……案賢聖之言，上下多相違；其文，前後多相伐者，世之學者不能知也。……凡學問之法，不為無才，難於距師核道實義，證定是非也。……世之解說說人者，非必須聖人教告，乃敢言也。苟有不曉解之問，造難孔子，何傷於義？誠有傳聖業之知，伐孔子之說，何逆於理？」故其於〈問孔篇〉中提出十八問，於〈刺孟篇〉中提出八事。雖未必條條皆言中肯綮，然勇於問辯，敢於責難之精神，實不得不令後人佩服。

其實質疑孔孟，非議儒學，非王充始肇其端，道家之徒首開其風。觀《論語》中，子路於石門所遇之晨門者，孔子於衛所見之荷蕢而過門下者，子路所遇之荷蓧丈人，以及楚狂接輿、長沮、桀溺等，〔註34〕皆有毀詆儒門之言。而《史記老聃列傳》記老子斥孔子之語：「去子之驕氣與多欲，態色與淫志，是皆無益於子之身。」《莊子》書中亦多訾議孔子之語。如〈盜跖篇〉曰：「此夫魯之巧偽人孔丘非邪？為我告之：爾作言造語，妄稱文武，冠枝木之冠，帶死牛之脅，多辭謬說，不耕而食，不織而衣，搖唇鼓舌，擅生是非，以迷天下之主。」至於毀仁棄義，排詆聖人，則《老莊》書中，屢見不鮮。老子曰：「絕聖棄智，民利百倍；絕仁棄義，民復孝慈。」（十九章）《莊子・馬蹄篇》曰：「及至聖人，蹩躠為仁，踶跂為義，而天下始疑矣。澶漫為樂，摘擗為禮，而天下始分矣。」至漢時太史公司馬談崇信道家，遂有評述儒家短長之論：「儒家博而寡要，勞而少功，是以其事難盡從。」（〈論六家要旨〉）王充〈問孔〉、〈刺孟〉之作，非議儒者之言，又焉知非受道家之影響歟？

其次王充能本自然義之精神，對漢代盛行之迷信思想予以抨擊。當時儒者普偏相信天人感應之說，引伸出來則是災異與讖緯。《春秋繁露・同類相動》曰：「天有陰陽，人亦有陰陽。天之陰氣起，而人之陰氣應之；人之陰氣起，而天之陰氣亦宜應之而起，其道一也。明於此者，欲致雨則動陰以起陰，欲止雨則動陽以起陽，故致雨而疑於神者，其理微妙也。非獨陰陽之氣可以類進退，雖不祥禍福所從生，亦由是也，無非己先起之，而物以類應之而動者也。」王充則對此種「氣類感應」說予以駁斥。〈變通篇〉曰：「人在天地之間，猶蚤蝨之在衣裳之內，螻蟻之在穴隙之中。蚤蝨螻蟻為逆順橫縱，能令

〔註34〕見〈論語憲問〉、〈微子〉等篇。

衣裳穴隙之間氣變動乎？……天至高大，人至卑小。筳不能鳴鐘，而螢火不爇鼎者，何也？鐘長而筳短，鼎大而螢小也。以七尺之細形，感皇天之大氣，其無分銖之驗，必也。」

王充所指之「天」，乃物質之天，自然之天。其〈談天論〉曰：「且夫天者氣邪？佉邪？如氣乎，雲煙無異。」〈道虛篇〉曰：「天之與地，皆體也。地無下，則天無上矣。」〈祀義篇〉曰：「夫天者體也，與地同。」「天」不過是如「地一般之物體」，本身無知覺，無意志，不能感應，亦不能以災異示人。〈變虛篇〉曰：「使天體乎，耳高不能聞人言。使天氣乎，氣若雲煙，安能聽人辭？說災變之家曰：人在天地之間，猶魚在水中矣，其能以行動天地，猶魚鼓而振水也。魚動而水蕩，人行而氣變，此非實事也。假使真然，不能至天。魚長一尺，動於水中，振旁側之水，不過數尺。大若不過與人同，所振蕩者，不過百步；而一里以外，澹然澄靜，離之遠也。今人操行變氣，遠近宜與魚等；氣應而變，宜與水均。以七尺之細形，形中之微氣，不過與一鼎之蒸火同，從下地上變皇天，何其高也？」王充認為一切感應災異不過是物質偶發之行為，與天意無關。〈感應篇〉曰：「陰陽不和，災變發起。或時光世遭咎，或時氣自然，賢聖感類，慊懼自思災變，惡徵何為至乎？引過自責，恐有罪。畏慎恐懼主意，未必有其實事也。」〈偶應篇〉曰：「若夫物事相遭，吉凶同時，偶適相遇，非氣感也。」

因此對〈譴告篇〉所謂：「古之人君為政失道，天用災異譴告之也。災異非一，復以寒溫為之效：人君用刑非時，則寒；施賞違節，則溫。天神譴吾人君，猶人君責怒臣下也。」王充則以「夫天道自然也，無為；如譴告人，是有為，非自然也。」辯之。

對〈明雩篇〉所謂：「世稱聖人純，純則行操無非，無非則政治無失。」王充則以「世之聖君，莫有如堯湯。堯遭洪水，湯遭大旱，如謂政治所致，堯湯惡君也？」明之。

對〈變虛篇〉所謂：「《傳》書曰：宋景公、熒惑守心，子韋曰：此天罰也，禍當君。然而可移於宰相，或移於民。公不聽，誠願自當。因此，火星乃徙而不為災。」〈異虛篇〉所謂：「商高宗時，桑穀俱生於朝。高宗恐駭，側身而行道，桑穀乃亡。高宗享國百年。」王充則以「火生自徙，非景公之善心所能卻。高宗壽長，無關桑穀之存亡。」駁之。

對〈感類篇〉所謂：「伊尹死，大霧三日。」〈感虛篇〉所謂：「《傳》書

言：鄒衍無罪，見拘於燕。當夏五月，仰天而嘆，天爲隕霜。」「荊軻爲燕太子丹刺秦王，白虹貫日。杞梁之妻，向城而哭，城爲之崩。」王充則以「此皆適逢其時，偶遇其機，非人力所能爲也。」曉之。

對〈亂龍篇〉所謂：「董仲舒申春秋之義。設土龍以招雨，祭女媧以祈晴。」〈順鼓篇〉所謂：「當時陰陽家有久雨不霽，擊鼓攻社之禮。」王充則以「人不能以行感天，天亦不能隨行而應人。」「鯨魚死，慧星出。天道自然，非人事也。」悟之。

此外由災異感應引申出之陰陽禁忌，以及種種忌諱迷信之風俗，時人皆深信不疑。如〈四諱篇〉所謂「俗有大諱四：一曰諱西益宅。西益宅謂之不祥，不祥必有死亡。二曰諱被刑爲徒，不上丘墓。三曰諱婦人乳子，以爲不吉。四曰諱舉正月、五月子。以爲正月、五月子，殺父與母，不得。　已舉之，父母禍死。」〈偶會篇〉所謂：「男女早死者，夫賊妻，妻害夫。」〈龍虛篇〉、〈雷虛篇〉所謂：「盛夏之時，雷電擊折樹木，發壞室屋，俗謂天取龍。」「飲食人以不潔淨，天怒，擊而殺之。」〈譏日篇〉載日禁之書言：「一切事，各有吉凶之日。」〈詰術篇〉述圖宅之術謂：「宅有五音，姓有五聲。宅不宜其姓，姓與宅相賊，則疾病死亡，犯罪遇禍。」〈解除篇〉所謂：「世信祭祀，謂祭祀必有福。又然解除，謂解除必去凶。」凡此種種迷信，時人則拘牽於心，篤守於行，王充皆能一一駁之。要之以天道無爲，無知無應，不能賞惡罰惡，亦不能感應於人。而世俗迷信及忌諱，不過係人爲捏造之種種因素而已。

除感應災異及迷信忌諱外，漢時五行相生相勝之思想甚爲普遍。日常事物中，其數五者，悉以五行配之。故四時、方位、五常、五聲、五色、五臭、五味、五臟、十干、十二支，凡天地之物，宇宙之事，無不可配。且以五行徵驗人事之休咎吉凶，而欲爲趨避。王充〈物勢篇〉引漢儒之說曰：「寅，木也，其禽虎也；戌，土也，其禽犬也。丑未亦土也，丑禽牛，未禽羊也。木勝土，故犬與牛羊爲虎所服。亥，水也，其禽豕也。巳，火也，其禽蛇也。子亦水也，其禽鼠也。午亦火也，其禽馬也。水勝火，故豕食蛇。火爲水所害，故馬食鼠屎而腹脹。」王充則不予採信。〈物勢篇〉曰：「凡萬物相刻賊，含血之蟲，則相服。至於相啖食者，自以齒牙頓利，筋力優劣，動作巧便，氣勢勇桀，若人之在世，勢不與適，力不均等，以力相服，則以刃相賊矣。……力強角利，勢烈牙長，則能勝。氣微爪短，膽小距頓，則服畏也。」可知萬物相生相勝，實乃出於競爭豪奪，優勝劣敗，巧者伏拙，勇者制怯，是乃生

尅與奪之自然法則。王充歸之曰：「天物之相勝，或以筋力，或以氣勢，或以巧便。」王充能從科學觀察中，予五行之理予以合理之解釋，此在當時迷信之社會，洵屬難得。

漢武嘗企求鬼神方術以冀長生。鬼神之說，瀰漫社會，其結果遂使社會風氣趨於「畏死不懼義，重死不顧生，竭財以事神，空家以送終。」（〈薄葬〉）之奇怪現象。〈薄葬篇〉曰：「閔死獨葬，魂孤無副；丘墓閉藏，穀物乏匱。故作偶人，以待屍柩；久藏食物，以歆精魂。積浸流至，或破家盡業，以充屍棺；殺人殉葬，以快心意。」亦由於此種鬼神心理作用，因而產生對「禍祟」之顧忌與畏懼。〈辨祟篇〉曰：「世俗信禍祟，以為人之疾病死亡，及更患被罪，戮辱懽笑，皆有所犯。起功、祭祀、喪葬、行作、入官、嫁娶、不擇吉日、不避歲月、觸鬼違神、忌時相害，故發病生禍，絓法入罪，至于死之，殫宜滅門，皆不重慎，犯觸忌諱所致也。如實論之，乃虛妄也。」

因此王充提倡「無鬼論」，以破除種種迷妄。《論衡》書中有〈論死篇〉、〈死偽篇〉、〈紀妖篇〉、〈薄葬篇〉……等，專論世間無鬼，人死非能作祟之說。〈論死篇〉曰：「人，物也；物，亦物也。物死不能為鬼，人死何故獨能為鬼？世能別人物不能為鬼，則為鬼不為鬼尚難分明。如不能別，則亦無以知其能為鬼也。人之所以生者，精氣也；死而精氣滅。純為精氣者，血脈也。人死血脈竭，竭而精氣滅，滅而形體朽，朽而成灰土，何用為鬼？……鬼神，荒忽不見之名也。人死精神升天，骸骨歸土，故謂之鬼神。鬼者，歸也；神者，荒忽無形者也。」

不但世間無鬼神，人死亦不能有知，歸反自然之中，筋骨巧絕，終成灰土。〈論死篇〉曰：「人未生，在元氣之中，既死後歸元。元氣荒忽，人氣在其中。人未生無所知，其死，歸無知之本，何能有知乎？」「夫死，骨朽筋力絕，手足不舉，雖精氣尚在，猶呴吁之時，無嗣助也，何以能害人？凡人與物所以能害人者，手臂把刃，爪牙堅利之故也。今人死手臂朽敗，不能復持刃；爪牙墮落，不能復齧噬，安能害人？」

王充復以為鬼神，實乃「人思念存想之所致」。為心理上之幻覺，精神上之畏懼以致之。〈訂鬼篇〉曰：「凡天地之間有鬼，非人死，精神為之也，皆人思想存想之所致也。致之何由？由於疾病。人病則憂懼，憂懼則鬼出。凡人不病則不畏懼。故得病寢衽，畏懼鬼至。畏懼則存想，存想則目虛見。」「夫精念存想，或泄於目，或泄於口，或泄於耳。泄於目，目見其形；泄於耳，

耳聞其聲；洩於口，口言其事。晝覺則鬼見，暮臥則夢聞，獨臥空室之中，若有所畏懼，則夢見夫人據案其身矣。覺見臥聞，俱用精神。畏懼、存想，同一實也。」

　　老莊皆以人生死為順應自然，故主無鬼神之說。人死乃回歸自然，為當然之理。老子曰：「夫物芸芸，各歸其根。」（十六章）又曰：「人之生也柔弱，其死也堅強。萬物草木之生也柔脆，其死也枯槁。」（七六章）《莊子·至樂篇》記莊妻死，莊子方箕踞鼓盆而歌曰：「察其始而本無生，非徒無生也而本無形，非徒無形也而本無氣。雜乎芒芴之間，變而有氣，氣變而有形，形變而有生，今又變而之死，是相與為春秋冬夏四時行也。」是王充之無鬼論，實與老莊之學說相發演也。

　　王充雖主道家自然之說，然對於方士道士等神仙修鍊之術不予採納。故〈道虛篇〉中駁斥時人所認為黃帝於首山採銅，鼎成騎龍而昇天成仙之事為虛無，淮南王學道有成，而雞犬隨升之說為妄言。對當時相傳之方士盧敖、曼都、文摯、李少君、東方朔等人之神蹟奇事，皆不予置信。而道士所採用修鍊成仙之方術，王充亦表懷疑。如反對恬淡寡欲足以致壽：〈道虛篇〉曰：「夫恬淡少欲，孰與鳥獸？鳥獸亦老而死。鳥獸含情欲，有與人相類者矣，未足以言。草木之生，何情欲？而春生秋死乎？夫草木無欲，壽不踰歲；人多情欲，壽至於百，此無情欲者反夭，有情欲者壽也。夫如是，老子之術，以恬淡無欲延壽度世者，復虛也。」反對辟穀不食足以致壽：「夫人之不食也，猶身之不衣也。衣以溫膚，食以充腹，膚溫腹飽，精神明盛。如饑而不飽，寒而不溫，則有凍餓之害矣。凍餓之人，安能久壽？」反對呼吸吐納，養性鍊氣足以致壽：「夫氣謂何氣也？如謂陰陽之氣，陰陽之氣，不能飽人。人或嚥氣，氣滿腹脹，不能饜飽。如謂百藥之氣，人或服藥，食一合屑，吞數十丸，藥力烈盛，胸中憒毒，不能飽人。食氣者，必謂吹、呴、呼、吸，吐故納新也。昔有彭祖嘗行之矣，不能久壽，病而死矣。」反對服食藥物，輕身益氣，足以延年度世：「百藥愈病，病愈而氣腹，氣腹而身輕矣。凡人稟性，身本自輕，氣本自長，中於風濕，百病傷之，故身重氣劣也。服食良藥，身氣復故，非本氣少身重，得藥而乃氣長身輕也。稟受之時，本自有之矣。故夫服食藥物除百病，令身輕氣長，復其本性，安能延年？」

　　老莊之修身養性，原係以順物自然，無為無欲為本。其目的並非不死成仙也。《老莊》文中所謂之至人、神人、真人，皆為其喻道之人物，亦為實現

其精神之理想人格，非真謂有其人也。生死禍福，原係大自然運行之一部份，非可力強而致，故祇有「安時處順」，方足與天同樂。唯秦漢方士道士之徒，曲解老莊之說，遂使道家染上濃厚之宗教迷信色彩。此王充雖主道家自然主義之說，猶不得不予以抨擊也。〈道虛篇〉曰：「至於度世，有血脉之類，無有不生，生無不死。以其生，故知其死也。天地不生，故不死；陰陽不生，故不死。死者，生之效；生者，死之驗也。夫有始者，必有終；有終者，必有死。唯無終始者，乃長生不死。人之生，其猶水也。水凝而為冰，氣積而為水，冰極一冬而釋，人竟百歲而死。人可令不死，冰可令不釋乎？諸學仙術，為不死之方，猶不能使冰終不釋也。」此與《莊子知北遊》所謂：「氣聚為生，散則為死。」「臭腐化為神奇，神奇化為臭腐」以及〈天道篇〉所謂：「其生也，天行；其死也，物化。」道理誠為相同。

　　總之王充富有道家自然主義及懷疑之精神。其對虛妄之言，迷信之說，有極中肯之分析。〈對作篇〉曰：「世俗之性，好奇怪之說，悅虛妄之文。何則？實事不能快意，而華虛驚耳動心也。是故才能之士，好談論者，增益實事，為美盛之語；用筆墨者，造生空文，為虛妄之傳。聽者以為真然，說而不舍；覽者以為實事，傳而不絕。不絕則文載竹帛之上，不舍則誤入賢者之耳。至或南面稱師，賦姦僞之說，典城佩紫，讀虛妄之書。」

　　因此王充之本體論，即以　道家自然主義為中心。「自然」原係老莊哲學中所強調。老子曰：「道法自然。」（二十章）自然表現於天地之中，則是不言而化，不育而成。老子曰：「天地不仁，以萬物為芻狗。」（五章）又曰：「輔萬物之自然而不敢為。」（六四章）《莊子‧天道篇》曰：「天不產而萬物心，地不長而萬物育。」〈知北遊〉曰：「天地有大美而不言，四時有明法而不議，萬物有成理而不說。」此種老莊自然無為之天道觀，充分表現於王充思想之中。〈初稟篇〉曰：「自然無為，天之道也。」〈自然篇〉曰：「夫天道，自然也，無為。如譴告人，是有為，非自然也。黃老之家，論說天道，得其實矣。」又曰：「天動不欲以生物，而物自生，此則自然也；施氣不欲為物，而物自為，此則無為也。」

　　何以知天道自然？王充以人身喻之。〈自然篇〉曰：「何以知天之自然也？以天無口目也。案有為者，口目之類也。口欲食而目欲視，有嗜欲於內，發出於外，口目求之，得以為利欲之為也。今無口目之欲，於物無所求索，夫何為乎？何以知天無口目也？以地知之？地以土為體，土本無口目。天地，

夫婦也；地本無口目，亦知天無口目也。使天體乎？宜與地同。使天氣乎？氣若雲烟。雲烟之屬，安得口目？」「春觀萬物之生，秋觀其成，天地爲之，爲之宜用手乎？天地安得萬萬千千手，並爲萬萬千千物乎？諸物在天地之間也，猶子在母腹中也。母懷子氣，十月而生。……自然成腹中乎？母爲之也？偶人千萬，不名爲人者，何也？鼻口耳目，非性自然也。」

天乃是物質之天，無所謂目的，如同機械運行。王充以老莊之言，解釋天道之無爲：「天道無爲。故春不爲生而夏不爲長，秋不爲成而多不爲藏。陽氣自出，物自生長；陰氣自起，物自成藏。汲井決陂，灌漑田園，物亦生長。需然而雨，物之莖葉根荄，莫不洽濡。程量樹澤，孰與汲井決陂哉？故無爲之爲大矣。本不求功，故其功立；本不求名，故其名成。」又曰：「天道無爲，聽恣其性。故放魚於川，縱獸於山，從其性命之欲也。不驅魚令上陸，不逐獸令入淵者，何哉？拂詭其性，失其所宜也。故曰：政之適也，君臣相忘於治，魚相忘於水，獸相忘於林，人相忘於事，故曰天也。」（〈自然〉）前段以《老子》「道隱無名」「功成不有」釋天道無爲。後段則以《莊子大宗師》「魚相忘乎江湖，人相忘乎道術。」再釋之。

王充以天道自然無爲，物自生長。聖君亦當效法天道，自可無爲可化，無爲而成。王充除稱贊黃老之天道觀外，對黃老治術亦極力推崇。〈自然篇〉曰：「夫天道，自然也，無爲。如譴告人，是爲有爲，非自然也。黃老之家，論說天道，得其實矣。變復之家，損皇天之德，使自然無爲轉爲人事，故難聽之。」「至德純渥之人，稟天氣多，故能則天，自然無爲。」「天地爲鑪，造化爲工，稟氣不一，安能皆賢？賢之純者，黃老是也。黃者，黃帝也；老者，老子也。黃帝之操，身中恬澹，其治無爲，正身恭己，而陰陽自和。無心於爲，而物曰化。無意於生，而物自成。」「《易》曰：黃帝堯舜垂衣裳而天下治。垂衣裳者，垂拱無爲也。《易》曰：大人與天地合其德。黃帝堯舜大人也，其德與天地合，故知無爲也。」「恬澹無欲，無爲無事者也，老聃得以壽矣。」「曹參爲漢相，縱酒歌樂，不聽政治。其子諫之，笞之二百，當時天下無擾亂之變。淮陽鑄僞錢，吏不能禁。汲黯爲太守，不壞不鑪，不刑一人，高枕安臥，而淮陽政清。夫曹參爲相，若不爲相；汲黯爲太守，若郡無人。然而漢朝無事，淮陽刑錯者，參德優而黯威重也。計天之威德，孰與曹參汲黯？」王充對黃老學說及諸子之頌辭，亦可說明其受道家思想影響之深切。此一方面王充接受道家自然主義之天道觀，另一方面亦採納無爲而治之政治

理論，使天道與人事相配合。

　　天道既無爲自然，人類萬物乃大自然「偶然」機運而產生，一切在無目的中發生。〈物藝篇〉曰：「儒者論曰：天地故生人，此言妄也。夫天地合氣，人偶自生也。猶夫婦合氣，子則自生也。夫婦合氣，非當時欲得生子。情欲動而合，合而生子矣。且夫婦不故生子，以知天地不故生人也。……傳曰：天地不故生人，人偶自生。」不但人類如此，萬物亦偶而產生。「夫天不能故生人，則其生萬物亦不能故也。天地合氣，物偶自生耳。」〈自然篇〉曰：「天地合氣，萬物自生，猶夫婦合氣，子自生矣。……或說以爲天生五穀以食人，生絲麻以應人，此謂天爲人作農夫桑女之徒也，不合自然，故其義疑，未可從也。試依道家論之：天馬普施氣，萬物之中，穀愈饑，五絲麻救寒，故人食穀而衣絲麻也。夫天之不故生五穀絲麻以衣食人，由其有災不欲以譴告人也。物自生而人衣食之，氣自變而人畏懼之。以若說論之，厭於人心矣。」王充認爲天無目的，不故生人，而「不故」正係老莊無爲自然之天道觀。胡適先生曰：

　　　　老子、莊子、愼到、淮南子一系的哲學，無論怎樣不同，却有一點
　　　　相同之處；就是不承認天是有意志的，有目的的。王充也只是攻擊
　　　　一個「故」字。天地是無意志的，無目的的，故不會「故」生人，
　　　　也不會「故」生萬物。一切物的生死變化，都是自然的。這是道家
　　　　哲學的公同觀念。〔註35〕

至於天生萬物情形如何？乃是稟一行之氣，而創生萬物。老子有「道生一，一生二，二生三，三生萬物，萬物負陰而抱陽，沖氣以爲和。」（四二章）之說法。而王充之自然化生論即根據老子說法而來。〈齊世篇〉曰：「一天一地，並生萬物。萬物之生，俱得一氣。氣之薄渥，萬世若一。」此一行之氣化爲陰、陽二氣相交，天地萬物生焉。〈論死篇〉曰：「人生於天地之間，其猶冰也。陰陽之氣凝而爲人，年終壽盡，死還爲氣。」〈訂鬼篇〉曰：「夫人所以生者，陰陽氣也。陰氣主爲骨肉，陽氣主爲精神。人之生也，陰陽氣俱。」

　　「氣」是老莊哲學中重要之觀念。老子曰：「沖氣以爲和」（四二章）莊子論氣之處特多。〈至樂篇〉曰：「雜乎芒芴之間，變而有氣，氣變而有形，形變而有生。」〈在宥篇〉曰：「天氣不合，地氣鬱結，六氣不調，四時不節。今我願合六氣之精，以育群生。」〈知北遊〉曰：「人之生，氣之聚也。聚則

〔註35〕仝〔註54〕。

為生，散則為死。」是老莊以「氣」為生化萬物之重要動能。王充亦然。〈說日篇〉曰：「天地并氣，故能生物。」〈自然篇〉曰：「天之動行也，施氣也。體動，氣以出，物乃生矣。」〈奇怪篇〉曰：「天地，夫婦也。天施氣於地以生物，人轉相生，精微為聖，皆因父氣，不更稟取。」唯天生一般人物皆為「元氣」，生聖人則為「和氣」。〈幸偶篇〉曰：「俱稟元氣，或獨為人，或為禽獸。」〈無形篇〉曰：「人稟元氣於天，各受壽夭之命，以立長短之形。」〈論死篇〉曰：「人未生，在元氣之中。既死復歸元氣。」〈四諱篇〉曰：「夫婦之乳子也，子含元氣而出。元氣，天地之精微也。」〈齊世篇〉曰：「夫天地和氣，即生聖人。」王充之「氣」，乃指物質凝聚之力量，不雜有神秘之色彩。因此反對五行家之說法，而主張一行之氣。〈物勢篇〉曰：「或曰：五行之氣，天生萬物。以萬物含五行之氣，更相賊害。曰：天自當以一行之氣生萬物，令之相親愛，不當令五行之氣，反相賊害也。」

　　由於人與物皆稟受於天地之元氣，人與物則同類，因此產生萬物一律平等之觀念。〈辨祟篇〉曰：「人，物也。萬物之中，有智慧者也。其受命於天，稟氣於元，與物無異。」〈商蟲篇〉曰：「倮蟲三百，人為之長。由此言之，人亦蟲也。人食蟲所食，蟲亦食人所食，俱為蟲而相食，物何為怪之？設蟲有知，亦將非人曰：『汝食天之所生，吾亦食之。謂我為變，不自謂為災。』凡含氣之類，所甘嗜者，口腹不異，人甘五穀，惡蟲之食；自生天地之間，惡蟲之出。設蟲能言，以此非人，亦無以詰也。」凡物與人，道通於一，此原係道家之說法。故《莊子·天地篇》曰：「萬物一府，死生同狀。」〈齊物論〉曰：「天地與我並生，而萬物與我合一。」因此莊子認為：「自其異者視之，肝膽楚越也；自其同者視之，萬物皆一也。」（〈德充符〉）《列子·說符篇》以天地萬物與我並生，其得道家之旨，亦與王充說法同：「齊田氏祖於庭，食客千人，中坐。有獻魚雁者，田氏視之乃嘆曰：『天之於民厚矣！殖五穀，生魚鳥，以為之用。』眾客笸之如响。鮑氏之子，年十二，預於次。進曰：『不如君言，天地萬物與我並生，類也。類無貴賤，徒以大小智力而相制，迭相食，非相為而生之，人取可食者而食之，豈天本為人生之？且蚊蚋嘬膚，虎狼食肉，豈天本為蚊蚋生人，虎狼生肉者哉？』」

　　王充既主萬物稟元氣而產生，因此在人性論方面，亦主「用氣為性，性成命定」之說（〈無形〉）。人性稟天而來，故善惡因氣之多寡，有所不同。〈卒性篇〉曰：「稟氣有厚泊，故性有善惡也。……人受五常含五臟，皆具於身。

稟之泊少，故其操行不及善人，猶或原與泊殊其釀也，麴蘗多少使之然也。是故酒之泊厚，同一麴蘗。人之善惡，共一元氣。氣有多少，故性有賢愚。」因之綜合孟、荀、揚雄之說，以性分三品。〈本性篇〉曰：「余固以孟軻言人性善者，中人以上者也。孫卿言人性惡者，中人以下者也。揚雄言人性善惡混者，中人也。若反經合道，則可以爲教。盡性之理，則未也。」唯王充認爲性惡之人仍可教之以向善。〈率性篇〉曰：「論人之性，定有善惡。其善者，固自善矣；其惡者，固可教告率勉，使之爲善。」然教惡爲善，此終非「盡性之理」。王充於〈自然篇〉則主張：「至德純渥之人，稟天氣爲，故能則天自然無爲。」王充以人性稟受上天之元氣，此與道家之說法相同。道家雖無性善惡之分，然以性本自然而成。《莊子‧庚桑楚》曰：「性也，生之質也。」〈天地篇〉曰：「形體保神，各有儀則，謂之性。」〈則陽篇〉曰：「聖人達綢繆，周盡一體矣，而不知其然，性也。」王充從自然現象觀察人性，分爲三品之說，實亦就道家之「性本自然」發揮之也。

除人性論外，王充尙有「命論」。王充將命分爲二類：「稟氣之命」與「觸值之命」二種。〈氣壽篇〉曰：「所當觸值，謂兵燒壓溺也。彊壽弱夭，謂稟氣渥薄也。」

所謂「稟氣之命」，乃指體魄之強健壽夭。〈氣壽篇〉曰：「夫稟氣渥則其體強，體強則其命長；氣薄則其體弱，體弱則命短。」〈無形篇〉曰：「人稟元氣，各受壽夭之命，以立長短之形。……用氣爲性，性成命定。體氣與形骸相抱，生死與期節相須。形不可變化，命不可加減。」〈命義篇〉曰：「子夏曰：死生有命，富貴在天。而不曰：死生在天，富貴有命者，何則？死生者，無象在天，以性爲主。稟得堅強之性，則氣渥厚，而體堅強。堅強則壽命長，命長則不夭命。稟性輭弱者，氣少泊而性羸窳，羸窳則壽命短，壽命短則蚤死。故曰有命，命則性也。至於富貴所稟，猶性所稟之氣，得眾生之精。眾星在天，天有其象，得高貴象則富貴，得貧賤象則貧賤，故曰在天。」此中所謂之「命」，乃因各人出生稟受不同，故強健壽夭各有差異。「命」即是「性」，「性」即是「命」。「性命」合稱之觀念，乃莊子所特有。〈達生篇〉曰：「吾生於陵而安於陵，故也。長於水而安於水，性也。不知吾所以然而然，命也。」因此命乃本諸自然而生。〈天地篇〉曰：「未形者有分，且然無間謂之命。」故莊子要人「安於性命之情」（〈天運〉）「不失其性命之情」「任其性命之性。」（〈駢拇〉）對於存亡壽夭之命，亦要「通乎命」（〈至樂〉）「知其不

可奈何，而安之若命。」（〈人間世〉）

　　其次「觸值之命」，乃是外來偶發事物所形成。〈偶會篇〉曰：「命，吉凶之主也，自然之道也。適偶之數，非有他氣旁物，厭勝感動，使之然也。……若夫物事相遭，吉凶同時，偶適相遇，非氣感也。」此種「遭受外禍累害」之意外，乃是碰巧發生，完全難以預料。〈累害篇〉曰：「非唯人行，凡物皆然。生動之類，咸被累害，累害自外，不由其內。……物以春生，人保之；以秋成之，人必不能保之。卒然牛馬踐根，刀鐮割莖，生者不育，至秋不成。不成之類，遇害不遂，不得生也。夫鼠涉飯中，捐而不食。捐飯之味，與彼不污者鈞以鼠爲害，棄而不御。君子之累害與彼不育之物，不御之飯，同一實也。俱由外來，故爲累害。修身正行，不能來福；戰慄戒愼，不能避禍之至，幸不幸也。」

　　無論「稟氣之命」或「觸值之命」，既是上天所賦予，或是碰巧而發生，皆是人力難以避免。王充否認人爲方法可改變之。故對當時「三命」之傳說，深表懷疑。〈命義篇〉曰：「傳曰：說命有三。一曰正命，二曰隨命，三曰遭命。正命謂本稟之自得吉也。性然骨善，故不假操行，而吉福自至，故曰正命。隨命者，戮力操行，而吉福至；縱情施欲，而凶禍到，故曰隨命。遭命者，行善得惡，非所冀望，逢遭於外，而得凶禍，故曰遭命。」「使命吉之人，雖不行善，未必無福。凶命之人，雖勉操行，未必無禍。孟子曰：『求之有道，得之有命。』性善乃能求之，命善乃能得之。性善命凶，求之不能得也。……言隨命，則無遭命。言遭命，則無隨命。儒者三命之說，意何所定？」不但人之禍福夭壽非善惡所定，就是一國之盛衰亦命祚所致，與治亂無關。〈治期篇〉曰：「世謂古人君賢則道德施行，施行則功成治安；人君不肖，則道德頓廢，頓廢則功敗治亂。……如實論之，命期自然，非德化也。……故世治非賢聖之功，衰亂非無道之致。國當衰亂，賢聖不能盛；時當治，惡人不能亂。世之治亂在時不在政。國之安危在數不在教。賢不賢之君，明不明之政，無能損益。」

　　王充之命運觀，乃係一切委諸自然，一切聽天由命，不假外求，不勉行善，順乎無爲，安時處順。〈安祿篇〉曰：「天命難知，人不耐審。雖有厚命，猶不自信，故必求之也。……有求而不得者矣，未必不求而得之者也。精學不求貴，貴自至矣。力作不求富，富自至矣。」〈逢遇篇〉曰：「操行有常賢，仕宦無常遇。賢不賢，才也；遇不遇，時也。」凡此命定思想，皆與老莊有

相同之處。《莊子‧德充符》曰：「死生存亡，窮達貧富，賢與不肖，毀譽飢渴寒暑，是事之變，命之行也。日夜相代乎前，而知不能規乎其始者也。故不足以滑和，不可入於靈府。」因對人間一切窮達壽夭，皆委之於「命」。而此「命」實不可求，亦不可改。〈大宗師〉曰：「子輿與子桑友，而霖雨十日。子輿曰：『子桑殆病矣！』裹飯而往食之。至子桑之門，則若歌若哭，鼓琴曰：『父邪？母邪？天乎？人乎？』有不任其聲，而趨舉其詩焉。子輿入曰：『子之歌詩，何故若是？』曰：『吾思乎使我至此極至而弗得也！父母豈欲吾貧哉？天無私覆，地無私載，天地豈私貧我哉？其求為之者而不得也。然而至此極者，命也夫！』」是「命」誠屬難知，不可求也。老莊之命定思想，實即順應自然之思想也。《莊子‧寓言篇》曰：「莫知其所終，若之何以無命也？莫知其所始，若之何其有命也。」任何事之發生及結果，誠非人力所能預想與決定，故不得不言「有命」，但推本原始，「命」又如何而有？「命」之性質究竟為何？不過是無可奈何之自然偶發行為。故道家以「安命」應之而已。《莊子‧達生篇》曰：「達命之情者，不務知之所無奈何。」〈人間世〉曰：「知其不可奈何而安之若命，德之至也。」《列禦寇》曰：「達大命者隨。」故王充之「命論」，實由道家之「命論」發演而來。

由於人之「命」於稟氣之時已註定，吉凶富貴亦於成形之先已賦予。王充遂認為人之形體相貌，可判為命運之好壞，特重骨相。〈骨相篇〉曰：「人曰命難知，命甚易知，知之何用？用之骨體。人命稟於天，則有表候於體，察表候以知命，猶察斗斛以知容矣。」「相或在內，或在外，或在形體，或在聲氣。」因此認為「夫命富之人，筋力自強；命貴之人，才智自高。」「人之稟氣，或充實而堅強，或虛劣而軟弱。充實堅強其年壽，虛劣軟弱，失棄其身。」（〈命祿〉）故人外在之筋力強，聲氣宏者，主貴主壽；筋力弱，聲氣虛者，主賤主夭。蓋以骨相判定命運好壞，先秦時已甚發達，故荀子有「〈非相篇〉」以評之。然王充之重骨相則影響深遠，後劉劭之「《人物志》」以筋、骨、氣、色、容、言等概念，用之於觀人之術，殆受其影響。

王充所處係經學流行和讖緯迷信發達之時代，其能以疾虛妄，訂真偽之精神，「辨訛正謬，有裨後學見聞。」「足以破戰國以來浮詭不振之習。」〔註36〕此實受道家自然主義之影響所致。觀其〈自然篇〉始曰：「試依道家論之」，其

〔註36〕黃震《黃氏日鈔》五七《諸子》三及胡應麟《少室山房筆叢》卷二十八《九流緒論》引。

結尾又云：「說合於人事，不入於道意，從道不隨事，雖違儒家之說，合黃老之義也。」其文中以為「黃老之家，論說天道，得其實矣。」（〈譴告〉）又謂「賢之純者，黃老是也。」（〈自然〉）可見其服膺道家之深。故其以天道自然無為，實就道家之論引申之。唯老莊之天道觀與王充稍有不同。老莊之天道觀乃係恍惚中有物。所謂：「道之為物，惟恍惟惚。惚兮恍兮，其中有象；恍兮惚兮，其中有物；窈兮冥兮，其中有精；其精甚真，其中有信。」（廿一章）天道之中有精有信，並非一無所有。王充之天道觀乃係恍惚中無物。天道完全無心思才智，無耳目口鼻，一片混沌之機械式自然之天。老莊之天道觀乃是以「道」為活潑創造之主體，因此「道」可賦予「德」之上，萬物「莫不尊道而貴德。」（五一章）「道無所不在」（〈知北遊〉）「萬物皆種也，以不同形相禪。」（〈寓言〉）而王充之天道觀乃是以「道」為偶然創造之死體，任何萬物係自然偶發之產物，不具備任何意義，此其不同也。至於王充之「命論」，承繼莊子之處甚多，唯莊子將命運本身，當作無可奈何之自然運化，人唯有安時處順，以配合上天而已。王充之「命論」，將「命」與「氣」結合，因而相信骨相之說，反而由自然主義之命觀，走向宿命論者。此與莊子之思想，畢竟有所區所。然無論如何，王充可謂漢際自然主義之代表人物。其對傳統學術之勇於探討，對讖緯迷信之敢於懷疑，使得漢末許多思想家深受其影響。甚至導致日後魏晉玄學之興盛。韓逋仙先生曰：

> 王充之復歸自然主義，並非對於老子思想有所增進。祇是由於他所使用的方法論，重在循名責實，圖「疾虛妄」，故能把老子原有思想，從當時陰陽五行讖緯迷信中，解救出來，恢復了老子思想的本來面目，不能不算是一種學術思想上的一大貢獻。同時也開了魏晉思想的端緒。〔註37〕

揚雄、王充能本著道家自然主義觀點，反對世俗流傳之種種迷信忌諱，使得時人由神秘之天道觀轉而務求實際。隨著兩漢讖緯學之發達，神仙方術之流行，此種由自然主義引發出來之理性呼籲，愈演愈盛。或從儒家仁義道德觀點出發，解脫讖緯對思想上之束縛；或從人本主義之精神立論，攻擊崇天祀天行為之愚昧；或仍本道家自然主義，於理性中對大自然事物之探討，完成許多科學上輝煌之成就。凡此種種，皆老莊自然主義直接或間接所賜。

〔註37〕韓逋仙《中國中古哲學史》，頁68。

三、桓　譚

　　桓譚，字君山，沛國相縣人。父成帝時爲太樂令。譚以父任爲郎，因好音律，善鼓琴，博學多通，徧習五經，皆詁訓大義，不爲章句。桓譚之個性與王充相似，善於論辯析疑。《後漢書‧桓譚傳》曰：「能文章，尤好古學，數從劉歆、揚雄辯析疑異。性嗜倡樂，簡易不修威儀，而憙非毀俗儒，由是多見排抵。」桓譚雖係儒者，然實有老莊之倜儻不羈，不阿世俗之性格。

　　王莽篡漢，天下之士，莫不競稱其德美，作符命以求容媚。譚獨自守，默然無言。桓譚生平反對讖符，光武即位，中元元年建靈臺。譚上書極言圖讖之不可信，幾被斬。《後漢書‧桓譚傳》曰：「帝省奏，愈不悅。其後有詔會議靈臺所處。帝謂譚曰：『吾欲以讖決之，何如？』譚默然良久。曰：『臣不讀讖。』帝問其故，譚復極言讖之非經。帝大怒曰：『桓譚非聖非法，將下斬之。』譚叩頭流血，良久而得解。出爲六安郡丞，意忽忽不樂，道病卒。時年七十餘。」

　　桓譚亦如王充，爲孤傲抗俗之人物。故終身仕宦不得意，晚年忽忽不樂，卒病而死。此蓋與時代之風氣相違抗，有以致之也。有《新論》二十九篇，惜己亡佚，僅殘篇遺世，略窺其旨。

　　讖緯之學源於周秦，起於西漢，至哀、平之際大顯。而王莽尤信符命圖書之說。其即位前，武功長孟宗浚井，謂白石上有丹書曰：「漢公莽爲皇帝。」莽遂因以稱帝。即位後更信之，方術之士紛然沓至以迎合之。《漢書王莽傳》曰：「始建國元年秋，遣五威將王奇等十二人，班《符命》四十篇於天下。《德祥》五事，《符命》二十五，《福應》十二，凡四十二篇。其《德祥》文、宣之世，黃龍見於成紀、新都，高祖考王伯墓門梓柱生枝葉之屬。《符命》言井石、金匱之屬。《福應》言雌鷄化爲雄之屬。其文爾雅依託，皆爲作說，大歸言莽當代漢有天下云。」王莽迷信於符命，嗣後亦因符命而殞身。

　　光武帝亦極信符讖。就學長安時，同舍生彊華奉〈赤伏符〉曰：「劉秀發兵捕不道。」李通亦以「劉氏復起」之讖說光武。起兵之初，王昌、張豐、張滿、劉瘦、公孫述等無不據符命自重。是知東漢初年，圖讖之流行已達汎濫之地步。光武於軍中，「猶以餘閒講經義，發圖讖。」又「以日食避正殿讀圖讖，多御坐庶下，淺露中風發疾。」（《東漢漢記》卷一）是在位者雅好，在下者逢迎，一時圖讖符應之風瀰漫矣。

　　桓譚不苟時俗，獨排眾議。其上光武疏曰：「觀先王之所記述，咸以仁義

正道爲本，非有奇怪虛誕之事。蓋天道性命，聖人所難言也。自子貢以下，不得而聞，況後世淺儒，能通之乎？今諸巧慧小才伎數之人，增益圖書，矯稱讖記，以欺惑貪邪，詿誤人主，焉可不抑遠之哉？臣譚伏聞陛下窮折方士黃白之術，甚爲明矣。而乃欲聽納讖記，又何誤也。其事雖有時合，譬猶卜數集偶之類。陛下宜垂明聽。發聖意，屏群小之曲說，述五經之正義，略雷同之俗語，詳通人之雅謀。」（《後漢書‧桓譚傳》引）文中以圖讖方之道士黃白之術，是知其亦不信仙道。

　　桓譚認爲聖王治國，應以人事爲本。故卜筮祭祀，讖緯符應皆迷信蔽惑之事。特以王莽之事譏之。《新論‧言體篇》曰：「聖王治國，崇禮讓，顯仁義，以尊賢愛民爲務。是爲卜筮維寡，祭祀用稀。王翁好卜筮，信時日，而篤於事鬼神，多作廟兆，潔齊祀祭。犧牲殽膳之費，使卒辨治之苦，不可稱道。爲政不善，具叛天下，及難作兵起，無權策以自救解，乃馳之南郊告禱。搏心言冤，號興流涕，叩頭請命，幸天哀助之也。當兵入宮日，矢射交集，燔火大起，逃漸臺下，尚抱其符命書，及所作威斗，可謂蔽惑至甚矣。」王莽作惡多，雖信鬼神符讖，然兵敗逃亡，猶抱符命，卒以身亡。是知桓譚實不信讖緯，對鬼神卜筮之態度亦消極。

　　緯書圖讖皆以《河圖洛書》爲依據。《河圖洛書》則爲《易經繫辭》中所敍及。《繫辭》則信爲孔子所作，故讖緯乃以孔子爲護身符。〈啓寤篇〉曰：「讖出《河圖洛書》，但有朕兆而不可知。」後人妄復加增依託，稱是孔丘，誤之甚也。桓譚不信孔子作《繫辭》，不以《河圖洛書》依託孔子。文中弗稱孔子爲聖，直稱孔丘之名。是知其思想，實對傳統多有背叛性。

　　唯桓譚却不否認災異之事，然常從道德之觀點予以解釋。〈譴非篇〉曰：「災異變怪者，天下所常有，無世而不然。逢明主賢臣智士仁人，則修德、善政、省職、愼引以應之。故咎殃消亡而禍轉爲福焉。……故周書曰：『天子見怪則修德，諸侯見怪則修政，大夫見怪則修職，士庶見怪則修身。』神不能傷道，妖亦不能害德。及衰世薄俗……惑於愚而以自詿誤，而令患禍得就，皆違天逆道者也。」桓譚引古書數事以證之，明災異之可信。如大戊有桑與穀生於朝堂之異象，宋景公有熒惑守心之怪事，然皆因修行善政，轉禍爲福。桓譚一方面否認讖緯之說，一方面又承認災異之事，是有矛盾之處，此蓋仍難以罷脫時人觀念所致。然兩漢以來，儒者喜以災異勸誡國君，此皆因在位者深信災異之事。非如此不足以打動國君頑固之心，改善其愚妄之

德。而災異之說最足以化導教善，令國君忻然反悟。故後之仲長統、王符等人，寧可採用災異之說，而却從人事道德上發揮，以收勸政勵德之功。

桓譚對當時流行之神仙之說，長生不老之術，不予置信。〈辨惑篇〉曰：「劉子駿（歆）信方士虛言，謂神仙可學。嘗問言：『人誠能抑嗜欲，閉耳目，可不衰竭乎？』余見其庭下有大榆樹，久老剝折，指謂曰：『彼樹無情慾可忍，無耳目可閉，然猶枯槁朽蠹，人雖欲愛養，何能使不衰？』余嘗與郎冷喜出，見一老翁糞上拾食，頭面垢醜，不可忽視。喜曰：『安知此非神仙？』余曰：『道必形體如此，無以道焉。』」蓋神仙之道，應為高尚之道。若頭面垢醜，則無以取法。此諷刺神仙之說，故不予採信也。

桓譚對生死之看法，則以為人之生命，來自精神。精神居於形體之中，彼此如火燭共存關係。〈形神篇〉曰：「余見其旁有麻燭，而地（燭爐）垂一尺所，則因以喻事。言精神居形體，猶火之然燭矣。如善扶持，隨火而側之，可毋滅而竟燭。燭無，火亦不能獨行於虛空，又不能後然其地。地，猶人之耆老。齒墮髮白，肌肉枯臘，而精神弗為之能潤澤。內外周遍，則氣索而死，如火燭之俱盡矣。」以精神依附形體，須善以扶持，可使形體毋滅。此類道家之修養。而精神已盡，形體枯死，一切有形之質皆煙消雲散。此亦似老莊之說法。

因而人死後，與物同朽，無知無識。由下例便可明之。〈形體篇〉曰：「王翁刑殺人，又復加毒害焉。至生燒人以酓，五毒灌死者肌肉。及埋之，復薦覆以荊棘。人即死，與土木等。　重加創毒，亦何損毒？」「文王葬枯骨，無益於眾庶。眾庶悅之者，其思義動之也。王翁之殘死人，無損於生人。生人惡之矣者，以殘酷示之。」王莽殺人，又毒害屍體，對於死者誠無損害。因人死後無知，徒使生之人惡其殘酷。此類思想實與道家自然主義相似。

人之生死存亡有如四時運行，人祇可順其自然之性，不可拂逆之也。〈形神篇〉曰：「生之有長，長之有老，老之有死，若四時之代謝矣。而欲變易其性，求為異道，惑之不解者也。」「人既棄形體而立，猶彼持燈一燭，安能自盡易？盡易之，乃在人。人之饜儽亦在天，天或能為他。」此種順天安死之說法，本之於道家。《莊子・至樂篇》謂人之生死，如「春秋冬夏四時行也。」〈天運篇〉謂：「四時迭起，萬物循生，一盛一衰，文武倫經。」因此要「安時處順，哀樂不能入也。」（〈養生主〉）此類對生死之觀點，二者甚為相近。因此桓譚不積極以求生。〈辨惑篇〉曰：「余與劉伯師夜坐，燈中

脂炷燋秃將滅。余謂伯師曰：『人衰老亦如彼秃炷矣。』伯師曰：『人衰老應自續。』余曰：『益性可使白髮更生黑，至壽極亦死耳。』」又曰：「余與劉子駿言養性無益。」

桓譚對大自然之現象，能從科學觀察著手，而不落入時人忌諱與迷信之中。此與王充「疾虛妄」之精神相似。〈辨惑篇〉曰：「天下有鸛鳥，郡國皆食之，三輔獨不敢取之。取或雷震霹靂起，原夫天豈獨右此鳥？其殺取時適與雷遇耳。」又曰：「鉤藤不與人相宜，故食則死，非爲殺人生也。譬若巴豆毒魚，礜石賊鼠，桂害獺，杏核殺豬，天非故爲作也。」因此一切現象皆偶然造成，天實非有意爲之。此皆本於自然主義之科學精神也。

此外桓譚於學術觀點上亦每有獨到之見解。如謂：「莊周寓言乃云堯問孔子，《淮南子》云共工爭帝，地維絕，亦皆爲妄作。故世人多云短書不可用。然論天閒莫明於聖人。莊周等唯虛誕，故當採其書，何云盡棄耶？」此實明乎莊子「寓言十九，重言十七」之旨。其對《莊》書立言之意，可謂通達，故不苟言輕棄。

桓譚《新論》喜「非毀俗儒」，因主張破迷信，去圖讖，抱著凡事求理求實之態度。與漢代一般儒者確有不同。日人日原利國氏曰：「桓譚要求知識之確實性與實證主義。」又云：「桓譚不叩拜超越者，不沈迷於獨裁說。認識限於經驗的事實，以合理對不合理。對深深地浸入當時儒教的讖緯與災異說，徹底批判，斥彼等虛誕，爲一反對神秘思想家。」〔註38〕唯其不囿於神怪，而主張人事道德，此種思想實類似王充人文主義之精神。而對生死之看法，又與道家自然主義相近。此對於東漢以後之思想家極富有啓示性。與桓譚同時之伊敏、鄭興皆有反讖之思想，唯未有專門之著作及深入之批評。

《後漢書‧伊敏傳》曰：「伊敏，字幼季，南陽堵陽人。……帝以敏博經經記，令校圖讖，使鐲去崔發所爲王莽著錄次比。敏對曰：『讖書非聖人所作，其中多近鄙別字，頗類世俗之辭，恐疑誤後生。』帝未能納。敏因其闕文增之曰：『君無口，爲漢輔。』帝見而怪之，召敏問其故。敏對曰：『臣見前人增損圖書，故不自量，竊幸萬一。』帝深非之，雖竟不罪，而亦以此沈滯。」

《後漢書‧鄭興傳》曰：「鄭興，字少贛，河南開封人。……帝嘗問興郊祀之事。曰：『吾欲以讖斷之，何如？』興對曰：『臣不爲讖。』帝怒曰：『卿之不爲讖，非之邪？』興惶恐曰：『臣於書有所未學，而無所非也！』

〔註38〕日人日原利國《中國哲學史》（張昭譯），頁148。

帝意乃解。興數言政事，依經守義，文章溫雅，然以不善讖，故不能任。」

此外荀爽有「《辨讖》」一書，荀悅《申鑒‧俗嫌篇》曰：「世稱緯書，仲尼之作也。臣悅叔父司空爽辨之蓋發其僞也。」荀書今不傳，殆與桓譚、伊敏之主張相同也。

桓譚等掃除權威偶像之態度及反對讖緯之作風，開啓東漢批評之精神。嗣後王充、王符、仲長統、張衡、荀悅等人，皆深受影響。

四、王　符

王符字節信，安定臨涇人。少好學，有志操，與馬融、竇章、張衡、崔瑗等友善。符爲庶母所生，爲鄉人所賤，又生性耿介，不合於俗，故一生頗不得志。《後漢書王符傳》曰：「自和、安之後，世務游宦，當塗者更相薦引，而符獨耿介不同於俗，以此遂不得升進。志意蘊憤，乃隱居著書三十餘篇，以譏當時失得，不欲章顯其名。故號曰《潛夫論》。其指訐時短，詩謫物情，足以觀見當時風政。」

王符之個性介然不俗，與桓譚、王充之性格相同，故能獨排眾議，卓然立言。其《潛夫論》三十六篇，「指訐時短，討譏物情」，實與王充《論衡》之「疾虛妄」，桓譚《新論》之「非毀俗儒」之批評精神相同。唯其思思甚爲駁雜，其抨擊時俗迷信，有似道家之自然主義者，而又信感應之說，則又與時儒無異。至於本體論多採取道家說法，而修養論則又偏向儒家。故劉師培《國學發微》謂：「王符《潛夫論》，仲長統《樂志論》，則又以儒家而兼道家者也。」

王符之本體論以「道」爲基礎，此與老莊本體之「道」無異。〈本訓篇〉曰：「道之爲物也，至神以妙；其爲功也，至彊以大。」此以神、妙、大形容「道」，與老莊之「道」性質相同。

「道」必須以「氣」爲作用，「道」是「氣」之根本，「氣」是「道」之運用。「道」爲靜態，「氣」爲動態，宇宙萬物於焉產生。〈本訓篇〉曰：「是故道德之用，莫大於氣。道者之根也，氣所變也，神氣之所動也。」〈德化篇〉曰：「道之使也，必有其根，其氣乃生；必有其使，變化乃成。是故道之爲物也至神以妙，其爲功也，至彊以大。天之以動，地之以靜，日之以光，月之以明，四時五行，鬼神人民，億兆醜類，變異吉凶，何非氣然。及其乖戾，天之尊也氣裂之，地之大也氣動之，山之重也氣徙之，水之流也氣絕之，日月神也氣蝕之，星辰虛也氣隕之。且有晝晦，宵有大風，飛車拔樹，償電爲

冰，溫泉成湯，鱗龍鸞鳳，蜇賊蟓蝗，莫不氣之所為也。以此觀之，氣運感動，亦誠大矣。變化之為，何物不能？所變也神，氣之所動也。」「道」與「氣」原係道家生化過程之重要概念。老子有「冲氣以為和」（四二章）莊子有「氣變形生」（〈至樂〉）之語。王符乃強謂「氣」之作用，是一切萬物生化之動力。

　　至於「氣」如何演化萬物？王符則有「陰陽和氣」之說。〈本訓篇〉曰：「上古之世，太素之時。元氣窈冥，未有形兆。萬精合并，混而為一，莫制莫御，莫斯久之。翻然自化，清濁分別，變成陰陽，陰陽有體，實生兩儀，天地壹鬱，萬物化淳。和氣生人，以統理之。是故天本諸陽，地本諸陰，人本中和，三才異務相待而成，各循其道，和氣乃臻，機衡乃平。」以陰陽和氣生物，實本老子之思想：「道生一，一生二，二生三，三生萬物，萬物負陰而抱陽，冲氣以為和。」（四二章）《莊子‧田子方》曰：「至陰肅肅，至陽赫赫。肅肅出乎天，赫赫發乎地，兩者交通成和而物生焉。」王符認為人乃「中和之氣」產生，《莊子‧知北遊》亦有「人之生，氣之聚也。」之說法。是知王符之宇宙論，實本道家而來。

　　王符非但認為人是「和氣而生」，至於天地萬物，莫不是由「氣」而來。〈本訓篇〉曰：「正氣所加，非惟於人。百穀草木，禽獸魚鱉，皆口養其氣。」此實亦老莊「道化萬物」、「道在萬物」之說也。

　　王符又以為天地萬物之中，唯人本「中和之氣」，故其地位實超於萬物之上。〈本訓篇〉曰：「天地壹鬱，萬物化淳，和氣生人，以統理之。」天、地、人是為三才。而「道」落實於三才，則為天道、地道、人道。〈本訓篇〉曰：「天道曰施，地道曰化，人為曰為。」以人與天地並稱，實出於《老子》「天大，地大、人亦大」（二五章）之思想。王符認為人道與天道基於同等地位。故曰：「三才異務，相待而成，各循其道，和氣乃臻，機衡乃平。」而亦可與天道相通。〈卜列篇〉曰：「五帝右據行氣，以生人民。」又曰：「天地開闢有神民，民神異業精神通。」

　　由於人與天通，故欲調和三才，則須從人道著手。而人道便係在政治方面修德，自可上知天心。此王符由道家形而上之道，推及儒家形而下之用。〈本訓篇〉曰：「人道曰為。為者，蓋所謂感通陰陽而致珍異也。……書故曰：『天功，人其代之。』蓋理其政以和天氣，以臻其功。」〈本政篇〉曰：「凡人君之治，莫大於和陰陽。陰陽者，以天為本。天心順則陰陽和，天心逆則陰陽乖。天以民為心，民安樂則天心順，民愁苦則天心逆。民以君為統，君政善

則民和治，君政惡則民冤亂。」此王符巧妙將其宇宙論應用於政治論上。政治之取決在於「愛民」，唯有愛民以德，方是實現上天道德教化之使命。〈德化篇〉曰：「人君之治，莫大於道，莫美於教，莫神於化。道者所以持之也，德者所以苞之也，教者所以知之也，化者所以致之也。德政加於民，則多滌暢姣好，堅強考壽；惡政加於民，則多罷癃尪病，夭昏札瘥。故《尚書》美考終命而惡凶短折。國有傷明之政，則民多病因；有傷賢之政，則賢多橫夭。夫形體骨幹爲堅彊也，然猶隨政變異，又況乎心氣精微，不可養哉。」愛民保民係儒道二家政治論之宗旨。老子曰：「聖人常無心，以百姓心爲心。」（四九章）又曰：「愛民治國。」（十章）王符之政治論以形上哲學爲基礎，而推展至形下之治道，實兼綜儒道二家之觀點。

而另一方面，王符既認爲天地和氣生人，人精神自可與天地相通。〈相列篇〉曰：「天地開闢有神民，民神異業精氣通。」〈相列篇〉曰：「天地開闢有神民，民神異業精氣通。」因此相信董仲舒以來之天人感應說。

王符之「天」，乃係有意志，能賞善罰惡，降禍施福。天意取決民意，天心順乎人心。〈本政篇〉曰：「天以民爲心，民安樂則天心順，民愁苦則天心逆。」「法令善則民安樂，民安樂則天心慰，天心慰則陰陽和，陰陽和則五穀登，五穀登而民眉壽，民眉壽則興於義，興於義而無姦行，無姦行則世平而國家寧，社稷安而君尊榮矣。」至於君王，與天最通，最能獲天感應。〈述赦篇〉曰：「王者至貴，與天通精。心有所想，意有所慮，未發聲色，天爲變移。」而才德不符，強竊天位之君，必遭天殃。〈忠貴篇〉曰：「德不稱其位，其禍必酷；能不稱其位，其殃必大。且夫竊位之人，天奪其鑒，神惑其心。」

由於天有意志，王符因而相信鬼神。〈卜列篇〉曰：「天地開闢有神民，民神異業，精氣通。」「鬼神與人，殊氣異務。天之有此神也，皆所以奉成陰陽而利物也。若人治之有牧守令長矣。向之何怒？背之何怨？君民爲近，不宜相責。況神至貴，與人異體，豈可望乎？」人有姦邪，鬼亦有淫。〈巫列篇〉曰：「所謂淫鬼者，闔邪精物，非有守司眞神靈也。鬼之有此，猶人之有姦也。」唯對鬼神採較理智之態度。〈卜列篇〉曰：「鬼神與人，殊氣異務，非有事故，何奈於我？」

鬼神係「天吏」，可藉卜筮祭祀通之。王符因此相信卜筮命運。〈卜列篇〉曰：「聖人雖察，不自專，故立卜筮。」〈巫列篇〉曰：「凡人吉凶，以行爲主，以命爲決。行者，已之質也；命者，天之制也。在於己者，固可爲也，在於

天者，不可知也。」「巫史祈祝者，蓋所以交鬼神而救細微爾。至於大命，末如之何也。」

又因人稟氣化，人身亦具備天地之理，故重視骨相。〈相列篇〉曰：「一人之身，而五行八卦之氣具焉。」「人身體形貌，皆有象類。骨法角肉，各有分部。以著性命之期，顯貴賤之表。」此與王充之相信骨相相同。

此外又相信占夢。〈夢列篇〉列舉「直」、「象」、「精」、「想」、「人」、「感」、「時」、「反」、「病」、「性」十夢，並各有例證明之。並發揮占夢之法：「凡察夢之大體，清潔鮮好，貌堅健，竹木茂美，宮室器械，新成方正，開通光明，溫和升上，向興之象。皆為吉喜，謀從事成。諸臭汙腐爛，枯槁絕霧，傾倚徵邪，鼾剉不安，閉塞幽昧，解落墜下，向衰之象。皆為計謀不從，舉事不成。妖孽怪異，可憎可惡之事，皆為憂。」

由此而看，王符思想似與當時一般人迷信觀念，殊無二致，亦與漢儒注重感應之說相同。然細考其說，則又不然，王符雖對此種流行之觀念與信仰有所採納，然另一方面則秉持批評之態度，對一般迷信之末流予以駁斥。而強調「人事勝天」之作為，此種態度有近自然主義之理性精神。

故對卜筮之態度，王符則強調「敬鬼神而遠之」之原則。〈卜列篇〉曰：「夫君子聞善，則勸樂而進修，聞惡則循省而改尤，故安靜而多福。小人則否，聞善，即懾懼而妄為，故狂躁而多禍。是故凡卜筮者，蓋所問吉凶之情，吉興衰之期，令人修身慎行，以迎福也。且聖王之立卜筮也，不違民以為吉，不專任以斷事，故《洪範》之占，大同是尚。《書》又曰：『假爾元龜，罔敢告吉。』聖人雖重卜筮，然不疑之事，亦不問也。甚敬祭祀，非禮之祈，亦不為也。故曰：聖人不煩卜筮，敬鬼神而遠之。夫鬼神與人，殊氣異務，非有事故，何奈於我？」蓋卜筮原係聖人為免於疏漏而設置，「聖人雖察，不自專，故立卜筮。」其作用係消極性。故聖人不以卜筮為專斷，不疑之事，亦不問之。而卜筮之作用，乃令人修身慎行，以迎福。而一般俗人祇知「筮於卜筮，祭非其鬼」，不知卜筮精神之所在，甚至病而不求醫，反去求神問卜，以致傷生，王符以為此乃巫祝誣民，不足取也。

東漢迷信之風盛行，甚連姓氏住宅皆與五行相附會，以為吉凶禍福之所依。王符亦抨擊之。〈卜列篇〉曰：「（俗人）亦有妄傳。姓於五音，設五宅之符策，其為誣也甚矣。古有陰陽，然後有五行，五行右據行氣，以生人民。載世遠乃有姓名，敬民名字者，蓋所以別眾狠而顯此人爾，非以紀五音而定

剛柔也。今俗人不能推紀本祖，而反欲以聲音言語定五行，誤莫甚焉。……今一宅也，同姓相伐，或吉或凶。一宮也，同姓相伐，或遷或免。一宮也，成康居之日以興，幽厲居之日以衰。由此觀之：吉凶興衰，不在宅明矣。」故對此迷信加以闢斥。

至於巫史祈祝之流，王符雖不否認其地位，然却貶低其效用，而強調人能德義無違，順乎天理，自可却凶致福。〈巫列篇〉曰：「凡人吉凶，以行為主，以命為決。行者，己之質也；命者，天之制也。在於己者固可為也，在於天者不可知也。巫覡祝請，亦其助也，然非德不行。巫史祈祝者，蓋所以交鬼神而救細微爾。至於大命，末如之何。」蓋作惡為非，雖祈禱亦何可易？王符舉例明之：「虢公延神而虚亡，趙嬰祭天而速滅。此蓋所謂神不歆其祀，民不即其事也。故魯太史曰：『國將興，聽於民；國將亡，聽於神。』楚昭不禳雲，宋景不移咎，子產拒裨竈，邾文公違卜吏，此皆審己知道，身以俟命者也。」故人之吉凶存亡實與巫祝祈禱無甚關係，所關係者乃本身是否行德立善也。〈巫列篇〉曰：「妖不勝德，邪不伐正。」「人無釁焉，妖不自作。」「人不可多忌。多忌妄畏，實致妖祥。」「德義無違，鬼神乃享。鬼神享受，福祚乃隆。……德義美茂，神歆享醉飽，乃反報之以福。孔子曰：『天之所助者，順也；人之所助者，信也。履信思乎順，又以尚賢，是以自天祐之，吉無不利。』此最却凶災而致福善之本也。」

王符之鬼神觀及輕卜筮之思想，實從理性與人本思想而來。因此對於漢代好巫淫祀之風，痛加批評。〈浮侈篇〉曰：「又婦人不脩中饋，休其蠶織，而起學巫祝，鼓舞事神，以欺誣細民，熒惑百姓。」「或增禍重祟，至於死亡，而不知巫所欺誤，反恨事神之晚，此妖妄之甚者也。」是王符表面上係相信此類說法，而實際上則是從反對宗教迷信之立場，將人從神道之羈絆中釋放而出。故羅光先生曰：「王符在書裡沒有談圖讖的問題，若按著他這種思想去推論，他是反對圖讖的人。」〔註39〕

此外王符雖相信命運，但非消極之命定思想，仍強調「盡人事而後聽天命」。〈巫列篇〉曰：「凡人吉凶，以行為主，以命為決。行者，己之質也；命者，天之制也。在己者固可為也，在於天者不可知也。」〈論榮篇〉曰：「苟定於志行，勿以遭命。則雖有天下，不足以為重；無所用，不足以為輕。」此即「人道曰為」之積極思想。

〔註39〕羅光《中國哲學思想史兩漢南北朝篇》，頁336。

　　王符有骨相之說，然亦非認定其事必然。人之行爲方足以決定一切。骨相之賤者，如改過遷善，便可逢凶化吉；相貌雖佳，不修德自勵，亦無以應驗。〈相列篇〉曰：「故凡相者，能期其所極，而不能使之必至。……夫觚而弗琢，不能成器；士而弗仕，不成於位。若此者，天地所不能貴賤，鬼神所不能貧富也。或王孫公子仕宦終老，不至於殺；或庶隸廝賤，無故騰躍，窮極爵位，此受天之性命，當必然者也。」

　　總之，王符於〈卜列〉、〈巫列〉、〈相列〉、〈夢列〉諸篇，實針對當時迷信社會而出發。王符雖非全然否定此類類思想，乃更欲以積極有爲之態度，亟思轉變此一盲目信仰之社會風氣。眞正決定盛衰吉凶，誠非迷信本身，而是人爲道德力量所造成。所謂「智者見祥，修善而迎之。其有憂色，循行改尤。」（〈相列〉）「德義無違，鬼神乃享。」（〈巫列〉）「賞罰明者，國治而民安。民安樂者，天悅喜而增歷數。」（〈巫列〉）「人道見瑞而修德者，福必成；見瑞而縱恣者，福轉爲禍。見妖而驕侮者，禍必成；見妖而戒懼者，禍轉爲福。」（〈夢列〉）便是其思想之精義。此種思想，實繼司馬遷、揚雄、桓譚、王充等自然主義之人文及批判精神所致。其思想中雖未明言受老莊之影響，然觀其宇宙論，誠與道家多所契合。《後漢書本傳》謂其與馬融、張衡、崔瑗等友善，而此數子皆精通《老莊》之學者，且各自於學術上卓然有成，王符當受其影響。〔註40〕

五、仲長統

　　仲長統字公理，漢末山陽高平人。少好學，博涉書記，贍於文辭。當獻帝之世，朝綱敗壞，群雄相伐，天下已亂，尚書令荀彧聞統名，舉爲尚書郎。每論說古今及俗行事，恆發憤歎息，因著論，名曰《昌言》。凡三十四篇，十餘萬言。惜今多亡佚，僅《後漢書‧本傳》所列〈理亂〉、〈損益〉、〈法誡〉三篇，大抵以儒家之言，以爲施政之張本。

　　仲長統雖係一儒者，然本身受道家影響甚深。《後漢書‧仲長統傳》曰：

〔註40〕　王符與馬融、張衡、崔瑗等善。馬融雖係經學家，然於涼州絕糧歎曰：「今以曲俗呎尺之羞，滅無貲之軀，殆非老莊所謂也。」又爲《老子》、《淮南子》作《注》（見《後漢書‧本傳》）。是知馬融亦精道之學。張衡爲漢道家派之自然主義學者，固不待言，而崔瑗臨終時，與其子寔言曰：「夫人稟天地之氣以生，乃其終也，歸精於天，還骨於地，何地不可藏形骸？勿歸鄉里。」（《後漢書‧本傳》）是知彼亦崇信道家學說者。王符與彼等友善，思想當受其影響。

「統性俶儻，敢直言，不矜小節，默語無常。時人或謂之狂生。每州郡命召，
輒稱疾不就。常以爲凡遊帝王者，欲以立身揚名耳。而名不常存，人生易滅，
優遊偃仰，可以自娛。欲卜居清曠，以樂其志。論之曰：『使居有良田廣宅，
背山臨流，溝池環匝，竹木周布，場圃築前，果園樹後。舟車足以代步涉之
難，使令足以息四體之役，養親有兼珍之膳，妻孥無苦身之勞。良朋萃止，
則陳酒肴以娛之；嘉時吉日，則烹羊豚以奉之。躕躇畦苑，遊戲平林。濯清
水，追涼風，釣游鯉，弋高鴻。諷於舞雩之下，詠歸高堂之上。安神閨房，
思老氏之玄虛；呼吸清和，求至人之仿佛。舉達者數子，論道講書，俯仰二
儀，錯綜人物。彈〈南風〉之雅操，發清商之妙曲。逍遙一世之上，睥睨天
地之間，不受當時之責，永保性命之期。如是則可以陵霄漢，出宇宙之外矣，
豈羨乎入帝王之門哉？』」

　　蓋東漢末年，政治動亂，天災人禍，人命危縷，身處此一兵燹連連，動
盪不安之時代中，常使人有「人生易滅」之感歎。再者自光武即位之初，即
下詔求天下「知名」之士，〔註41〕好名之風競行。《後漢書‧光武十王列傳》
曰：「諸王皆在京師，競修名譽，爭禮四方賓客。」一般士人亦好此道。《後
漢書黨錮傳》曰：「是時朝廷日亂，綱紀頹阤，（李）膺獨特風裁，以聲名自
高。士有被其容接者，名爲『登龍門』。」因此競尚虛名之風浮濫。故王符《潛
夫論‧務本篇》曰：「烈士者，以孝悌爲本，以交遊爲末。孝悌者，以致養爲
本，以華觀爲末。……今多務交游，以結黨助，偷世竊名，以取濟渡。夸末
之徒，從而尚之。」徐幹《中論‧考僞篇》曰：「苟可以收名而不必獲實，則
不去也；可以獲實而不必收名，則不居也。……其流于世也，至於父盜子名，
兄竊弟譽，骨肉相詒，朋友相詐。」此一徒飾虛華，崇尙「名教」之風氣，
深爲一般社會人士及儒生所喜好。

　　仲長統生於亂世際，正係需才孔亟之時，寧可稱疾不就，不阿權貴，其理
由即在攻擊此一競名之虛浮風氣。故曰：「凡遊帝王者，欲以立身揚名耳。而名
不常存，人生易滅，優遊偃仰，可以自娛。」而仲長統之「逃名」，莫若以老莊
爲依歸也。老莊最反對「名」。老子以「自隱無名」爲務，莊子亦有「名也者相
札也」（〈人間世〉）之說。《晉書‧阮瞻傳》王戎問曰：「聖人貴名教，老莊明自

〔註41〕見《後漢書卓茂傳》。光武訪求故友卓茂，茂詣河陽謁見。光武下詔曰：「前
　　　　密令卓茂，束身自修，執節淳固，誠能爲人所不能爲。夫名冠天下，當受天
　　　　下重賞。……」

然，其旨同異？」阮瞻曰：「將無同。」是知老莊以自然爲重，崇尚眞實，與儒家之重名教相異也。故仲長統之「逃名」，實亦由儒而歸依老莊也。漢末有識之士，厭惡虛僞務名之風，常產生許多逃名隱遯之人物，彼輩憎惡虛僞，崇尚自然，故多以道家思想爲依歸。如桓帝時周勰「前後三辟，竟不能屈。後舉賢良方正，不應。常隱處竄身，慕老聃清靜，杜絕人事，巷生棘荊，十有餘歲。」（《後漢書·周勰傳》）又有矯愼「少好黃老，隱遯山谷，因穴爲室。」（《後漢書·矯愼傳》）桓、靈時韓康避名遯入霸陵山中，以老子之語自況（《後漢書·韓康傳》）。此與仲長統之「思老氏之玄虛，求至人之仿佛」其心志相同也。至於其〈樂志論〉一文，飄然出俗，超凡絕世，清新婉麗，實開魏晉自然主義田園派文學之先河，後世韓退之〈送李愿歸盤谷序〉，殆仿此而作。〔註42〕

仲長統又有詩二篇，敍其心志，皆有老莊拔俗絕世之氣概，茲錄於下：

「飛鳥遺跡，蟬蛻亡殼。騰蛇棄鱗，神龍喪角。至人能變，達士拔俗。乘雲無轡，騁風無足。垂露成幃，張霄成幄。沆瀣當餐，九陽代燭。恒星豔珠，朝霞潤玉。六合之內，恣心所欲。人事可遺，何爲局促？」

「大道雖夷，見幾者寡。任意無非，適物無可。古來繞繞，委曲如瑣。百慮何爲，至要在我。寄愁天上，埋憂地下。叛散五經，滅棄《風雅》。百家雜碎，請用從火。抗志山栖，游心海左。元氣爲舟，微風爲柂。敖翔太清，縱意容冶。」

仲長統於此無可奈何之時勢中，對儒家濟世之抱負減退。故一方面歎息「人事可遺，何爲局促」「叛散五經，滅棄《風雅》」，另一方面則嚮往老莊出世之生涯，「至人能變，達士拔俗。乘雲無轡，騁風無足。」與仲長統同一時代之孔融，其「〈臨終詩〉」亦充滿消極之悲觀思想：「言多令事敗，器漏苦不密。河潰蟻孔端，出懷由猿穴。涓涓江漢流，天窗通冥空。讒邪害公正，浮雲翳白日。靡辭無忠誠，華繁竟不實。人有兩三心，安能合爲一。三人成市虎，浸潰解膠漆。生存多所慮，長寢萬事畢。」此「生存多所慮，長寢萬事畢。」，與仲長統「不受當時之責，永保性命之期」心意相同，正說明漢末士子之消極悲觀，「苟全性命於亂世，不求聞達於諸侯」之心理。

〔註42〕韓退之〈送李愿歸盤谷序〉殆仿仲長統〈樂志論〉而作。文曰：「窮居而野處，升高而望遠，坐茂樹以終日，濯清泉以自潔。採於山，美可茹，釣於水，鮮可食。起居無時，惟適之安。與其有譽於前，孰若無毀於其後；與其有樂於身，孰若無憂於其心。車服不維，刀鋸不加，理亂不知，黜陟不聞。大丈夫不遇於時者之所爲也。」

　　至於《昌言》之著作，則在此種悲觀憂時之心理下完成。《昌言‧理亂篇》曰：「昔春秋之時，周氏之亂世也。逮乎戰國，則又甚矣。秦政乘兼併之勢，放虎狼之心，屠裂天下，吞食生人，暴虐不已，以招楚漢用兵之苦，甚於戰國之時也。漢二百年而遭王莽之亂，計其殘夷滅亡之數，又復信乎秦項矣。以及今日，名都空而不居，百里絕而無民者，不可勝數，此則又甚於亡之時也。悲乎不及五百年，大難三起，中間之亂，尚不數焉。變而彌猜，下而加酷，推此以往，可及於盡矣。嗟乎！不知來世聖人，救此之道將何用也？又不知天若窮此之數，欲何至邪？」

　　唯仲長統畢竟是儒者，其逃名避世之心，終究難抵其道德良知之血性呼喚。而《昌言》表現出乃係孔子「知其不可爲而爲之」之救世思想。故其以爲「清潔之士，徒自苦於茨棘之間，無所益損於風俗。」因而對「薄屋者爲高，藿食者爲清」之行徑，認爲既失「天地之性，又開虛僞之名。」（《昌言‧損益篇》）或問：「善爲政者，欲除煩去苛，并官省職，爲之以無爲，事之以無事，何子之言云云也？」答曰：「若是，三代不足摹，聖人未可師也。」（同上）是知其思想上雖有道家厭世思想，而行爲上寧可探儒家積極救世之態度。

　　自桓譚、王充、王符等以批判之態度對世俗所謂迷信、讖緯、方術加以撻伐之後，自然主義之思想彌漫。而其表現於行爲方面，則爲科學精神之追求，理性主義之擡頭，懷疑思想之產生，人本觀念之形成。仲長統乃繼承此一思想而來。故在其《昌言》中，能唾棄漢儒之迷信於天道，反對所謂災異感應之說，而以理性之態度，強調人事爲本，天道爲末。〈法誡篇〉曰：「所貴乎用人之道者，則指星辰以授民事，順四時而興功業。其人略也，吉凶之祥，又何取焉？故知天道而無人事者，是巫醫卜祝之伍，下愚不齒之民也。信天道而背人略者，是昏亂迷惑之主，覆國亡家之臣也。……所取於天道者，謂四時之宜也；所壹於人事者，謂治亂之實也。」因此仲長統之天道觀，有近於王充之天道觀。決無神奇可言，其強調「人本」之思想，則是繼桓譚、王符等思想而來。人之地位提高，天之地位反居其次。

　　仲長統指出，爲政者若能專心治道，則一切禍害不生。因而強調「人事爲本，天道爲末」。〈法誡篇〉曰：「以同異爲善惡，以喜怒爲賞罰。取乎麗女，怠乎萬機。黎民冤枉類殘賊，雖五方之兆，不失四時之禮；斷獄之政，不違多日之期。蓍龜積於廟門之中，犧牲群麗碑之間，馮相坐臺上而不下，祝史伏壇旁而不去，猶無益於敗亡也。從此言之，人事爲本，天道爲末，不其然

與？故審我已善，而不復恃乎天道，上也；疑我未善，引天道以自濟者，其次也；不求諸己，而求諸天者，下愚之主也。今夫王者，誠忠心於自省，專思慮於治道。自省無惡，治道不謬。則彼嘉物之生，休祥之來，是我汲井而水出，爨竈而火燃者耳。何足以為賀者耳？故歡於報應，喜於珍祥，是劣者之私情，未可謂大上之公德也。」仲長統能對當時迷信於災異符應之天子提出最嚴厲之批評，所謂馮相、保氏皆《周禮》之觀天象，辨吉凶之春官。渠輩皆無益於敗亡，而漢帝旁之提倡災異讖緯符圖之臣，又豈能使天子福祚增加？因此「歡於報應，喜於珍祥」不過是劣者之情。而最重要乃是天子本身要具備「審我已善，而不復恃乎天道」之德也。

　仲長統對光武帝之迷信感應，提出其人事上之解釋。〈法誡篇〉曰：「光武皇帝慍數世之失權，忿強臣之竊命。矯枉過直，政不任下。雖置三公，事歸臺閣，自此以來，三公之職，備員而已。然政有不理，猶加譴責，而權移外戚之家，寵被近習之豎。親其黨類，用其私人。內充京師，外布列郡。顛倒賢愚，貿易選舉。疲駑守境，貪殘牧民，撓擾百姓，忿怒四夷。招致乖叛，亂離斯瘼，怨氣並作，陰陽失和。三光虧缺，怪異數至，蟲螟食稼，水旱為災，此皆戚官所致然也。」一切災禍異變，乃是人為疏忽所致，與上天感應無關。仲長統從理性上加以分析，而不從漢儒之感應說加以推測。因此強調：「王者官人無私，唯賢是親，勤恤政事，屢省郡臣。賞錫期于功勞，刑罰歸乎罪惡。政平民安，各得其所。則天地將自我而正矣，休祥將自應我而集矣，惡物將自舍我而亡矣。」

　　此種重人事，輕天道，不迷信鬼神方術之說，誠為自然主義理性思想之精義，吾人實可從其言論中推測其外儒內道之精神所在。〈法誡篇〉曰：「和神氣，懲思慮，避風濕，節飲食，適嗜欲，此壽考之方也。不幸而有疾，則鍼石湯藥之所去也。肅禮容，居中正，康道德，履仁義，敬天地，恪宗廟，此吉祥之術也。不幸而有災，則克己責躬之所復也。然而有禱祈之禮，史巫之事者，盡中正竭精誠也。下世其本而為姦邪之階，於是淫厲亂神之禮興焉，俯張變怪之言起焉，丹書厭勝之物作焉。故常俗忌諱可笑事，時世之所逐往，而通人所深疾也。」和神氣，懲思慮，避風濕，節飲食，適嗜欲，此道家養生之方，肅禮容，居中正，康道德，履仁義，恪宗廟，此儒家修養之術。仲長統寧可採道、儒二家正統之說，而不從道家方士派以及儒家讖緯派之「淫麗亂神之禮，俯張變怪之言，丹書厭勝之物」，將其歸之於「常俗忌諱可笑之

事」，此正係其自然主義人本精神之表現。

仲長統鑒於歷史之盛衰，有感於盛衰循環之道理，以為亂世長，治世短。〈理亂篇〉曰：「夫亂世長而化世短，亂世則小人貴寵，君子困賤。」由治世走入亂世，常是因人君敗壞無德，信用小人，「至於運徙勢去，猶不覺悟者，豈非富貴生不仁，沉溺致愚疾邪？存亡以此迭代，政亂從此周復，天道常然之大數也。」仲長統雖以人事為本，然對於政治之盛衰則委之於「天數」，此與道家知「成敗存禍福之道」，而歸於「復命循環」之「常道」（《老子》十六章）看法一致。至於其〈理亂篇〉中攻擊昏君之「放其私嗜，聘其邪欲，君臣宣淫，上下同惡。目極角觗之戲，耳窮鄭衛之聲。耽於婦人，馳於田獵，荒廢庶政，信任諂佞。熬天下之脂膏，斲生人之骨髓。於是禍亂並起，土崩瓦解。」是以亡國。與老子所謂「朝甚除，田甚蕪，服文綵，帶利劍，厭飲食，財貨有餘，是謂盜夸，非道也哉！」（五三章）之道理相同。仲長統因而反對君王虛靡華浮之作風，而主張「守中」：「有天下者，莫不君之以王，而治之以道。道有大中，所以多貴也。」並崇尚「簡實」；「慕名而不知實，為可賤」「行潛德而不有，立潛功而不名。」「誠令方來之作，禮簡而易用，儀省而易行，法明而易知，教約而易從。篇章既著，勿復刊劃；儀故既定，勿復變易。而人主臨之以至今，行之以至仁，壹德于恒久，先之用己身。」（〈理亂篇〉）凡此皆與道家提倡自然純樸，以簡易至公行事之政治觀點相似。

仲長統生於漢末，齎志困蹇，個性俶儻直言，不矜小節。故以狂生之姿態，發人所不能言，眾所不敢言。凡此皆有道家率真之個性。其人生理想：「欲卜居清曠，以樂其志。」實亦以老莊思想為歸宿。《昌言》一書，《隋書經籍志》列之《雜家》，是知其兼有諸家學說。雖以儒家仁義為重點，而反對迷信災異之看法，則與王充以來道家自然主義之精神相符。是故《後漢書》將之與王充、王符合傳，殆以其思想態度相同也。

六、張　衡

張衡字平子，南陽西鄂人。少有奇才，天姿睿哲。善屬文，有大志。嘗自述曰：「不恥位之不尊，而恥德之不崇；不恥祿之不夥，而恥知之不博。」通辭賦。嘗作〈二京賦〉以事諷諫。安帝聞衡善學術，公車特徵，拜郎中，再遷為太史令。順帝永和初，出為河間相。居官十八年間，前後凡三任太史令。為河間相時，河間王政不尊典憲，又多豪右，共為下軌。張衡嚴整法度，

上下肅然，稱爲政理。視事三年，乞歸，徵拜尙書，次年以六十二齡卒於家。

張衡爲一辭賦家，生於亂世之中，當思身退以自保。其人生觀傾向於老莊之消極保守色彩。《後漢書‧張衡傳》謂其性格「才高於世，而無驕尙之情。常從容淡靜，不好接俗人。」「衡不慕當世，所居之官，輒積年不徙。」故順帝時，自去史職，五載而復還，仍居史官，人有譏其不合時用以「老氏曲全，進道若退，然行亦以需」勸之。張衡遂以「〈應閒〉」一文以明其志，有云「愍〈三墳〉之既頽，惜〈八索〉之不理，庶前訓之可鑽，聊朝隱乎柱史。且韞櫝以待價，踵顏氏以行止」其人生觀安靜無爲，不崇榮利，不競富貴，於此可見。

而其辭賦之中，亦帶有濃厚之老莊思想傾向。如其〈東京賦〉曰：「爲無爲，事無事，永有民以孔安。遵節儉，尙樸素，思仲尼之克己，履老氏之常足。」

其〈思玄賦〉之作，係因「衡常思圖身之事，以爲吉凶倚伏，幽微難明，乃作〈思玄賦〉，以宣寄情志。」（《後漢書‧張衡傳》）文中充分流露出道家出世之思想，與絕塵超俗之逸志：「占既吉而無悔兮，簡元辰而俶裝。且余沐於清原兮，晞余髮於朝陽。漱飛泉之瀝液兮，咀石菌之流英。翾鳥舉而魚躍兮，將往走乎八荒。過少皞之窮野兮，問三丘乎句芒。何道眞之淳粹兮，去穢累而票輕。登蓬萊而容與兮，鼇雖抃而不傾。留瀛洲而採芝兮，聊且以乎長生。」「嘉曾氏之歸耕兮，慕歷陵之欽崟。共夙昔而不貳兮，固終始之所服也。夕惕若厲以省愆兮，懼余身之未勑也。苟中情之端直兮，莫吾知而不惡。墨無爲以凝志兮，與仁義乎消搖。不出戶而知天下兮，何必歷遠以劬勞？」「系曰：天長地久歲不留，俟河之清祇懷憂。願得遠度以自娛，上下無常窮六區。超踰騰躍絕世俗，飀飀神舉逞所欲。天不可階仙夫希，栢舟悄悄吝不飛。松喬高跱孰能離？結精遠遊使心攜。回志揭來從玄諆，獲我所求夫何思？」張衡本富有經國之大志，自爲宦者讒後，抑鬱難伸。本文乃其深體人生無常；而亟思遠離凡世所作。故企慕老莊之玄道，以爲逍遙天地之窮想。

此類對人生飄萍無常，而倦極思歸之避世思想，亦見於〈歸田賦〉中：「遊都邑以永久，無明略以佐時，徒臨川以羨魚，俟河清乎未期。感蔡子之慷慨，從唐生以決疑。諒天道之微昧，追漁父以同嬉。超埃塵以遐逝，與世事乎長辭。……于時曜靈俄景，係以望舒。極般遊之至樂，雖日夕而忘劬。感老氏之遺誡，將迴駕乎蓬廬。彈五絃之妙指，詠周孔之圖書。揮翰墨以奮藻，陳三皇之軌模。苟縱心於物外，安知榮辱之所如？」

其〈髑髏賦〉中，則充滿莊子逍遙天地，窺破生死，與物俱化之修養。

是一篇純道家之作品：「張平子將遊目於九野，觀化乎八方。星回日運，鳳舉龍驤。南遊赤野，北陟幽鄉，西經昧谷，東極扶桑。於是季秋之辰，微風起涼。聊回軒駕，左翔右昂。步馬於疇阜，逍遙乎陵岡。顧見髑髏，委於路旁。下居淤壤，上負玄霜。平子悵然而問之曰：『子將并精推命以夭逝乎？本喪此土，流遷來乎？爲是上智，爲是下愚？爲是女人？爲是丈夫？』於是肅然有靈，但聞神響，不見其形。答曰：『吾宋人也，姓莊名周。遊心方外，不能自修。壽命終極，來此玄幽。公子何以問之？』對曰：『我欲告之於五岳，禱之於神祇。起子素骨，反子四支。取耳北坎，求目南離。使東震獻足，西坤援腹。五內皆還，六神盡復。子欲之不乎？』髑髏曰：『公子之言殊難也。死爲休息，生爲役勞。冬水之凝，何如春冰之消？榮位在身，不亦輕於塵毛。飛風曜景，秉尺持刀。巢許所恥，伯成所逃。況我已化，與道逍遙。離朱不能見，子野不能聽，堯舜不能賞，桀紂不能刑，虎豹不能害，劍戟不能傷。』與陰陽同其流，與元氣合其朴。以造化爲父母，以天地爲牀褥，以雷電爲鼓扇，以日月爲燈燭，以雲漢爲川池，以星宿爲珠玉。合體自然，無情無欲。澄之不清，渾之不濁。不行而至，不疾而速。於是言卒響絕，顧盼軫恤。乃令僕夫假之以縞巾，衾之以元塵，爲之傷涕，酹於路濱。」此篇完全脫胎於《莊子・至樂篇》之「莊子之楚，見空髑髏」一章。文中發揮道家自然主義之觀點，窺破生死，返回元虛，是不折不扣之老莊精神。

張衡一生宦海浮沈，美志難遂。加以時代之迍邅，人心之險惡。因此老莊思想遂成其人生最後之依歸。亦唯有以道家瀟灑之修養，方足以窺破名繮利鎖，使其一生清心寡欲，致力於學術上之發展。

張衡信奉道家，老莊自然主義對其影響甚深。因此對其思想上啓發良多，終使其成爲一位自然主義之科學家。《後漢書・張衡傳》曰：「衡善機杼，尤致思於天文、陰陽、歷算，常耽好《玄經》。謂崔瑗曰：『吾觀《太玄》，方知子雲妙極道術。乃與五經相擬，非徒傳記之屬，使人難論陰陽之事，漢家得天下二百歲之書也。復二百歲，殆將終乎？所以作者之數，必顯一世，常然之符也。漢四百歲，《玄》其興矣。』」揚雄本身係一位崇尚自然主義之學者，其精於天文曆數，攻擊時俗迷信，對張衡影響必大。而揚雄《太玄經》乃係「引天道以爲本統」（《桓譚新論》）「貴其有循而體自然」（《太玄・玄瑩》）張衡對其服膺若是，故〈思玄賦〉即以「玄」爲名。其後張衡之天道觀，與《太玄》思想亦多有相似之處。而張衡三爲太史令，史官與道家關係密切。張衡

之道家思想或與其職業有關。

　　《後漢書·張衡傳》曰：「安帝雅聞衡善術學，公車特徵拜郎中，再轉復為太史令。遂乃研覈陰陽，妙盡璇機之正，作渾天儀。著〈靈憲〉、〈筭罔論〉，言甚詳明。……陽嘉元年，復造候風地動儀。以精銅鑄成，圓徑八尺，合蓋隆起，形似酒尊，飾以篆文山龜鳥獸之形。中有都柱，榜行八道，施關發機，外有八龍，首銜銅丸，下有蟾蜍，張口承之。其牙機巧制，皆隱在尊中，覆蓋周密無際。如有地動，尊則振龍機發吐丸，而蟾蜍銜之。振聲激揚，伺者因此覺知。雖一龍發機，而七首不動，尋其方面，乃知震之所在。驗之以事，合契若神。自書典所記，未之有也。嘗一龍機發而地不覺動，京師學者咸怪其無徵。後數日驛至，果地震於隴西，於是皆服其妙。」張衡從事科學成就甚多。渾天儀乃測天之儀器，「考步陰陽，最為詳密」（《宋書·天文志》）。〈靈憲〉一書乃述天地現象而解釋之。又有《圖》一卷，集當時宇宙觀之大成。〈筭罔篇〉係網絡天地而算之，因以為名（《後漢書·本傳注》），其書久佚。據晉劉徽《九章·少廣篇注》引張衡開立圓術，知張衡以圓周率為十之平方根，此亦當時之新發明。在機器方面，除候風地動儀為地震測驗器（衡另有作《京師地震對策》係有關係地震之論文）外，〈應閒〉文中有「參輪可使自轉，木雕猶能獨飛」之語。王應麟云：「三輪自轉，即計里鼓車。」又《宋書志》第八曰：「指南車，其始周公作，張衡始復創作。漢末喪亂，其器不存。」是張衡製造指南車、計里鼓車（猶今之計程車）。木雕能獨飛，《廣博物志·文士傳》曰：「張衡嘗作木鳥，假以羽翮，腹中施機，能飛數里。」是張衡嘗造飛機，非西方萊特兄弟所可專美於前。此外又製土圭（測日影器），《太平御覽》卷二，義熙《起居注》云：「十四年相國（劉裕）上表，陳獲張衡所製渾天儀、土圭。」張衡以史官之身（古史官多掌星曆）精於天文，深於曆法（見《後漢書·律曆志》），長於文學（除辭賦外，又作《周官訓詁》，又繼孔子《易》說象象殘缺者，另所著詩、賦、銘、〈七言〉、〈靈憲〉、〈應閒〉、〈七辯〉、〈巡誥〉、〈懸圖〉凡三十二篇。見《後漢書·本傳》），實為博通天人，經濟致用之學者，故崔瑗譽之為「數術窮天地，制作侔造化」（《後漢書·本傳》）。

　　張衡為科學家，其對天之看法，多從道家自然主義為出發點。故其《與特進書》曰：「蓬萊太史之秘書，道家之所貴，衡再得當之，竊為幸矣。」是知其知識之領域，得自道家者多矣。

　　其〈靈憲〉一文闡述其宇宙論：「太素之前，幽清玄靜，寂寞冥默，不可

爲象。厥中惟虛，厥外惟無。如是者永久焉，斯謂溟涬，蓋乃道之根也。道根既建，自無生有。太素始萌，萌而未兆，并氣同色，渾沌不分。故《道志》之言云：『有物渾成，先天地生。』其氣體固未可得而形，其遲速固未可得而紀也。如是者又永久焉，斯爲庬鴻，蓋乃道之幹也。道幹既育，有物成體。於是元氣剖判，剛柔始分，清濁異位。天成於外，地定於內。天體於陽，故圓以動；地體於陰，故平以靜。動以行施，靜以合化。煙鬱構精，時育庶類，斯謂太元，蓋乃道之實也。在天成象，在地成形。天有九位，地有九域；天有三辰，地有三形。有象可效，有形可度。情性萬殊，旁通感薄，自然相生，莫之能紀。」

　　此完全就老莊之宇宙論所發演。張衡形容「道」之本體，用「幽清玄靜」、「寂寞冥默」、「渾沌不分」、「虛無永久」等語句形容之，皆是老莊本體「道」之重要概念。以氣化陰陽，旁通感薄，生化萬物，則得自老子「道生一，一生二，二生三，三生萬物，萬物負陰而抱陽，冲氣以爲和。」（四二章）後世道家列子之說法，亦本老莊而來，與張衡宇宙論相似。《列子・天瑞篇》曰：「昔者聖人因陰陽以統天地，夫有形者皆生於無形，則天地安從生？故曰：有太易，有太初，有太始，有太素。太易者，未見氣也。太初者，氣之始也。太素者，質之始也。氣形質具而未相離也。視之不見，聽之不聞，循之不得，故曰易也。易無形埒，易變而爲一，一變而爲七，七變而爲九。九變者，究也。乃復變而爲一。一者，形變之始也。清輕上爲天，重濁下爲地。故天地含精，萬物化生。」以太素分剛柔陰陽，精氣生萬物，皆是從老莊哲學演變。

　　至於宇宙之形態，張衡則主張「渾天」之說。蓋漢末對於宇宙之形體，其說有三。漢靈帝時蔡邕貶朔方上疏表志曰：「言天體者有三家，一曰周髀，二曰宣夜，三曰渾天。宣夜之學絕無師法。《周髀》術數俱存，考驗天狀，多所違失，史官不用。唯渾天者，近得其情。今史官所用候臺銅儀，則其法也。」是當時主天體形態者有三家說法，即周髀說（蓋天說）、宣夜說、渾天說。

　　宣夜說已失傳，漢代著述亦無其說。《隋書・天文志》中葛洪略述其意曰：「宣夜之說，絕無師承。郤萌記先師相傳云：天了無質，仰而瞻之，高遠無極。眼瞀精絕，故蒼蒼然也。譬之旁望遠道之黃山而皆青，俯察千仞之深谷而窈黑。夫青非眞也，而黑非有體也。……日夜眾星自然浮生虛空之中，其行其止，皆須積氣焉。是以七曜，或逝或往，或順或逆，伏見無常，進退不同，由乎無所根繫，故各異也。」七曜即五行之星及日月，宣夜說以眾星體

浮生虛空之中，無所根繫，其距地各自不同，不居同一層面。由於天高無質，故蒼蒼然，實非有體。此說似與近代天文說有相近之處，惜已不傳。

至於蓋天說，多存於《周髀算經》之內。《周髀》一書當爲古代蓋天家理論之集說。雜合自周初以迄漢末諸家之論著。《晉書·天文志》曰：「蔡邕所謂周髀者，即蓋天之說也。其本庖犧氏立周天曆度，其所傳則周公受於殷高，周人志之，故曰周髀。髀，股也。股者表也。其言天似蓋笠，地法覆槃。天地各中高外下，北極之下爲天地之中，其地最高，而滂沱四隤，三光隱映，以爲晝夜。天中高於外衡，冬至日之所在六萬里。北極下地高於外衡，下地亦六萬里。外衡高於北極，下地二萬里。天地隆高相從，日去地恆八萬里。日麗天而平轉，分冬夏之間。日前行道，爲七衡六間。每衡周徑里數，各依算數，用句股重差，推晷影極遊以爲遠近之數，皆得於表股者也。故曰周髀。又周髀家云：『天圓如張蓋，地方如棋局。天旁轉如推磨而左行。日月右行，隨天左轉。故日月實東行，而天牽之以西沒。譬之於蟻行磨石之上，磨左旋而蟻右去，磨疾而蟻遲，故不得不隨磨以左廻焉。天形南高而北下，日出高故見，日入下故不見。天之居如倚蓋，故極在人北，是其證也。極在天之中，而今在人北，所以知天之形如倚蓋也。日朝出陽中，暮入陰中，陰氣暗冥，故沒不見也。夏時陽氣多，陰氣少，陽氣光明，與日同輝，故日出即見，無蔽之者，故夏日長也。冬天陰氣多，陽氣少，陰氣暗冥，掩日之光，雖出猶隱不見，故冬日短也。』」蓋天之說視天爲一半圓之穹蒼，如笠之蓋地，地亦如倒置之碗，二者遂成同心之穹蒼，天離地八萬里，於地之邊緣，天高於地二萬里。就地基而言，天圓地方，天如磨，恒帶日月右旋，而日月自身則恒左旋，以其比附之大輪旋轉爲緩，故不得不隨之右旋。蓋天說以有限宇宙爲根本，欲度量一切天體，所用度量從平面幾何出發，天高地遠，皆可依度量行之。其違失乖謬之處，固不待言。故蔡邕曰：「周髀數術俱存，考驗天狀多所違失，史官不用。」後自然主義學者如揚雄有《難蓋天》八事，王充《論衡·說日篇》駁其說。

渾天說則起於周時，范子計然云：「日行天日一度，周而復始，循環無端。」（《太平御覽》卷三）而《文子·原道變》曰：「古者三皇得道之統，立於中央。神與化遊，以撫四方。是故天運地墆（一作斡），輪轉而無廢。」是春秋時，已知天體之運行，如圓周之旋轉無窮。至西漢武帝之時，渾天說乃成立。揚雄《法言·重黎篇》云：「或問：渾天？曰：落下閎營之，鮮于妄人度之，

耿中丞象之，幾乎幾乎，莫之能違也。」晉李宏範《注》曰：「落下閎爲武帝營之，鮮于妄人又爲武帝算度之，耿中丞名壽昌，爲宣帝考象之。」落下閎、鮮于妄人，耿中丞諸人，皆不見著作傳世，其說不得而知。因此渾天理論，應以張衡所述所早。

張衡《渾天儀注》曰：「渾天如雞子，天體圓如彈丸。地如雞中黃，孤居於內。天大地小，天表裡有水。天之包地，猶穀之裏黃。天地各乘氣而立，載水而浮。周天三百六十五度四分之一。又中分之，則一百八十二度八分之五覆地上，一百八十二度八分之五繞地下。故二十八宿半見半隱。南極天之中也，在正南入地下三十六度，南極下規七十二度，常伏不見。兩極相去一百八十二度半強。天之旋轉，如同車輪之繞軸而轉。」渾天說以天地如雞卵作喻，天包地外，如殼之裏黃。而天形渾渾然，猶道家之渾沌意義相同。所有天體皆繞地球旋轉，天地表裡有水，載水而浮。此天地乃有形之小宇宙，可以測度。至天以外，則爲無垠之大宇宙，不可探測。〈靈憲〉云：「天有九位，地有九域。天有三形。有象可效，有形可度。性情萬殊，旁通感薄。自然相生，莫之能紀。於是人之精者作聖，實始紀綱而經緯之。八極之維（所以維繫天球也），經二億三萬二千三百里，南北則減短千里，東西則廣增千里。自地至天，半於八極。則地之深亦如之，通而度之，則是渾而已。將覆其數，用重鈎股，懸天之景，渾地之義，皆移千里而差一寸得之。過此而往者，未之或知也。未之或知者，宇宙之謂也。宇之表無極，宙之端無窮。天有兩儀，以儷道中。其可覩，樞星是也，謂之北極。在南者不著，故聖人弗之名焉。……天以順動，不失其中，則四序順至，寒暑不減，致生有節，故品物用生。地以靈靜作合，承天清化，致養四時而後育，故品物用成。凡至大莫如天，至厚莫若地，地至質者曰地而已。至莫若水，水精爲漢，漢用于天而無列焉。」天地之外爲無限，「宇之表無極，宙之端無窮」此與莊子之宇宙無限論相同。〈逍遙遊〉曰：「天之蒼蒼，其正色邪？其遠而無所致極邪？」〈庚桑楚〉曰：「有實而無乎處者，宇也；有長而無本剽者，宙也。」之概念一致。張衡之大宇宙無限，小宇宙如雞卵之說法，純由其現象之觀察而來，與今日天文學之解釋宇宙有若干相似之處。嗣後王蕃之《渾天象說》，楊泉之《物理論》，葛洪之《渾天儀注》皆篤信其說。自東漢之後，渾天說已漸獲眾人認同。大儒若鄭玄、陸續輩皆嘗從事於是矣。而渾天儀乃實際測天之儀器，「考步陰陽，最爲詳密。」（《宋書天文志》）其製造結構保存於《晉書·天文志》、《隋書·

天文志》、《太平御覽》卷二中。張衡所製之渾天儀，至東晉安帝時猶存。

　　關於張衡之宇宙論，已由其〈靈憲〉、《渾天儀注》中得其梗概。張衡另有《玄圖》之作，當係瞭解其自然學說更詳盡之資料，惜已亡佚。今僅可從嚴可均輯自《御覽》及《文選注》得四十餘字：「玄者，無形之類，自然之根。作于太始，莫之與光，包含道德，搆掩乾坤，橐籥元氣，稟受無原。」張衡雅好揚雄，且爲其《太玄經》作《注》，《玄圖》之理論，當與其所述不遠。

　　張衡既爲一自然主義之科學家，因此對時下流行之讖緯圖符，不予採信。《後漢書·張衡傳》曰：「初光武善讖，及顯宗、肅宗因祖述焉。自中興之後，儒者爭學圖緯，兼復附以妖言。衡以圖緯虛妄，非聖人之法。乃上疏曰：『臣聞聖人明審律歷以定吉凶，重之以卜筮，雜之以九宮，經天驗道，本盡於此。或觀星辰逆順，寒燠所由；或察龜策之占，巫覡之言。其所因者，非一術也。立言於前，有徵於後，故智者貴焉，謂之讖書。讖書始出，蓋知之者寡。自漢取秦，用兵力戰，功成業遂，可謂大事。當此之時，莫或稱讖。若夏侯勝、眭孟之徒，以道術立名。其所述著，無讖一言。劉向父子領校秘書，閱定九流，亦無讖錄。成哀之後，乃始聞之。《尙書》堯使鯀理洪水，九載績用不成，鯀則殛死，禹乃嗣興。』而《春秋讖》云：『共工理水。』凡讖皆云黃帝伐蚩尤，而《詩讖》獨以爲：『蚩尤敗，然後堯受命。』《春秋元命包》中有公輸班與墨翟，事見戰國，非春秋時也。又言：『別有益州。』益州之置，在於漢世，其名三輔諸陵，世數可知。至於圖中訖于成帝，一卷之書，互異數事，聖人之言，孰無若是。殆必虛僞之徒，以要世取資。往者侍中賈逵摘讖互異三十餘事，諸言讖者皆不能說。至於王莽篡位，漢事大禍，八十篇何爲不戒？則知圖讖成於哀平之際也。且《河洛》、六藝，篇錄已定，後人皮傳，無所容篡。永平中，清河宋景遂以歷紀推言水災，而僞稱洞視《玉版》。或者至於棄家業，入山林。後皆無效，而復采前世成事，以爲證驗。至於永建復統，則不能知。此皆欺世罔俗，以昧執位，情僞較然，莫之糾禁。且律歷、卦候、九宮、風角，數有徵效，世莫肯學，而競稱不占之書。譬猶畫工，惡圖犬馬而好作鬼魅，誠以實事離形，而虛僞不窮也。宜收藏圖讖，一禁絕之，則朱紫無所眩，典籍無瑕玷矣。」

　　張衡所持以禁讖之理有三：一以讖緯所記史實，與經書所記，互異出入之情形甚多，故必多虛僞之徒增益。二以《河洛》六藝共八十一篇錄，光武已定，後人所篡附者，皆可以定眞僞。三以讖緯爲不占之書，實無徵效可言。

然張衡雖反讖，而猶信光武所定八十一篇讖緯爲眞，且言律歷、卦候、九宮、風角之事可信，則其反讖之思想猶未純也。

　　張衡雖反讖，然信災異之說。唯立說之目的，在於重德性、修君行。此蓋漢儒慣用以諫人君之道，以收悚戒匡正之功也。順帝時，宦者孫程功封浮陽侯，食邑萬戶，政權下移。張衡乃藉災變上疏，痛信其患，歷述自和帝以來宦官之拔扈。《疏》曰：「前事不忘，後事之師也。頃年雨常不足，思求所失，則《洪範》所謂『潛，恒暘若』者也。懼群臣奢侈，昏蹈典式，自下逼上，用速咎徵。又前年京師地震土裂，裂者威分，震者人擾也。君以靜唱，臣以動和，威自上出，不趨於下，禮之政也。〈洪範〉曰：『臣有作威作福玉食，害于而家，凶于而國。』天鑒孔明，雖疏不失，災異示人，前後數矣，而未見所革以復往悔。自非聖人，不能無過，願陛下思惟所以稽古率舊，勿令刑德八柄不由天子。若恩從上下，事依禮制，禮制修，則奢僭息，事合宜，則無凶咎，然後災消不至矣。」又陽嘉二年《京師地震對策》曰：「臣聞政善則休祥降，政惡則咎徵見。苟非聖人，或有失誤。……天人之應，速于影響。故《周詩》曰：『無曰高高在上，日監在茲。』間者，京師地震，雷電赫威。……天誠詳矣，可爲寒心！明者消禍于未萌，今既見矣，修政恐懼，則轉禍爲福矣。」

　　張衡生當亂世，眼見宦官干政，帝王顢頇，奢靡之風瀰漫，虛矯之習積深。遂作〈二京賦〉以諷當政，藉災異感應說以戒時君，實有不得已之苦哀。若論其本質，實屬道家自然主義學者。故其主張禁讖，以爲「欺世罔俗，以昧勢位。情僞較然，莫之糾禁。」實有自然主義求眞求實之精神。至於其宇宙論則完全本諸道家思想，而將之應用於人世上，則爲科學事物之發明。其對天文學之探索，又與道家之尋繹宇宙（如莊子〈天運篇〉曰：「天其運乎？地其處乎？日月其爭於所乎？孰主張是？孰維綱是？孰居無是推而行是？……」）之精神相似。歸其〈歸田賦〉、〈思玄賦〉、〈髑髏賦〉諸作，皆充滿道家濃郁色彩，則張衡實繼王充來，最富自然主義風格之學術家。

七、荀　悅

　　荀悅字仲豫，潁川人，荀卿十三代孫也。年十二，能說《春秋》。家貧無書，每之人處，見人篇牘，一覽多能誦記。性沉靜，美姿容，尤好著述。靈帝時閹官用權，士多退身窮處，悅乃託疾隱居，時人莫之識。獻帝好文學，悅與從弟或，乃少府孔融侍講禁中。但夕談論，累遷秘書監、侍中。時曹操

擅權，天子恭己而已。悅志在獻替，而謀無所用，乃作《申鑒》五篇。其首篇自述其著書之意云：「夫道之本仁義而已矣。五典以經之，群籍以緯之，詠之歌之，絃之舞之。前鑒既明，後復申之。故古之聖王，其於仁義也，申重而已，謂之《申鑒》。」書奏，帝覽而善之。

《申鑒》之要旨，乃係發揮儒家仁義之思想，以爲政治之張本。荀悅認爲君子宜注重三種鏡鑒：「前惟順，人惟順，鏡惟明。夏商之衰，不鑒於禹湯也；周秦之弊，不鑒於民下也；側弁垢顏不鑒於明鏡也。」（〈雜言〉）而三者之中尤應注重「前鑒」與「人鑒」。「前鑒」乃指歷史之經驗；「人鑒」則爲民情之反應及民心之向背。是以爲政之本，首重仁義。荀悅作《申鑒》之目的，乃是以仁義之道，衡量先代與當代之政治得失，以及民情風俗。並申明仁義政治之重要，「其於仁義也，申重而已，謂之《申鑒》。」故從其立書之要旨可知，荀悅誠爲一篤信儒家思想之學者。

然漢末儒術浸衰，讖諱之說，神仙之術盛行。荀悅身處此一思想混淆，政治墨暗之時代，除以儒家仁義之道以爲匡正濟世外，復抨擊時下迷信及圖讖之說，且主張頤神養性之學。凡此皆與道家自然主義及老莊修養有相當關係。茲僅就道家部份敘述之。

兩漢之際讖緯之學發達，故自然主義學者紛紛予以申伐，或指讖緯之說無可徵驗，或謂讖緯之書多所妄作。然帝王既沈湎其中，臣子復獻諛於上。至漢末之時，圖讖之風，依然昌熾。劉師培《國學發微》曰：「董（仲舒）、劉（向）大儒競言災異，實爲讖緯濫觴。哀平之間，讖學日熾，而王莽公孫述之徒，亦稱引符命，惑世誣民。及光武以符錄受命，而用人行政，悉惟讖緯之是從。由本以讖緯爲祕經，頒爲功令。稍加貶斥，即伏非聖非法之誅。故一二陋儒，援飾經文，雜揉讖緯，獻媚工諛；雖何（休）、鄭（玄）之人倫，且沈溺其中而莫反，是則東漢之學術，乃緯學昌盛之時代也。」既有帝王爲推波助瀾，讖緯之學，遂至獻帝之時，仍有增加補充者（參《三國志文帝紀》，裴《注》引〈獻帝傳〉），學者迷而不返。荀悅見其害，乃深疾之。

〈俗嫌篇〉曰：「世稱緯書仲尼之作也。臣悅叔父故司空爽辨之，蓋發其僞也。〔註43〕有起於中興之前，終張之徒之作乎？〔註44〕或曰：『雜。』以己

〔註43〕《後漢書荀爽傳》謂爽有〈辨讖篇〉，今佚。
〔註44〕周紹賢《兩漢哲學》以爲「終張」疑當作「終術」，即助莽造符命之「田終術」。
　　　　見《漢書‧翟方進傳》及〈王莽傳〉中。

雜仲尼乎？以仲尼雜己乎？若彼者，以仲尼雜己而已。然則可謂八十一首非仲尼之作矣。或曰：『燔諸？』曰：仲尼之作則否，有取焉則可。曷其燔？在上者不受虛言，不聽浮術，不采華名，不興僞事。言必有用，術必有典，名必有實，事必有功。」讖緯原爲後人所妄造。數術之徒，假託孔子「河不出《圖》」之歎，竄入經義，以僞亂眞，此荀悅之所指摘也。《文心雕龍·正緯篇》亦辨之慕詳：「按經驗緯，其僞有四：蓋緯之成經，其猶織綜，絲麻不雜，布帛乃成。今經正緯奇，倍摘千里，其僞一矣。經顯，聖訓也；緯隱，神教也。聖訓宜廣，神教宜約；而今緯多於經，神理更繁，其僞二矣。有命自天，迺稱符讖，而八十一篇，皆託於孔子，則是堯造《綠圖》，昌制《丹書》其僞三矣，商周以前，圖籙頻見；春秋之末，群經方備。先緯經，體乖織綜，其僞四矣。僞既倍摘，則義自明，經足訓矣，緯何豫焉？」此與荀悅之說，足相應徵。

　　漢時除讖緯之說流行外，其相關之迷信如占驗、日者、祈禳、星相、堪輿……等一切方術皆甚流行。其陷者常捨人事而信鬼神，挌扞拘牽，禁忌滯泥，極爲可笑。如《史記·日者列傳》曰：「孝武帝時，聚會占家問之，某日可娶婦乎？五行家曰可，堪輿家曰不可，建除家曰不吉，叢辰家曰大凶，曆家曰小凶，天人家曰小吉，太乙家曰大吉，辯訟不決。」由此可見社會「牽於禁忌，泥於小數」之風氣一斑。

　　荀悅乃高揭破除迷信之大纛，提出人本主義之呼籲。〈俗嫌篇〉特駁斥當時迷信之諸說。茲舉例如下：

　　「或問：『避疾厄，有諸？』曰：『夫疾厄何爲者也？非身則神。身不可避，神不可逃。可避非身，可逃非神也。持身隨天，萬里不逸。譬諸孺子掩目巨夫之掖而曰逃，可乎？』」以身寓宇內，神寓形骸，患難之至，無所逃避，有道家安時處順之思想。

　　「或問卜筮。曰：『德斯益，否則損。』曰：『何謂也？』『吉而濟，凶而救之謂益；吉而恃，凶而怠之謂損。』」此強調人本主義之精神，一切吉凶操之於人爲。老子曰：「正復爲奇，善復爲妖。」「禍兮福之所倚，福兮禍之所伏。」（五八章）吉凶禍福本無定數，端在人爲善行決定也。故老子曰：「天道無親，當與善人。」（七九章）

　　「或問日時群忌。曰：『此天地之數也，非吉凶所生也。東方主生，死者不鮮；西方主殺，生者不寡；南方火也，居之不燋；北方水也，蹈之不沈。故甲子昧爽，殷滅周興；咸陽之地，秦亡漢隆。』或問：『五三之位，周應也；

龍虎之會，晉祥也。』曰：『官府設陳，富貴者值之，布衣寓焉，不符其爵也；獄犴若居，有罪者觸之，貞良入焉，不受其罰也。』或曰：『然則日月可廢歟？』曰：『否。元辰，先王所用也，人承天地，故動靜焉順。順其陰陽，順其日辰，順其度數。內有順實，外有順文，文實順，理也。休徵之符，自然之應也。故盜泉朝歌，孔墨不由。惡其名者，順其心也。苟無其實，徼福於忌，斯成難也。』」蓋漢時忌諱甚多，如《論衡・四諱篇》所謂：西益宅謂之不祥，商家門不宜南向，徵家門不宜北向之類。於衣忌之外，又有所謂星相者，皆屬無稽之談。故荀悅亟言其不足信，而舉官府獄犴為說，以喻周應晉祥者，惟周武王、晉獻公能當之，而示人宜以修德為尚，不可拘於星之妖祥也。如能修德，自可致祥。否則徼福於忌，則不過徒然無功。因此善惡福禍乃依德行自然相應，實非勉強致之也。此荀悅從德治出發，攻擊世俗盲目之迷信也。

「或問：『祈請可否？』曰：『氣物應感則可，性命自然則否。』『神何以格？』曰：『一誠所感，自然應也。故精神以底之，犧牲玉帛以昭之，祈請告愬以通之。禮云禮云，玉帛云乎哉！請云祈云，酒膳云乎哉！非其禮則或愆，非其請則不應。』」荀悅以祭祀當發諸至誠。即以精神作用，大於實質作用。不問神明是否有知，而問我之德性是否相應。荀悅之宗教觀，實含理智之成份較多。

此外對於當世流傳之神仙方術，亦力駁其說，斥其虛無：

「或問神僊之術。曰：『誕哉？未之也已矣。聖人弗學，非惡生也。終始，運也；短長，數也。運數非人力之為也。』曰：『亦有僊人乎？』曰：『僬僥桂莽，產乎異俗，就有僊人，亦殊類矣。』」此以生命終始短長，皆有定數，非可力強而致，故學僊企求不死，皆屬罔然。而世上縱使有僊人，亦與吾人殊為不類。

「或問：『有數百歲人乎？』曰：『力稱烏獲，捷言羌亥，勇期賁育，聖云仲尼，壽稱彭祖，物有俊傑，不可誣也。』或曰：『人有自變化而僊者，信乎？』曰：『未之前聞也，然則異也，非僊也。男化為女者有矣，死人復生者有矣。夫豈人之性哉？氣數不存焉。』」對於數百歲之人瑞，荀悅並不否認。然對人變僊之說，則純就理性中予以儘可能解釋。按獻帝建安七年，有越嶲男子化為女子。四年，武陵女子死十餘日復活（二事俱見《後漢書・獻帝紀》）。顏師古《注》引《續漢志》曰：「女子李娥年六十餘死，瘞於城外。有行人聞冢中有聲，告家人出之。」此事固甚怪異，然荀悅從「氣數不存」之理論予以解釋，而不遽以相信僊人之說。

荀悅嘗爲獻帝作《漢紀》，對武帝篤信方士仙道之事下論曰：「《易》稱有天道焉，有地道焉，有人道焉，各當其理而不相亂也。過則有故，氣變而然也。若夫大石自立，僵柳復起，此形神之異也；男子化爲女，死人復生，此合氣之異也。鬼神髣髴在於人間，言語音聲，此精神之異也，夫豈形神之怪異哉！各以類感，因應而然。善則爲瑞，惡則爲異；瑞則生吉，惡則生禍。精氣之際，自然之符也。故逆天之理，則神失其節，而妖神妄興；逆地之理，則形失其節，而妖形妄生；逆中和之理，則含血失其異，非求請所能致也，又非可以求福而禳災矣。且其人不自知其所然而然，況其能爲神乎？凡物之怪，亦皆如之。《春秋傳》曰：『作事不時，怨讟起於民，則有非言之物而言者。』當武帝之世，賦役煩重，民力凋弊，加以好神仙之術。迂誕妖怪之人，四方竝集，皆虛而無實，故無形而言者至矣。於《洪範》言僭則生時妖，此蓋怨讟所生時妖之類也。故通於道，正身以應萬物，則精神形氣，各返其本矣。」（《前漢紀》卷十三〈神怪論〉）此將怪異之所由來，妖孽之產生，歸之於時政不修，民生凋弊。故怨讟群起，以致精氣生變，妖孽萌生。若能通於正道，正身以應萬物，則精神形氣返其本，一切怪異現象當不復產生。荀悅雖反對神僵鬼怪之說，然對於當時盛行之天人感應思想，猶未能完全剷除。其思想有如桓譚、王符、仲長統、張衡等人，一方面否認讖緯之說，一方面卻又對天人感應學說保有某一程度之認可，而最終之目的，不過借此災異感應之說，以達到「德化時君」之手段而已。故其重點仍在「人本」，而不在「迷信」。此後人不可不辨也。

荀悅論災異之言甚多。如《前漢紀‧災異論》曰：「凡三光精氣變異，此皆陰陽之精也。其本在地，而上發於天也。政失於此，則變見於彼。由影之象形，響之應聲。是以明王見之而悟，敕身正己。省其咎，謝其過，則禍除而福生，自然之應也。」〈雜言篇〉曰：「雲從于龍，風從于虎，鳳儀于《韶》，麟集于孔，應也。出於此，應於彼。善則祥，祥則福；否則眚，眚則咎。故君子應之。」災異感應在於人之行爲善惡臧否，人如遇災禍，則省咎謝過，自可禍除福生。

荀悅將災異之類分而爲三：謂災異之見，有不加人事而自移者，有雖加人事亦不移者，有隨人事而轉移者。人事之修否，其見發於天者亦若是：有雖人事不修而不罹災異者，有修至善而遭災咎者，有事修則得休，事不修則獲咎者。《前漢紀‧災異論》曰：「災祥之報，或應或否。故稱《洪範》咎徵，

則有堯湯水旱之災；稱消災復異，則有周宣雲漢，寧莫我聽；稱《易》積善有慶，則有顏冉夭疾之凶。善惡之效，事物之類，變化萬端，不可齊一，是以視聽者惑焉。若乃稟自然之數，揆性命之理。稽之經典，校之古今。乘其三勢，以通其精；撮其兩端，以御其中。參伍以變，錯綜其紀，則可以髣髴其咎矣。夫事物之性，有自然而成者，有待人事而成者，有失人事不成者，有雖加人事，終身不可成者，是謂三勢。凡此三勢，物無不然。以小知大，近取諸身。譬之疾病，不治而自瘳者，有治之則瘳者，有不治則不瘳者，有雖治而終身不可愈者，豈非類乎？……推此以及天道，則亦如之。災祥之應，無所謬矣。故堯湯水旱者，天數也；《洪範》咎徵，人事也。魯僖澍雨，乃可救之應也。周宣旱應，難變之勢也。顏冉之凶，性命之本也。猶天迴日轉，大遇推移。雖日遇禍，福亦在其中矣。今人見有不移者，因曰人事無所能移；見有可移者，因曰無天命；見天人之殊遠者，因曰人事不相干。知神氣流通者，人共事而同業，此皆守其一端，而不究終始。」比實綜合自然主義之天道觀，以及陰陽感應之天道觀而來，亦即漢時儒道二家觀點而來。荀悅不否認自然而成之吉凶福禍，此非人力所能改變。故雖加人事，終身不可成；或不加人事，而無所不成者。凡此皆無可挽救之天數也。若有待人事而成者，有失人事不成者。此皆可挽救而改變者。天數與人事二者皆同時存在，不可各守一端。君子唯盡心立德，以任乎天數而已。

因此荀悅雖信災異，要之其重點在乎人事，鬼神祇不過是達其誠敬而已。《申鑒·時事篇》曰：「聖王先成民而後致力于鬼神。民事未足，郡祀有闕，有為尤矣。必也舉其重而祀之。望祀五嶽四瀆，其神之祀，縣有舊常。若今郡祀之，而其禮物從鮮可也。禮重本，示民不偷。且昭典物，其備物以豐年。日月之災降異，非舊也。」

荀悅對神僊之事既表懷疑，對於當時術士煉丹造金之說亦不取信。〈俗嫌篇〉曰：「或問黃白之儔。曰：『傅毅論之當也。燔埴為瓦則可，爍瓦為銅則不可。以自然驗於不然，詭哉！敵犬羊之肉以造馬牛，不幾矣，不其然歟？』」黃白之術即道士提煉黃金白銀之術。秦李少君言丹砂可化為黃金，卒無驗病死。漢宣時劉向亦言黃金可成，方卒不驗，是知其為虛誕。荀悅以「自然驗於不然」，故不信之，此亦秉持自然主義理性之精神而持論。

荀悅雖斥神仙，舍黃白。然對於道家養性之術，則有所取焉。〈俗嫌篇〉曰：「或問曰：『有養性乎？』曰：『養性秉中和，守之以生而已。愛親愛德，愛力

愛神之謂嗇。否則不宜，過則不澹。故君子節宣其氣，勿使有所壅閉滯底。昏亂百度則生疾。故喜怒哀樂必得其中，所以養神也；寒暄虛盈消息必得其中，所以養體也。善治氣者，由禹之治水也。若夫導引蓄氣，歷藏內視，過則失中，可以治疾，皆非養性之聖術也。夫屈者以乎申也，蓄者以乎虛也，內者以乎外也。氣宜宣而遏之，體宜調而矯之，神宜平而抑之，必有失和者矣。夫善養性者無常術，得其和而已矣。鄰臍二寸謂之關。關者，所以關藏呼吸之氣，以稟受四體也。故氣長者以關息；氣短者，其息稍升，其脈稍促，其神稍越；至於以肩息而氣舒，其神稍專；至於以關息而氣衍矣。故道者，常致氣於關，是謂要術。凡陽氣生養，陰氣消殺。和喜之徒，其氣陽也。故養性者崇者其陽而絀其陰。陽極則亢，陰極則凝；亢則有悔，凝則有凶。夫物不能爲春，故候天春而生。人則不然，存吾春而已矣。藥者，療也，所以治疾也，無疾則勿藥可也。肉不勝食氣，況於藥乎？寒斯熱，熱則致滯，陰藥之用也。雖適其宜，則不爲害。若已氣平也，則必有傷。唯鍼火亦如之。故養性者不多服也，唯在乎節之而已矣。』養性愛氣之說，及道家養生之術。道家以人「精神生於道，形生於精」（《莊子‧知北遊》）故特重持養「精神」與「元氣」。漢代道士以老子「谷神不死，是謂玄牝」（六章）做爲其調養元氣之根據。以老子「致虛極，守靜篤」（十六章）做爲其持守精神之方法。《莊子‧達生篇》中有「壹其性，養其氣，合其德，以通乎物之所造。」主養生之法。以「心齋」、「坐忘」爲頤神修道之根本，以「真人之息以踵，眾人之息以喉」（〈大宗師〉）爲寶精養氣之修持。凡此皆爲道士養生之法。桓帝時魏伯陽有《參同契》一書闡揚其說。大儒董仲舒（《春秋繁露‧循天之道》）、自然主義學者王充（有《養性》之書）皆受道家養生之學影響。荀悅以道家「關息」爲用，而不取導引服藥之法。蓋以「關息」之術，不假藥石。但煉自身丹田之氣，使其節宣消息盈虛皆得中和，自可存吾人之身，達養生之效。人不獨愛氣，尚須持養喜怒哀樂之心，以頤養精神。凡此皆合乎道家養生養性之法。

　　荀悅既受道家養生之學影響。因此認爲益壽之方，有道可學。〈俗嫌篇〉曰：「或問：『凡壽者必有道，非習之功。』曰：『夫惟壽則惟能用道。唯能用道，則性壽矣。苟非其性也，脩不至也。學必至聖，可以盡性；壽必用道，所以盡命。』或問：『仁者壽，何謂也？』曰：『仁者內不傷性，外不傷物；上不違天，下不違人。處正居中，形神以和。故咎徵不至，而休嘉集之，壽之術也。』」益壽之道，在於存心養性，愛氣關息，使形神以和。此皆踵道家之學而來。

關於「性命」之說，荀悅則主「三品之命」。〈雜言篇〉曰：「或問天命人事。曰：『有三品焉，上下不移，其中則人事存焉爾。命相近也，事相遠也，則吉凶殊矣。故曰：窮理盡性，以至於命。』或問性命。曰：『生之謂性也，形神是也。所以立生終生者之謂命，吉凶是也。夫生我之制，性命存焉爾。居子循其性以輔其命。休斯承，否斯守。無務焉。好寵者乘天命以驕，好惡者違天命以濫。故驕則承之不成，濫則守之不終。好以取怠，惡以取甚；務以取福，怨以成禍，斯惑矣。』」「三品之命」或導源於儒家之「三命」之說（三命者：正命、遭命、隨命。見《論衡・命義篇》）。上下不移者，命善命惡之人，其命已注定而不可改變。荀悅所重者則在中品之命。故勉人修行勵德以致命。《漢紀災異論》曰：「夫大數之極雖不變，然人事之變多矣。……凡三勢之數，深不可識，故君子盡心力焉。《易》曰：『窮理盡性，以至於命。』」

荀悅一方面要人勉德修行以致命，再方面則要人順乎天數，樂天知命。〈俗嫌篇〉曰：「顏、冉何？曰：『命也，麥不終夏，花不濟春，如和氣何？雖云其短，長亦在其中矣。』」〈雜言篇〉曰：「君子樂天知命，故不憂；害物明辨故不惑；定心致公，故不懼。若乃所憂懼則有之，憂己不能成天性也。懼己惑之，憂不能免，天命無惑焉。」荀悅以命分三品，或不可改變，或可勉德修之。此隱然有自然主義之命運觀，實綜合儒道二家之說法。以樂天知命，固係儒家「順受其正」（《孟子・盡心》）之思想，然亦未嘗非道家「安時處順，哀樂不能入也。」（《莊子・養生主》）「知其不可奈何而安之若命。」（〈人間世〉）之修養。

荀悅以一儒者，處一讖緯橫行，思想駁雜之時代。雖不免感染時人天人感應之說，然對於一般世俗之迷信忌諱，神仙方術，能勇於闢駁，而提出以人事為本之德治主義。此實際承揚雄、桓譚、王充……等人以來批評之精神，亦即自然主義求真尚實理性之態度。雖其學說大抵以強調仁義德治之儒家修養，而講求頤養精神，採納養性導氣之術，則與道家思想相同。至於樂天安命，順乎天數之說法亦與老莊思想若合符節。其〈政體篇〉中所主張：「政治之術，先屏四患，乃崇五政。一曰僞，二曰私，三曰放，四曰奢。……四患既蠲，五政既立，行之以誠，守之以固。簡而不怠，疏而不失，無為為之。使自施之，垂拱揖遜，而海內平。」實亦黃老政治最高之理想。故荀悅之學術思想受老莊思想之影響於此可見。

兩漢自武帝罷黜百家，獨尊儒術以來，造成儒學空前之鼎盛。然自大儒董仲舒引陰陽五行入儒之後，學者靡然成風。儒學遂脫離其本來之面目，而

成爲講災異讖緯之學。而方士假借道家之名，篤信神仙方術之說，爲朝廷民間所信仰。於是數百年間，漢朝社會普遍爲災異、圖讖、符籙、求仙、各種迷信忌諱之氣氛所籠罩。所幸文明濅漸，民智漸開，老莊之自然主義遂成爲有識之士藉以破除迷信，重建知識世界之基礎。自然主義學者如上述之揚雄、王充、張衡等，或闡述老莊自然之宇宙觀，或致力於自然科學之應用發明，或破除社會種種虛妄迷信，要之皆在發揚自然主義「求眞求實」之精神而已。風氣所趨，儒者如桓譚、王符、仲長統、荀悅等，皆感染此種自然主義所帶來之震撼。雖其個人對道家思想所接受之程度不一，而對當時所流行之天人感應思想亦未能完全摒除。然其能對時俗所拘限之種種忌諱迷信提出質疑，且大膽採用理性與人本主義，此未嘗非老莊自然主義之思想所促成。漢末至魏晉，儒學益衰，由於上述諸學者之努力，終於促使自然主義由覺醒中走向發展茁壯，因而造成另一道家思想之高潮——魏晉玄學之產生。